U0448052

江恩
九方图

江道波 ◎ 编著

中国宇航出版社
·北京·

版权所有　侵权必究

图书在版编目（CIP）数据

江恩九方图 / 江道波编著. -- 北京：中国宇航出版社，2023.2

ISBN 978-7-5159-2184-6

Ⅰ. ①江… Ⅱ. ①江… Ⅲ. ①股票交易－基本知识 Ⅳ. ①F830.91

中国版本图书馆CIP数据核字(2022)第256296号

| 责任编辑 | 田芳卿 | 封面设计 | 王晓武 |

出版发行	中国宇航出版社		
社　址	北京市阜成路8号	邮　编	100830
	（010）68768548		
网　址	www.caphbook.com		
经　销	新华书店		
发行部	（010）68767386		（010）68371900
	（010）68767382		（010）88100613（传真）
零售店	读者服务部		
	（010）68371105		
承　印	三河市君旺印务有限公司		
版　次	2023年2月第1版		2023年2月第1次印刷
规　格	710×1000	开　本	1/16
印　张	22.25	字　数	238千字
书　号	ISBN 978-7-5159-2184-6		
定　价	69.00元		

本书如有印装质量问题，可与发行部联系调换

PREFACE 前言

  多年以来，许多投资者对江恩卓越的预测和交易记录耳熟能详。许多所谓的"江恩专家"，一直试图弄清楚江恩如何以如此高的准确率进行交易，并做出如此多令人难以置信的市场预测。例如，1909年12月，《股票行情与投资文摘》第5卷第2期刊载的一篇文章显示，江恩在记者吉利在场监督的情况下，总共进行了286次交易，其中264次盈利。他的成功率高达惊人的92%。在这篇文章涵盖的25天时间里，江恩的初始资本翻了10倍，利润增加了1000%！另据报道，在江恩最成功的交易中，他总是随身携带一个叫作"九方图"的计算器进入交易所。这些信息的来源是阿尔吉尼先生，他是江恩近6年的合伙人。

  江恩认为，市场上的每个高点和低点在价格和时间上都存在着精确的数学关系。江恩引用法拉第的话说："自然界中没有例外，因为最高阶的数学原理是一切事物的基础。宇宙中除了数学的力量外，没有别的东西。"

  在江恩私人培训班的禽蛋期货教程中[①]，江恩指出第一个奇数平方是"1"，但这不会产生大于自身的数字，因为1的平方还是1。第一个大于自身的奇数平方是"9"，即3的平方。江恩说："我们使用奇方数和

---

① 江恩. 江恩商品期货教程［M］. Stu，译. 北京：中国纺织出版社，2013.

偶方数得到的，不仅是市场运动的证据，而且正是其原因。"

由此可见，九方图是江恩预测体系中非常有研究价值的一个测市工具。见过九方图的人，都会对这个神秘的数字螺旋图表产生浓厚的兴趣，无论他是否是一个市场人士。遗憾的是，市面上关于九方图的论述虽然多如牛毛，但真正能够讲清楚的却是凤毛麟角。

为什么这张数字螺旋图表会让人如此着迷？难道仅仅是因为传说中这张图表可以给人们带来无穷无尽的财富？是否还有更微妙、更神秘、更古老、更未知的东西存在于这张图表中？

九方图的真正起源不得而知。据说江恩在印度发现了九方图，但这一说法尚未得到证实。不过这并不奇怪，因为在古印度建筑学中，九方图被用来作为建造神殿的图纸。在建造神殿的时候，图纸的对角线被称作神殿的"关键部位"，这些部位不得受到任何干扰。这些建造图纸中的对角线，实际上就是江恩九方图中的水平交叉线与对角交叉线。

古印度并不是唯一拥有这种微妙智慧的古代文明，无独有偶，人们在古埃及金字塔的剖面图中发现了同样的设计。金字塔可能是地球上现存最古老的建筑结构，据研究，其年代可能早于公元前10000年，并且被一些人认为是传说中亚特兰蒂斯的最后遗迹。

然而，以上只是捕风捉影的猜测，没有人确切地知道九方图从哪里来，也许江恩自己发明了这个东西。唯一能确定的是江恩使用过九方图，并且认为它非常"有价值"。

一张普通的数字图表，为什么会令古人如此重视？显然，古人选择这种设计作为他们最神圣、最辉煌成就的基础，肯定有其目的。也许通过了解它在古代建筑中所起的作用，可以对如何将它应用到当下的现实中得到一些启发，当然，这不在本书的讨论范围之内。事实上，笔者也没有能力揭示这个古老的数字螺旋图表的无限奥秘，但本书却揭开了江恩将其作为测市工具的神秘面纱，仅此一点，便是前所未有！

CONTENTS 目 录

第一章　九方图基础知识

第一节　九方图基本概念 / 2

第二节　九方图基本结构 / 5

一、平方数 / 5

二、半分数 / 7

三、四分数 / 8

四、交叉线 / 10

五、数字 8 / 11

六、底部单元格数 / 12

七、列九方和行九方 / 13

八、旋转公式 / 15

九、圆周 / 17

十、角度覆盖层 / 35

十一、几何覆盖层 / 38

十二、对齐覆盖层 / 40

十三、对齐单元格 / 42

十四、单元格度数 / 44

十五、图表基础 / 49

第三节　九方图哲学基础 / 52

第二章　单元数

第一节　价格预测 / 57

一、用作价格 / 57

二、缩小单元数 / 59

三、超低价 / 61

四、超高价 / 63

第二节　时间预测 / 66

一、周线图表 / 66

二、日线图表 / 68

三、日内图表 / 74

四、月九方 / 76

五、年九方 / 78

第三章　覆盖层

第一节　角度覆盖层 / 81

一、180°线覆盖层 / 81

二、360°线覆盖层 / 83

三、波动率 / 84

第二节　角度覆盖层和两个转折点 / 89

一、日线图表 / 89

二、周线图表 / 94

第三节　几何覆盖层／98

一、五边形／99

二、六边形／101

三、八边形／103

第四章　增减量

第一节　增量／107

一、低价股／107

二、中价股／110

三、增量选择／113

第二节　增量和角度覆盖层／114

一、日线图表／114

二、日内图表／117

三、周线图表／120

第三节　减量／122

一、日线图表／122

二、周线图表／125

第四节　减量和角度覆盖层／127

一、股票／127

二、指数／130

三、期货／133

第五章　零基九方图

第一节　零基九方图的应用／136

一、股票／136

二、期货 / 138

第二节　零基九方图和角度覆盖层 / 141

一、股票 / 141

二、外汇 / 143

第六章　江恩网格

第一节　固定周期 / 147

一、搭建固定周期江恩网格 / 147

二、分时应用 / 151

第二节　可变周期 / 154

一、搭建可变周期江恩网格 / 154

二、外汇应用 / 157

三、注意事项 / 160

第七章　时价计算器

第一节　价格与时间 / 162

一、价格 = 角度 / 162

二、价格 = 时间 / 163

三、诞生日期 / 164

四、经度转价格 / 165

五、数字周期 / 168

第二节　九条规则 / 171

第八章　衍生技术

第一节　高低指标／175

第二节　行星角度线／178

第三节　甘氏线／181

第九章　江恩相关手稿解读

第一节　时间因素／184

第二节　六方图／187

第三节　九方图／193

第四节　轮中轮／198

第五节　角度线／211

　　一、预测要素／211

　　二、绘制图表／212

　　三、角度线／214

　　四、绘制角度线／215

　　五、标准图／217

　　六、从低点绘制角度线／218

　　七、从底部绘制角度线／221

　　八、45°线被跌穿／222

　　九、从高点绘制角度线／224

　　十、从顶部绘制45°线上方的角度线／226

　　十一、多重顶底／228

　　十二、平行角度线／229

　　十三、零基角度线／230

　　十四、顶点零基角度线／232

十五、0 线交叉点上的 45°线 / 233

十六、同一底部发出的两条 45°角度线 / 233

十七、从一个顶到下一个顶的角度线 / 236

十八、急跌后的角度线 / 237

十九、牛市或熊市的最后摆动 / 239

二十、始于更高的底和更低的顶的角度线 / 242

二十一、角度线位置判断走势强弱 / 245

二十二、半周图中的角度线 / 249

二十三、新股角度线 / 250

二十四、角度线的快速计算 / 251

二十五、不常使用的角度线 / 251

二十六、经纬线 / 251

二十七、标记时间周期 / 252

二十八、时间周期起点 / 254

二十九、时价正方 / 256

三十、价格领先时间 / 261

三十一、最强角度 / 262

第六节 自然阻力和时间周期 / 264

一、自然阻力水平 / 264

二、美国钢铁 / 269

三、历史见证未来 / 283

四、按照平方数确定时价阻力 / 289

第七节 价格刻度 / 294

一、不同商品的价格刻度 / 294

二、几何角度 / 296

第八节 价格阻力 / 299

一、阻力水平 / 299

二、主宰角度 / 303

　　三、24 换算法 / 305

　　四、24 美分 / 308

第九节　5 月咖啡 / 313

　　一、价格与星座 / 313

　　二、高低点与相位 / 323

第十节　人的躯体 / 334

第十一节　运气 / 335

第十二节　成功五要素 / 338

　　一、知识 / 338

　　二、耐心 / 339

　　三、灵感 / 339

　　四、健康 / 339

　　五、资金 / 340

参考文献 / 341

第一章
九方图基础知识

第一节　九方图基本概念

江恩是 20 世纪上半叶伟大的投资大师之一。20 世纪 20 年代，江恩以九方图作为预测和指导交易的工具。江恩在其私人培训班以及后来撰写的交易书籍中，隐晦地介绍了九方图的使用方法。本书将讲解使用九方图预测的所有重要技术。

九方图，江恩也将其称为"奇数正方形"或"主宰时价计算器"。为力求行文规范，本书统一将其称为"九方图"。图 1-1 是一个基本的九方图。

图 1-1 中有两组数字，一组是九方图圆周的度数，另一组是正方形里的数字。江恩把圆周的 0°[①] 标注在图表中心的右边，并按照逆时针计数，正方形上的数字则是顺时针变化的。这里首先解释正方形中的数字，然后是圆周上的度数。

九方图是一个数字螺旋图表，从中心的数字 1 开始，数字 2 在数字 1 左边，其余的数字以顺时针的方式围绕中心旋转到数字 9，这样就完成了围绕中心的一次循环。10 到 25 完成了第二个循环，26 到 49 完成了第三个循环……以此类推。

在提到九方图数字的 360° 运动时，江恩用"正方形"和"圆"来表示。例如，从 49 到 81 是移动了 360°，江恩把这样的运动称为运动了一个正方形或一个圆。但是，这两个词有两种甚至三种含义，这样描述九方图让人难以理解。因此，笔者使用"旋转"一词来表示九方图中的数字排列。如图 1-2

[①]　0° 与 360° 重合。

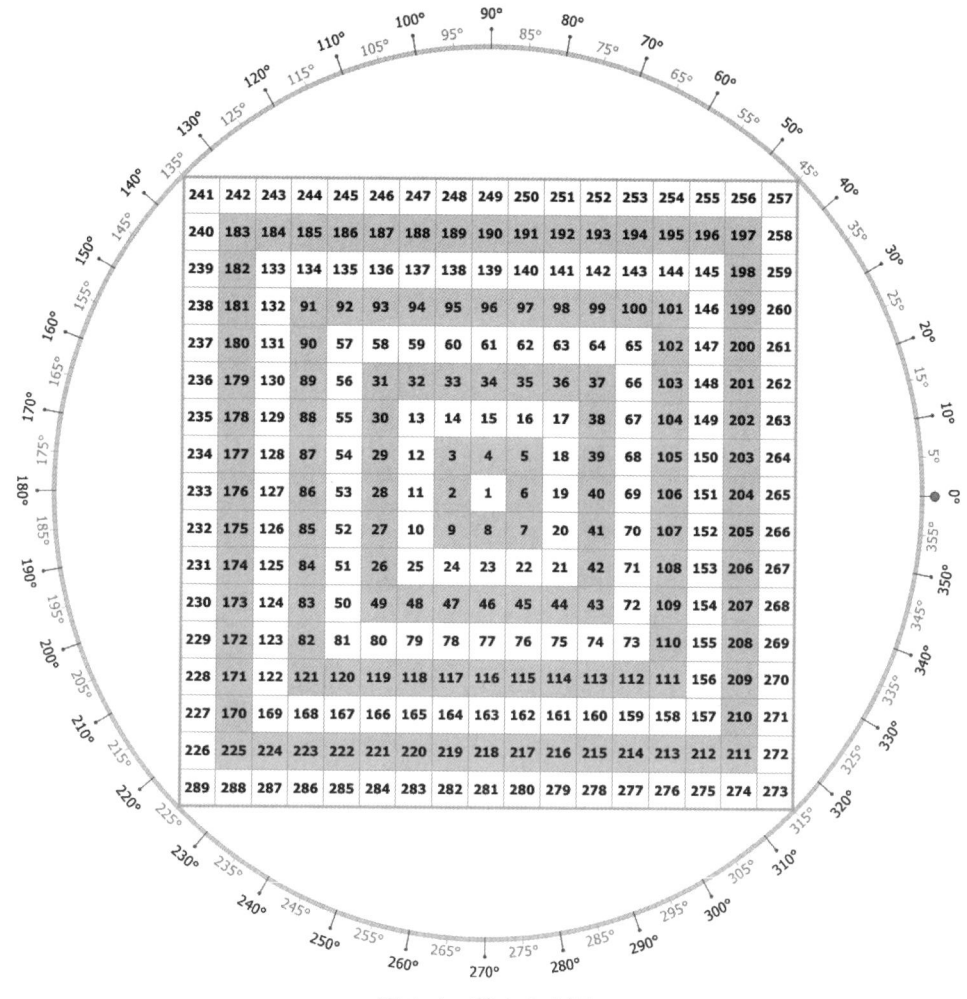

图 1-1　基本九方图

所示，每旋转一圈交替使用两种颜色表示。江恩用每一圈里最大的数字来命名这一圈，这个数字也是结束这一圈的终结数字。比如说，从 50 到 81 这一圈，被认为是在数字 81 终结的一圈，称作"圈 81"。图 1-2 中标示处，即为每一圈的终结数字。

江恩在方格纸上绘制九方图，每个数字都被放置在一个小正方形里。本书把包含单个数字的正方形称为"单元格"。如图 1-2 所示，九方图左下角数字是 121，这里将其称作"单元格 121"。

91	92	93	94	95	96	97	98	99	100	101
90	57	58	59	60	61	62	63	64	65	102
89	56	31	32	33	34	35	36	37	66	103
88	55	30	13	14	15	16	17	38	67	104
87	54	29	12	3	4	5	18	39	68	105
86	53	28	11	2	1	6	19	40	69	106
85	52	27	10	9	8	7	20	41	70	107
84	51	26	25	24	23	22	21	42	71	108
83	50	49	48	47	46	45	44	43	72	109
82	81	80	79	78	77	76	75	74	73	110
121	120	119	118	117	116	115	114	113	112	111

图1-2 终结于单元格121的九方图

图1-2中，正方形里的数字是按照顺时针旋转的，但笔者在研究江恩的私人培训讲义时发现，江恩也制作过很多逆时针旋转的九方图。如图1-3所示，左图为顺时针旋转的九方图，右图为逆时针旋转的九方图。对江恩使用过的两种九方图进行统计后发现，他使用过的九方图多半是顺时针旋转的。笔者对两种旋转方式的九方图进行充分分析后发现，其应用结果是相同的。因此，对九方图上的数字来说，按照顺时针旋转还是逆时针旋转并不重要。为力求本书内容上的一致性，行文中只使用顺时针方向旋转的九方图，因为这是江恩经常使用的一种。

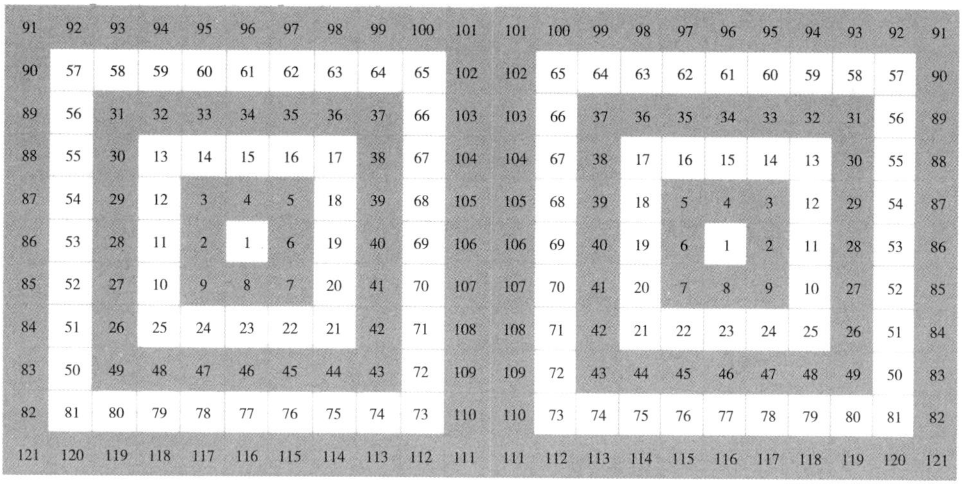

图 1-3　顺时针九方图与逆时针九方图

第二节　九方图基本结构

一、平方数

我们使用奇数和偶数的平方,不仅可以得到市场走势的证据,还可以得到原因。

——江恩

1. 奇方数

如图 1-4 所示,左下角标记圆圈的数字称为奇方数,这些数字是 9,25,49,81 和 121 等。奇方数 9 是 3 的平方,接下来的奇方数是 5,7,9 和 11 的平方,以此类推。奇方数始终与每一圈的左下角对齐,并且奇方数是每一圈的最后一个数字。在数字 9 之后,九方图向外开始 10 到 25 新的一圈。在数字 25 之后,九方图进入另一个更大的圈——26 到 49。之所以叫作九方图,是因为第一个完整的圈结束于数字 9。

2. 偶方数

如图 1-4 所示，右上角标记圆圈的数字称为偶方数。从数字 4 开始，所有偶方数呈一条直线延伸到右上角，这些数字是 4，16，36，64 和 100 等。数字 4 是 2 的平方，接下来的偶方数是 4，6，8 和 10 的平方，以此类推。偶方数与奇方数的位置对比表明，在九方图里它们是彼此相对的。

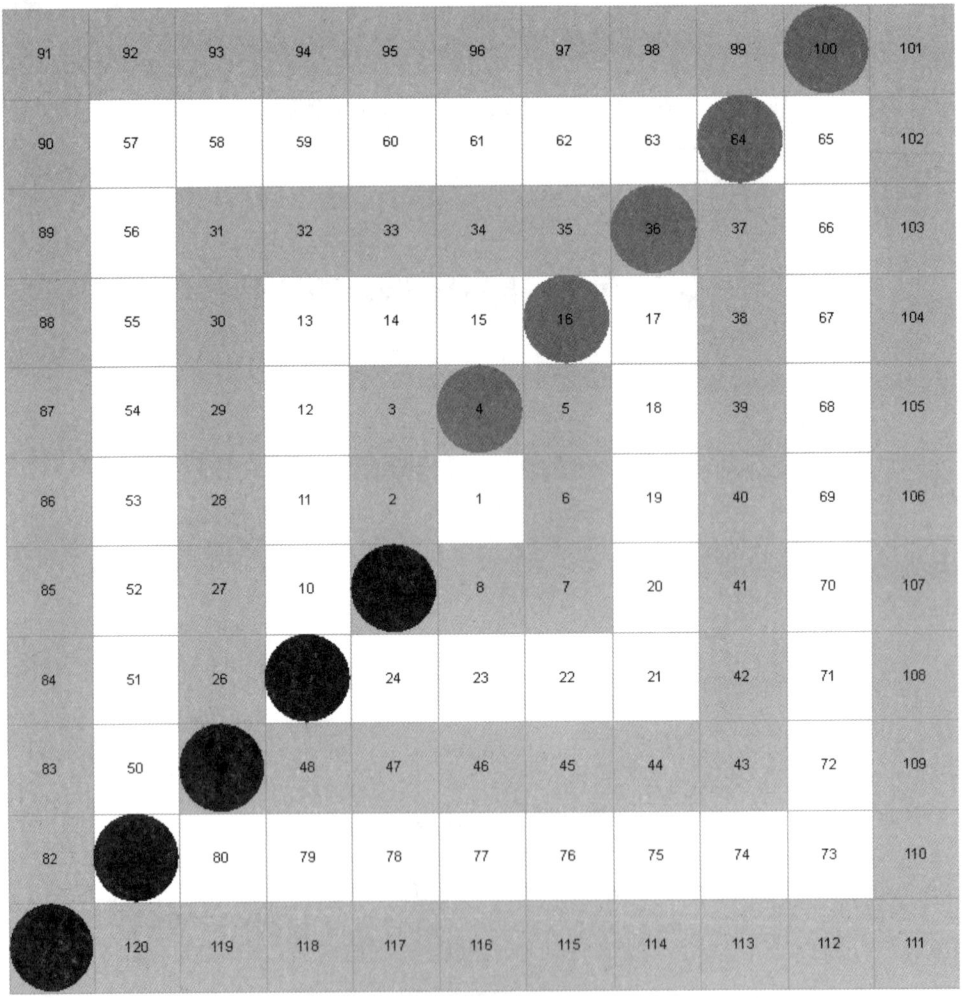

图 1-4　奇方数与偶方数

二、半分数

在九方图上,每一个偶方数和同圈中下一个更大的奇方数之间的中点可以连接为一条直线,延伸到右下角。比如,64 和 81 的中点是 72.5,100 和 121 的中点是 110.5。图 1-5 中向右下角延伸的直线标示出了这些中点的大体位置。

每一个奇方数和下一圈中更大的偶方数之间的中点可以连接为一条直线,延伸到左上角。比如,9 和 16 的中点是 12.5,25 和 36 的中点是 30.5。图 1-5 中另一条向左上方延伸的直线标示出了这些中点的大体位置。

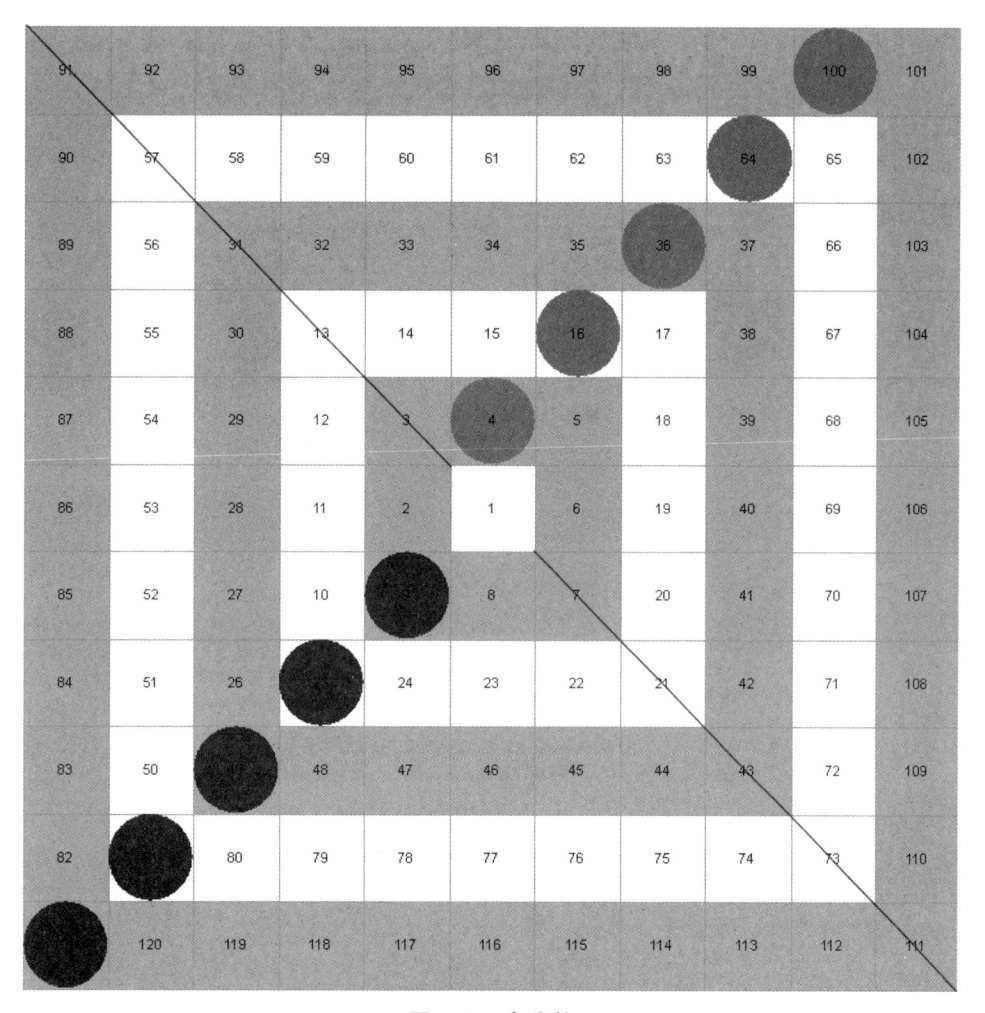

图 1-5 半分数

三、四分数

九方图上的数字从偶方数移动到奇方数，或从奇方数移动到偶方数，在此过程中，首先遇到的是四分点，然后是半分点，最后是四分之三点。

四分点位于水平轴的左右两边。在偶方数 100 和下一个奇方数 121 之间的四分点是 105.25。四分之三点位于纵轴的上下两边。在奇方数 49 和偶方数 64 之间的四分之三点是 60.25。四分点不是整数。像 105.25 这样的数没有显示在九方图上，这些数位于九方图上的整数之间。图 1-6 显示了平方数之间的四分点、半分点及四分之三点的大体位置。

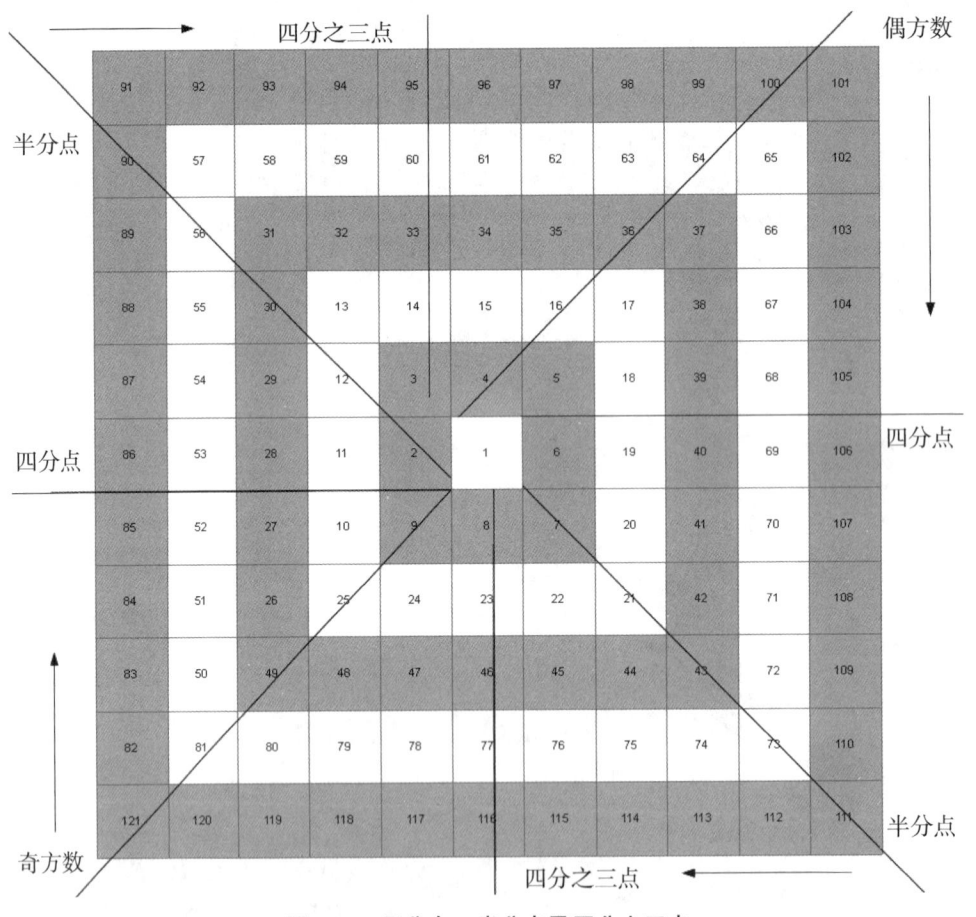

图 1-6　四分点、半分点及四分之三点

其中：

偶方数到奇方数的半分点在右下方，奇方数到偶方数的半分点在左上方。

偶方数到奇方数的四分点在右水平轴，奇方数到偶方数的四分点在左水平轴。

偶方数到奇方数的四分之三点在下方，奇方数到偶方数的四分之三点在上方。

图 1-7 显示的点与图 1-6 相同。这些点用于分割从一个奇方数到下一个奇方数完整的一圈。在这种情况下，这些点代表完整一圈的 1/8 增量。

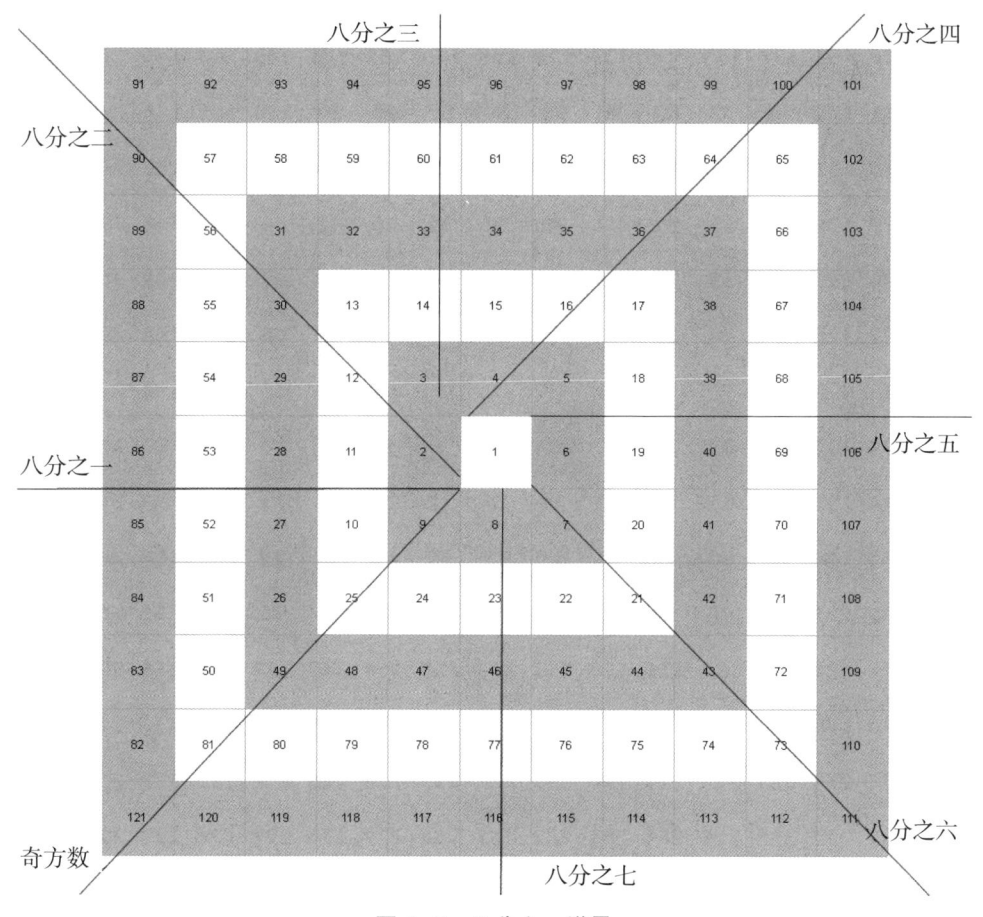

图 1-7　八分之一增量

四、交叉线[①]

> 落在对角交叉线和水平交叉线上的单元格对于分析市场至关重要。
>
> ——江恩

如图1-8所示，九方图被四条直线平均分割成八等分。其中的对角交叉线看起来像字母"X"，水平交叉线看起来像加号"+"。因此，对角交叉线与水平交叉线分别称为"X线"与"十字线"，或称为"角数"对角线与"基数"

241	242	243	244	245	246	247	248	249	250	251	252	253	254	255	256	257
240	183	184	185	186	187	188	189	190	191	192	193	194	195	196	197	258
239	182	133	134	135	136	137	138	139	140	141	142	143	144	145	198	259
238	181	132	91	92	93	94	95	96	97	98	99	100	101	146	199	260
237	180	131	90	57	58	59	60	61	62	63	64	65	102	147	200	261
236	179	130	89	56	31	32	33	34	35	36	37	66	103	148	201	262
235	178	129	88	55	30	13	14	15	16	17	38	67	104	149	202	263
234	177	128	87	54	29	12	3	4	5	18	39	68	105	150	203	264
233	176	127	86	53	28	11	2	1	6	19	40	69	106	151	204	265
232	175	126	85	52	27	10	9	8	7	20	41	70	107	152	205	266
231	174	125	84	51	26	25	24	23	22	21	42	71	108	153	206	267
230	173	124	83	50	49	48	47	46	45	44	43	72	109	154	207	268
229	172	123	82	81	80	79	78	77	76	75	74	73	110	155	208	269
228	171	122	121	120	119	118	117	116	115	114	113	112	111	156	209	270
227	170	169	168	167	166	165	164	163	162	161	160	159	158	157	210	271
226	225	224	223	222	221	220	219	218	217	216	215	214	213	212	211	272
289	288	287	286	285	284	283	282	281	280	279	278	277	276	275	274	273

图1-8 交叉线

[①] 如无特别说明，交叉线包括对角交叉线与水平交叉线。

对角线，上面的数字可以称为"角数"与"基数"。

江恩高度重视对角交叉线，因为对角交叉线标示出了奇方数、偶方数及两者之间半分位的大体位置。江恩也非常重视水平交叉线，因为九方图上奇方数与偶方数之间的四分点大致由该线标出。

在围绕中心的第一个循环中，每个45°角之间有一个数字间隔；在第二个循环中（10到25），每个45°角有2个数字间隔；在第三个循环（26到49）中，每个45°角有3个数字间隔；在第1000个循环中，每个45°角有1000个数字间隔。从技术上讲，中间的数字"1"就是一个完整的循环。

试着将九方图想象成一个金字塔，金字塔的顶端便是九方图的中心1，有四个大小相等的三角形墙面向下延伸到金字塔的底部。当沿着每一层的单元格向下移动时，单元格上都会有一个数字。如果你还记得的话，"+"上的数字被称为基数，这些数字都以90°分开，即90°、180°、270°和360°。

"X"上的数字，用于连接方形底座的四个角，间隔也是90°。"+"和"X"将金字塔的方形底部分成8等分，每个角为45°，因此它的另一个常用名称是"八角形"。

江恩认为，交叉线上的数字在平衡"价格与时间"方面非常重要。江恩还通过寻找地球和太阳的天文经度，并通过其中的关键角度来平衡价格。毕达哥拉斯说过："圆或正方形中的单位在特定点的空间和时间上相互关联。"江恩经常引用《圣经》以及爱默生、毕达哥拉斯和法拉第等人的话。基本上，他会向他的学生提供一些线索，以便让他们解锁其写作风格的密码。

五、数字 8

九方图的布局不只是基于奇方数和偶方数的位置，九方图的布局还基于数字8。九方图的每一圈比前一圈多8个数字。第一圈从2到9，包含8个数字。第二圈包含16个数字，第三圈有24个数字，以此类推，见表1–1。

表 1-1　九方图的前九圈

圈 1	8 个数字	2~9
圈 2	16 个数字	10~25
圈 3	24 个数字	26~49
圈 4	32 个数字	50~81
圈 5	40 个数字	82~121
圈 6	48 个数字	122~169
圈 7	56 个数字	170~225
圈 8	64 个数字	226~289
圈 9	72 个数字	290~361

计算九方图某一圈单元格数量的步骤如下。

（1）从结束某一圈的奇方数开始（比如 361）。

（2）取上一步中奇方数的平方根（比如 $\sqrt{361}=19$）。

（3）将上一步的结果除以 2（比如 19/2=9.5）。

（4）将上一步的结果减去 0.5（比如 9.5−0.5=9）。

（5）将上一步的结果乘以 8（比如 9×8=72）。

也就是说，在 361 所在的圈里，共有 72 个单元格。

六、底部单元格数

九方图上的每一圈，都以奇方数结束。所有的奇方数减去 1，恰好可以被 8 整除。比如，13×13=169，169−1=168，168/8=21。再如，97×97=9409，9409−1=9408，9408/8=1176。

偶方数有一个有趣的现象，所有的偶方数正好能被 4 整除。比如，16 是一个偶数，16×16=256，256/4=64。将一个偶方数除以 4 时，结果总是等于另一个偶方数。换句话说，一个偶方数的 1/4 还是一个偶方数。例如：12×12=144，144/4=36，36 是 6 的平方。再如，360×360=129600，

129600/4=32400，32400 是 180 的平方。

为了计算九方图底部的单元格数，只要取九方图最后一个奇方数的平方根即可。比如，当九方图上的最后一个数字是 225 时，225 的平方根是 15，15 就是该九方图底部从 211 到 225 的单元格数。

计算九方图底部单元格数目的步骤如下。

（1）选取九方图的结束数字（比如 225）。

（2）取结束数字的平方根（比如 $\sqrt{225}$ =15）。

（3）得出九方图底部共有 15 个单元格。

七、列九方和行九方

研究九方图中的圈还有其他两种方法，就是以行和列的形式来表示。如表 1-2 所示，从中很容易可以看到每一列比前一列多出相同的数字，即每一列增加 8 个数字。行也一样，每一行比前一行多出 8 个数字，如表 1-3 所示。

表 1-2 列九方的前四圈

						81
						80
						79
						78
						77
						76
						75
						74
					49	73
					48	72
					47	71
					46	70
					45	69

（续表）

			44	68
			43	67
			42	66
		25	41	65
		24	40	64
		23	39	63
		22	38	62
		21	37	61
		20	36	60
		19	35	59
		18	34	58
	9	17	33	57
	8	16	32	56
	7	15	31	55
	6	14	30	54
	5	13	29	53
	4	12	28	52
	3	11	27	51
1	2	10	26	50

表1-3 行九方的前四圈

| 1 |
2	3	4	5	6	7	8	9
10	11	12	13	14	15	16	17	18	19	20	21	22	23	24	25
26	27	28	29	30	31	32	33	34	35	36	37	38	39	40	41	42	43	44	45	46	47	48	49
50	51	52	53	54	55	56	57	58	59	60	61	62	63	64	65	66	67	68	69	70	71	72	73	74	75	76	77	78	79	80	81

八、旋转公式

九方图上数字的这种特殊排列，与九方图上的所有其他数字形成了一种非常独特的平方根关系。有一个重要的公式可以用来绕着九方图旋转。

从九方图的一个起始数字开始，可以按照数学公式回到相同的方向，既可以向内旋转，也可以向外旋转。例如，从数字 225 开始，向内转动一圈到达 169。这时，求 225 的平方根等于 15，15 减 2 得 13，13 的平方又是 169。

在九方图上，每圈比前一圈有更多的数字。根据这个现象，围绕九方图的大多数运动并不一定会产生整数。以九方图右下角数字 211 为例，似乎从 211 向内转动一圈是 157。事实并非如此，通过计算产生的准确数字应该是 156.89664。只有从奇方数开始，比如 81，121，169 或 225，并以半圈增量移动时，结果才是整数。

在九方图上旋转的步骤如下。

（1）从九方图上选择一个起始数字。

（2）计算这个起始数字的平方根。

（3）选择向内或向外旋转的距离。

A. 减去 2 则缩小一圈。

B. 减去 1 则缩小半圈。

C. 减去 0.5 则缩小四分之一圈。

D. 减去 0.25 则缩小八分之一圈。

E. 加上 2 则增加一圈。

F. 加上 1 则增加半圈。

G. 加上 0.5 则增加四分之一圈。

H. 加上 0.25 则增加八分之一圈。

（4）计算上一步得到的新数字的平方。

从数学上可以直观地看出，所有奇数都是以2为单位被分开的，如1，3，5，7，9，11，13等。显然所有偶数也是如此，如2，4，6，8，10，12等。这就是为什么在一个数的平方根上加或减"2"，然后重新求其平方，就相当于九方图上的一个360°循环。

另一个数学证明是，圆周的一半是180°。大家可以看到，九方图里奇方数与偶方数是彼此相对的。大家知道，在一个数字的平方根上加上"2"，再求其平方等于360°。因此，在一个数字的平方根上加上"1"，再求其平方则必然等于180°，因为2的一半等于"1"，360°的一半等于180°。如果想得到90°的关系，则需要在某个数的平方根上加上或减去0.5，然后重新求平方，因为90°是360°的四分之一，是180°的二分之一。

江恩说："我们在几何中使用三种图形：圆、正方形和三角形。我们得到一个圆的正方形和三角形点，以确定时间点、价格点和空间阻力点。我们使用360°的圆来测量时间和价格。"江恩的家徽便是圆形内有一个正方形和三角形。

结合江恩家徽和平方根运算，可以计算出相位的坐标和数字，合相（360°＝平方根±2）、对冲（180°＝平方根±1）、三分相（120°＝平方根±0.666，240°＝平方根±1.333）和四分相（90°＝平方根±0.5，270°＝平方根±1.5）。这项技术在九方图上定位数字非常快捷，可在九方图上快速查找与图表上先前位置具有几何关系的单元格，以及更多度数及其对应的旋转距离，见表1-4。

有的分析师还使用黄金比率作为平方根增量，主要包括0.236，0.382，0.50和0.618。例如，取价格的平方根，对其加或减0.382，然后对结果重新求平方，结果与上面是一样的，只是这里使用的是黄金比率。

表 1-4 九方图度数对应的旋转距离

45°	=45/180=0.25	225°	=225/180=1.25
60°	=60/180=0.333	240°	=240/180=1.333
90°	=90/180=0.50	270°	=270/180=1.50
120°	=120/180=0.666	300°	=300/180=1.666
135°	=135/180=0.75	315°	=315/180=1.75
180°	=180/180=1.00	360°	=360/180=2.00

九、圆周

历史上伟大的数学家和哲学家毕达哥拉斯说："圆和正方形上的单位是彼此相关的，其对应的是时间和空间具体的点。"构建这样一个图表的原因是基于这样一个假设，即每个正整数，如 1，2，3，4，5 等，都对应于 0° 到 360° 之间圆的某个特定角度，九方图的独特之处就在于它实现了古老的"圆的时间正方"。

1. 内切圆

九方图中第一个内切圆的半径是从中心到 352。该数字显示在与数字 360 相同的水平线上，即 360 右侧的第八个单元格；从中心开始的下一个内切圆的半径向下延伸至基数 716，这个数字出现在与数字 720 相同的水平线上，等于 2 乘以 360，这就是第二个圆位于此处的原因；第三个圆穿过数字 1080 所在的层级，等于 3 乘以 360……以此类推。第三个圆的半径为第二个圆下方第 3 个单元格处，这也是第二个圆与第一个圆的间隔数。

请注意正方形是如何在九方图的 45° 角之一的 361 处完成的，即 315°角。如果你从中心的 0 点开始，它将正好在 360 处完成。请注意从中心开始的第二个圆的半径是如何穿过 720（2×360）的，如图 1-9 所示。

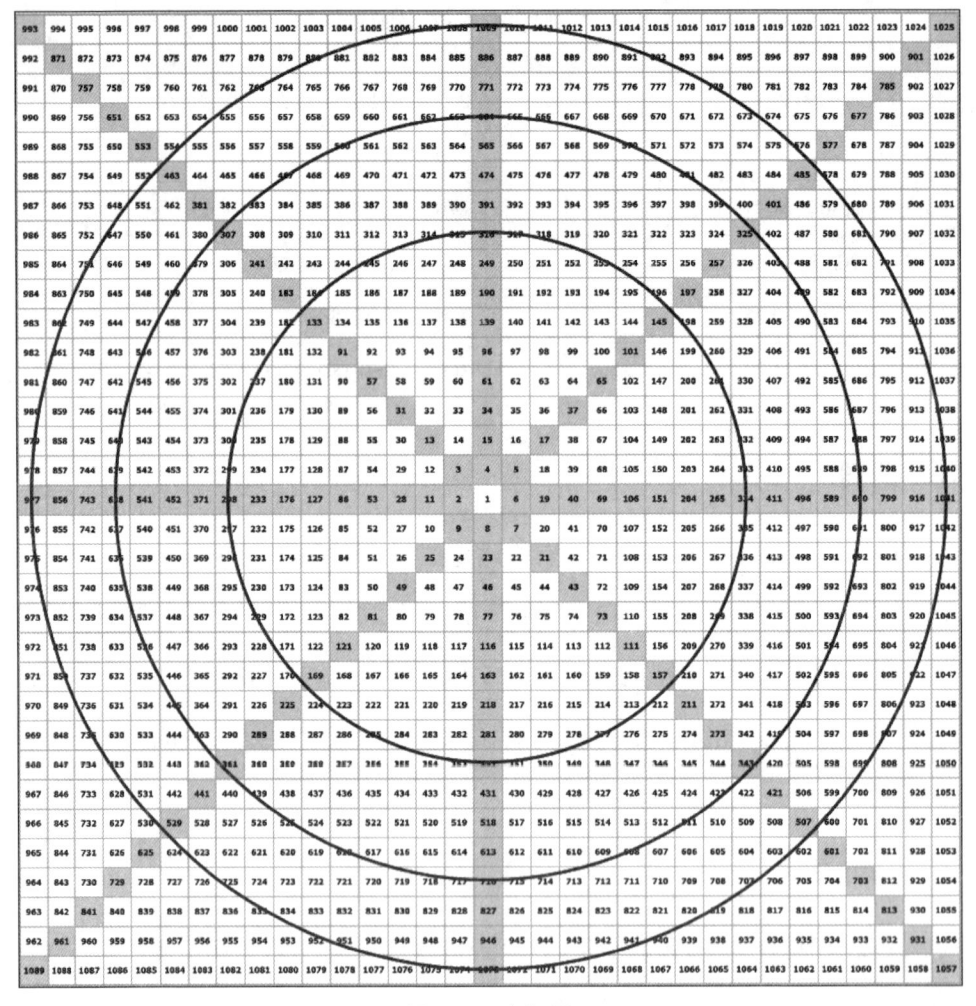

图 1-9　内切圆

2. 外切圆

江恩在九方图的圆周（外圆）上加上了度数标记，江恩把 0° 和 360° 标记在中心水平线右侧。除了标记度数以外，江恩还把一年 365 天和一天 24 小时标记在圆周上。

圆圈以逆时针的方式围绕九方图旋转，3 月 21 日对应 0° 和 360°，这是春分点，太阳位于白羊座 0°，也被称为春分日，这代表 1 的开始。事实上，太阳并不移动，而是地球围绕太阳旋转。6月21日夏至对应90°，9月22日秋分对应180°，12月21日冬至对应270°。这意味着日期不是均匀地分布在正方形周围。从春分到夏至是92天，从夏至到秋分是93天，从秋分到冬至是90天。除闰年外，从冬至回到春分是90天，即92+93+90+90=365。

24小时圆周与日期圆周使用的方式相同。小周期在大周期中，就如大周期在更大的周期中一样。正如《圣经》所言"如上即下"。九方图上的3月21日所在的位置就是6点钟所在的位置。在九方图的另一边，也就是9月22日所在的位置就是18点钟所在的位置。这相当于告诉你12小时等于180°，45°=3小时，90°=6小时，120°=8小时等。当你将九方图的圆周用作分钟时，九方图上的数字就可用于计算小时数或日内阻力位。事实上，九方图适用于任何时间周期，所以可以将九方图应用于任何大小的时间周期，无论是1分钟还是15分钟。

当观察日历数与九方图上数字的数学关系时，会发现它们之间有一个非常完美的1:1关系。地球绕着太阳作360°旋转产生日历日，其中的每个数字代表一天。当你观察时间（早上6:00到次日早上6:00），将无法得出这种关系。这里用的是24小时=360°，那么会得到1°等于4分钟。

计算如下：首先，将24小时转换为分钟。1小时有60分钟，所以用24乘以60，得到1440。用1440除以360，得到4分钟。图1-10所示为24小时圆周九方图。

表1-5显示了360°对应的所有日期和时间。黄道星座和罗盘方位也一同标示在该表上。

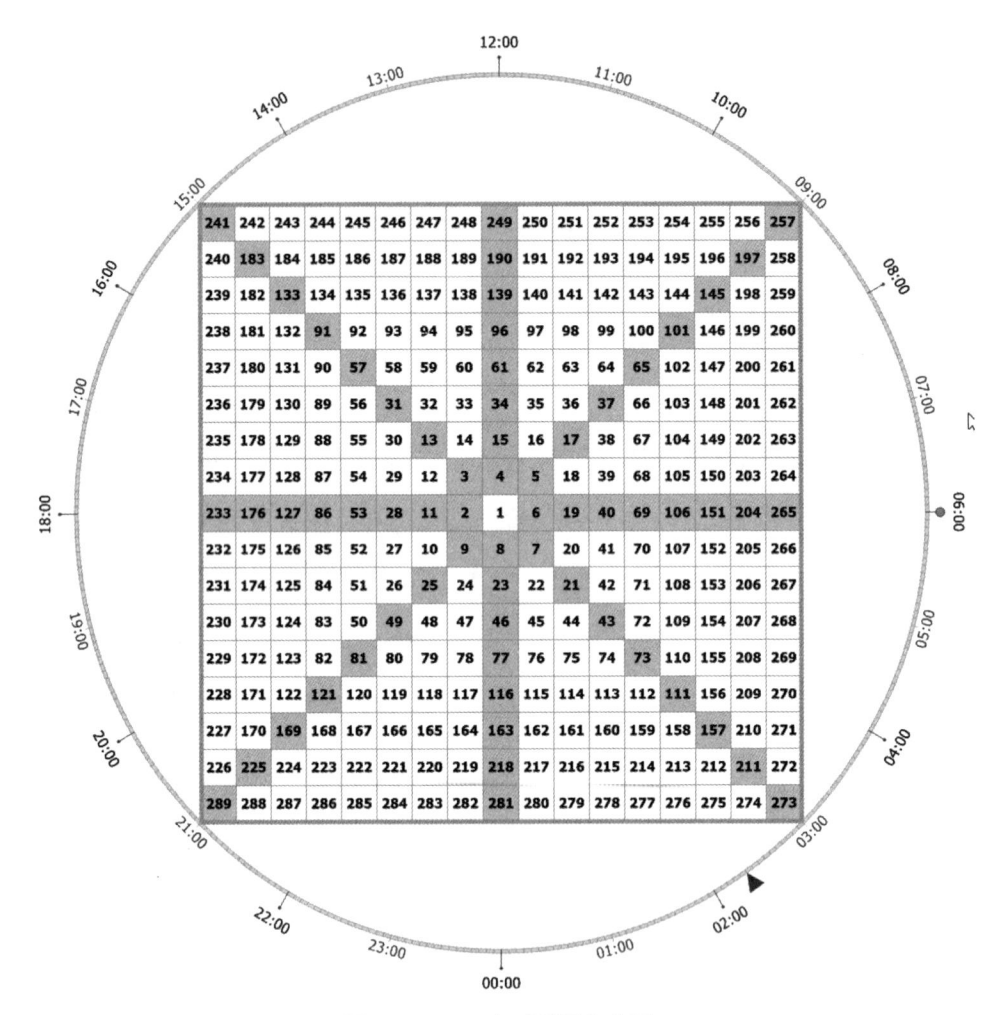

图 1-10　24 小时圆周九方图

表 1-5　九方图圆周度数、日期、时间、节气、方位及星座对照表

角度	日期	时间	节气	方位	星座
0°	3月21日	6:00AM	春分	东方	白羊座♈
1°	3月22日	6:04AM			
2°	3月23日	6:08AM			
3°	3月24日	6:12AM			
4°	3月25日	6:16AM			

（续表）

角度	日期	时间	节气	方位	星座
5°	3月26日	6:20AM			
6°	3月27日	6:24AM			
7°	3月28日	6:28AM			
8°	3月29日	6:32AM			
9°	3月30日	6:36AM			
10°	3月31日	6:40AM			
11°	4月1日	6:44AM			
12°	4月2日	6:48AM			
13°	4月3日	6:52AM			
14°	4月4日	6:56AM			
15°	4月5日	7:00AM			
16°	4月6日	7:04AM			
17°	4月7日	7:08AM			
18°	4月8日	7:12AM			
19°	4月9日	7:16AM			
20°	4月10日	7:20AM			
21°	4月11日	7:24AM			
22°	4月12日	7:28AM			
22.5°	4月13日	7:30AM			
23°	4月14日	7:32AM			
24°	4月15日	7:36AM			
25°	4月16日	7:40AM			
26°	4月17日	7:44AM			
27°	4月18日	7:48AM			
28°	4月19日	7:52AM			
29°	4月20日	7:56AM			金牛座♉
30°	4月21日	8:00AM			
31°	4月22日	8:04AM			

（续表）

角度	日期	时间	节气	方位	星座
32°	4月23日	8:08AM			
33°	4月24日	8:12AM			
34°	4月25日	8:16AM			
35°	4月26日	8:20AM			
36°	4月27日	8:24AM			
37°	4月28日	8:28AM			
38°	4月29日	8:32AM			
39°	4月30日	8:36AM			
40°	5月1日	8:40AM			
41°	5月2日	8:44AM			
42°	5月3日	8:48AM			
43°	5月4日	8:52AM			
44°	5月5日	8:56AM			
45°	5月6日	9:00AM		东北	
46°	5月7日	9:04AM			
47°	5月8日	9:08AM			
48°	5月9日	9:12AM			
49°	5月10日	9:16AM			
50°	5月11日	9:20AM			
51°	5月12日	9:24AM			
52°	5月13日	9:28AM			
53°	5月14日	9:32AM			
54°	5月15日	9:36AM			
55°	5月16日	9:40AM			
56°	5月17日	9:44AM			
57°	5月18日	9:48AM			
58°	5月19日	9:52AM			
59°	5月20日	9:56AM			

（续表）

角度	日期	时间	节气	方位	星座
60°	5月21日	10:00AM			双子座♊
61°	5月22日	10:04AM			
62°	5月23日	10:08AM			
63°	5月24日	10:12AM			
64°	5月25日	10:16AM			
65°	5月26日	10:20AM			
66°	5月27日	10:24AM			
67°	5月28日	10:28AM			
67.5°	5月29日	10:30AM			
68°	5月30日	10:32AM			
69°	5月31日	10:36AM			
70°	6月1日	10:40AM			
71°	6月2日	10:44AM			
72°	6月3日	10:48AM			
73°	6月4日	10:52AM			
74°	6月5日	10:56AM			
75°	6月6日	11:00AM			
76°	6月7日	11:04AM			
77°	6月8日	11:08AM			
78°	6月9日	11:12AM			
79°	6月10日	11:16AM			
80°	6月11日	11:20AM			
81°	6月12日	11:24AM			
82°	6月13日	11:28AM			
83°	6月14日	11:32AM			
84°	6月15日	11:36AM			
85°	6月16日	11:40AM			
86°	6月17日	11:44AM			

（续表）

角度	日期	时间	节气	方位	星座
87°	6月18日	11:48AM			
88°	6月19日	11:52AM			
89°	6月20日	11:56AM			
90°	6月21日	12:00 正午	夏至	北方	巨蟹座 ♋
91°	6月22日	12:04PM			
92°	6月23日	12:08PM			
93°	6月24日	12:12PM			
94°	6月25日	12:16PM			
95°	6月26日	12:20PM			
96°	6月27日	12:24PM			
97°	6月28日	12:28PM			
98°	6月29日	12:32PM			
99°	6月30日	12:36PM			
100°	7月1日	12:40PM			
101°	7月2日	12:44PM			
101.5°	7月3日	12:46PM			
102°	7月4日	12:48PM			
103°	7月5日	12:52PM			
104°	7月6日	12:56PM			
105°	7月7日	1:00PM			
106°	7月8日	1:04PM			
107°	7月9日	1:08PM			
108°	7月10日	1:12PM			
109°	7月11日	1:16PM			
110°	7月12日	1:20PM			
111°	7月13日	1:24PM			
112°	7月14日	1:28PM			
112.5°	7月15日	1:32PM			

（续表）

角度	日期	时间	节气	方位	星座
113°	7月16日	1:36PM			
114°	7月17日	1:40PM			
115°	7月18日	1:44PM			
116°	7月19日	1:48PM			
117°	7月20日	1:52PM			
118°	7月21日	1:56PM			
119°	7月22日	1:00PM			
120°	7月23日	2:00PM			狮子座 ♌
121°	7月24日	2:04PM			
122°	7月25日	2:08PM			
123°	7月26日	2:12PM			
124°	7月27日	2:16PM			
125°	7月28日	2:20PM			
126°	7月29日	2:24PM			
127°	7月30日	2:28PM			
128°	7月31日	2:32PM			
129°	8月1日	2:36PM			
130°	8月2日	2:40PM			
131°	8月3日	2:44PM			
132°	8月4日	2:48PM			
133°	8月5日	2:52PM			
134°	8月6日	2:56PM			
135°	8月7日	3:00PM		西北	
136°	8月8日	3:04PM			
137°	8月9日	3:08PM			
138°	8月10日	3:12PM			
139°	8月11日	3:16PM			
140°	8月12日	3:20PM			

（续表）

角度	日期	时间	节气	方位	星座
141°	8月13日	3:24PM			
142°	8月14日	3:28PM			
143°	8月15日	3:32PM			
144°	8月16日	3:36PM			
145°	8月17日	3:40PM			
146°	8月18日	3:44PM			
147°	8月19日	3:48PM			
148°	8月20日	3:52PM			
149°	8月21日	3:56PM			
150°	8月22日	4:00PM			处女座♍
151°	8月23日	4:04PM			
152°	8月24日	4:08PM			
153°	8月25日	4:12PM			
154°	8月26日	4:16PM			
155°	8月27日	4:20PM			
156°	8月28日	4:24PM			
157°	8月29日	4:28PM			
157.5°	8月30日	4:30PM			
158°	8月31日	4:32PM			
159°	9月1日	4:36PM			
160°	9月2日	4:40PM			
161°	9月3日	4:44PM			
162°	9月4日	4:48PM			
163°	9月5日	4:52PM			
164°	9月6日	4:56PM			
165°	9月7日	5:00PM			
166°	9月8日	5:04PM			
167°	9月9日	5:08PM			

（续表）

角度	日期	时间	节气	方位	星座
168°	9月10日	5:12PM			
169°	9月11日	5:16PM			
170°	9月12日	5:20PM			
171°	9月13日	5:24PM			
172°	9月14日	5:28PM			
173°	9月15日	5:32PM			
174°	9月16日	5:36PM			
175°	9月17日	5:40PM			
176°	9月18日	5:44PM			
177°	9月19日	5:48PM			
178°	9月20日	5:52PM			
179°	9月21日	5:56PM			
180°	9月22日	6:00PM	秋分	西方	天秤座 ♎
181°	9月23日	6:04PM			
182°	9月24日	6:08PM			
183°	9月25日	6:12PM			
184°	9月26日	6:16PM			
185°	9月27日	6:20PM			
186°	9月28日	6:24PM			
187°	9月29日	6:28PM			
188°	9月30日	6:32PM			
189°	10月1日	6:36PM			
190°	10月2日	6:40PM			
191°	10月3日	6:44PM			
192°	10月4日	6:48PM			
193°	10月5日	6:52PM			
194°	10月6日	6:56PM			
195°	10月7日	7:00PM			

（续表）

角度	日期	时间	节气	方位	星座
196°	10月8日	7:04PM			
197°	10月9日	7:08PM			
198°	10月10日	7:12PM			
199°	10月11日	7:16PM			
200°	10月12日	7:20PM			
201°	10月13日	7:24PM			
202°	10月14日	7:28PM			
203°	10月15日	7:32PM			
204°	10月16日	7:36PM			
205°	10月17日	7:40PM			
206°	10月18日	7:44PM			
207°	10月19日	7:48PM			
208°	10月20日	7:52PM			
209°	10月21日	7:56PM			
210°	10月22日	8:00PM			天蝎座 ♏
211°	10月23日	8:04PM			
212°	10月24日	8:08PM			
213°	10月25日	8:12PM			
214°	10月26日	8:16PM			
215°	10月27日	8:20PM			
216°	10月28日	8:24PM			
217°	10月29日	8:28PM			
218°	10月30日	8:32PM			
219°	10月31日	8:36PM			
220°	11月1日	8:40PM			
221°	11月2日	8:44PM			
222°	11月3日	8:48PM			
223°	11月4日	8:52PM			

（续表）

角度	日期	时间	节气	方位	星座
224°	11月5日	8:56PM			
225°	11月6日	9:00PM		西南	
226°	11月7日	9:04PM			
227°	11月8日	9:08PM			
228°	11月9日	9:12PM			
229°	11月10日	9:16PM			
230°	11月11日	9:20PM			
231°	11月12日	9:24PM			
232°	11月13日	9:28PM			
233°	11月14日	9:32PM			
234°	11月15日	9:36PM			
235°	11月16日	9:40PM			
236°	11月17日	9:44PM			
237°	11月18日	9:48PM			
238°	11月19日	9:52PM			
239°	11月20日	9:56PM			
240°	11月21日	10:00PM			射手座 ♐
241°	11月22日	10:04PM			
242°	11月23日	10:08PM			
243°	11月24日	10:12PM			
244°	11月25日	10:16PM			
245°	11月26日	10:20PM			
246°	11月27日	10:24PM			
247°	11月28日	10:28PM			
248°	11月29日	10:32PM			
249°	11月30日	10:36PM			
250°	12月1日	10:40PM			
251°	12月2日	10:44PM			

（续表）

角度	日期	时间	节气	方位	星座
252°	12月3日	10:48PM			
253°	12月4日	10:52PM			
254°	12月5日	10:56PM			
255°	12月6日	11:00PM			
256°	12月7日	11:04PM			
257°	12月8日	11:08PM			
258°	12月9日	11:12PM			
259°	12月10日	11:16PM			
260°	12月11日	11:20PM			
261°	12月12日	11:24PM			
262°	12月13日	11:28PM			
263°	12月14日	11:32PM			
264°	12月15日	11:36PM			
265°	12月16日	11:40PM			
266°	12月17日	11:44PM			
267°	12月18日	11:48PM			
268°	12月19日	11:52PM			
269°	12月20日	11:56PM			
270°	12月21日	12:00午夜	冬至	南方	摩羯座♑
271°	12月22日	12:04AM			
272°	12月23日	12:08AM			
273°	12月24日	12:12AM			
274°	12月25日	12:16AM			
275°	12月26日	12:20AM			
276°	12月27日	12:24AM			
277°	12月28日	12:28AM			
278°	12月29日	12:32AM			
279°	12月30日	12:36AM			

（续表）

角度	日期	时间	节气	方位	星座
280°	12月31日	12:40AM			
281°	1月1日	12:44AM			
282°	1月2日	12:48AM			
283°	1月3日	12:52AM			
284°	1月4日	12:56AM			
285°	1月5日	1:00AM			
286°	1月6日	1:04AM			
287°	1月7日	1:08AM			
288°	1月8日	1:12AM			
289°	1月9日	1:16AM			
290°	1月10日	1:20AM			
291°	1月11日	1:24AM			
292°	1月12日	1:28AM			
293°	1月13日	1:32AM			
294°	1月14日	1:36AM			
295°	1月15日	1:40AM			
296°	1月16日	1:44AM			
297°	1月17日	1:48AM			
298°	1月18日	1:52AM			
299°	1月19日	1:56AM			
300°	1月20日	2:00AM			水瓶座 ♒
301°	1月21日	2:04AM			
302°	1月22日	2:08AM			
303°	1月23日	2:12AM			
304°	1月24日	2:16AM			
305°	1月25日	2:20AM			
306°	1月26日	2:24AM			
307°	1月27日	2:28AM			

（续表）

角度	日期	时间	节气	方位	星座
308°	1月28日	2:32AM			
309°	1月29日	2:36AM			
310°	1月30日	2:40AM			
311°	1月31日	2:44AM			
312°	2月1日	2:48AM			
313°	2月2日	2:52AM			
314°	2月3日	2:56AM			
315°	2月4日	3:00AM			
316°	2月5日	3:04AM			
317°	2月6日	3:08AM			
318°	2月7日	3:12AM			
319°	2月8日	3:16AM			
320°	2月9日	3:20AM			
321°	2月10日	3:24AM			
322°	2月11日	3:28AM			
323°	2月12日	3:32AM			
324°	2月13日	3:36AM			
325°	2月14日	3:40AM			
326°	2月15日	3:44AM			
327°	2月16日	3:48AM			
328°	2月17日	3:52AM			
329°	2月18日	3:56AM			
330°	2月19日	4:00AM			双鱼座 ♓
331°	2月20日	4:04AM			
332°	2月21日	4:08AM			
333°	2月22日	4:12AM			
334°	2月23日	4:16AM			
335°	2月24日	4:20AM			

（续表）

角度	日期	时间	节气	方位	星座
336°	2月25日	4:24AM			
337°	2月26日	4:28AM			
338°	2月27日	4:32AM			
339°	2月28日	4:36AM			
340°	3月1日	4:40AM			
341°	3月2日	4:44AM			
342°	3月3日	4:48AM			
343°	3月4日	4:52AM			
344°	3月5日	4:56AM			
345°	3月6日	5:00AM			
346°	3月7日	5:04AM			
347°	3月8日	5:08AM			
348°	3月9日	5:12AM			
349°	3月10日	5:16AM			
350°	3月11日	5:20AM			
351°	3月12日	5:24AM			
352°	3月13日	5:28AM			
353°	3月14日	5:32AM			
354°	3月15日	5:36AM			
355°	3月16日	5:40AM			
356°	3月17日	5:44AM			
357°	3月18日	5:48AM			
358°	3月19日	5:52AM			
359°	3月20日	5:56AM			
360°	3月21日	6:00AM	春分	东方	白羊座♈

注：表中 AM 表示午夜至正午时间段，PM 表示正午至午夜时间段。

在使用九方图时，江恩从九方图中心连线到圆周上，这些连线将与后文介绍的多种预测方法搭配使用。江恩给这些线赋予了角度值，并根据圆周度数对其命名。如图 1-11 所示，有一条直线从正方形中心连接到圆周上的 70°，此时，这条直线称作 70° 线；另一条直线从中心连接到圆周上的 200°，这条直线称作 200° 线。这并非传统意义上的角度线，而是江恩标记这些九方图上连线的方法，这实际上是九方图的专用术语。

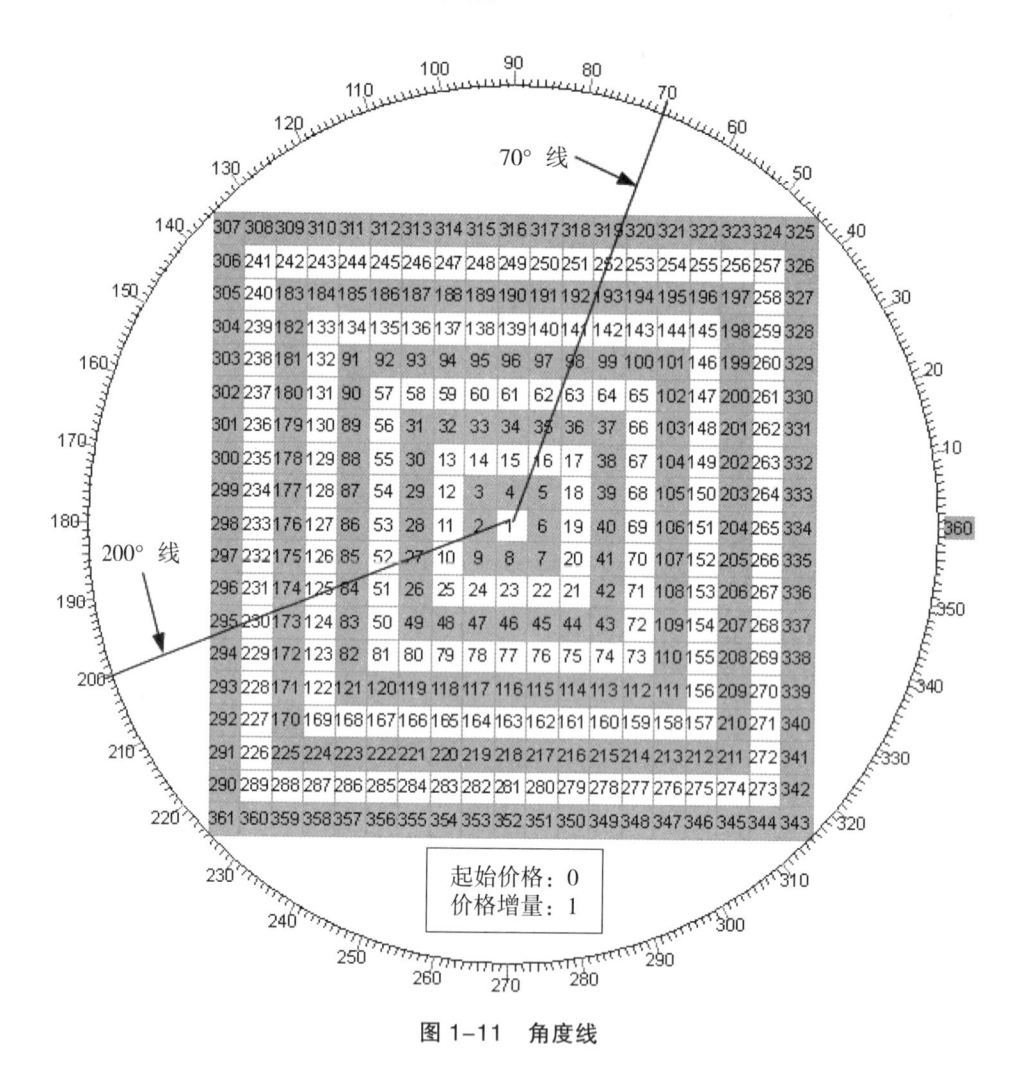

图 1-11 角度线

江恩并不总是在九方图的周围画出圆周，因为这样会使得最终的九方图看起来非常大，他有时会把圆周的度数围绕正方形以 45° 增量标注在正方图周围，如图 1-12 所示。

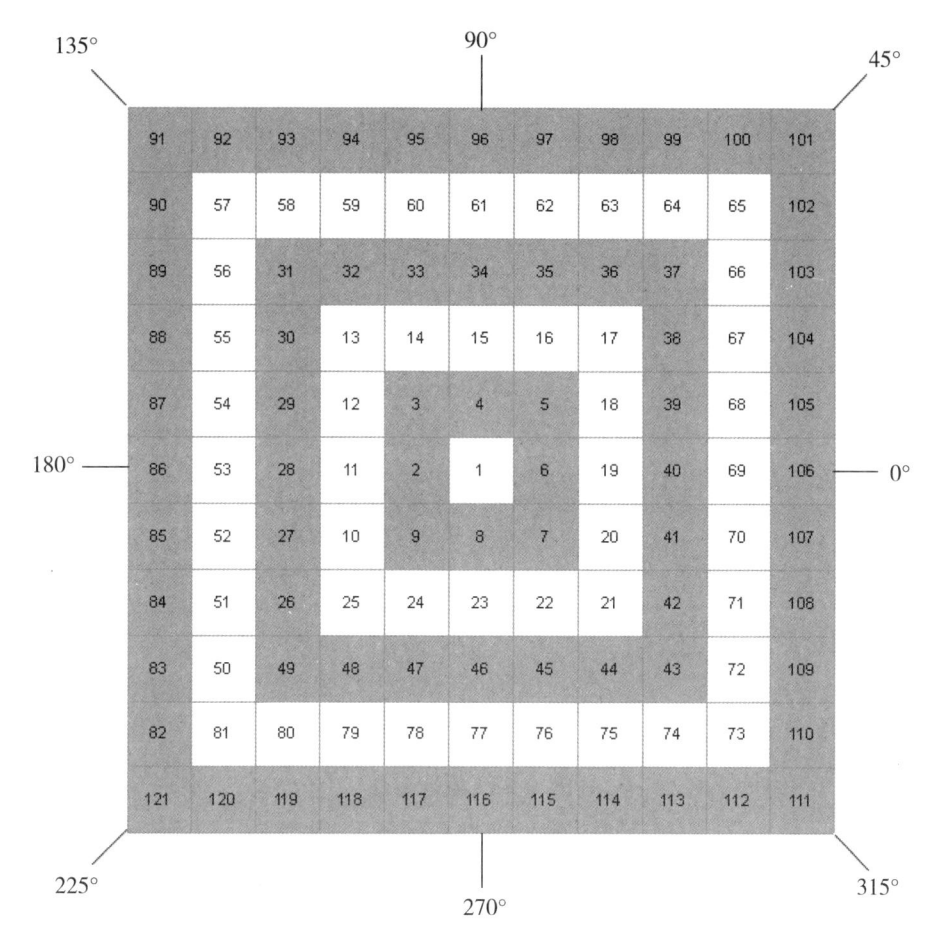

图 1-12 无圆周九方图

在江恩使用的大部分九方图中，圆周度数是从中心水平线右侧开始的，在图 1-13 中标记为"A"。在江恩的著作里，也有少部分九方图以中心水平线左侧或者左下角为起始点，在图 1-13 中标记为"B"和"C"。本书介绍的九方图，所有的圆周都以"A"点作为起点。

十、角度覆盖层

九方图上有两种类型的覆盖层，即角度覆盖层和几何覆盖层。图 1-14 显示了水平交叉线和对角交叉线的度数，这些角度在九方图上是相对固定的，可

57	58	59	60	61	62	63	64	65
56	31	32	33	34	35	36	37	66
55	30	13	14	15	16	17	38	67
54	29	12	3	4	5	18	39	68
53	28	11	2	1	6	19	40	69
52	27	10	9	8	7	20	41	70
51	26	25	24	23	22	21	42	71
50	49	48	47	46	45	44	43	72
81	80	79	78	77	76	75	74	73

B 0°开始 （左侧）　A 0°开始 （右侧）　0°开始 C（底部）

图1-13　圆周起点

以将其作为九方图的覆盖层，以让其围绕九方图自由转动。水平交叉线和对角交叉线相隔45°。通过旋转角度覆盖层，可以看到九方图表面的数字，它们相距45°，并且具有不同的起点。这样一来，覆盖层就变成了可移动的水平交叉线和对角交叉线。

角度覆盖层上的其他角度线由0°线确定。例如，与0°线相对的线叫作180°线；与0°线相距45°的两条线称为45°线和315°线；与0°线相距90°的两条线被命名为90°线和270°线。

江恩不只使用45°覆盖层，他还使用60°覆盖层，如图1-15所示。

图1-16所示的覆盖层是江恩曾使用过的一种特殊的角度覆盖层。这个覆盖层中有180°线和两条与0°线夹角为144°和216°的角度线，它们被分别标记为144°线和216°线。

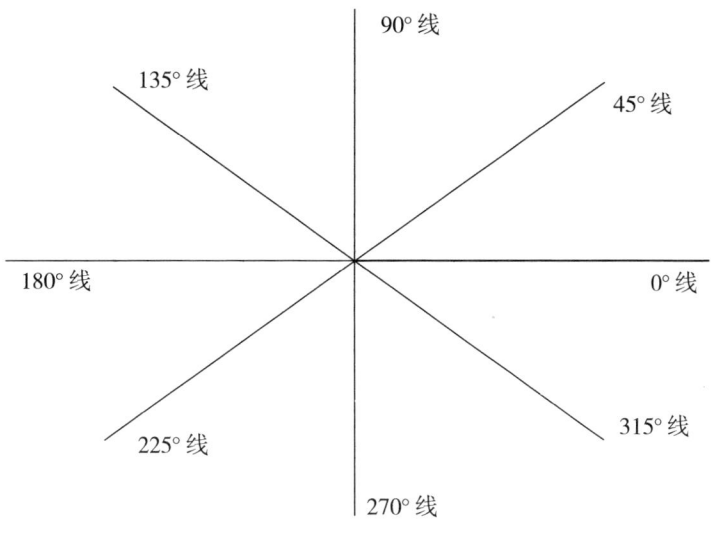

图 1-14　45°覆盖层

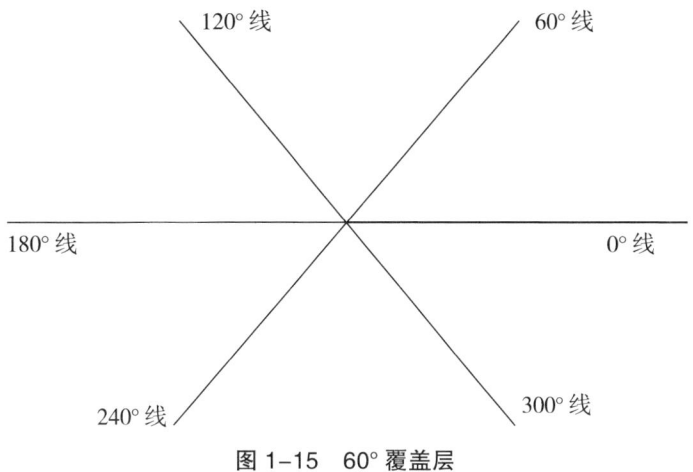

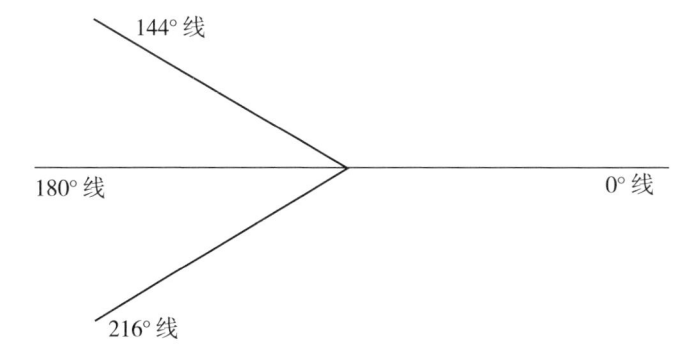

图 1-15　60°覆盖层

图 1-16　特殊角度覆盖层

十一、几何覆盖层

几何覆盖层是江恩使用的第二种类型的覆盖层。他最常使用的两种几何形状是正方形和三角形。

如图 1-17 所示，九方图上有一个三角形覆盖层。在每个几何覆盖层上有两组线，第一组线构成几何图形，由普通线段构成；第二组线在几何图形内部，从九方图的中央连接到几何图形的各个角，由箭头线段构成。

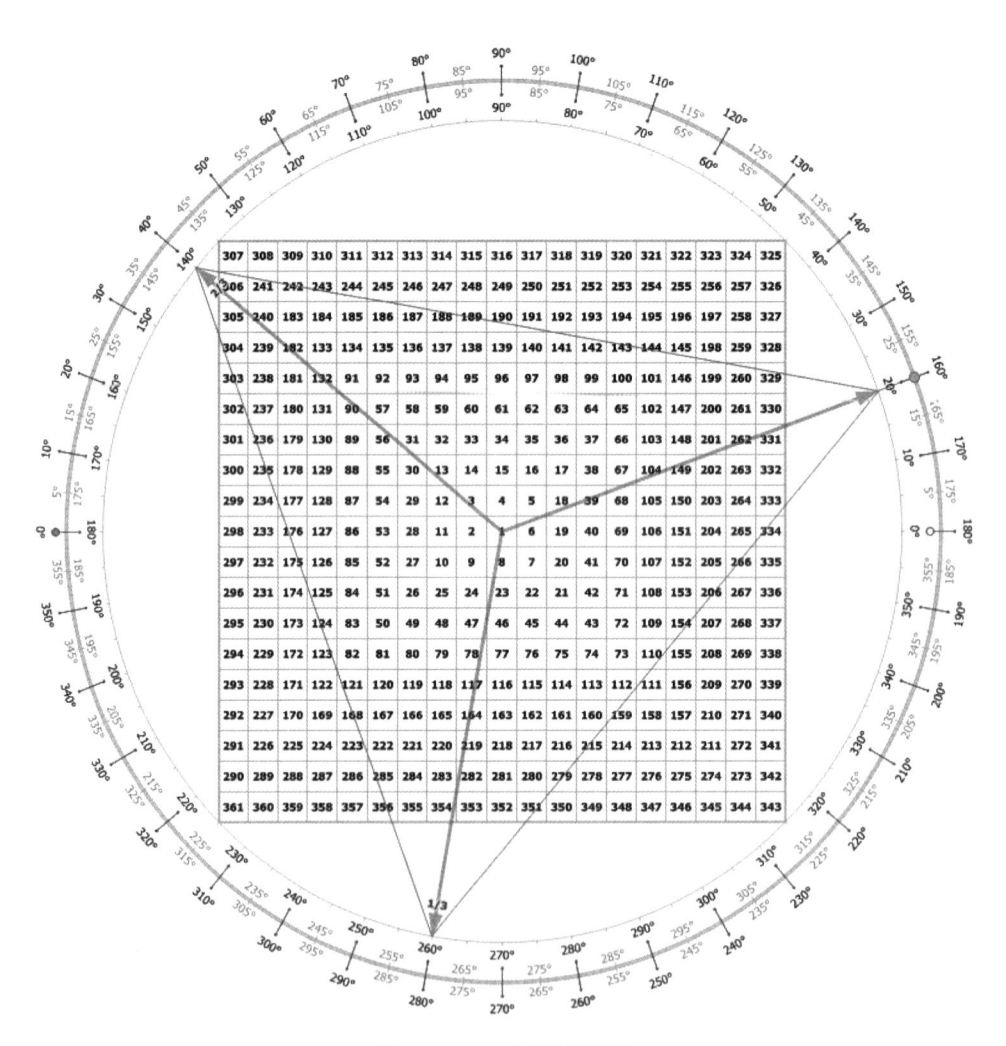

图 1-17 三角形覆盖层

图 1-18 显示了一个具有正方形覆盖层的九方图。同样，在正方形覆盖层上也出现了两组线，第一组线是构成正方形的普通线段，第二组线是从九方图中心连接到四个角的箭头线段。

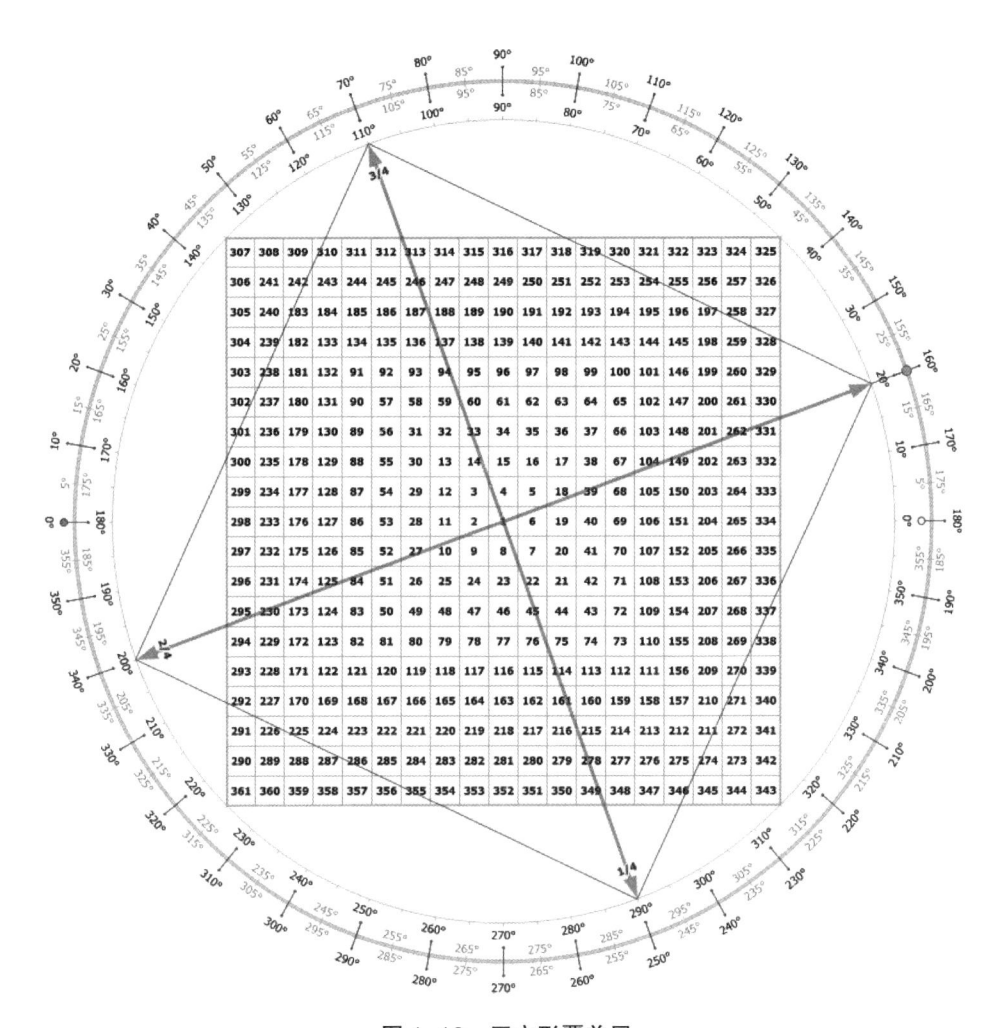

图 1-18　正方形覆盖层

值得一提的是，几何覆盖层中的六边形覆盖层与八边形覆盖层，其实就是角度覆盖层中的 60° 覆盖层与 45° 覆盖层。

十二、对齐覆盖层

有两种方法可以在九方图上对齐覆盖层。第一种方法是把覆盖层的 0° 线和九方图圆周上的某个度数对齐。如图 1-19 所示,通过旋转覆盖层,使其 0° 线与圆周的 212° 对齐,这使得九方图上的数字从 212° 开始以 45° 增量的形式出现。例如,覆盖层 0° 线穿过单元格 26,83,123 和 228;覆盖层的 90° 线穿过单元格 22,44,74,113 和 159;覆盖层的 315° 线穿过单元格 29,54,87 和 128。这就是为什么说覆盖层是一个可移动的水平交叉线和对角交叉线。

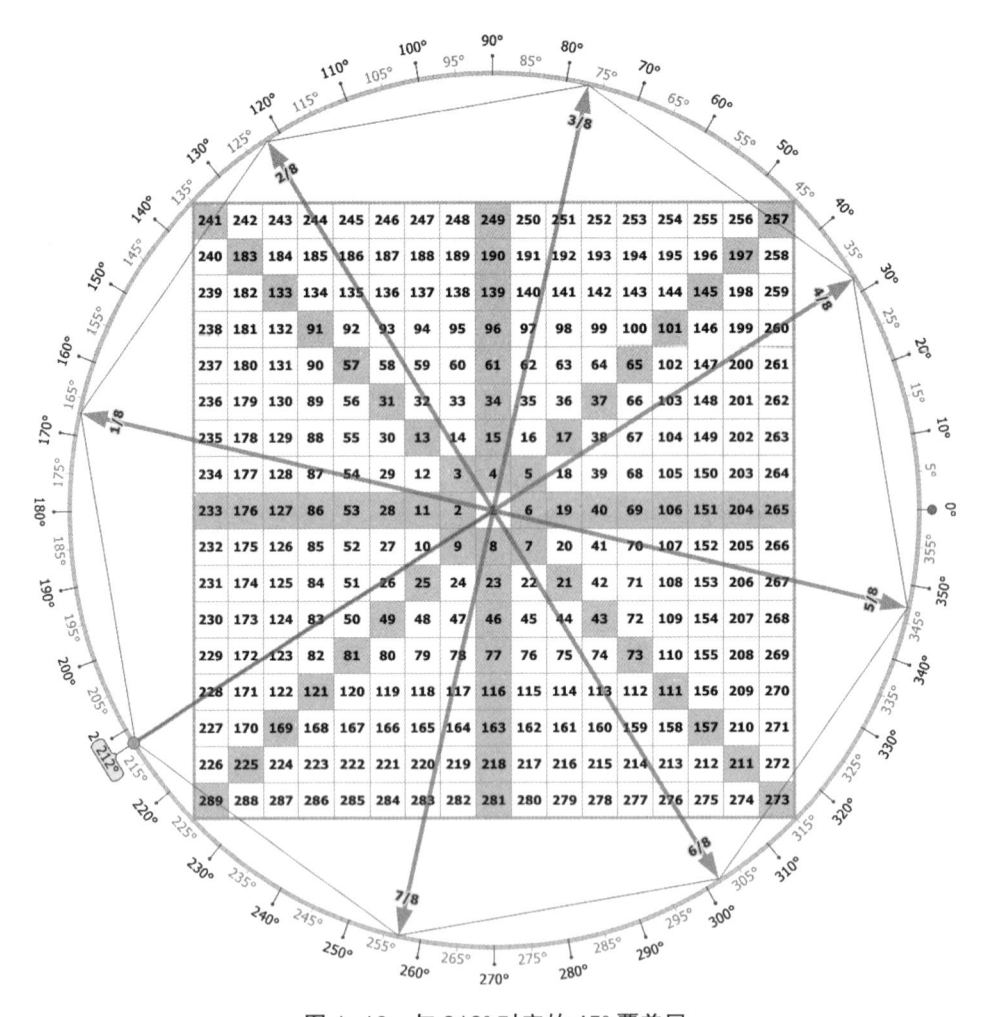

图 1-19 与 212° 对齐的 45° 覆盖层

第二种方法是将 0° 线与某单元格对齐。如图 1-20 所示，该覆盖层显示了两条与 0° 线夹角为 144° 和 216° 的角度线。使该覆盖层的 0° 线穿越单元格 154，在这种情形下，就说覆盖层与单元格 154 对齐，或者说覆盖层以单元格 154 为起点。注意，将覆盖层与单元格对齐时，0° 线应穿过这个单元格的正中心。

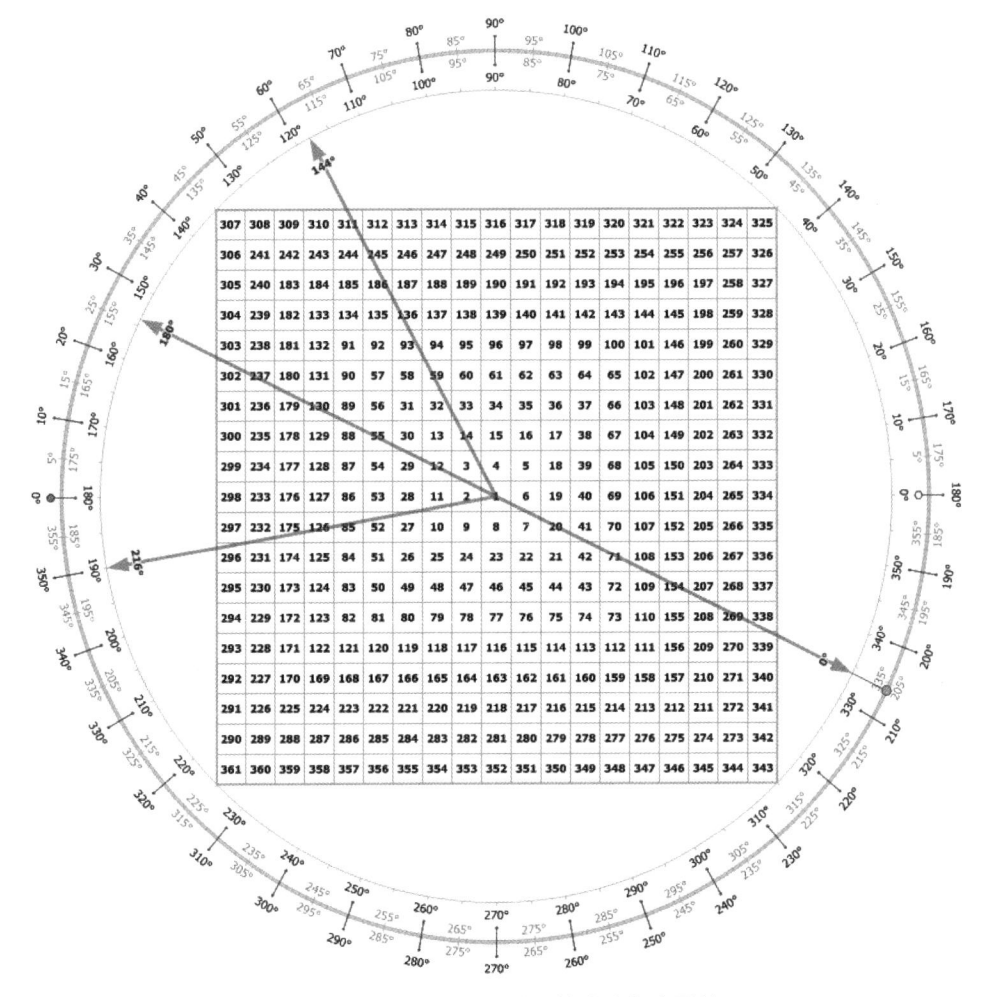

图 1-20　与单元格 154 对齐的特殊角度覆盖层

几何覆盖层使用和角度覆盖层相同的两种方法放置。第一种对齐方法是将几何图形的一个角对准圆周上的一个度数，第二种对齐方法是将几何图形内部连接线与某一单元格对齐。如图 1-21 所示，利用第一种对齐方法，将三角形的一个角与圆周的 20° 对齐；利用第二种对齐方法，使内部连接线与单元格 39 对齐。可以看到，两种对齐方法得到的结果是一样的。

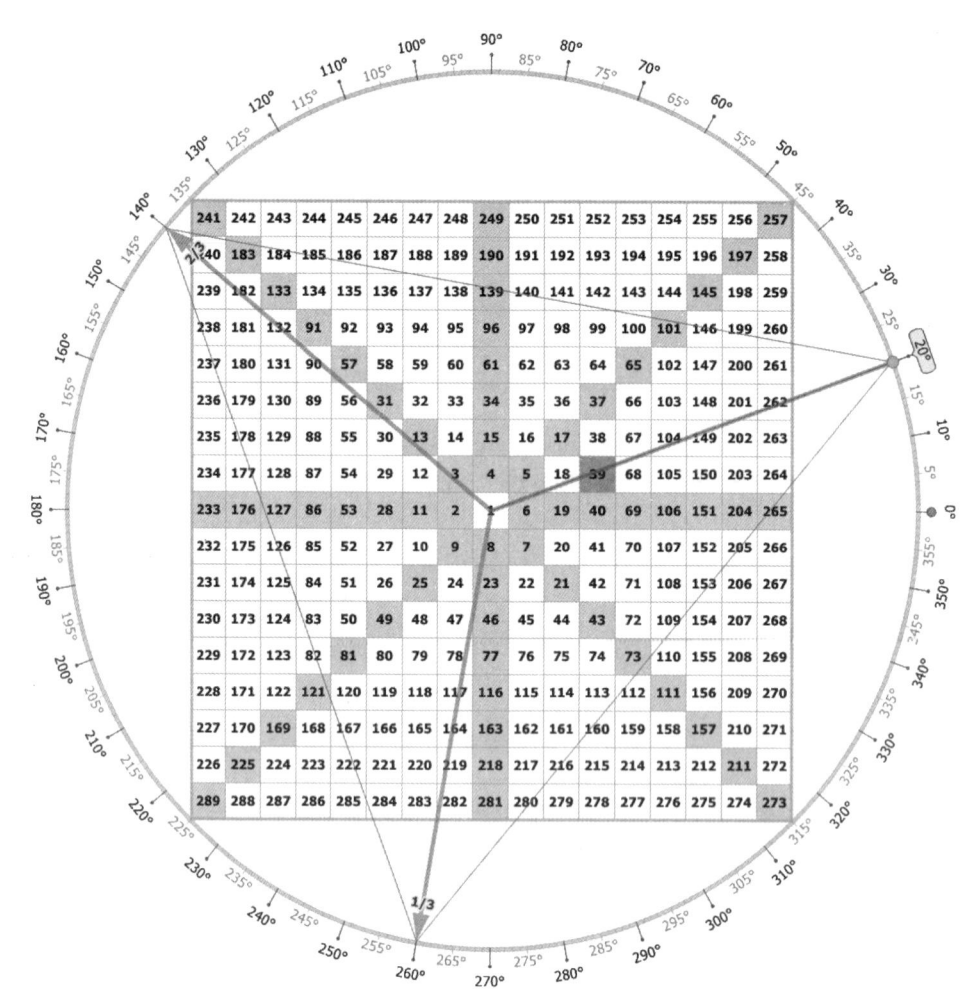

图 1-21　与 20° 对齐的三角形覆盖层

十三、对齐单元格

价格的变动包括小数，并不是简单的整数变动。要正确地将覆盖层与九方图上 37.25 这样的数字对齐，就需要了解这些数字与单元格的关系。图 1-22 显示了一个九方图的右上部分，粗实线是从九方图中心单元格 1 连接到九方图右上角的 45° 线。45° 线穿过所经过的每个单元格的中心，因为对角交叉线与水平交叉线能将所经过的单元格一分为二。

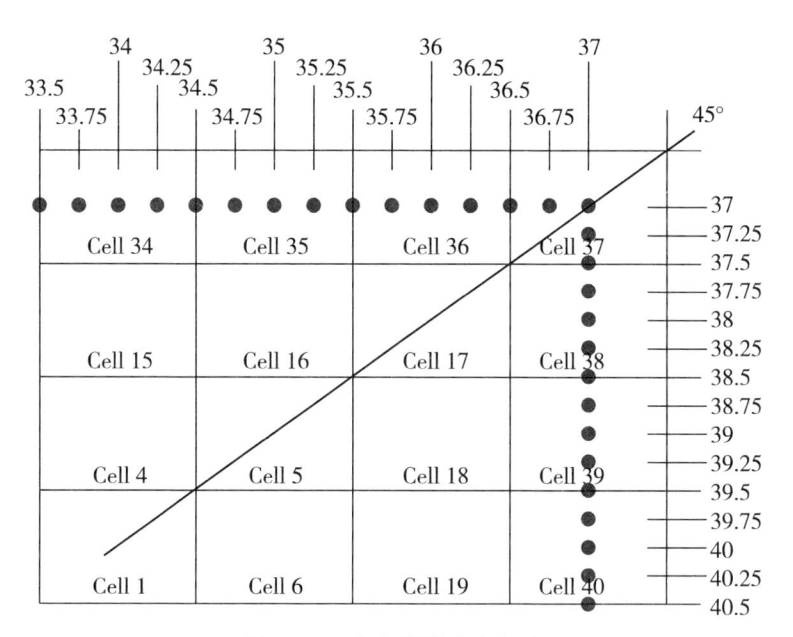

图 1-22　九方图的右上部分

图 1-22 中小圆点表示价格以 0.25 的增量递增，价格用短线标记。一个整数比如 35，是在单元格 35 的正中心；一个整数比如 36，是在单元格 36 的正中心。当从 35 移动到 36 时，数字 35.50 是在单元格 35 和单元格 36 的分界线上。正确地将覆盖层和单元格对齐的困难之处在于对齐小数部分大于 0.5 的数字，因为这些数字将穿入下一个单元格。例如，价格 34.75 是在单元格 35 里，35.75 是在单元格 36 里等。如果想把覆盖层与 39.75 对齐，它实际上位于单元格 40 的顶部。

图 1-23 通过特定价格绘制了四条角度线。第一条线从九方图的中心延伸到 34.5，这条线的角度是 80.78°，并且穿过单元格 34 和单元格 35 的分界线；下一条线穿过价格 36.25，这条线的角度是 53.48°，穿过单元格 36 的右侧；下一条线穿过价格 39，这条线正好穿过单元格 39 的正中心，角度为 18.43°；

最后一条线穿过价格 39.75，这条线以 4.61° 的角度穿过单元格 40 的顶部。

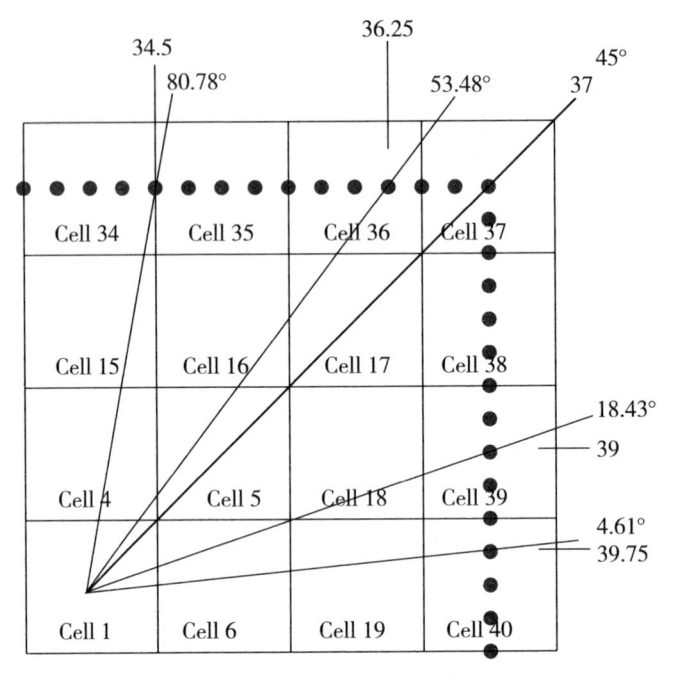

图 1-23　九方图上的四条角度线

十四、单元格度数

如图 1-23 所示，从九方图中心到单元格 39 的角度线的角度为 18.43°。当一条角度线是从九方图的中心到单元格的中心时，这个角度可以通过简单的计算求得，且覆盖层角度线和九方图单元格的所有关系都可以计算出来。

要确定特定单元格的准确角度，是一个相对简单的过程。如果想知道数字 3281 所在的角度，请在九方图中查找最接近的数字，在本例中为 180° 角的 3278。这个数字位于第 29 循环，这意味着每 45° 之间有 29 个单元格。29/45=0.6444，这意味着在该循环内，每 1° 增加 0.6444。想要的数字是 3281，比 180° 线上的数字 3278 大 3 个数。如果用 3 除以 1° 比率 0.6444，可以得到 4.655°。175.345（180°-4.655°）就是 3278 的度数，就这么简单。如果想找到数字 3680 的角度，首先在图表上找到最接近的数字，即第 30 循环 270° 角上的 3691，第 30 圈循环意味着每 45° 之间有 30 个数字，因此比率是 30/45=0.666。两个数字之间的差值为 3691-3680=11，11/0.666=16.50°。270° 加上 16.50° 等于 286.50°，这就是数字 3680 的角度。大家可以练习这个技巧，计算起来很简单。

通常来说，常用的是九方图的前九圈。为避免计算的烦扰，本书直接给出前九圈单元格对应的度数，如表 1-6 所示。

表 1-6　九方图前九圈单元格度数

第一圈	第二圈	第三圈	第四圈	第五圈	第六圈	第七圈	第八圈	第九圈
单元格 2=180°	单元格 10=206.56°	单元格 26=213.69°	单元格 50=216.87°	单元格 82=218.65°	单元格 122=219.80°	单元格 170=220.60°	单元格 226=221.18°	单元格 290=221.63°
单元格 3=135°	单元格 11=180°	单元格 27=198.43°	单元格 51=206.56°	单元格 83=210.96°	单元格 123=213.69°	单元格 171=215.53°	单元格 227=216.86°	单元格 291=217.87°
单元格 4=90°	单元格 12=153.43°	单元格 28=180°	单元格 52=194.03°	单元格 84=201.84°	单元格 124=206.56°	单元格 172=209.74°	单元格 228=212.00°	单元格 292=213.69°
单元格 5=45°	单元格 13=135°	单元格 29=161.56°	单元格 53=180°	单元格 85=191.31°	单元格 125=198.43°	单元格 173=203.19°	单元格 229=206.56°	单元格 293=209.05°
单元格 6=0°	单元格 14=116.56°	单元格 30=146.31°	单元格 54=165.96°	单元格 86=180°	单元格 126=189.46°	单元格 174=195.94°	单元格 230=200.55°	单元格 294=203.96°
单元格 7=315°	单元格 15=90°	单元格 31=135°	单元格 55=153.43°	单元格 87=168.69°	单元格 127=180°	单元格 175=188.13°	单元格 231=194.03°	单元格 295=198.43°
单元格 8=270°	单元格 16=63.43°	单元格 32=123.69°	单元格 56=143.13°	单元格 88=158.19°	单元格 128=170.53°	单元格 176=180°	单元格 232=187.12°	单元格 296=192.52°
单元格 9=225°	单元格 17=45°	单元格 33=108.43°	单元格 57=135°	单元格 89=149.03°	单元格 129=161.56°	单元格 177=171.86°	单元格 233=180°	单元格 297=186.34°
	单元格 18=26.56°	单元格 34=90°	单元格 58=126.87°	单元格 90=141.34°	单元格 130=153.43°	单元格 178=164.05°	单元格 234=172.87°	单元格 298=180°
	单元格 19=0°	单元格 35=71.56°	单元格 59=116.56°	单元格 91=135°	单元格 131=146.31°	单元格 179=156.80°	单元格 235=165.96°	单元格 299=173.65°
	单元格 20=333.43°	单元格 36=56.30°	单元格 60=104.03°	单元格 92=128.65°	单元格 132=140.19°	单元格 180=150.25°	单元格 236=159.44°	单元格 300=167.47°

（续表）

第一圈	第二圈	第三圈	第四圈	第五圈	第六圈	第七圈	第八圈	第九圈
	单元格 21=315°	单元格 37=45°	单元格 61=90°	单元格 93=120.96°	单元格 133=135°	单元格 181=144.46°	单元格 237=153.43°	单元格 301=161.56°
	单元格 22=296.56°	单元格 38=33.69°	单元格 62=75.96°	单元格 94=111.80°	单元格 134=129.80°	单元格 182=139.39°	单元格 238=147.99°	单元格 302=156.03°
	单元格 23=270°	单元格 39=18.43°	单元格 63=63.43°	单元格 95=101.30°	单元格 135=123.69°	单元格 183=135°	单元格 239=143.13°	单元格 303=150.94°
	单元格 24=243.43°	单元格 40=0°	单元格 64=53.13°	单元格 96=90°	单元格 136=116.56°	单元格 184=130.60°	单元格 240=138.81°	单元格 304=146.31°
	单元格 25=225°	单元格 41=341.56°	单元格 65=45°	单元格 97=78.69°	单元格 137=108.43°	单元格 185=125.53°	单元格 241=135°	单元格 305=142.12°
		单元格 42=326.31°	单元格 66=36.87°	单元格 98=68.19°	单元格 138=99.46°	单元格 186=119.74°	单元格 242=131.18°	单元格 306=138.36°
		单元格 43=315°	单元格 67=26.56°	单元格 99=59.03°	单元格 139=90°	单元格 187=113.19°	单元格 243=126.86°	单元格 307=135°
		单元格 44=303.69°	单元格 68=14.03°	单元格 100=51.34°	单元格 140=80.53°	单元格 188=105.94°	单元格 244=122.00°	单元格 308=131.63°
		单元格 45=288.43°	单元格 69=0°	单元格 101=45°	单元格 141=71.56°	单元格 189=98.13°	单元格 245=116.56°	单元格 309=127.87°
		单元格 46=270°	单元格 70=345.96°	单元格 102=38.65°	单元格 142=63.43°	单元格 190=90°	单元格 246=110.55°	单元格 310=123.69°
		单元格 47=251.56°	单元格 71=333.43°	单元格 103=30.96°	单元格 143=56.31°	单元格 191=81.86°	单元格 247=104.03°	单元格 311=119.05°
		单元格 48=236.31°	单元格 72=323.13°	单元格 104=21.80°	单元格 144=50.19°	单元格 192=74.05°	单元格 248=97.12°	单元格 312=113.96°
		单元格 49=225°	单元格 73=315°	单元格 105=11.31°	单元格 145=45°	单元格 193=66.80°	单元格 249=90°	单元格 313=108.43°
			单元格 74=306.86°	单元格 106=0°	单元格 146=39.80°	单元格 194=60.25°	单元格 250=82.87°	单元格 314=102.52°
			单元格 75=296.56°	单元格 107=348.69°	单元格 147=33.69°	单元格 195=54.46°	单元格 251=75.96°	单元格 315=96.34°
			单元格 76=284.03°	单元格 108=338.19°	单元格 148=26.56°	单元格 196=49.39°	单元格 252=69.44°	单元格 316=90°
			单元格 77=270°	单元格 109=329.03°	单元格 149=18.43°	单元格 197=45°	单元格 253=63.43°	单元格 317=83.65°

（续表）

第一圈	第二圈	第三圈	第四圈	第五圈	第六圈	第七圈	第八圈	第九圈
			单元格78=255.96°	单元格110=321.34°	单元格150=9.46°	单元格198=40.60°	单元格254=57.99°	单元格318=77.47°
			单元格79=243.43°	单元格111=315°	单元格151=0°	单元格199=35.53°	单元格255=53.13°	单元格319=71.56°
			单元格80=233.13°	单元格112=308.65°	单元格152=350.53°	单元格200=29.74°	单元格256=48.81°	单元格320=66.03°
			单元格81=225°	单元格113=300.96°	单元格153=341.56°	单元格201=23.19°	单元格257=45°	单元格321=60.94°
				单元格114=291.80°	单元格154=333.43°	单元格202=15.94°	单元格258=41.18°	单元格322=56.30°
				单元格115=281.30°	单元格155=326.31°	单元格203=8.13°	单元格259=36.86°	单元格323=52.12°
				单元格116=270°	单元格156=320.19°	单元格204=0°	单元格260=32°	单元格324=48.36°
				单元格117=258.69°	单元格157=315°	单元格205=351.87°	单元格261=26.56°	单元格325=45°
				单元格118=248.19°	单元格158=309.80°	单元格206=344.04°	单元格262=20.55°	单元格326=41.63°
				单元格119=239.03°	单元格159=303.69°	单元格207=336.80°	单元格263=14.03°	单元格327=37.87°
				单元格120=321.34°	单元格160=296.56°	单元格208=330.25°	单元格264=7.12°	单元格328=33.69°
				单元格121=225°	单元格161=288.43°	单元格209=324.46°	单元格265=0°	单元格329=29.05°
					单元格162=279.46°	单元格210=319.39°	单元格266=352.87°	单元格330=23.96°
					单元格163=270°	单元格211=315°	单元格267=345.96°	单元格331=18.43°
					单元格164=260.53°	单元格212=310.60°	单元格268=339.44°	单元格332=12.52°
					单元格165=251.56°	单元格213=305.53°	单元格269=333.43°	单元格333=6.34°
					单元格166=243.43°	单元格214=299.74°	单元格270=327.99°	单元格334=0°

（续表）

第一圈	第二圈	第三圈	第四圈	第五圈	第六圈	第七圈	第八圈	第九圈
					单元格 167=236.31°	单元格 215=293.19°	单元格 271=323.13°	单元格 335=353.65°
					单元格 168=230.19°	单元格 216=285.94°	单元格 272=318.81°	单元格 336=347.47°
					单元格 169=225°	单元格 217=278.13°	单元格 273=315°	单元格 337=341.56°
						单元格 218=270°	单元格 274=311.18°	单元格 338=336.03°
						单元格 219=261.86°	单元格 275=306.86°	单元格 339=330.94°
						单元格 220=254.05°	单元格 276=302.00°	单元格 340=326.30°
						单元格 221=246.80°	单元格 277=296.56°	单元格 341=322.12°
						单元格 222=240.25°	单元格 278=290.55°	单元格 342=318.36°
						单元格 223=234.46°	单元格 279=284.03°	单元格 343=315°
						单元格 224=229.39°	单元格 280=277.12°	单元格 344=311.63°
						单元格 225=225°	单元格 281=270°	单元格 345=307.87°
							单元格 282=262.87°	单元格 346=303.69°
							单元格 283=255.96°	单元格 347=299.05°
							单元格 284=249.44°	单元格 348=293.96°
							单元格 285=243.43°	单元格 349=288.43°
							单元格 286=237.99°	单元格 350=282.52°
							单元格 287=233.13°	单元格 351=276.34°

(续表)

第一圈	第二圈	第三圈	第四圈	第五圈	第六圈	第七圈	第八圈	第九圈
							单元格 288=228.81°	单元格 352=270°
							单元格 289=225°	单元格 353=263.65°
								单元格 354=257.47°
								单元格 355=251.56°
								单元格 356=246.03°
								单元格 357=240.94°
								单元格 358=236.30°
								单元格 359=232.12°
								单元格 360=228.36°
								单元格 361=225°

十五、图表基础

1.K 线

在市场运行过程中，会产生包括日期、时间和价格的记录。每一笔独立的交易称为一次价格的最小变动。一天之中，在一个交易稀少的市场上，可能只有几百次变动。在一个交易热络的市场上，可能有成百上千次变动。在制作价格图表时，价格变动以 K 线的形式表示，K 线由"开高低收"四个价格构成[1]，

---

[1] 开盘价、最高价、最低价、收盘价。江道波. 炒股实战技法［M］. 北京：中国宇航出版社，2020.

K线图上的上下两条横线代表开盘价或收盘价,[①] 开盘价与收盘价之间的区域被称作实体,实体上(下)方的竖线为上(下)影线,上影线的最顶部表示最高价,下影线的最低部表示最低价。如图 1-24 所示。

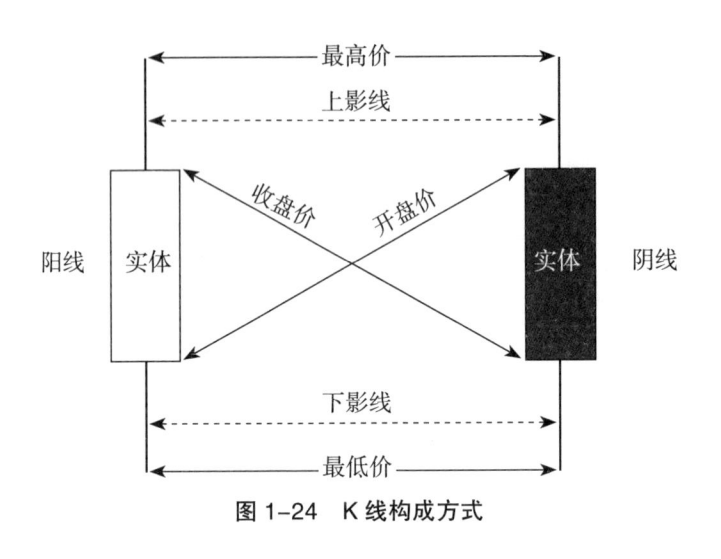

图 1-24 K 线构成方式

如图 1-25 所示,右边的 Y 轴表示价格尺度,底部的 X 轴表示时间刻度。

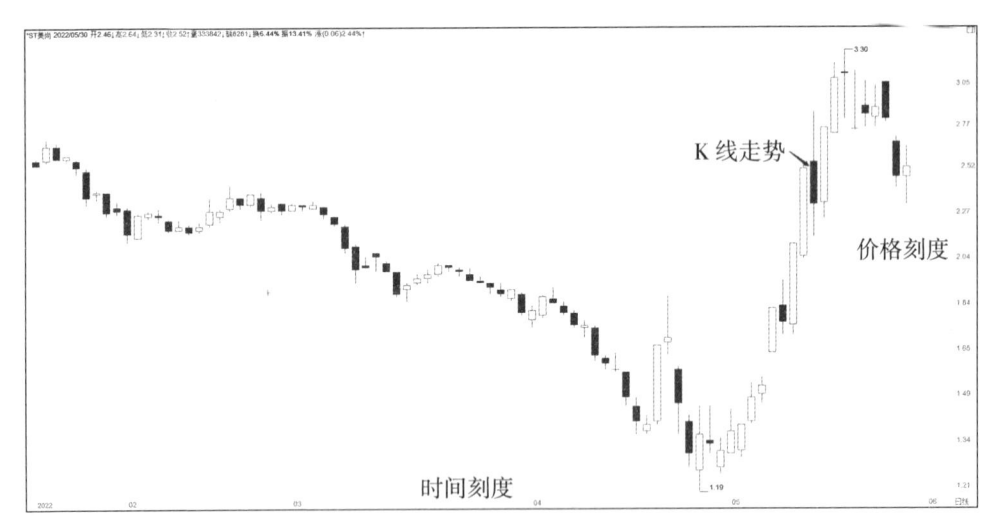

图 1-25 *ST 美尚(300495)2022 年 1 月—5 月的日 K 线图

---

① 若为阳线,则下方横线为开盘价,上方横线为收盘价。阴线反之。

2. 转折

本书使用了转折、转折价、转折线以及转折点等术语。转折是指图表上价格改变原有运行方向，开始向相反方向运动的位置。图 1-26 中有一个标记为"转折价"的箭头，显示了股票停止上涨并开始下跌时的价格。"转折线"标注了价格停止上涨并转而下跌的 K 线。转折价和转折线共同构成了"转折点"，包括顶部转折点和底部转折点。

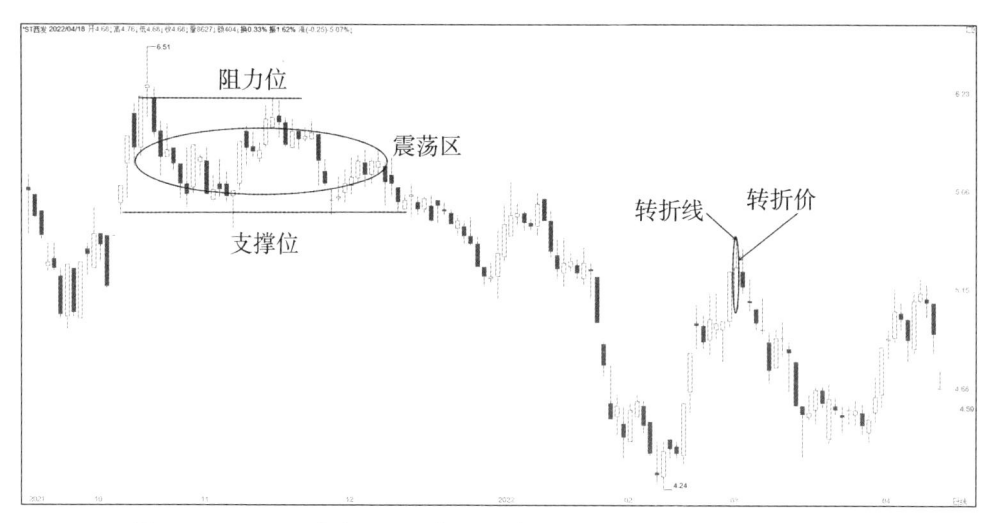

图 1-26 *ST 西发（000752）2021 年 9 月—2022 年 4 月的日 K 线图

3. 支撑位和阻力位

价格上涨，出现阻止价格进一步上涨的抛盘位置，就是阻力位。图 1-26 中用一条水平线标注了阻力位，当价格上涨至此，就会有抛压阻止市场进一步上涨。

价格下跌，出现阻止价格进一步下跌的买盘位置，就是支撑位。图 1-26 中用一条水平线标注了支撑位，当价格下跌至此，就会有买盘阻止市场进一步下跌。

4. 震荡

有时价格在很小的范围里横向平移，当价格处于这种整理状态时，就称为震荡。

第三节　九方图哲学基础

在中心是一个无名者，环绕着它的是四股强大的力量。围绕着宝座的是24把椅子和24位长老，他们向无名者祈祷：一切众生因你而存在。你的意志使他们成为现实，并赋予他们存在的形式。在宝座周围，有四股强大的力量。在24位长老周围，有10000乘以10000，再乘以1000，再乘以1000个天使。

——《圣经·启示录》

四股强大的力量就是"固定十字架"的四个星座：水瓶座、金牛座、狮子座和天蝎座。这24位长者是黄道十二宫的12个星座，24来自每天15°的上升和下降，这也是为什么亚瑟王的圆桌会议通常要求12或24名骑士就座。亚瑟王桌子中央的玫瑰一语双关，象征着基督的"复活"。数字12等于地球绕太阳公转一周的时间，数字24等于地球自转一周的时间。如果把24小时转换成分钟，便会得到1440分钟。这个数值的一半为720，是岁差周期，每72年增进一度。

因为约拿在鲸鱼肚子里三天三夜，因此，人子在地心也要三天三夜。

——《空中隧道》1927年初版第69页

江恩说，这是解读未来的关键。这个关于"三天三夜"的寓言，已经被多个宗教赋予不同的含义。实际上，约拿大致在12月21日—22日冬至期间的摩羯座死去，三天后的 12 月 25 日，是基督、阿波罗、荷鲁斯等的生日，之后白昼开始明显变长。三个月后，太阳在每年 3 月 21 日的春分点到达白羊座 0°。"上帝之羊将带走世间一切罪恶。"鲸鱼吞下约拿的整个过程是从双鱼座延伸到金牛座，当时太阳位于赤道以南，鲸鱼的腹部在双鱼座，鲸鱼的嘴对应着次年 2 月，象征性地吐出约拿的地方是在金牛座，对应于 4 月份基督在复活节复活。

另外，"69"其实是巨蟹座的符号♋，有反其道而行之的意义，江恩暗指太阳再次进入了重要位置。因为巨蟹座是继春分日白羊座后的下一个水平对角线上的重要星座，在这些水平对角线上的位置，行星相位变得尤为重要。

《空中隧道》一书中还有很多暗示，笔者此处不再一一说明。但大家一定要知道，江恩和另一位市场预测家拜耳都认为，《圣经》和其他许多作品都是预测市场的基础。

观察九方图和它的圆周，很容易找到一年中这些重要的季节性时刻，它们出现在九方图的水平交叉线"+"和对角交叉线"X"上，每 45° 出现一次。也就是说，圆周和九方图使江恩能够将价格和时间结合起来。江恩的九方图同时暗示了古代数学家毕达哥拉斯的逻辑——"圆形或正方形中的单位在特定点的空间和时间上相互关联"。价格也是如此，它是二维表面上的一种"空间运动"。价格可以向上或向下移动，它在两个方向上移动的点数就是"空间"的移动量。江恩相信：在价格和时间上，市场上的每个顶部和每个底部都具有精确的数学对应关系。

江恩就是通过以上思想来划分九方图圆周的。江恩将地球绕太阳的 360° 轨道周期划分为 4 份或 3 份，以寻找时间方面的几何关系。四分之一刻度为 90°，180°，270° 和 360°。三分之一刻度是 120°，240° 和 360°。因为地球平均每天移动大约 1°，江恩将这些数字作为日历日。他将这些角度放在先前的顶部或底部，以此来发现未来与过去高低点有数学或几何关系的日期。

许多读者可能不太熟悉经度、行星或黄道带的划分，笔者给出以下解释。

黄道带是一个假想的圆，是指地球上的人观察太阳一年内在行星间所走过的视觉路径。这就好比赤道是大家假想的圆，以度和分为单位，从圆的 0° 点即格林威治开始测量其度数是一样的道理。黄道带也是以类似的方式测量的。

在一个被称为黄道带的 360° 圆圈里测量天空，它是从 0° 的白羊座开始以度和分为单位测量的，白羊座是太阳在春分点的位置。黄道带被分成 12 等分，每等分 30°。白羊座从 0° 到 30°，金牛座从 30° 到 60°，双子座从 60° 到 90°，巨蟹座从 90° 到 120°，狮子座从 120° 到 150°，处女座从 150° 到 180°，天秤座从 180° 到 210°，天蝎座从 210° 到 240°，射手座从 240° 到 270°，摩羯座从 270° 到 300°，水瓶座从 300° 到 330°，双鱼座从 330° 到 360°，最后重新回到白羊座。

太阳出现在白羊座 0° 的日期意味着一年的开始。上帝的羔羊，带走了世间的罪恶，春天带走了冬天的罪恶。逆时针移动 45°，到达 5 月 6 日这一天，太阳位于金牛座 15°。下一个日期是在 12 点钟的位置，即图表顶部的 6 月 21 日，这一天是夏至，这是北半球一年中最长的一天。在这一天，太阳位于巨蟹座 0°。下一个 45° 角的日期是 8 月 5 日，太阳出现在狮子座 15°。与 3 月 21 日对冲的位置是 9 月 22 日，这一天是秋分，秋分意味着秋天开始，太阳开始向南运动，这一天太阳在天秤座的 0°。继续旋转 45° 到达 11 月 6 日，太阳在天蝎座 15°；图表底部 6 点钟位置的日期是 12 月 21 日，也就是冬至日，这是北半球一年中最短的一天，标志着冬天到来。在这一天，太阳落在摩羯座 0°。继续旋转 45° 的日期是 2 月 4 日，这一天太阳位于水瓶座 15°。继续向上移动 45° 正好一圈，回到 3 月 21 日白羊座 0°。

注意四季是如何与九方图上的水平交叉线"+"对齐的。这种关系允许九方图的使用者将太阳或其他行星的经度与图表上的数字关联起来，并以时间为度量单位。使用者还可以基于经度所在的日期快速定位其正方相位（90°和270°）、对冲相位（180°）以及三分相位（120°和240°）的日期。

江恩最基本的哲学思想是：3月21日是生命新生的起点；到了夏至6月21日，动物、植物和昆虫王国都经历了新的成长；到9月22日秋分，生命力达到顶峰，进入衰退期；到12月21日冬至时，生命周期处于冻结状态，动物冬眠，植物死亡，等待春分的下一次轮回开始。《圣经》明确指出："万物有时，毫无例外。"地球在365天或一年内围绕太阳旋转，这就完成了它穿越黄道十二宫或360°轨道的旅程。江恩要求他的学生至少读3遍《圣经》，因为他最伟大的发现就是来自《圣经》。

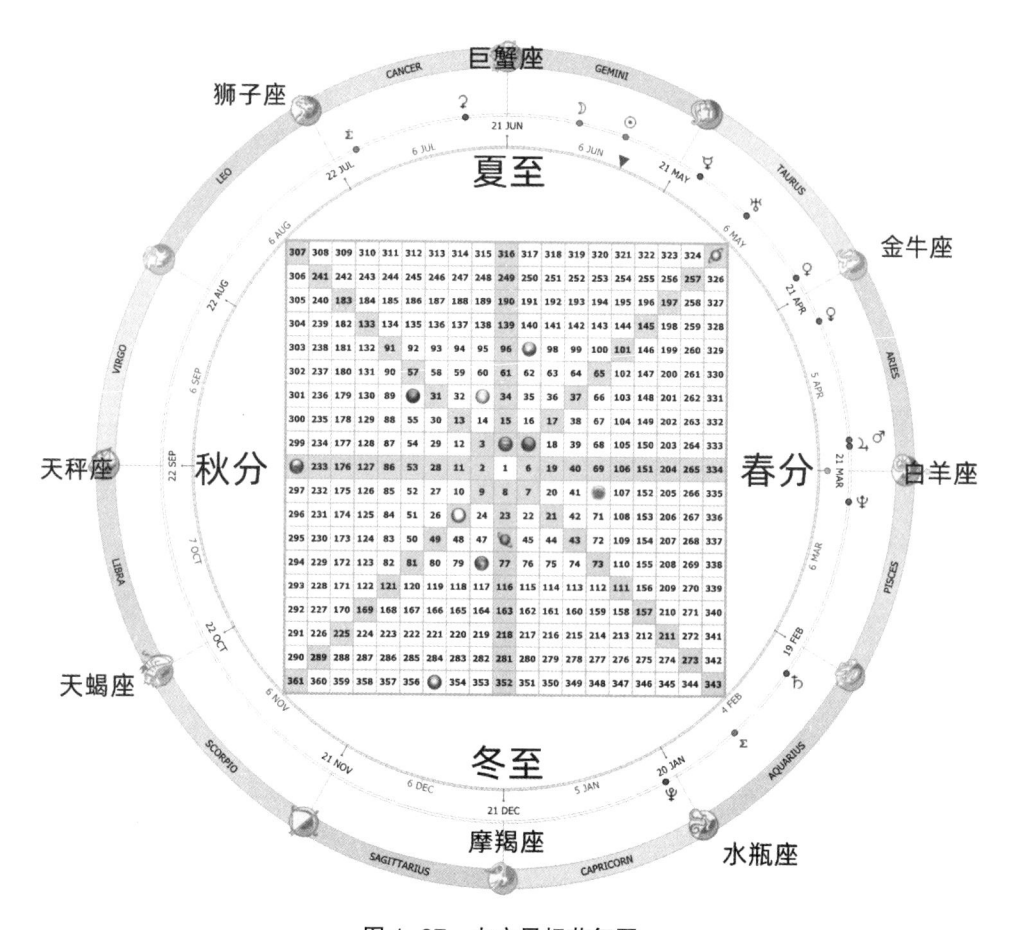

图1-27 九方星相节气图

第二章

单元数

第一节　价格预测

一、用作价格

对于交易者来说，最难把握的是如何将九方图上的单元数用作价格。江恩曾多次表示，"市场皆有自己的个性"。这句话已被市场无数次证明——市场的大多数转折在九方图 1～2 条角度线所对应的单元数附近形成。

如图 2-1 所示，上证指数（000001）在 2020 年 7 月—2022 年 1 月形成了一段长期的横盘走势，九方图 225°线上的单元数恰好可以用作走势图上的支撑和阻力线。225°线是对角交叉线的左下部分，图中每条支撑阻力线的右边标注着 225°，这对应着九方图上的度数，每条支撑阻力线的左端标注着单元数。字母（A—N）为位于 225°支撑阻力线确认的转折点。从图中可以看到，

图 2-1　上证指数（000001）2020 年 7 月—2022 年 1 月的日 K 线图

该段时间内，上证指数明显受到来自225°线上单元数所代表价格的支撑与压制。值得注意的是，横盘期间，沪指曾3次冲击（I、L、N）图表内最上方的225°线，均无功而返。

当观察到市场倾向于在某一条角度线附近出现转折时，该角度线便可以用作预测市场将来的支撑和阻力位。用技术分析界一句古老的谚语来表述就是——最近的过去是不久将来的最佳注脚。

图2-2是与图2-1对应的九方图左下部分，沿着225°线的单元格被标注了出来。左下角的3720，3480，3248便是图2-1中的支撑阻力位。

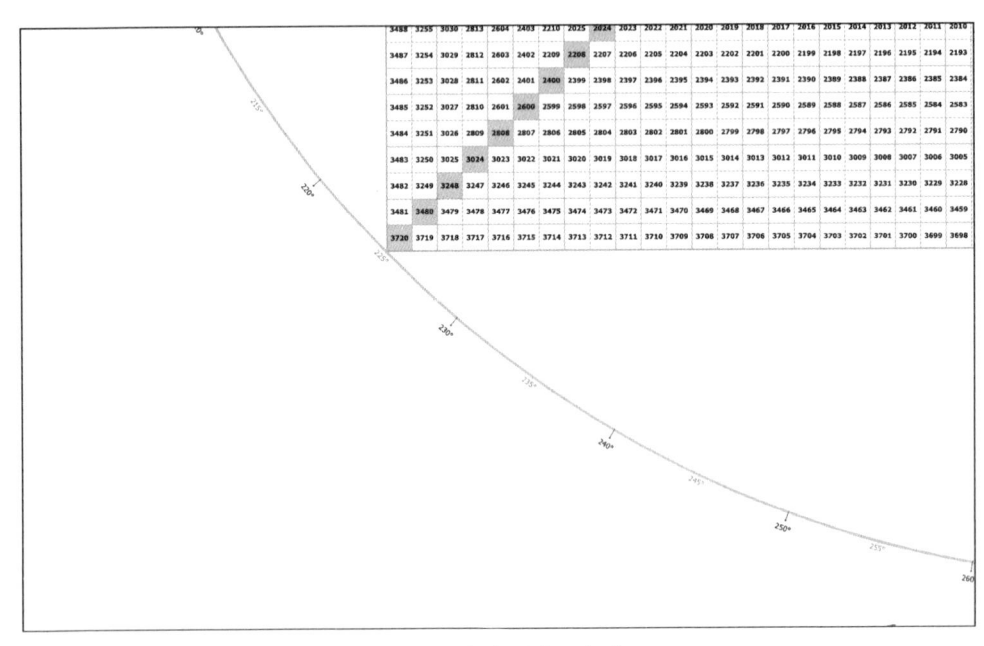

图2-2 九方图左下部分

由于此前上证指数倾向于在225°线附近形成转折，有理由预期更多的转折点将在这条角度线附近形成。如图2-3所示，N点之后，沪指出现较猛烈的单边下跌走势，在225°线上的3480点与3248点附近两次形成强有力的支撑，并在下一条支撑线3024点附近形成一个重要低点O，实际低点3023.30点与九方图225°线上的3024点仅差0.70点。

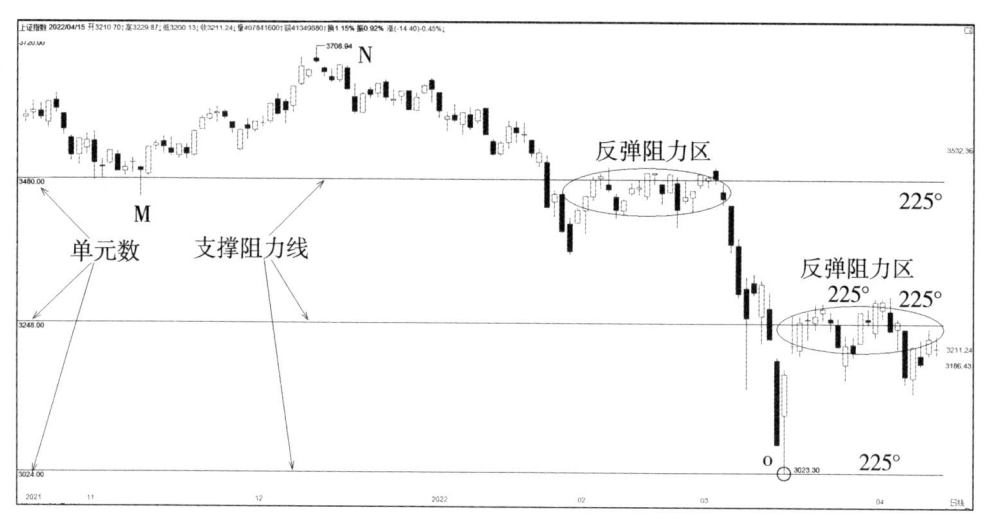

图 2-3　上证指数（000001）2021 年 10 月—2022 年 4 月的日 K 线图

二、缩小单元数

交易者经常提出这样的疑问：如何将九方图应用于低价区间的品种？答案是把九方图上的单元数除以 10 或者 100，以产生更低的价格值与实际价格对应。

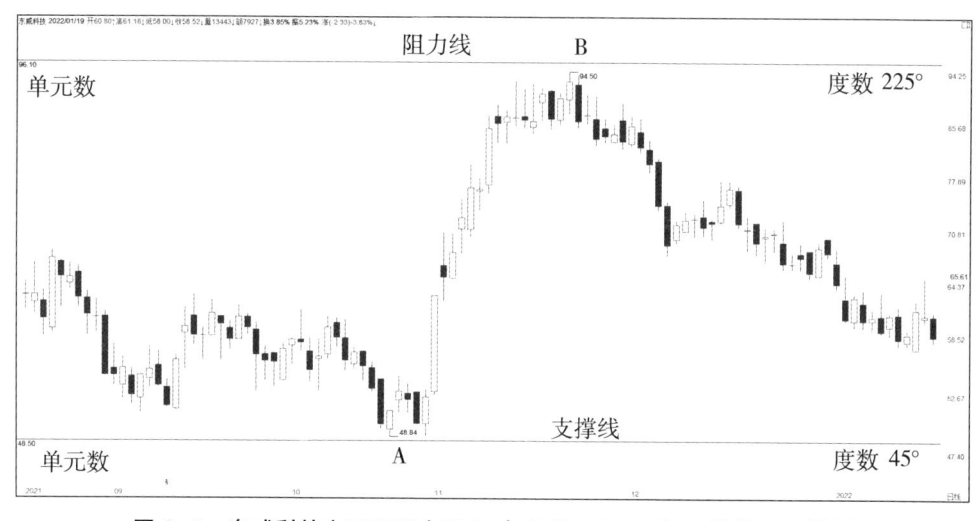

图 2-4 是价格区间在 48～96 元的东威科技日 K 线图。

图 2-4　东威科技（688700）2021 年 8 月—2022 年 1 月的日 K 线图

图 2-5 所示的九方图与东威科技走势图相对应。45°线上的单元格 485 被标注了出来。为了在日线图上使用九方图，可以将 485 除以 10，得到 48.5 元的支撑位，并标注到价格走势图上，即图 2-4 底部的水平线，"45°"标注在线的右边，"48.5"标注在线的左边。

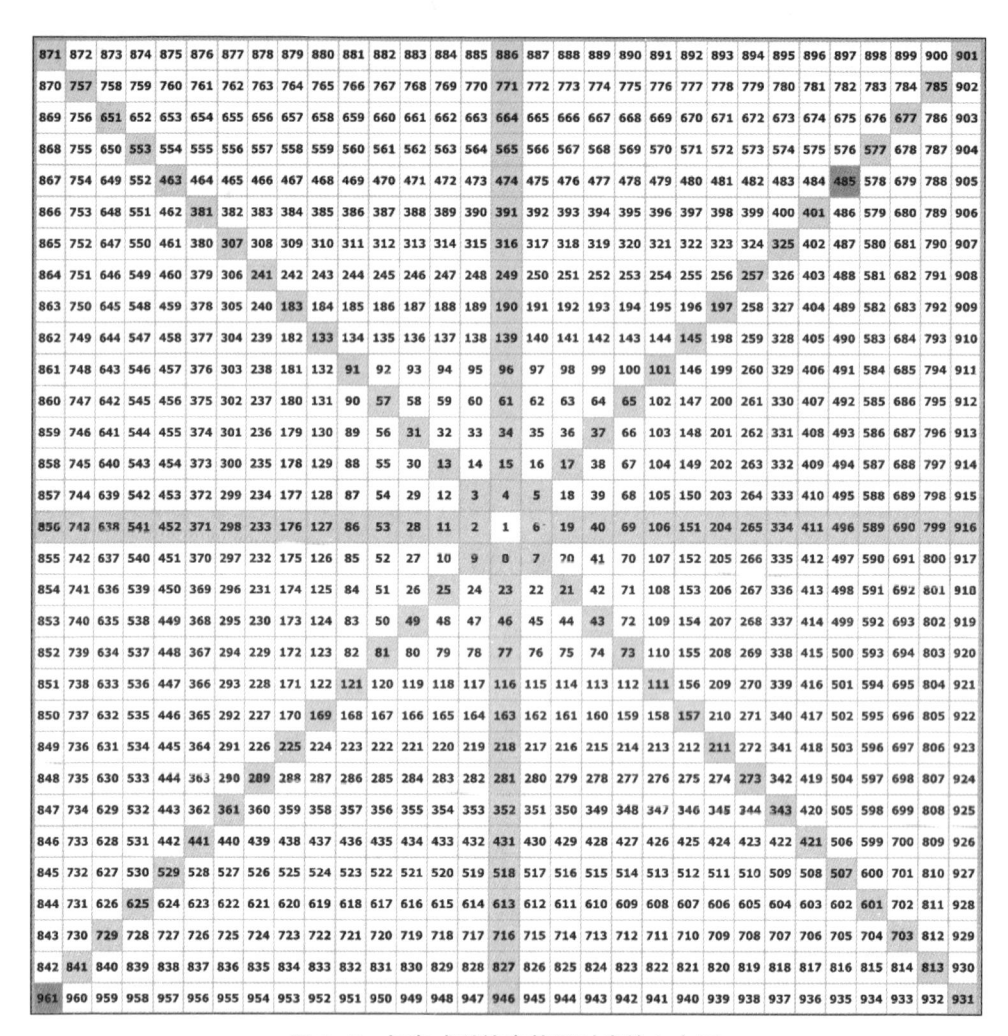

图 2-5　与东威科技走势图对应的九方图

从走势图可以看到，该股股价在 A 点的支撑位附近产生了一个重要的底部转折。九方图 225°线上的单元格 961 也被标注了出来。为了在走势图上使用该九方图，可以将961除以10，得到96.1元的阻力位，走势图顶部的水平线即为该阻力线。225°标注在该线的右边，这指的是九方图的角度线度数。在该线的左边标注96.1，这是九方图的单元数961，在该阻力位附近出现高位转折点B。

由此不难看出，九方图45°线上的单元格485以及225°线上的单元格961，在东威科技的日K线图上展示出了强大的支撑和阻力作用。

三、超低价

图2-6所示的这张图表的价格刻度非常低——从0.17美元到0.30美元。为了把九方图的单元数适配到这张图表的支撑和阻力位上，需要将单元数除以100。在九方图对角交叉线和水平交叉线上，有四个单元数落在这张图表的价格范围内，分别为19，21，25和28，第一个单元数是0°线上的19，除以100得到0.19；第二个单元数是315°线上的21，除以100得到0.21；第三个单元数是225°线上的25，除以100得到0.25；第四个单元数是180°线上的28，除以100得到0.28。

图2-6　丹科B股（900921）2020年11月—2021年5月的日K线图

走势图顶部阻力线右侧标有"180°"字样，左侧标有"0.28"字样，表示这条线是源于 180°线上的单元格，其代表的价格为 0.28 美元。底部阻力线的右端标有"0°"字样，在线的左端标有"0.19"字样，表示这条线是基于 0°线上的单元数，其代表的价格为 0.19 美元。

市场在 A 点和 B 点遇到 0.28 元阻力线时形成顶部转折，在 C 点遇到 0.19 元支撑位时形成底部转折，这表明市场受制于九方图 0°线和 180°线的支撑和阻力作用。在市场表现出偏好的角度线后，从这个角度线得到的支撑位和阻力位，就可以用于预测未来的支撑位和阻力位。

有数百个经济变量影响股票价格走势。在图 2-6 所示的时期内，整个 A 股及 B 股市场都出现了大幅波动。此间，九方图在描述丹科 B 股重要的支撑和阻力位时表现得很好。图 2-7 是与丹科 B 股走势图对应的九方图。

57	58	59	60	61	62	63	64	65
56	31	32	33	34	35	36	37	66
55	30	13	14	15	16	17	38	67
54	29	12	3	4	5	18	39	68
53	28	11	2	1	6	19	40	69
52	27	10	9	8	7	20	41	70
51	26	25	24	23	22	21	42	71
50	49	48	47	46	45	44	43	72
81	80	79	78	77	76	75	74	73

图 2-7　与丹科 B 股走势图对应的九方图

如图 2-8 所示，该股在底部 C 点转折后，在 D 点形成顶部转折，然后在 E 点上方形成低点转折，在 F 点形成顶部转折，又在 G 点形成低点转折。丹科 B 股的后续走势显示它继续受制于来自九方图 0°线（E 点和 G 点）和 180°线（D 点）的支撑和阻力作用，并且受制于来自 225°线的阻力（F 点）作用。可以预期的是，市场未来将在这些支撑和阻力线附近产生更多的转折。还是那句话，最近的过去是不久将来最好的注脚。

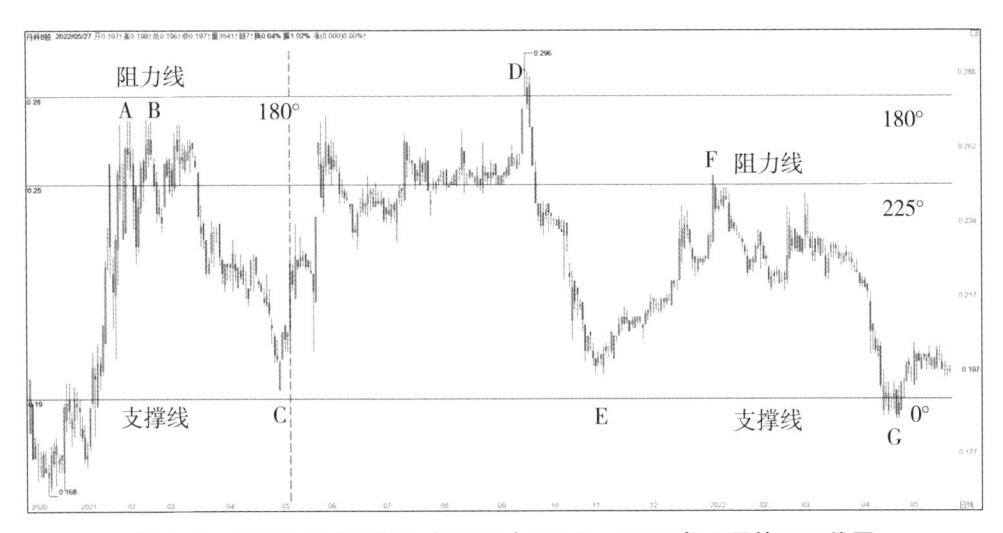

图 2-8 丹科 B 股（900021）2020 年 12 月—2022 年 5 月的日 K 线图

四、超高价

如图 2-9 所示，九方图上用作支撑和阻力位的单元数，被标注在支撑和阻力线的左边，九方图的度数被标注在支撑和阻力线的右边（45°和 225°线）。

图 2-9 所示的走势图，价格刻度非常高，对应的九方图已经大到几乎无法容纳。通常来说，当价格刻度非常大的时候，为了方便使用九方图单元数来预测价格，可以将价格数据中的小数位向左移动一个单位，以减少所需的单元格数。当交易者不想使用数字过大的九方图时，这不失为一个很好的选择。

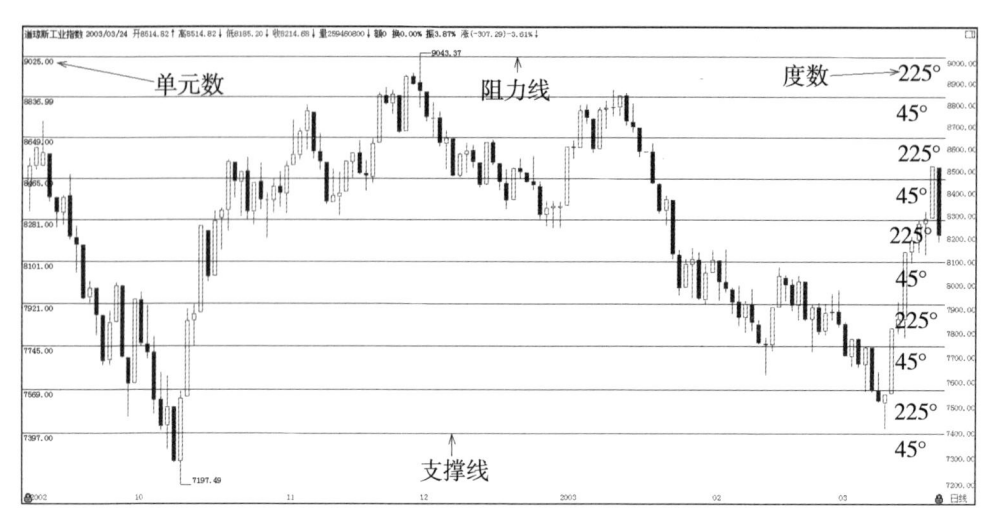

图 2-9 道琼斯工业指数日 K 线图

图 2-10 与图 2-9 的价格区间完全相同，但这幅图是在价格除以 10 后绘制的。为了绘制用作支撑和阻力的单元数，需要将九方图的单元数乘以 10，这就放大了九方图单元数，可以在图表上绘制。每条线的支撑和阻力位在图的左边，最高的阻力位是 9010 点，这对应着九方图的单元数 901，这个单元数乘以 10 得到价格 9010 点。

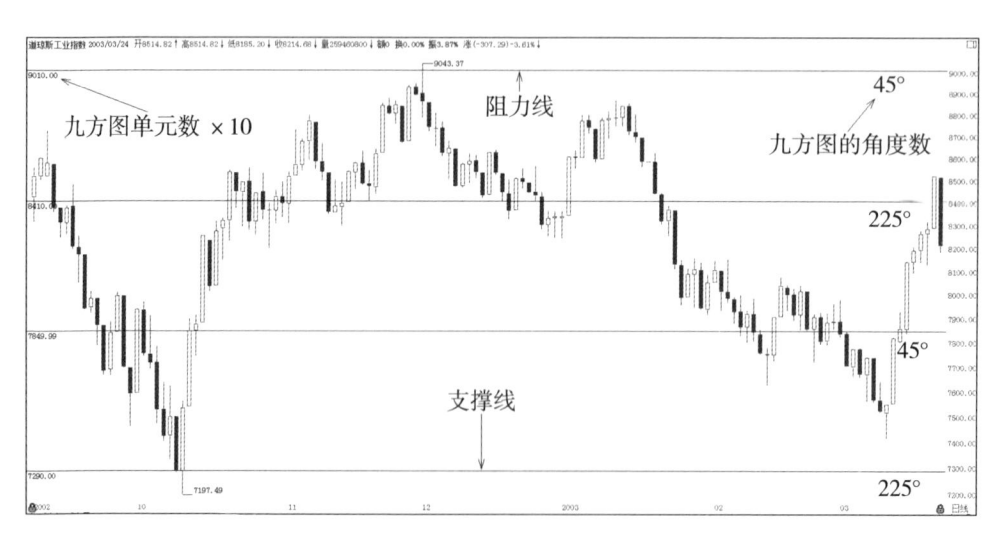

图 2-10 道琼斯工业指数日 K 线图

在图 2-10 上应用此技术，最多用到九方图的单元数 901。如果不用此方法，对应的九方图单元数则需要高达 9025。

图 2-11　价格刻度缩小为 1/10 后对应的九方图

第二节　时间预测

一、周线图表

第一步：选择一个价格走势的显著高点或低点作为起始日期。江恩认为，最初的市场冲动本身会发展成有节奏的市场运动。这一步选择的起始转折点，扮演了起始脉冲的角色，在九方图上以显著高点或显著低点开始计数，便可预测由此产生的节奏运动。以上证指数为例，这里选取 2015 年 6 月 12 日的高点 5178 点作为起始点。

第二步：从起始日期向右计数，将九方图对角交叉线和水平交叉线上的单元数用作时间，并将单元数标记在行情走势图上。

第三步：观察前 1~2 个单元数，以确定其是否与市场转折相关。如果发现相关性，接下来该条角度线上的单元数就可以用作预测未来的时间转折点。观察发现，来自九方图水平交叉线上方角度线的前两个值与市场转折点高度相关，单元数 4 和 15 分别对应股灾中的两个低位转折点。

第四步：使用第三步确定的角度线来标记未来的日期，继续将该角度线上的单元数 34 和 61 标记在走势图表的预测区域。

利用这项技术可以获得两个信息，第一个信息是未来日期，即未来转折日期；第二个信息是预测这个转折点的性质是高点还是低点。要确定预测转折日期是高点还是低点，需要转折点在预测日期之前保持高点→低点或低点→高点的序列。如果前几个转折点没有出现类似有规律的序列，那么就只能预测转折日期，无法预测转折点的性质。例如，在本例中，单元数 4 和 15 皆与底部相关，大家仍然可以预测 34 和 61 的转折日期，但无法据此预测它们到底是高点还是低点，如图 2-12 所示。

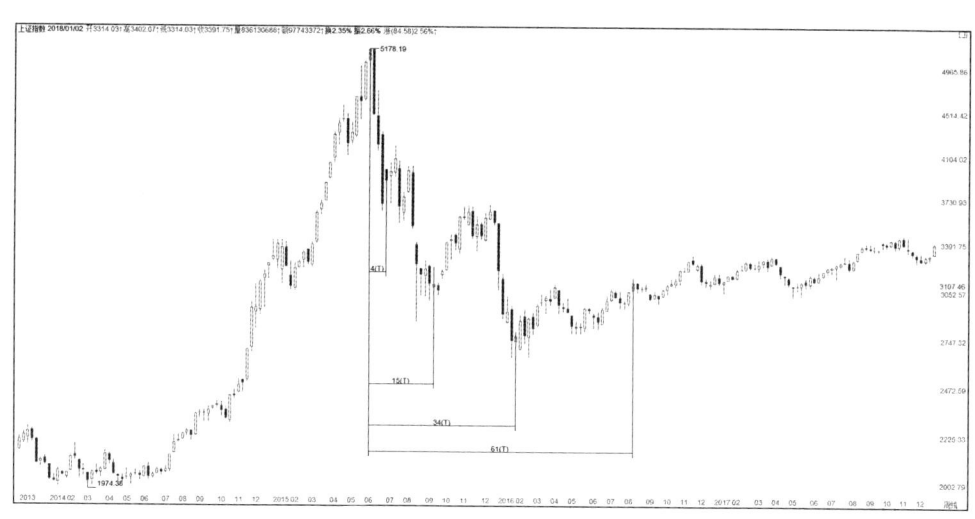

图 2-12　上证指数（000001）2013 年 11 月—2017 年 12 月的周 K 线图

值得注意的是：在只处理一个或少数转折点时，单元数对应的日期和实际转折日期之间，可能匹配得非常精确。当处理多个单元数日期时，很少有完全精确匹配的。如果两个单元数日期对应市场转折点在 ±1 根 K 线，就应该认为是准确的。如果三个单元数日期对应于市场转折点在 ±2 根 K 线以内，那么这也是一个准确的匹配。不要期望一系列多个转折点与单元数日期完全对应，毕竟这是非常罕见的。

图 2-13 是用来预测上证指数 5178 点后转折日期的九方图。在该九方图上，每个单元格前进一周。水平交叉线上方角度线单元格 4 的日期是 2015 年 7 月 6 日交易周，单元格 15 的日期是 2015 年 9 月 21 日交易周，单元格 34 的日期是 2016 年 2 月 1 日交易周，单元格 61 的日期是 2016 年 8 月 15 日交易周。将以上前两个日期作为历史转折点，以此来确定九方图与走势图的相关性，因为最近的过去是不久将来的最佳注脚。

57	58	59	60	61	62	63	64	65
56	31	32	33	34	35	36	37	66
55	30	13	14	15	16	17	38	67
54	29	12	3	4	5	18	39	68
53	28	11	2	1	6	19	40	69
52	27	10	9	8	7	20	41	70
51	26	25	24	23	22	21	42	71
50	49	48	47	46	45	44	43	72
81	80	79	78	77	76	75	74	73

图 2–13　周线计数的九方图

二、日线图表

1. 单起点

在预测日线价格走势图的时间转折点时，九方图的每个单元格都可以以自然日或交易日分别计数。使用两种日期计数，可以更好地帮助大家预测转折的日期。在选择了起点以后，再基于它们与市场转折点的历史相关性来选择九方图的交叉线。值得一提的是，并非计数中的所有数值都与转折点相关。

（1）**交易日。**在走势图上找到连续 1～2 个历史转折点与九方图的某一条交叉线具有相关性后，就可以认为该交叉线上的单元数与走势图上未来的转折点具有相关性。

如图 2–14 所示，以索菱股份（002766）2019 年 11 月 13 日的显著低点作为开始日期，用九方图 135° 线上的单元数 3，13 和 31 来标识走势图表上的交易日期。可以看到，135° 线上的前三个单元数与该股走势的转折点呈现出高度相关性。

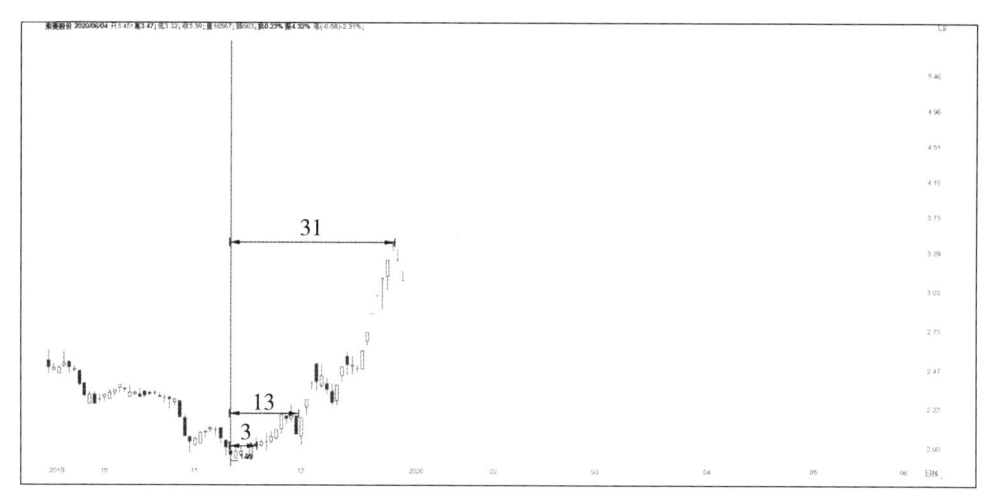

图 2-14　索菱股份（002766）2019 年 9 月—12 月的日 K 线图

如图 2-15 所示，该九方图的日期按 1 个交易日递增。将九方图对角交叉线 135°线上的单元数标记出来。单元数 3 代表 2019 年 11 月 18 日，单元数

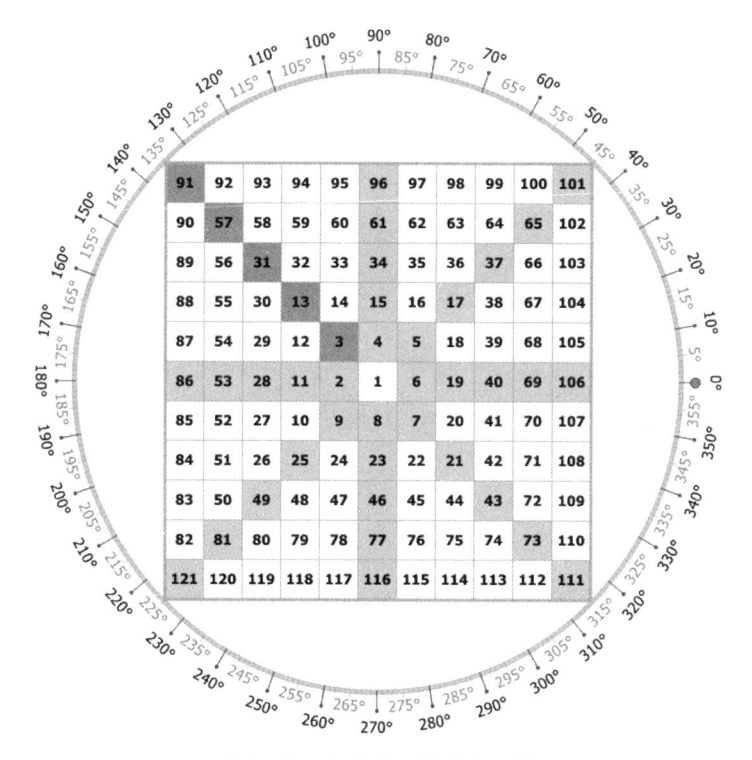

图 2-15　交易日计数的九方图

13 代表 2019 年 12 月 2 日，单元数 31 代表 2019 年 12 月 26 日，单元数 57 代表 2020 年 2 月 11 日，单元数 91 代表 2020 年 3 月 30 日。

通过以上分析可以预期，该股后续价格走势的转折日期与九方图 135° 线上的单元数存在相关关系。接下来预测未来可能的转折日期，将九方图 135° 线上的其他单元数标注到索菱股份（002766）的走势图后不难发现，第 57 和第 91 个交易日附近，行情再次出现转折，如图 2-16 所示。

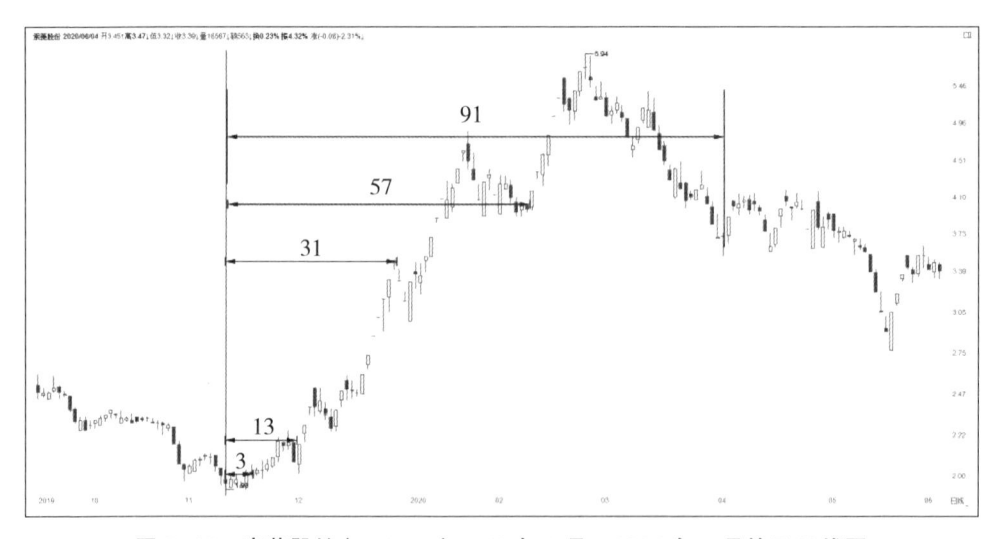

图 2-16　索菱股份（002766）2019 年 9 月—2020 年 6 月的日 K 线图

（2）**自然日**。仍将起始日期设为 2019 年 11 月 13 日，但是与价格走势对应的九方图按 1 个自然日计数。如图 2-17 所示，对角交叉线 225° 线上的 25，49，81，121 和 169 标识的是自然日，这些单元格被标记了出来。

如图 2-18 所示，单元数 25 代表 2019 年 12 月 8 日，单元数 49 代表 2019 年 12 月 31 日，单元数 81 代表 2020 年 2 月 2 日，单元数 121 代表 2020 年 3 月 13 日，单元数 169 代表 2020 年 4 月 29 日。

图 2-17　自然日计数的九方图

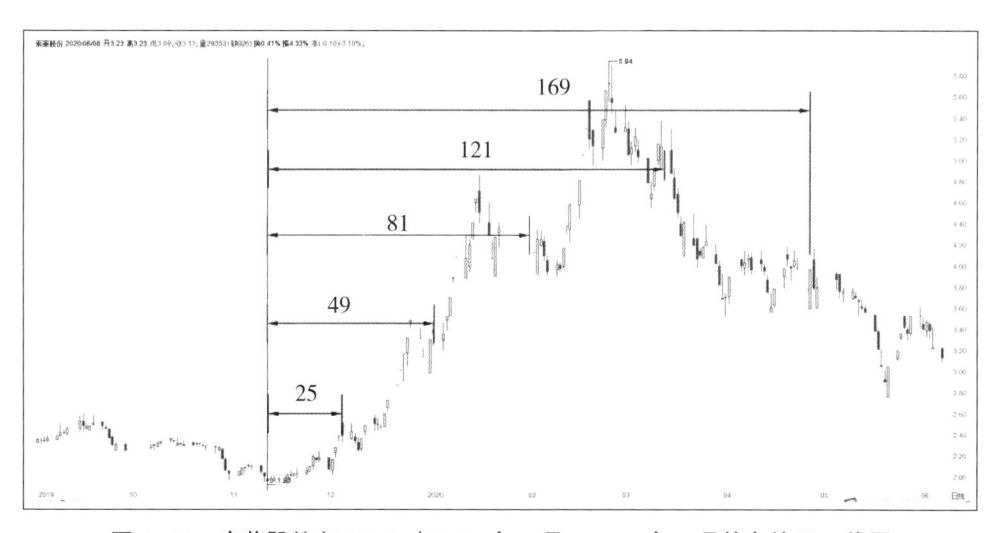

图 2-18　索菱股份（002766）2019 年 9 月—2020 年 6 月的自然日 K 线图

将九方图 225° 线上的单元数标记在自然日走势图上后，可以清晰地发现，单元数与走势图中的时间转折点同样具有高度相关性。只不过在交易日计数与自然日计数两种情况下，其转折点对应的九方图角度线可能会有所不同，且转折点也不尽一致。拿索菱股份来说，交易日计数时对应的角度线为 135°，而自然日计数时对应的角度线是 225°。交易日计数与自然日计数对应的具体转折日期也并不相同。

2. 多起点

多起点计数时，要做的是追踪目标市场的主要高点和低点日期。一旦确认了以上日期，只需将圆周的比例添加到过去的日期中。使用日线多起点计数时，笔者建议使用 46，61，91，121，133，183，225，241，273，316，334，365 作为增量。除 365 外，这些时间都在九方图的交叉线上，如图 2-19 所示。

如图 2-20 所示，上证指数在 2020 年有以下重要日期：2020 年 1 月 14 日高点，2 月 4 日低点，3 月 5 日高点，3 月 19 日低点，7 月 9 日高点，7 月 27 日低点，8 月 18 日高点，9 月 30 日低点，12 月 2 日高点。这些日期分别添加 46，61，91，121，137，182 等自然日序列后，便可得出未来的预测日期。

现在，一起观察 2021 年的转折点日期与上述日期的对应关系，以 2021 年最高点 3731.69 点为例。

（1）从 2020 年 3 月 19 日低点起算，第 336 天见到 2021 年 2 月 18 日高点 3731.69 点，与 334 天仅差两天。

（2）从 2020 年 7 月 9 日高点起算，第 224 天见到 2021 年 2 月 18 日高点 3731.69 点，与 225 天仅差一天。

（3）从 2020 年 8 月 18 日高点起算，第 184 天见到 2021 年 2 月 18 日高点 3731.69 点，与 183 天亦仅差一天。

图 2-19　计数日期

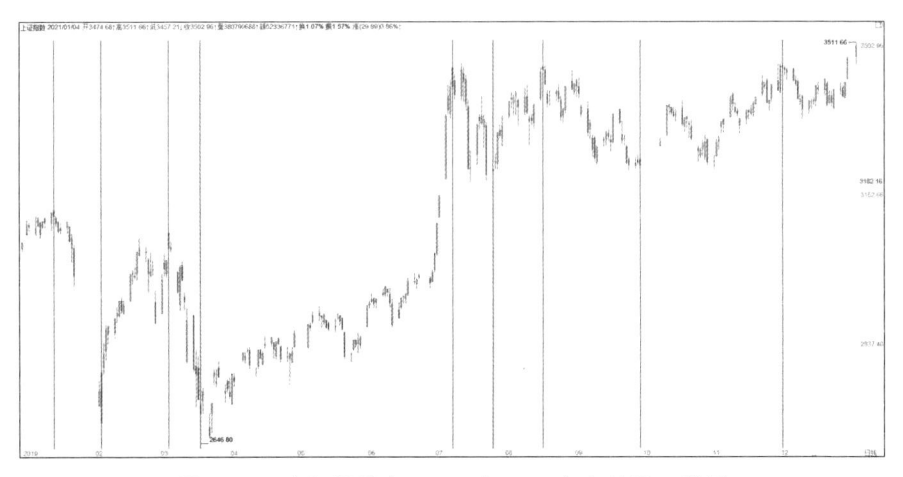

图 2-20　上证指数（000001）2020 年自然日 K 线图

以上就是利用九方图多起点计算未来重要转折日期的基本过程，笔者没有一一列举2021年所有的转折点，是为了让大家有机会自己去发现，如图2-21所示。

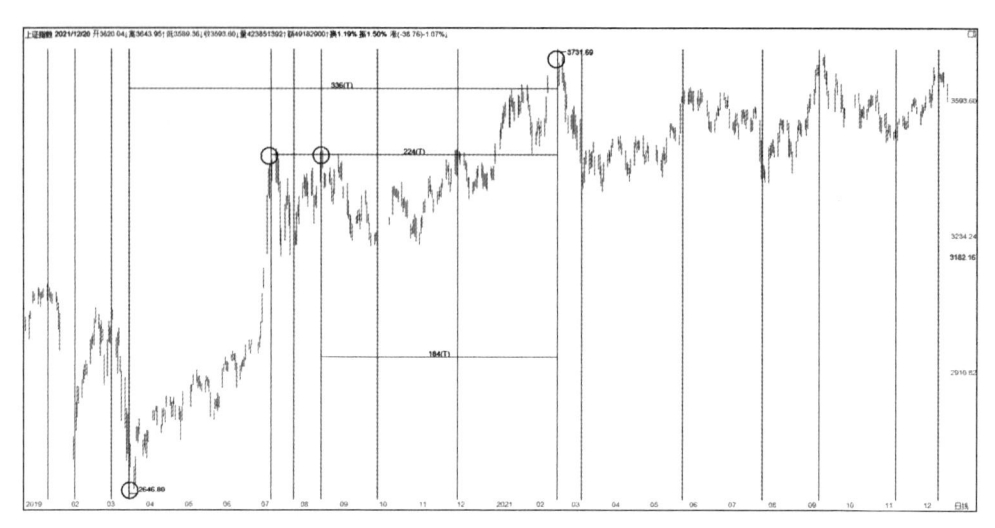

图2-21 上证指数（000001）2020—2021年自然日K线图

三、日内图表

当使用日内图表时，有两种方法来计算时间增量。计数可以基于24小时时间或交易时间。

第一种方法是基于24小时进行计数，一天中的总分钟数除以图表周期，可以确定时间增量数字。例如，当使用15分钟图时，一天有1440分钟，所以一天当中15分钟图的增量为96（1440/15=96）。当使用15分钟图表时，九方图每天推进96个单元格。另外，使用24小时计算时间增量时，计数应包括休市时间。

第二种计数方法是只对交易时间计数，即交易时段内计数。例如，A股市场从上午9点半到下午3点交易（忽略中间休市），总计是330分钟。当使用15分钟图表时，等于每个交易日有22（330/15=22）个时间增量。在这种情况下，每个交易日在九方图上推进 22 个单元格。

在日内使用时间计数的策略，与在周线图和日线图使用的策略有非常大的不同。以沪指 15 分钟图为例，将时间计数的起始时间设定为 2022 年 4 月 27 日上午 9:30 的显著低点，此时，九方图每个单元格上的时间增量是 15 分钟，如图 2–22 所示。

183 15:00 11.05	184 09:30 12.05	185 09:45 12.05	186 10:00 12.05	187 10:15 12.05	188 10:30 12.05	189 10:45 12.05	190 11:00 12.05	191 11:15 12.05	192 11:30 12.05	193 11:45 12.05	194 12:00 12.05	195 12:15 12.05	196 12:30 12.05	197 12:45 12.05
182 14:45 11.05	133 14:00 09.05	134 14:15 09.05	135 14:30 09.05	136 14:45 09.05	137 15:00 09.05	138 09:30 10.05	139 09:45 10.05	140 10:00 10.05	141 10:15 10.05	142 10:30 10.05	143 10:45 10.05	144 11:00 10.05	145 11:15 10.05	198 13:00 12.05
181 14:30 11.05	132 13:45 09.05	91 15:00 05.05	92 09:30 06.05	93 09:45 06.05	94 10:00 06.05	95 10:15 06.05	96 10:30 06.05	97 10:45 06.05	98 11:00 06.05	99 11:15 06.05	100 11:30 06.05	101 11:45 06.05	146 11:30 10.05	199 13:15 12.05
180 14:15 11.05	131 13:30 09.05	90 14:45 05.05	57 12:15 29.04	58 12:30 29.04	59 12:45 29.04	60 13:00 29.04	61 13:15 29.04	62 13:30 29.04	63 13:45 29.04	64 14:00 29.04	65 14:15 29.04	102 12:00 06.05	147 11:45 10.05	200 13:30 12.05
179 14:00 11.05	130 13:15 09.05	89 14:30 05.05	56 12:00 29.04	31 11:30 28.04	32 11:45 28.04	33 12:00 28.04	34 12:15 28.04	35 12:30 28.04	36 12:45 28.04	37 13:00 28.04	66 14:30 29.04	103 12:15 06.05	148 12:00 10.05	201 13:45 12.05
178 13:45 11.05	129 13:00 09.05	88 14:15 05.05	55 11:45 29.04	30 11:15 28.04	13 12:45 27.04	14 13:00 27.04	15 13:15 27.04	16 13:30 27.04	17 13:45 27.04	38 13:15 28.04	67 14:45 29.04	104 12:30 06.05	149 12:15 10.05	202 14:00 12.05
177 13:30 11.05	128 12:45 09.05	87 14:00 05.05	54 11:30 29.04	29 11:00 28.04	12 12:30 27.04	3 10:15 27.04	4 10:30 27.04	5 10:45 27.04	18 14:00 27.04	39 13:30 28.04	68 15:00 29.04	105 12:45 06.05	150 12:30 10.05	203 14:15 12.05
176 13:15 11.05	127 12:30 09.05	86 13:45 05.05	53 11:15 29.04	28 10:45 28.04	11 12:15 27.04	2 10:00 27.04	1 09:45 27.04	6 11:00 27.04	19 14:15 27.04	40 13:45 28.04	69 09:30 05.05	106 13:00 06.05	151 12:45 10.05	204 14:30 12.05
175 13:00 11.05	126 12:15 09.05	85 13:30 05.05	52 11:00 29.04	27 10:30 28.04	10 12:00 27.04	9 11:45 27.04	8 11:30 27.04	7 11:15 27.04	20 14:30 27.04	41 14:00 28.04	70 09:45 05.05	107 13:15 06.05	152 13:00 10.05	205 14:45 12.05
174 12:45 11.05	125 12:00 09.05	84 13:15 05.05	51 10:45 29.04	26 10:15 28.04	25 10:00 28.04	24 09:45 28.04	23 09:30 28.04	22 15:00 27.04	21 14:45 27.04	42 14:15 28.04	71 10:00 05.05	108 13:30 06.05	153 13:15 10.05	206 15:00 12.05
173 12:30 11.05	124 11:45 09.05	83 13:00 05.05	50 10:30 29.04	49 10:15 29.04	48 10:00 29.04	47 09:45 29.04	46 09:30 29.04	45 15:00 28.04	44 14:45 28.04	43 14:30 28.04	72 10:15 05.05	109 13:45 06.05	154 13:30 10.05	207 09:30 13.05
172 12:15 11.05	123 11:30 09.05	82 12:45 05.05	81 12:30 05.05	80 12:15 05.05	79 12:00 05.05	78 11:45 05.05	77 11:30 05.05	76 11:15 05.05	75 11:00 05.05	74 10:45 05.05	73 10:30 05.05	110 14:00 06.05	155 13:45 10.05	208 09:45 13.05
171 12:00 11.05	122 11:15 09.05	121 11:00 09.05	120 10:45 09.05	119 10:30 09.05	118 10:15 09.05	117 10:00 09.05	116 09:45 09.05	115 09:30 09.05	114 15:00 06.05	113 14:45 06.05	112 14:30 06.05	111 14:15 06.05	156 14:00 10.05	209 10:00 13.05
170 11:45 11.05	169 11:30 11.05	168 11:15 11.05	167 11:00 11.05	166 10:45 11.05	165 10:30 11.05	164 10:15 11.05	163 10:00 11.05	162 09:45 11.05	161 09:30 11.05	160 15:00 10.05	159 14:45 10.05	158 14:30 10.05	157 14:15 10.05	210 10:15 13.05
225 14:00 13.05	224 13:45 13.05	223 13:30 13.05	222 13:15 13.05	221 13:00 13.05	220 12:45 13.05	219 12:30 13.05	218 12:15 13.05	217 12:00 13.05	216 11:45 13.05	215 11:30 13.05	214 11:15 13.05	213 11:00 13.05	212 10:45 13.05	211 10:30 13.05

图 2–22 基于交易时间计数的九方图

将图 2–22 中基于交易时间计数的九方图上水平交叉线以及对角交叉线上的数字标注在价格走势图上，如图 2–23 所示。

使用日内计数时，两种计数方法可以用来观测时间共振。所谓时间共振，即当 24 小时时间计数和交易时间计数出现在同一或者相邻 K 线上时，要注意此处容易出现转折。

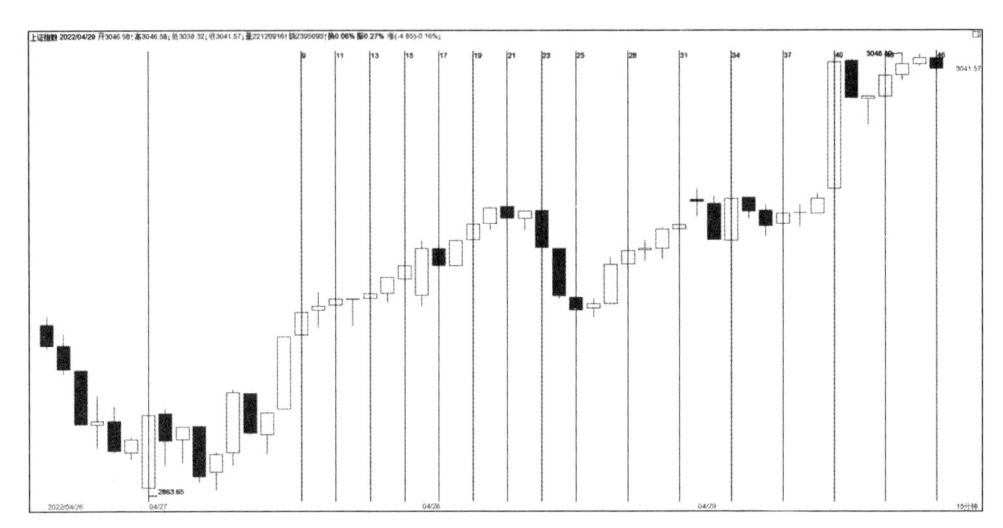

图 2-23　上证指数（000001）2022 年 4 月 26 日—29 日的 15 分钟走势图

通过查看 24 小时计数九方图交叉线上的时间可知，一共有两个时间与此前的交易时间计数九方图交叉线上的时间共振，分别是 4 月 28 日 10:45 和 13:15，如图 2-24 所示。

将这两个时间段在图 2-23 的走势图上标注出来后，不禁令人大吃一惊，这两个时间段正是上证指数图示时间内 15 分钟图上的两个重要转折点！如图 2-25 所示。

四、月九方

如图 2-26 所示，这是一个以"月"为增量的九方图。这个九方图的开始日期是 2019 年 1 月，这是 2018 年单边下跌后的最低时刻。江恩通常用月九方图搭配月线走势图使用，用于研究长期经济周期。

图 2-24　24 小时计数的九方图

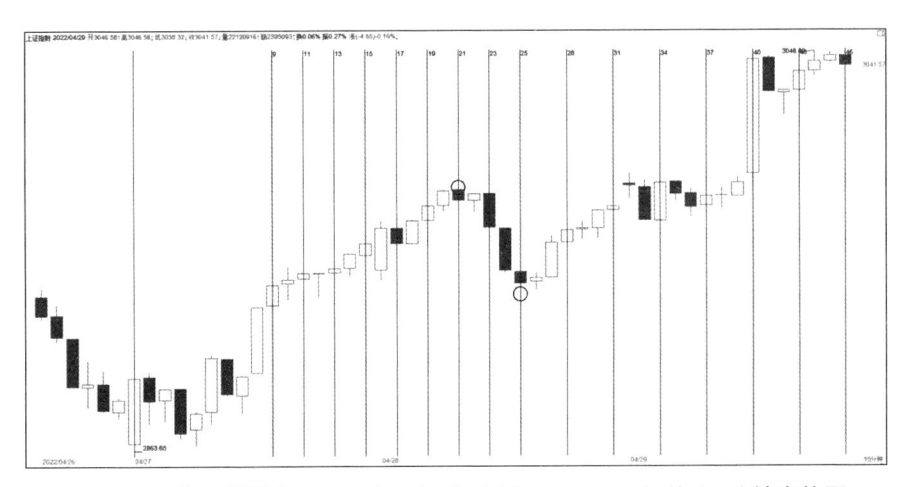

图 2-25　上证指数（000001）2022 年 4 月 26 日—29 日的 15 分钟走势图

91 01.08.2026	92 01.09.2026	93 01.10.2026	94 01.11.2026	95 01.12.2026	96 01.01.2027	97 01.02.2027	98 01.03.2027	99 01.04.2027	100 01.05.2027	101 01.06.2027
90 01.07.2026	57 01.10.2023	58 01.11.2023	59 01.12.2023	60 01.01.2024	61 01.02.2024	62 01.03.2024	63 01.04.2024	64 01.05.2024	65 01.06.2024	102 01.07.2027
89 01.06.2026	56 01.09.2023	31 01.08.2021	32 01.09.2021	33 01.10.2021	34 01.11.2021	35 01.12.2021	36 01.01.2022	37 01.02.2022	66 01.07.2024	103 01.08.2027
88 01.05.2026	55 01.08.2023	30 01.07.2021	13 01.02.2020	14 01.03.2020	15 01.04.2020	16 01.05.2020	17 01.06.2020	38 01.03.2022	67 01.08.2024	104 01.09.2027
87 01.04.2026	54 01.07.2023	29 01.06.2021	12 01.01.2020	3 01.04.2019	4 01.05.2019	5 01.06.2019	18 01.07.2020	39 01.04.2022	68 01.09.2024	105 01.10.2027
86 01.03.2026	53 01.06.2023	28 01.05.2021	11 01.12.2019	2 01.03.2019	1 01.02.2019	6 01.07.2019	19 01.08.2020	40 01.05.2022	69 01.10.2024	106 01.11.2027
85 01.02.2026	52 01.05.2023	27 01.04.2021	10 01.11.2019	9 01.10.2019	8 01.09.2019	7 01.08.2019	20 01.09.2020	41 01.06.2022	70 01.11.2024	107 01.12.2027
84 01.01.2026	51 01.04.2023	26 01.03.2021	25 01.02.2021	24 01.01.2021	23 01.12.2020	22 01.11.2020	21 01.10.2020	42 01.07.2022	71 01.12.2024	108 01.01.2028
83 01.12.2025	50 01.03.2023	49 01.02.2023	48 01.01.2023	47 01.12.2022	46 01.11.2022	45 01.10.2022	44 01.09.2022	43 01.08.2022	72 01.01.2025	109 01.02.2028
82 01.11.2025	81 01.10.2025	80 01.09.2025	79 01.08.2025	78 01.07.2025	77 01.06.2025	76 01.05.2025	75 01.04.2025	74 01.03.2025	73 01.02.2025	110 01.03.2028
121 01.02.2029	120 01.01.2029	119 01.12.2028	118 01.11.2028	117 01.10.2028	116 01.09.2028	115 01.08.2028	114 01.07.2028	113 01.06.2028	112 01.05.2028	111 01.04.2028

图 2–26　月九方

五、年九方

如图 2–27 所示，九方图单元格按年递增，起始日期是 1990 年，这一年是沪深股市开市的时间。江恩通常使用这种类型的长期九方图来研究战争周期和长期经济周期。使用年九方图时，还可以用其他特定日期作为九方图的起点。比如，江恩就曾使用过 1492 年作为起点，这一年是哥伦布发现新大陆的时间，唯以具有重大意义的年份作为年九方图的起点，才会对社会和经济的长期研究产生深远意义。

观察图中圆圈标注出来的年份，不难发现，这些年份全部在九方图的交叉线上。沪深股市开市以来，几乎所有的重要高低点全部落在圈内年份，不免令人感叹九方图的魔力！

91 01.01.2081	92 01.01.2082	93 01.01.2083	94 01.01.2084	95 01.01.2085	96 01.01.2086	97 01.01.2087	98 01.01.2088	99 01.01.2089	100 01.01.2090	101 01.01.2091
90 01.01.2080	57 01.01.2047	58 01.01.2048	59 01.01.2049	60 01.01.2050	61 01.01.2051	62 01.01.2052	63 01.01.2053	64 01.01.2054	65 01.01.2055	102 01.01.2092
89 01.01.2079	56 01.01.2046	31 01.01.2021	32 01.01.2022	33 01.01.2023	34 01.01.2024	35 01.01.2025	36 01.01.2026	37 01.01.2027	66 01.01.2056	103 01.01.2093
88 01.01.2078	55 01.01.2045	30 01.01.2020	13 01.01.2003	14 01.01.2004	15 01.01.2005	16 01.01.2006	17 01.01.2007	38 01.01.2028	67 01.01.2057	104 01.01.2094
87 01.01.2077	54 01.01.2044	29 01.01.2019	12 01.01.2002	3 01.01.1993	4 01.01.1994	5 01.01.1995	18 01.01.2008	39 01.01.2029	68 01.01.2058	105 01.01.2095
86 01.01.2076	53 01.01.2043	28 01.01.2018	11 01.01.2001	2 01.01.1992	1 01.01.1991	6 01.01.1996	19 01.01.2009	40 01.01.2030	69 01.01.2059	106 01.01.2096
85 01.01.2075	52 01.01.2042	27 01.01.2017	10 01.01.2000	9 01.01.1999	8 01.01.1998	7 01.01.1997	20 01.01.2010	41 01.01.2031	70 01.01.2060	107 01.01.2097
84 01.01.2074	51 01.01.2041	26 01.01.2016	25 01.01.2015	24 01.01.2014	23 01.01.2013	22 01.01.2012	21 01.01.2011	42 01.01.2032	71 01.01.2061	108 01.01.2098
83 01.01.2073	50 01.01.2040	49 01.01.2039	48 01.01.2038	47 01.01.2037	46 01.01.2036	45 01.01.2035	44 01.01.2034	43 01.01.2033	72 01.01.2062	109 01.01.2099
82 01.01.2072	81 01.01.2071	80 01.01.2070	79 01.01.2069	78 01.01.2068	77 01.01.2067	76 01.01.2066	75 01.01.2065	74 01.01.2064	73 01.01.2063	110 01.01.2100
121 01.01.2111	120 01.01.2110	119 01.01.2109	118 01.01.2108	117 01.01.2107	116 01.01.2106	115 01.01.2105	114 01.01.2104	113 01.01.2103	112 01.01.2102	111 01.01.2101

图 2-27　年九方

第三章

覆盖层

第一节　角度覆盖层

江恩认为，最强的支撑或阻力位总是处于相同或相反的角度（360°或180°），下一个重要位置是正方相位的90°角。实际应用中，只要将九方图覆盖层的0°线定位好价格，然后查看九方图在相同或相反角度上的所有数字，即能确定走势图的支撑或阻力位。对于像上证指数这样的高价位，只需移动小数点将价格减位即可。

一、180°线覆盖层

如图3-1所示，运达股份（300772）在2021年11月5日的43.87元（A点）形成了一个高位转折，其后大幅下跌至次年4月。将角度覆盖层的0°线与43.87元对齐（A点），覆盖层180°线上的13元（B点）就成为一条天然的支撑线。

由此不难看出，当九方图的角度覆盖层与一个重要的转折点对齐时，未来的转折通常会出现在覆盖层角度线所确认的价格上。在这个例子中，运达股份从顶部到底部围着九方图逆时针转动了一圈半，即3个180°。

将角度线覆盖层的0°线与43.87元对齐，这是该股的高点转折价格，将其标注在九方图上。对应的角度覆盖层所确认的价格为13元，这个数字也在九方图上标记了出来，如图3-2所示。这个-540°（180°×3）的转动代表了该股从高位到低位的整个下跌区间。

值得一提的是，九方图成功地定义了市场的价格波动，但并不是九方图使市场形成了转折。当价格到达B点时，此时整个A股市场已经处于超跌

图 3-1　运达股份（300772）2021 年 5 月—2022 年 5 月的日 K 线图

图 3-2　运达股份（300772）走势图对应的九方图

状态。当这种情况发生时，该股的价格又恰好位于九方图所确认的支撑线上，随之而来的价格反弹便成为顺理成章的事情了。

二、360°线覆盖层

如图 3-3 所示，使用和仁科技（300550）2021 年 12 月 3 日的顶部转折 16.49 元作为角度覆盖层 0° 线的起始价格。16.49 元的价格稍显偏低，不太适用于九方图，将这个价格乘以 10 就可以得到 164.9 元的价格。

图 3-3　和仁科技（300550）2021 年 11 月—2022 年 5 月的日 K 线图

如图 3-4 所示，将 360° 覆盖层的 0° 线与圈出的价格 164.9 对齐。从 164.9 开始，向内移动两个 360° 得到的价格是 78，将其在九方图上标记出来。为了在价格走势图上使用 78，将其除以 10 以降低到原始价格刻度，则 78 变成 7.8，这里将其用作价格走势图中的支撑线。由此不难看出，九方图上 360° 的价格运动，也非常容易成为重要转折点，因此，360° 线上的数字也常用来当作支撑和阻力位。

和仁科技的价格从最高价 16.49 元下跌到 360°（向内旋转两圈）的阻力线，在这里价格找到了支撑，其后出现了一波快速上涨行情。

如图 3-4 所示，将九方图覆盖层的 0° 线与 164.9 对齐，向九方图中心移动两个 360° 得到 78。这说明该股股价从 16.49 元到 7.8 元的运动，在九方图上是按照360°旋转的。通常，市场从高点到低点以及从低点到高点的循环都是360°运动。当市场运行到这些位置附近时，通常会出现一些新闻，以阻止价格进一步上涨或者下跌。在本例中，和仁科技的价格跌到走势图支撑线附近时，该股年报显示其净利润出现增长，消息面与技术面出现强有力的共振，共同支撑了该股股价，阻止其进一步下跌。

133	134	135	136	137	138	139	140	141	142	143	144	145
132	91	92	93	94	95	96	97	98	99	100	101	146
131	90	57	58	59	60	61	62	63	64	65	102	147
130	89	56	31	32	33	34	35	36	37	66	103	148
129	88	55	30	13	14	15	16	17	38	67	104	149
128	87	54	29	12	3	4	5	18	39	68	105	150
127	86	53	28	11	2	1	6	19	40	69	106	151
126	85	52	27	10	9	8	7	20	41	70	107	152
125	84	51	26	25	24	23	22	21	42	71	108	153
124	83	50	49	48	47	46	45	44	43	72	109	154
123	82	81	80	79	78	77	76	75	74	73	110	155
122	121	120	119	118	117	116	115	114	113	112	111	156
169	168	167	166	165	164	163	162	161	160	159	158	157

图 3-4　和仁科技走势图对应的九方图

三、波动率

在使用九方图和覆盖层预测价格时，江恩相信市场有它自己的特性，这是很重要的。通过覆盖层，市场价格的波动率可以由九方图的度数衡量。当价格波动时，市场往往倾向于围绕九方图的某个度数运动。例如，一个市场可能有大量的价格波动是围绕九方图90°线或120°线运动的。市场波动是从低到高、从高到低、从低到低、从高到高。当找到市场偏好的九方图角度线时，这条角度线就可以帮助大家预测未来的价格。

如图 3-5 所示，光大银行的股价从底部 A 点到更高的底部 C 点，在九方图上大约有 +45° 的价格移动；从顶部 B 点到较低的顶部 D 点，大约有 -45° 的价格运动。这表明光大银行（601818）的价格从高点到高点或低点到低点大约相差 ±45°。

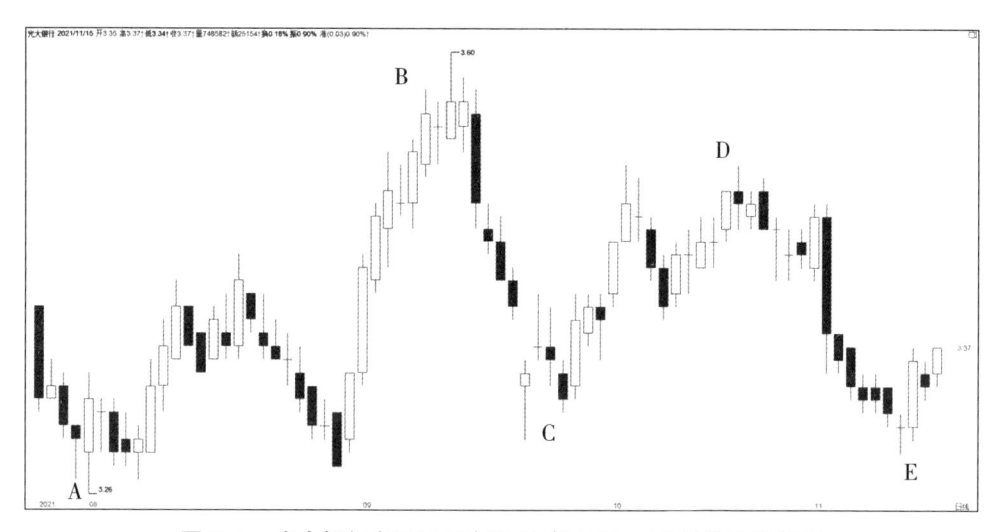

图 3-5　光大银行（601818）2021 年 7 月—11 月的日 K 线图

如图 3-6 所示，图中包含了 D 点后面的下一个高点预测价格，这个预测价格距离 D 点的最高价是 -45°。

如图 3-7 所示，将覆盖层的 0° 线与 D 点的最高价 351（3.51 元）对齐。价格 341（3.41 元）距离起始价格 351 是 -45°，这是由九方图覆盖层的 45° 线所确定的。

如图 3-8 所示，在 E 点的底部之后，价格上涨到预测的最高价格水平 F 点，这意味着在价格的高点之间继续遵循着先前的 45° 波动率。通过持续测量市场价格的波动率，并找到市场特有的波动率，持续预测其未来的高低转折点将成为一种可能。

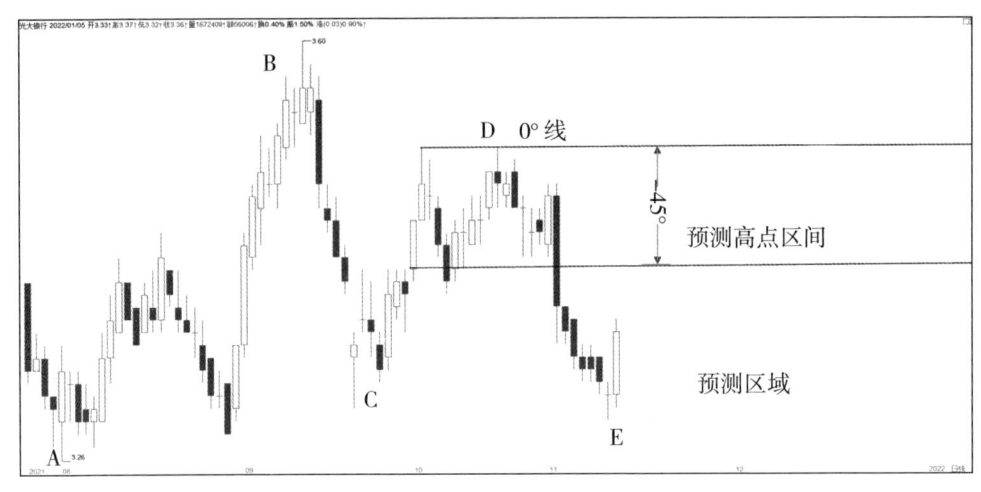

图 3-6　光大银行（601818）2021 年 7 月—11 月的日 K 线图

图 3-7　光大银行（601818）走势图对应的九方图

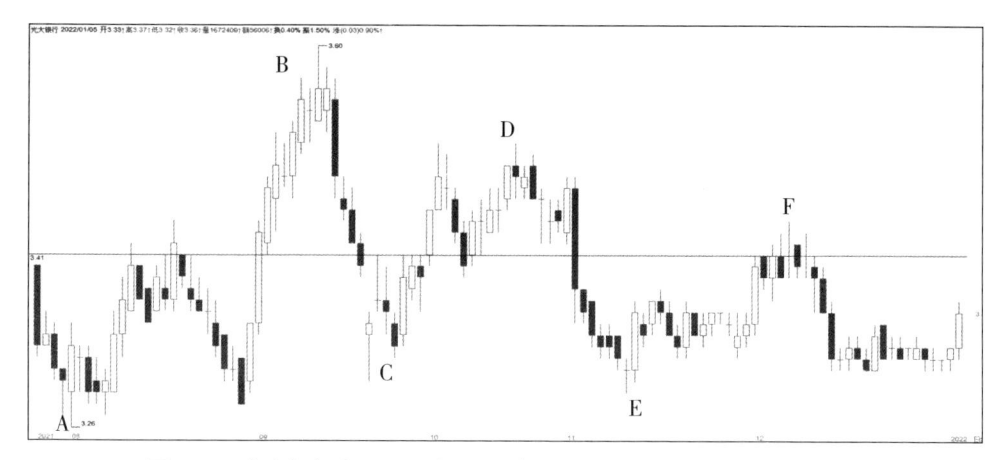

图 3-8　光大银行（601818）2021 年 7 月—2022 年 1 月的日 K 线图

如图 3-9 所示，这是 180 成长指数（000028）的日 K 线图。该指数在 4000 点以上，这种刻度对于九方图来说简直太大了，所以要将图中刻度除以 10。在本例中，最高点 4872.87 就变成了 487。

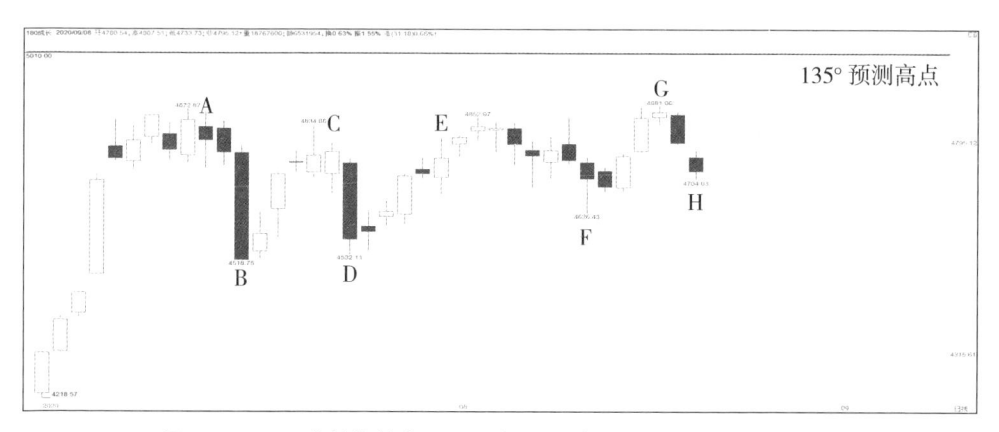

图 3-9　180 成长指数（000028）2020 年 6 月—8 月的日 K 线图

测量市场的波动率，即通过九方图在价格走势图上寻找市场的特有波动率。180 成长指数（000028）价格波动的基本测量值如下。

从高点 A 到低点 B，价格运动了大约 –135°。

从低点 B 到高点 C，价格运动了大约 +135°。

从高点 C 到低点 D，价格运动了大约 –120°。

从低点 D 到高点 E，价格运动了大约 +135°。

从高点 E 到低点 F，价格运动了大约 –90°。

从低点 F 到高点 G，价格运动了大约 +90°。

从高点 G 到低点 H，价格运动了大约 –70°。

走势次序是 –135°，+135°，–120°，+135°，–90°，+90° 和 –70°，这表明市场倾向于以 135° 为增量、减量的价格波动。H 点后下一个高点的预测高点，被标注在了价格走势图中，这个价位是从低点 H 向上的 135°。

如图 3-10 所示，将覆盖层的 0° 线与 H 点的最低价 470 对齐，顺时针移动 135° 后得到的数值为 501，在走势图上放大 10 倍得到 5010。

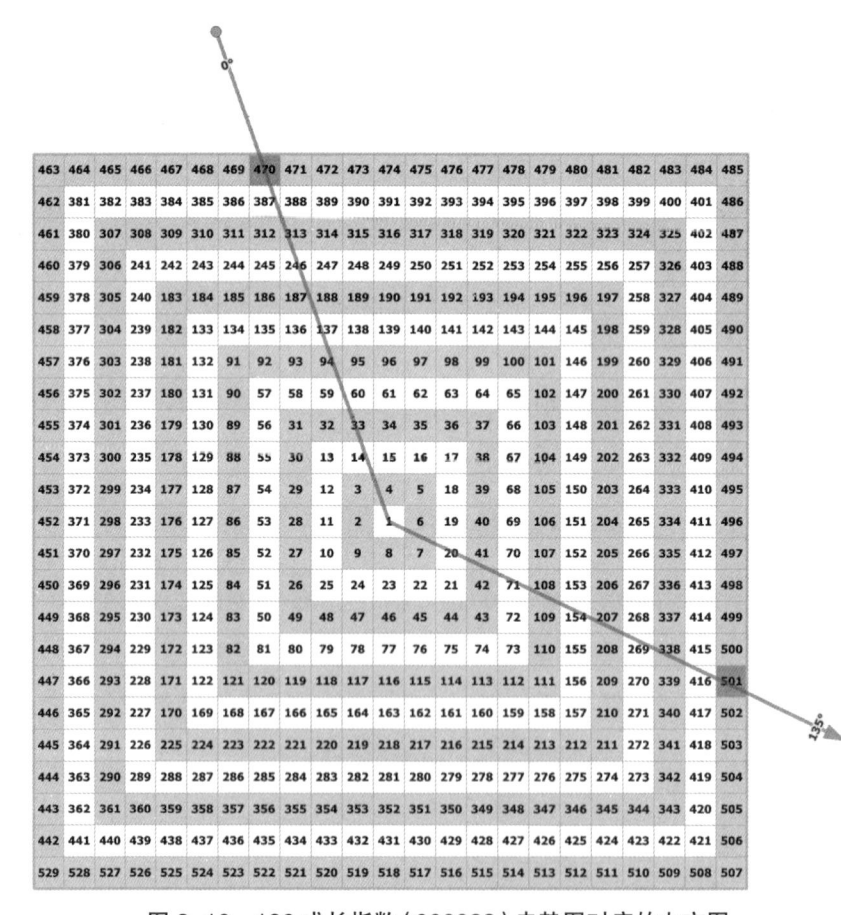

图 3-10　180 成长指数（000028）走势图对应的九方图

如图 3-11 所示，180 成长指数（000028）在 H 点低位转折后，有一个向上的价格波动。价格在 I 点的 +135° 预测阻力位形成一个高点 5023 点，与预测最高点 5010 点仅差 13 点。

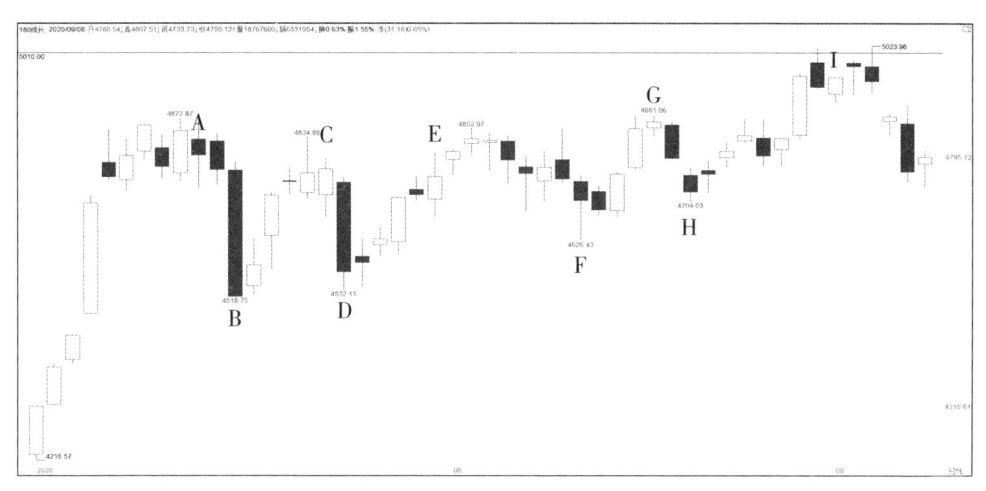

图 3-11　180 成长指数（000028）2020 年 6 月—9 月的日 K 线图

第二节　角度覆盖层和两个转折点

一、日线图表

这种预测方法需要两个显著转折日期。

第一个转折日期必须更早一些，它被用作九方图的开始日期。图 3-12 为数源科技（000909）的日 K 线走势图，这里将 2021 年 11 月 2 日的显著低点 6.04 元作为九方图的起始日期。

第二个显著转折点用于对齐九方图角度覆盖层的 0° 线。本例中，将 2021 年 12 月 13 日的显著高点与九方图角度覆盖层的 0° 线对齐。

如此一来，用作预测数源科技价格转折的九方图就搭建起来了，它从中心的起始日期向外递增，角度覆盖层的 0° 线对齐第二个显著转折日期所对应的单元格。然后观察落在覆盖层角度线上的日期，应高度关注这些日期，因为它们极有可能成为未来的转折日期。

图 3-12　数源科技（000909）2021 年 10 月—2022 年 3 月的日 K 线图

现在，分别使用一个按交易日递增的九方图以及一个按自然日递增的九方图进行预测。

如图 3-13 所示，这是一个基于交易日计数的九方图，它的起始日期是 2021 年 11 月 2 日。九方图上的单元格每移动一格增加 1 个交易日，覆盖层的 0° 线对齐显著高点日期 2021 年 12 月 13 日，即第 29 个单元格。然后在角度覆盖层上圈出了一些单元格，这些圈起来的日期代表了该股股价的转折日期。

图 3-14 是一个基于自然日计数的九方图，起始日期与交易日九方图相同，不同的是，自然日九方图上的每个单元格增加 1 个自然日。覆盖层的 0° 线再次对齐显著高点日期 2021 年 12 月 13 日，在这幅九方图上为第 41 个单元格。同样在自然日九方图上标注出了价格走势图中的转折点，九方图上单元格中标注的字母与走势图中的转折点是一一对应的。

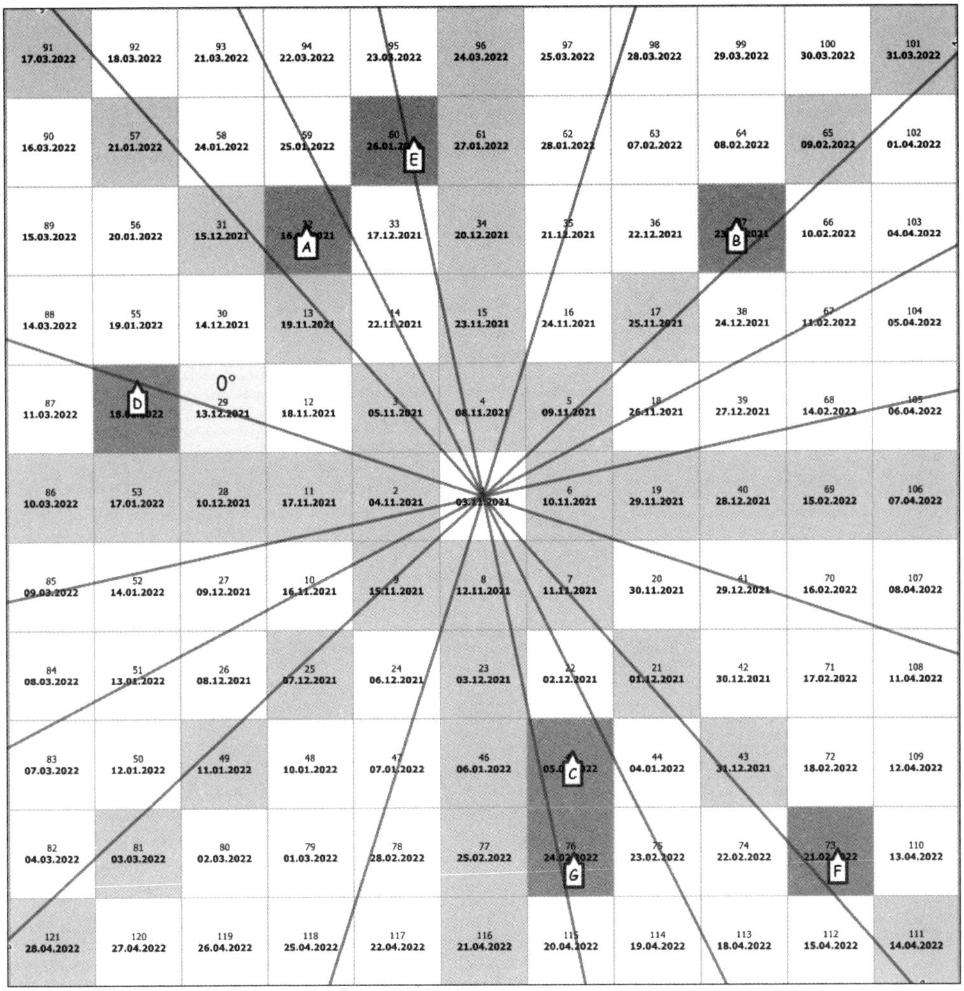

图 3-13　交易日九方图

观察两幅九方图标注出的转折日期不难看出，所有的转折点均落在了覆盖层的角度线上（误差为 ±1 日），这为大家预测未来转折的日期提供了历史依据。值得一提的是，走势图中的 A 点同时落在交易日及自然日九方图的 315°线上，为交易日与自然日九方图的共振点，从该例来看，A 点的转折概率最大，其余次之。

图 3-15 是国安达（300902）的日 K 线走势图。使用本节介绍的技术，第一个日期必须更早，以作为九方图的起始日期。这里将 2021 年 10 月 29 日显

图 3-14　自然日九方图

图 3-15　国安达（300902）2021 年 9 月—2022 年 5 月的日 K 线图

著低点 21.60 元这一天作为起始日期，将 2022 年 1 月 24 日显著高点 54.48 元对应的日期与九方图角度覆盖层的 0° 线对齐，这一天为单元格 87。

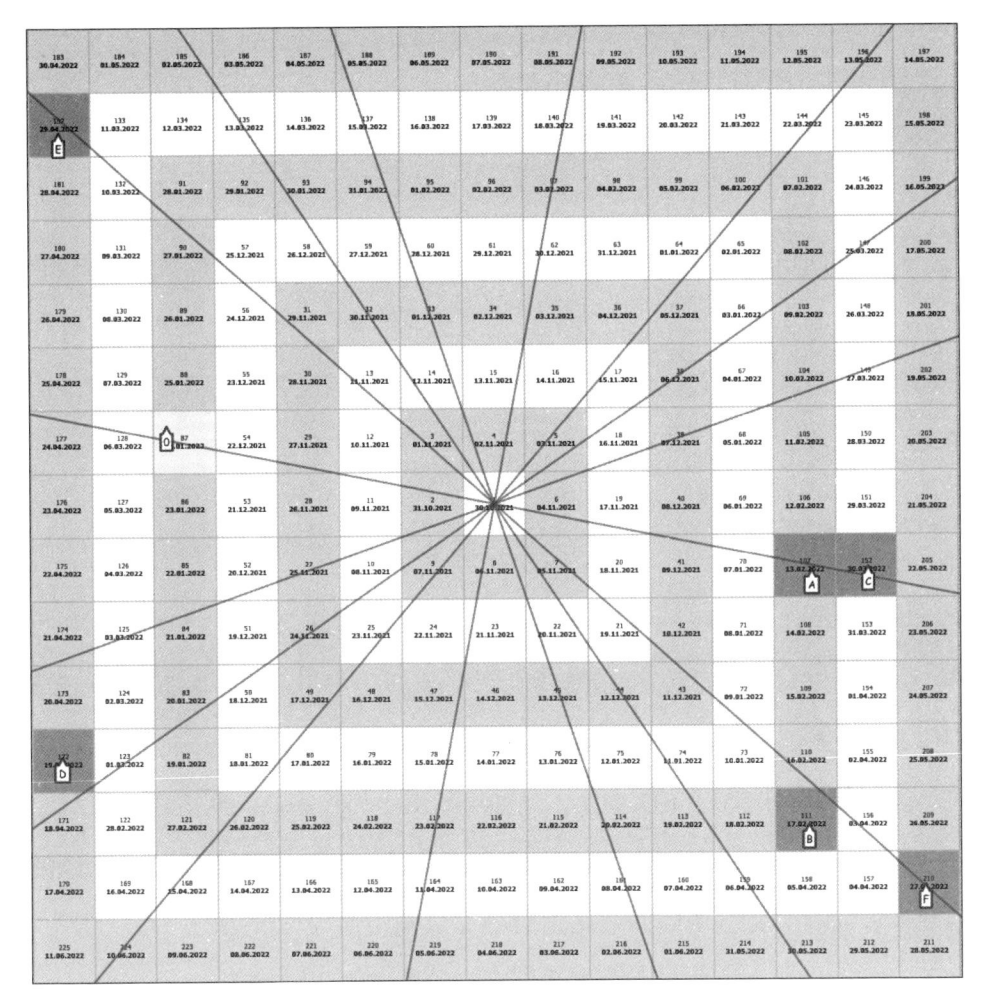

图 3-16　与国安达走势对应的自然日九方图

当价格从 0° 线沿着九方图开始运行时，转折点的出现顺序如下。

（1）下跌到 180° 线附近时，在点 A 处遇到支撑开始反弹。

（2）反弹到 150° 线附近时，在点 B 处遇到阻力继而回落。

（3）回落到 180° 线附近时，在点 C 处遇到支撑再次反弹。

（4）反弹到 45° 线附近时，在点 D 处遇到阻力，出现急跌。

（5）急跌到 330° 线附近时，在点 E 处遇到支撑出现强劲反弹。

以上转折点误差范围在 1~2 个自然日内。至笔者截稿时，该股仍处在反弹进程中。根据九方图覆盖层的支撑阻力作用分析，2022 年 5 月末，在九方图 150° 线上或将遇到较强劲的阻力，因为 F 点正好与 E 点处在对冲相位（180°），有可能会形成一个反弹高点。是耶？非耶？唯待后续验证！

到目前为止，该股股价近乎完美地按照九方图覆盖层的角度线产生高低转折。利用九方图预测转折点的时候，最好能够结合技术面与消息面综合研判，往往会得到意想不到的效果。比如，经过一段时间的反弹后，股价遇到九方图覆盖层的角度线，此时该角度线对股价走势产生压力作用，如果恰好伴随着指标出现超买现象，或者恰好出现利空消息，那么该角度线对价格的阻力作用就会变得更加强大，价格遇阻回落的概率将会显著提高。

另外值得注意的是，由九方图覆盖层角度线识别的转折点不会无限期地延伸下去。经过一段时间后，覆盖层角度线的支撑压力作用将会逐渐减弱，转折规律被打破是迟早的事。比如，在该例中，预期 F 点将出现一个转折高点，并且目前来看确实出现了下跌迹象，但如果后续走势仅回调一两天便转头向上，并且超越了 F 点的高价，则意味着覆盖层角度线产生的支撑或压力作用已属强弩之末。通常而言，使用九方图角度覆盖层确定市场转折点时，在规律失效之前，有 4~10 个较为准确的转折点。

二、周线图表

图 3-17 是福达股份（603166）的周 K 线图。应用本节介绍的技术，仍旧需要两个历史起始日期，这里选择较早的日期 2019 年 1 月的显著低点 4.26 元所在的日期，将其作为九方图的起始日期。其后该股股价在同年 4 月形成了一个显著高点，可以将覆盖层的 0° 线对准这一周。

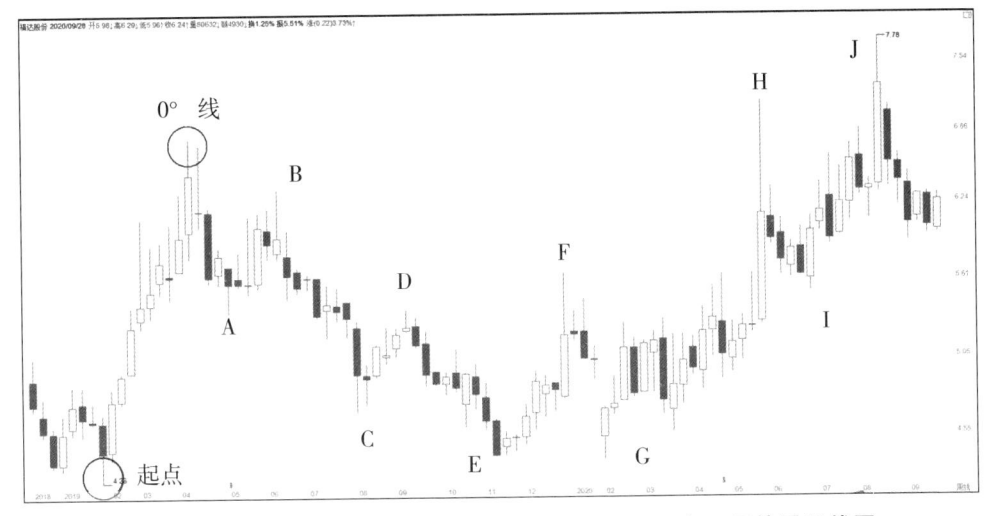

图 3-17 福达股份（603166）2018 年 12 月—2020 年 9 月的周 K 线图

如图 3-18 所示，该九方图的起始日期是 2019 年 1 月 28 日那个交易周，每个单元格前进一周。覆盖层的 0° 线对齐单元格 9，这个日期是 2019 年 4 月

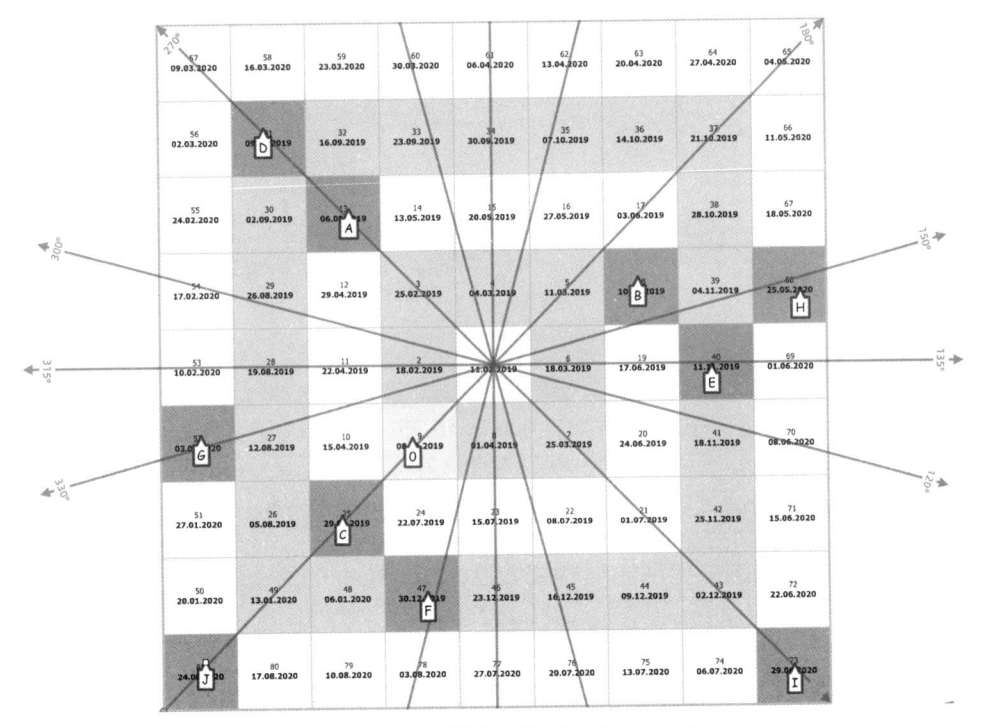

图 3-18 福达股份走势图对应的九方图

8日那一周，是一个显著高点，这个单元格正好位于九方图对角交叉线的225°线上。在九方图上标注出价格走势图中的转折点，观察发现，该股的转折点与九方图角度线覆盖层经过的单元格相关性非常强，除E点外，其他转折点均落在90°覆盖层上（90°，180°，270°与360°），据此可以认为该股的价格围绕90°覆盖层上下波动。这意味着该股走势非常适合用九方图进行预测，因为历史走势已经证明了较好的相关性。一切技术分析的前提假设是——历史会重演，九方图也不例外。

如图3-19所示，这里以中马传动（603767）2020年11月的显著高点为起点，将2021年2月的显著低点所在交易周与九方图角度覆盖层的0°线对齐，即用第14个单元格与0°线对齐，图中的显著转折点用字母进行了标记。

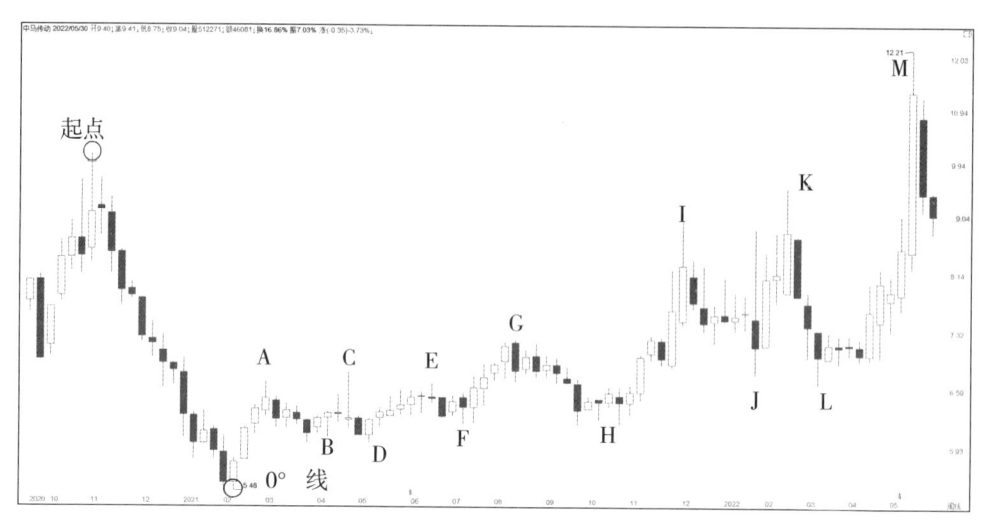

图3-19　中马传动（603767）2020年10月—2022年5月的周K线图

从中马传动的走势图及对应的九方图可以看到，该股周线走势的转折点日期与九方图角度覆盖层呈现出高度相关性，期间所有的周线转折点日期全部落在九方图角度覆盖层的特定角度上（误差±1周），如图3-20所示。

再举一例加以说明。如图3-21所示，这里以辉丰股份（002496）2018年1月的显著高点6.07元所在日期作为九方图起点，将同年10月的显著低点1.66

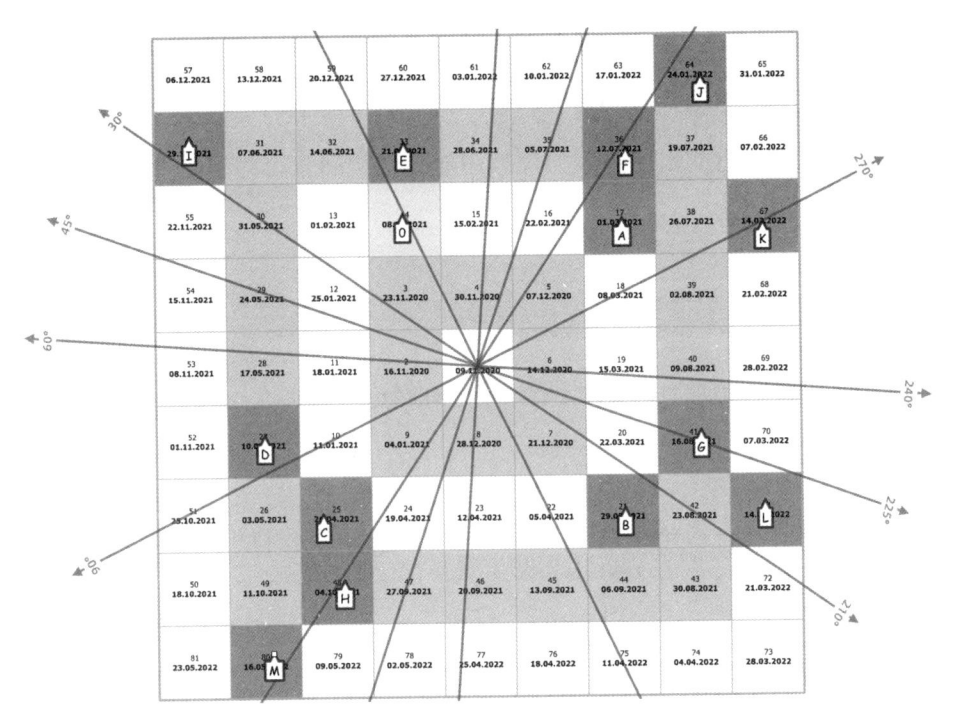

图 3-20　中马传动（603767）走势图对应的九方图

元所在日期与九方图角度覆盖层的 0° 线对齐，即将九方图的第 40 个单元格与覆盖层的 0° 线对齐，其正好位于水平交叉线右侧角度线上，图中的显著转折点用字母进行了标记。

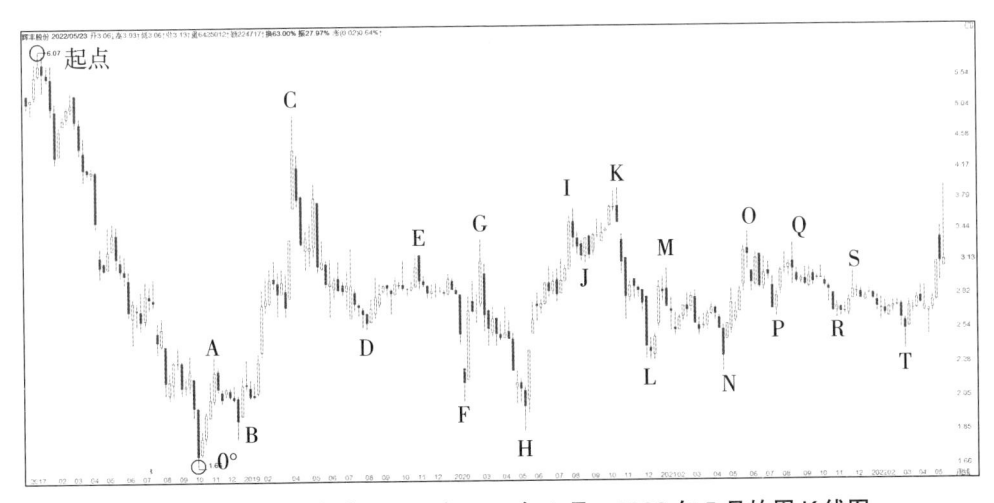

图 3-21　辉丰股份（002496）2018 年 1 月—2022 年 5 月的周 K 线图

从图 3-22 可以看到，实际上只有转折点 O 没有出现在覆盖层角度线上，这无疑显示出了九方图测市的强大功能。特别值得注意的是，当价格运行到九方图角度覆盖层的日期附近时，如果公司放出重要消息，将促使股价在接近转折日期的位置改变运行方向。

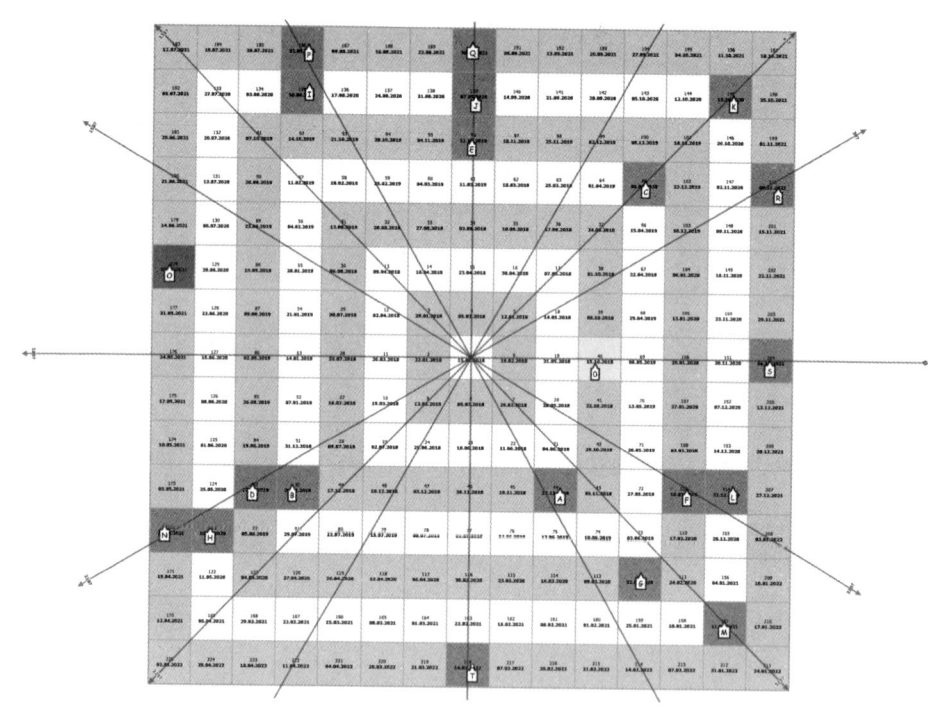

图 3-22　辉丰股份（002496）走势图对应的九方图

第三节　几何覆盖层

使用几何覆盖层时，江恩把几何覆盖层的顶角（0°）与九方图外圆上的某个日期对齐，这样几何覆盖层的边角便依次与圆周上的其他日期一一对应，从而完成对日期的分割。江恩使用的起始日期通常为显著高点或显著低点的日期。

一、五边形

江恩用 24 小时表示一天，并将 24 小时放置在九方图的圆周上。但是，这并不是投资者用到的时间，因为当使用整个 24 小时的时候，可能大部分预测的时间都发生在市场休市的时候。这里将市场的交易时间作为九方图的圆周，对于 A 股市场来说，就是上午 9:30 至 11:30，下午 13:00 至 15:00。

如图 3-23 所示，以新泉股份（603179）1 分钟走势图为例，将九方图五边形的顶角对齐该股 2022 年 5 月 27 日 9:47 的高点转折时间。在进行预测之前，必须通过 1~2 个转折点确认五边形与该股价格走势具有相关性。从新泉股份 1 分钟走势图中可以看到，72°的时间靠近转折高点，144°的时间靠近转折低点。基于此，可以认为五边形覆盖层与该股 1 分钟走势具有相关性，五边形其他角度线所在的时间，便可以用来预测该股未来的转折时间。

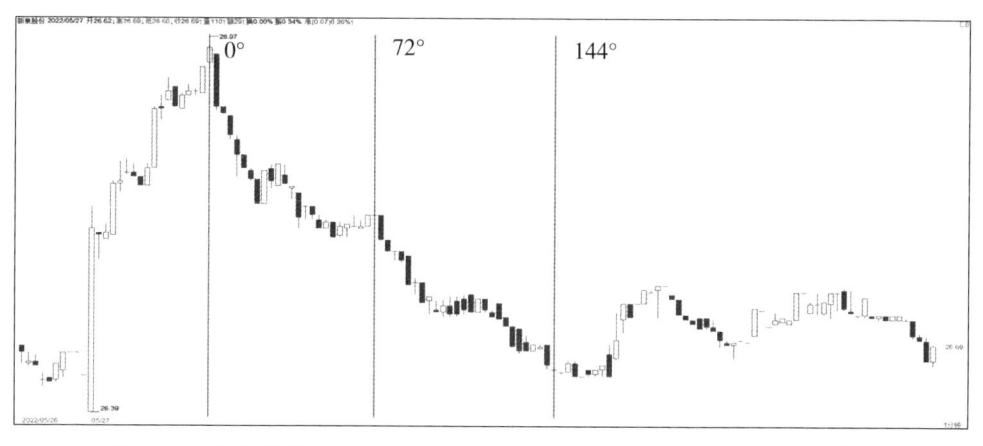

图 3-23　新泉股份（603179）2022 年 5 月 26 日—27 日的 1 分钟 K 线图

如图 3-24 所示，图中五边形覆盖层的 0°角对齐 9:47，72°角对齐 10:11，144°角对齐 10:35，216°角对齐 10:59，288°角对齐 11:23。

将五边形覆盖层的其他角度线对应的时间绘制到新泉股份的走势图中，可以看到 216°线对应的时间接近转折低点 A，288°线对应的时间接近转折高点 B，如图 3-25 所示。

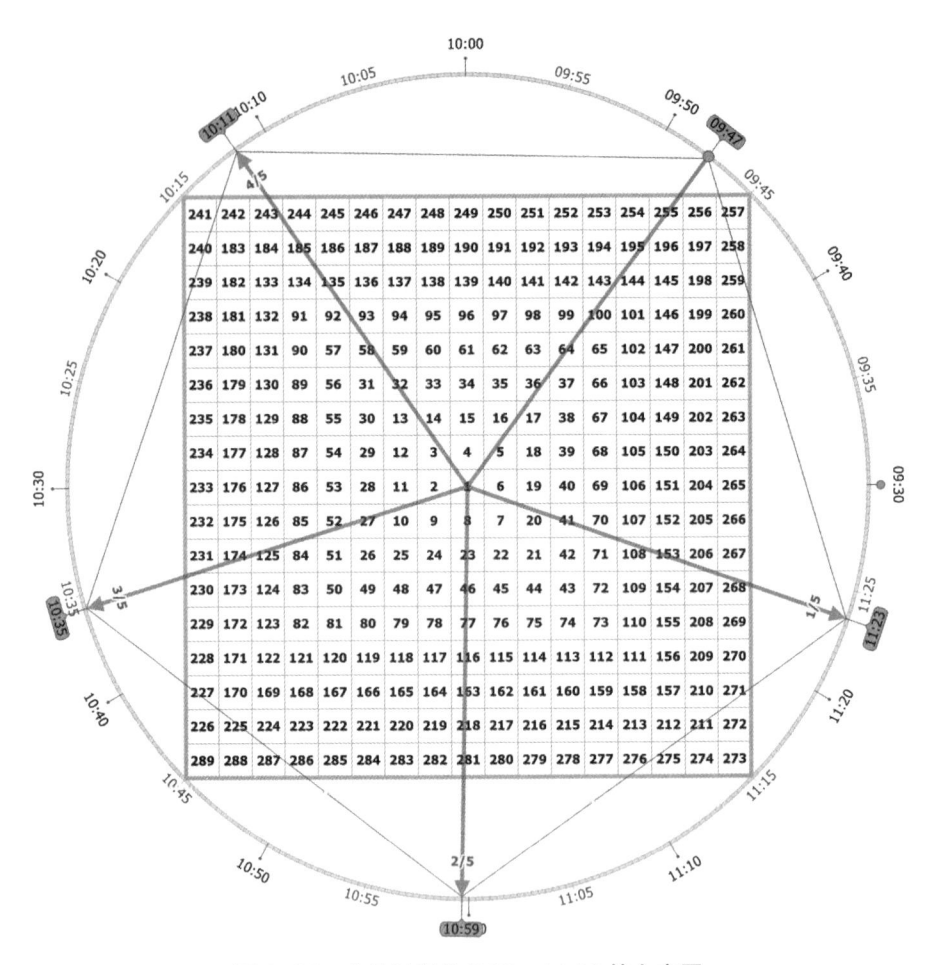

图 3-24 交易时间为 9:30—11:30 的九方图

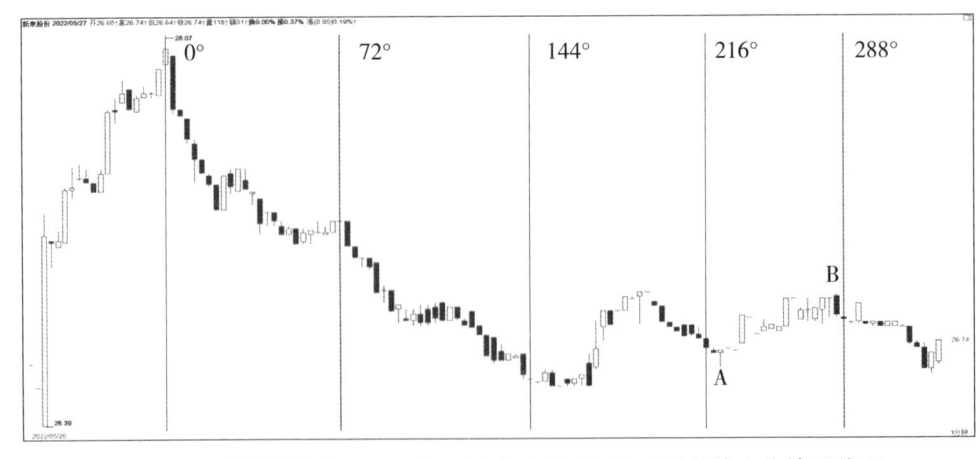

图 3-25 新泉股份（603179）2022 年 5 月 26 日—27 日的 1 分钟 K 线图

二、六边形

这里使用卓然股份（688121）的日线走势图作为案例进行探讨。首先，将自然日日期标注在九方图外圆的圆周上，将卓然股份2021年12月31日的最高点A点的日期作为六边形覆盖层的起点。

要利用几何覆盖层预测未来的转折日期，走势图上前期必须要有1~2个转折点与几何覆盖层确定的日期相关。从卓然股份的走势图可以看到，60°角对应的日期靠近转折点B，此时符合出现1~2个转折点与几何覆盖层角度具有相关性的要求，这时就可以利用六边形覆盖层预测其他的转折点，如图3-26所示。

图3-26　卓然股份（688121）2021年10月—2022年5月的日K线图

如图3-27所示，图中六边形覆盖层的顶角对齐的时间为2021年12月31日，60°角对齐的时间为2022年3月1日，120°角对齐的时间为2022年5月1日（即走势图上的4月29日）。

如图3-28所示，将覆盖层120°线对应的时间标注到卓然股份的走势图上后，不难发现，伴随着价格的进一步下跌，正好在六边形覆盖层120°线对应的日期见到近期低点15.29元。

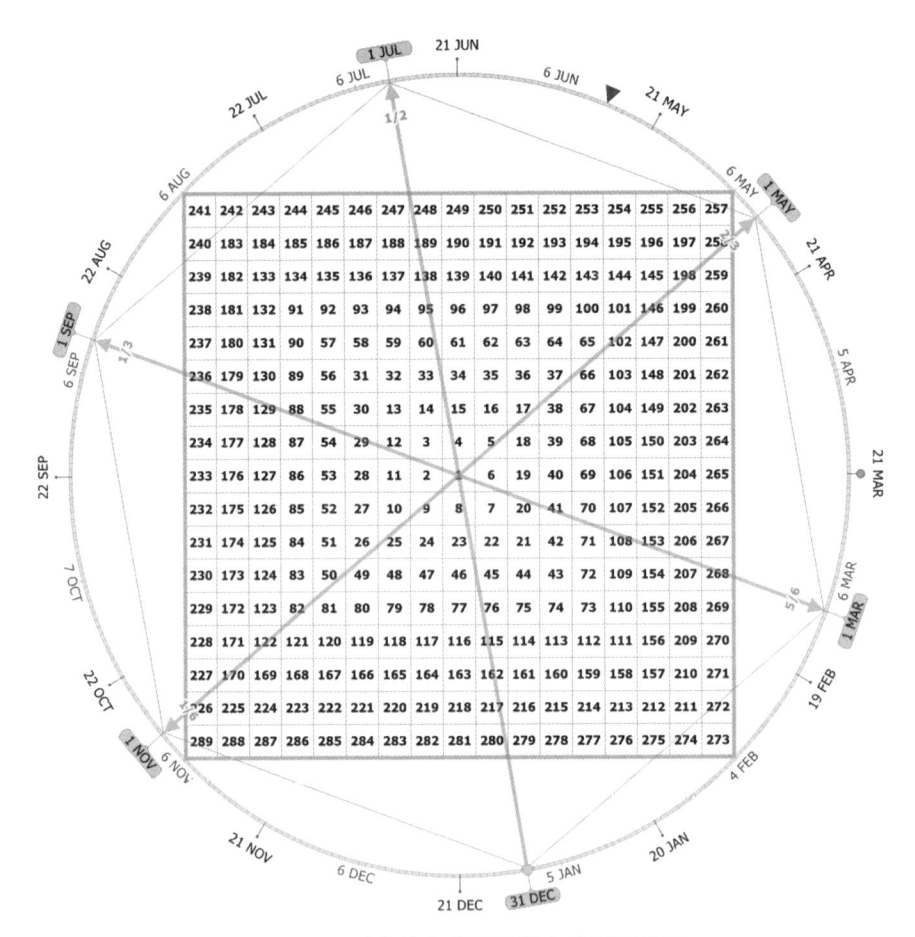

图 3-27　对应的九方图及其六边形覆盖层

图 3-28　卓然股份（688121）2021 年 10 月—2022 年 5 月的日 K 线图

本例中，卓然股份走势图上的转折点与九方图覆盖层确定的日期几乎完全一致，可见利用几何覆盖层预测转折日期的威力十分强大。值得一提的是，利用九方图及其覆盖层预测未来转折点的时候，绝对不能任意进行预测，而是要选择至少有1~2个转折点验证过的品种，否则九方图的测市功能将大打折扣，甚至适得其反。这也解释了为什么有的人认为江恩是"神"一样的存在，而有的人却认为江恩只不过是在"装神弄鬼"，显然，这两类人对江恩的看法都是不可取的。

当了解了江恩预测市场的真正精髓，相信读者对江恩的理解一定会变得更加客观，那就是，江恩的预测方法必须在特定条件下才能使用，只要符合预测前提，江恩的预测方法便会精准异常。但如果对江恩理论一知半解，胡乱套用，那么得到的结果必将是南辕北辙！

三、八边形

将八边形与九方图叠加使用时，八边形将年份平均分割成八等分，每个部分占据45°。将八边形的顶角与京威股份（002662）2020年2月4日的低点转折日期对齐，同时标注出八边形覆盖层的前两个边角对应的日期，如图3-29所示。

图3-29　京威股份（002662）2020年1月—8月的自然日K线图

在使用此方法进行预测之前，几何覆盖层确定的前一到两个日期必须与转折相关。如果几何覆盖层确定的时间日期与股价转折无关，则说明这个品种不能使用这个方法进行预测，切记。

从图 3-29 可以看到，八边形覆盖层的 45° 角对应了走势图的低点转折，八边形覆盖层的 90° 角对应了走势图的高点转折。由于前两个八边形覆盖层的边角与转折点相关，因此可以预期八边形的其他边角指示的未来日期，也将与京威股份这只股票走势的转折点相关。

图 3-30 是一个带有日期圆周的九方图。八边形覆盖层的 0° 起始角与

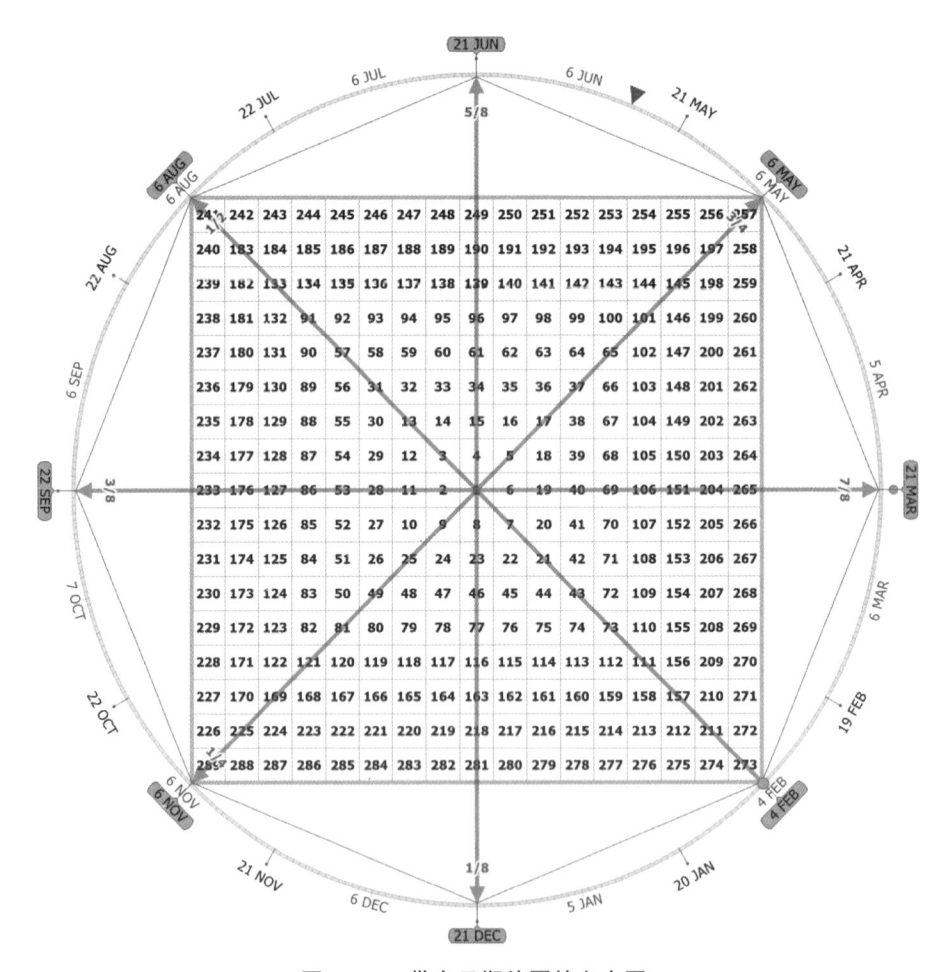

图 3-30 带有日期外圆的九方图

2020年2月4日的起始日期对齐，45°角对应的日期为2020年3月21日，90°角对应的日期为2020年5月6日，135°角对应的日期为2020年6月21日，180°角对应的日期为2020年8月6日。

如图3-31所示，将后续角度对应的日期标注到价格走势图上后发现，价格走势在后两个角度对应的日期附近形成了另外两个低位转折点。从图中可以看到，起始日期是一个低点，45°对应的日期是一个低点，然后90°对应的日期是一个高点，135°对应的日期是一个低点，180°还是一个低点。

图3-31 京威股份（002662）2020年1月—8月的自然日K线图

从图中观察可见，该股的价格转折点虽然与八边形边角对应的日期具有很强的相关性，但高低点之间没有前后对应关系，因此在预测的时候，不宜据此对下一个转折日期的高低点性质妄下定论。

第四章
增减量

第一节　增量

一、低价股

使用转折价格的增量来预测支撑和阻力价格，第一步是选择一个显著高点或显著低点作为起始点。图 4-1 为迪马股份（600565）的日 K 线走势图，这里将 2021 年 2 月 4 日的显著低点 2.19 元作为起始点。

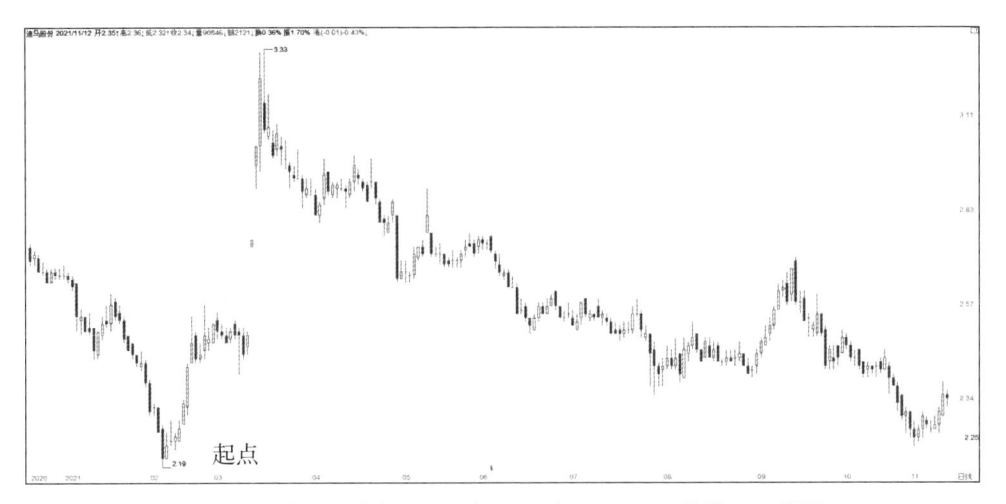

图 4-1　迪马股份（600565）2021 年 1 月—11 月的日 K 线图

第二步是选择一个价格增量，用以在九方图内递增，即九方图每个单元格按照一个价格增量增加。这里选择 A 股市场最小变动价位 0.01 元作为该股的价格增量。更详细的选择价格增量的方法，将在后文专门讨论，此处暂且不表。

将起始价格和价格增量代入一个公式，便能计算或者说预测未来的价格。

公式如下：

$$单元数 \times 价格增量 + 起始价格 = 单元价$$

如图 4-2 所示，以第 81 单元格为例（即单元数为 81），因为此前确定的价格增量是 0.01 元，起始价格是 2.19 元，则单元数 81 中显示的价格为 3.00 元。即 81×0.01=0.81，0.81+2.19=3.00。

57 2.76	58 2.77	59 2.78	60 2.79	61 2.8	62 2.81	63 2.82	64 2.83	65 2.84
56 2.75	31 2.5	32 2.51	33 2.52	34 2.53	35 2.54	36 2.55	37 2.56	66 2.85
55 2.74	30 2.49	13 2.32	14 2.33	15 2.34	16 2.35	17 2.36	38 2.57	67 2.86
54 2.73	29 2.48	12 2.31	3 2.22	4 2.23	5 2.24	18 2.37	39 2.58	68 2.87
53 2.72	28 2.47	11 2.3	2 2.21	1 2.2	6 2.25	19 2.38	40 2.59	69 2.88
52 2.71	27 2.46	10 2.29	9 2.28	8 2.27	7 2.26	20 2.39	41 2.6	70 2.89
51 2.7	26 2.45	25 2.44	24 2.43	23 2.42	22 2.41	21 2.4	42 2.61	71 2.9
50 2.69	49 2.68	48 2.67	47 2.66	46 2.65	45 2.64	44 2.63	43 2.62	72 2.91
81 3	80 2.99	79 2.98	78 2.97	77 2.96	76 2.95	75 2.94	74 2.93	73 2.92

图 4-2　起点为 2.19，价格增量为 0.01 的九方图

江恩使用落在水平交叉线和对角交叉线上的价格作为支撑和阻力水平。每个标的都有自己特有的波动率，价格的波动倾向于围绕水平交叉线和对角交叉线上的一两个角度展开。

江恩指出："最近的过去是不久将来的最佳注脚。"这个思想可以用来选择哪一条水平交叉线或对角交叉线来预测未来的支撑和阻力水平。应用时可以将每个水平交叉线和对角交叉线的价格悉数应用于走势图中进行观察，通常有一个角度与市场里的高点和低点高度相关的支撑或者阻力水平。当找到这个角度时，就可以用于预测未来的支撑和阻力水平。

将九方图对角线上的数字悉数标注到九方图上，观察可知，针对迪马股份的价格走势，九方图的 270° 角度线具有强大的支撑阻力作用，这是水平交叉

线下方的一条角度线。将该角度线上的单元价格标注到走势图中，作为支撑阻力线。

在支撑阻力线的左端标记九方图上单元数的价格，每条支撑线的右端标记的数字是该线在九方图上对应的单元格。从图4-3中可以看到，该股股价的显著高点非常接近单元格116所确定的支撑和阻力价格，这个价格是3.35元。

图4-3　迪马股份（600565）2021年1月—12月的日K线图

将这个顶部用字母A进行标记。顶部A显示出这个市场偏好的角度线为九方图的270°角度线，因此，可以将270°角度线上的价格延伸到未来，用于预测股价未来的支撑和阻力水平。

图4-4是与迪马股份走势图对应的九方图，其中270°线上的单元格被标注了出来。将高点A之后靠近支撑阻力线的转折点标上字母后发现，在A点之后，该股股价继续倾向于围绕九方图的270°线波动，这就是对"过去即是将来"的最佳诠释。

以上案例说明，选择一个显著高低点作为九方图的起点，然后选择合适的价格增量，九方图可以很好地预测未来的高低转折点。

91 3.1	92 3.11	93 3.12	94 3.13	95 3.14	96 3.15	97 3.16	98 3.17	99 3.18	100 3.19	101 3.2
90 3.09	57 2.76	58 2.77	59 2.78	60 2.79	61 2.8	62 2.81	63 2.82	64 2.83	65 2.84	102 3.21
89 3.08	56 2.75	31 2.5	32 2.51	33 2.52	34 2.53	35 2.54	36 2.55	37 2.56	66 2.85	103 3.22
88 3.07	55 2.74	30 2.49	13 2.32	14 2.33	15 2.34	16 2.35	17 2.36	38 2.57	67 2.86	104 3.23
87 3.06	54 2.73	29 2.48	12 2.31	3 2.22	4 2.23	5 2.24	18 2.37	39 2.58	68 2.87	105 3.24
86 3.05	53 2.72	28 2.47	11 2.3	2 2.21	1 2.2	6 2.25	19 2.38	40 2.59	69 2.88	106 3.25
85 3.04	52 2.71	27 2.46	10 2.29	9 2.28	8 2.27	7 2.26	20 2.39	41 2.6	70 2.89	107 3.26
84 3.03	51 2.7	26 2.45	25 2.44	24 2.43	23 2.42	22 2.41	21 2.4	42 2.61	71 2.9	108 3.27
83 3.02	50 2.69	49 2.68	48 2.67	47 2.66	46 2.65	45 2.64	44 2.63	43 2.62	72 2.91	109 3.28
82 3.01	81 3	80 2.99	79 2.98	78 2.97	77 2.96	76 2.95	75 2.94	74 2.93	73 2.92	110 3.29
121 3.4	120 3.39	119 3.38	118 3.37	117 3.36	116 3.35	115 3.34	114 3.33	113 3.32	112 3.31	111 3.3

图 4-4　迪马股份（600565）走势图对应的九方图

二、中价股

下面用中价股艾德生物（300685）的日 K 线走势图配合九方图上的价格增量来进行支撑阻力位的预测。

同样，第一步还是选择一个显著高点或显著低点作为九方图的起点。这里选择该股在 2019 年 1 月 15 日的显著低点 24.25 元为九方图的起点，如图 4-5 所示。

第二步是选择一个价格增量。在九方图上，价格增量就是每个单元格所代表的价格的增加量。对于这只股票，可以使用 0.25 元的价格增量。本章末尾会详细讨论如何选择价格增量，此处不再赘述。

在与艾德生物走势图对应的九方图上，可以计算出每个单元格的价格（计算公式同上），和单元数一起放在相应的单元格里，如图 4-6 所示。

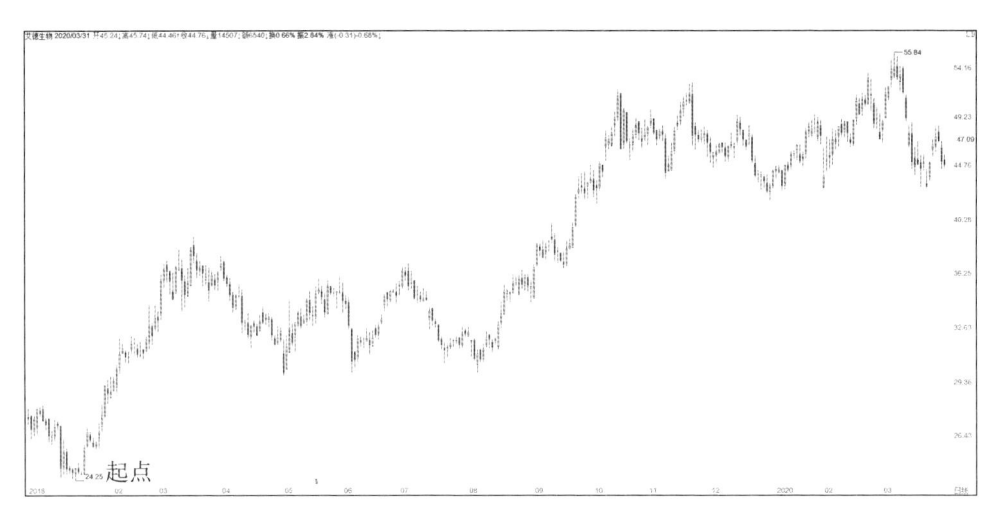

图 4-5　艾德生物（300685）2018 年 12 月—2020 年 3 月的日 K 线图

91 47	92 47.25	93 47.5	94 47.75	95 48	96 48.25	97 48.5	98 48.75	99 49	100 49.25	101 49.5
90 46.75	57 38.5	58 38.75	59 39	60 39.25	61 39.5	62 39.75	63 40	64 40.25	65 40.5	102 49.75
89 46.5	56 38.25	31 32	32 32.25	33 32.5	34 32.75	35 33	36 33.25	37 33.5	66 40.75	103 50
88 46.25	55 38	30 31.75	13 27.5	14 27.75	15 28	16 28.25	17 28.5	38 33.75	67 41	104 50.25
87 46	54 37.75	29 31.5	12 27.25	3 25	4 25.25	5 25.5	18 28.75	39 34	68 41.25	105 50.5
86 45.75	53 37.5	28 31.25	11 27	2 24.75	1 24.5	6 25.75	19 29	40 34.25	69 41.5	106 50.75
85 45.5	52 37.25	27 31	10 26.75	9 26.5	8 26.25	7 26	20 29.25	41 34.5	70 41.75	107 51
84 45.25	51 37	26 30.75	25 30.5	24 30.25	23 30	22 29.75	21 29.5	42 34.75	71 42	108 51.25
83 45	50 36.75	49 36.5	48 36.25	47 36	46 35.75	45 35.5	44 35.25	43 35	72 42.25	109 51.5
82 44.75	81 44.5	80 44.25	79 44	78 43.75	77 43.5	76 43.25	75 43	74 42.75	73 42.5	110 51.75
121 54.5	120 54.25	119 54	118 53.75	117 53.5	116 53.25	115 53	114 52.75	113 52.5	112 52.25	111 52

图 4-6　起点为 24.25 元，增量为 0.25 元的九方图

如前所示，有支撑和阻力作用的单元格大多位于九方图的交叉线上。为了确定用于预测的最佳角度线，需要将水平交叉线和对角交叉线上的价格与最近

的转折价格进行比较。与近期转折价格相关度最高的角度线，通常是用于预测未来支撑阻力水平的最佳选择。

经过比较后，选择九方图对角交叉线左下方的 225° 线作为走势图中的支撑压力线，然后将 225° 线上的价格标注到价格走势图中。每条线的左边标注的是九方图的单元价，每条线的右边标注的是九方图的单元数。请一定注意区分单元数与单元价，这不是一码事！走势图上的字母表示市场在支撑阻力位附近形成的转折点。

从图 4-7 中可以看到，在转折点 A、B 和 C 后，价格走势继续围绕九方图上的 225° 线的单元格形成一系列转折点。转折点 A、B、C 作为最近的过去，可以用来预测不久将来的转折点。换句话说，一旦确定价格围绕九方图某一条角度线波动，那么该条角度线上的价位就可以用来预测未来的支撑和阻力价格，此过程可以在任何市场套用。

图 4-7　艾德生物（300685）2018 年 12 月—2020 年 3 月的日 K 线图

值得一提的是，如果股票价格位于支撑和阻力位附近，此时公司恰好放出重要消息（利好或者利空），那么此时九方图特定角度线的支撑和阻力作用将会变得更强。

三、增量选择

如何选择价格增量用于预测支撑和阻力水平，是一个非常重要的问题。

首先，九方图价格增量的选择与价格走势图中的价格刻度高度相关。如果预测标的是一只 2 元左右的股票，这时就不能选择 1 元作为价格增量，因为选择 1 元作为价格增量，结果将是所有的支撑位和阻力位都将远远高于股价本身，此时应该选择一个较小的价格增量。

其次，根据分析周期的不同，在日内图表上，价格刻度通常覆盖一个较小的范围，此时就需要一个较小的价格增量。在周线图上，价格刻度覆盖的范围更大，此时就需要一个较大的价格增量。

选择价格增量的原则是：选择一个合适的价格增量，由此产生足够多的支撑和阻力位，但支撑阻力位不能多到使价格图表变得拥挤不堪。

为了使预测的股票或期货品种得到更好的价格增量，这里列举了一些选择价格增量的标准。

（1）对于低价股，选择 0.01、0.05 或 0.10 作为价格增量（通常为 10 元以内）。

（2）对于中价股，选择 0.10、0.25 或 0.50 作为价格增量（通常为 10 元到 100 元之间）。

（3）对于高价股，选择 0.25、0.50 或 1.00 作为价格增量（通常为 100 元到 1000 元之间）。

（4）对于指数，选择 1、5、10 或 25 作为价格增量（通常为 1000 点以上）。

对于期货合约，通常选择最小变动价位作为价格增量。例如，内盘尿素、强麦的最小变动价位是 1 元，花生的最小变动价位是 2 元，外盘咖啡的最小变动价位是 0.05 美分。各交易品种的最小变动价位，可以到期货交易所网站上查询，此处不再过多列举。在具体预测过程中，还可以使用最小变动价位的倍数作为价格增量，直到找到一个增量，使得支撑和阻力位在价格走势图的合理范围内恰到好处。

最小变动价格除了可以用于选择九方图上价格的增减量之外，还可以用原始价格除以最小变动价位来对原始价格进行转换。

例如，花生的最小变动价位为 2 元 / 吨，其目前的价格为 10292 元，其价格也可以转换为 10292/2=5146，这个数字在九方图上的角度与之前的价格完全不同。与这个数字对冲的第一个数字是 5290，乘以 2 后得到 10580 元。与 5146 同向下一循环的第一个数字是 5436，乘以 2 得到 10873 元，交易中也可以用这些价位作为未来的支撑阻力位。

另一种确定价格的方法是取所有水平对角线和对角交叉线上的数字，乘以最小变动价位，然后以最小变动价格作为中心数，并以同样的方法在九方图上递增，九方图重要角度上的数字就会呈现在大家面前。

第二节　增量和角度覆盖层

一、日线图表

下面介绍的方法用到两个显著低点。

第一步是选择第一个显著低点作为九方图的起点，此价格必须是这个方法使用的两个显著低点里较低的一个。如图 4-8 所示，以瑞芯微（603893）日 K 线图为例，选择 2021 年 2 月 8 日的显著低点 53.50 元作为起点，这也是该公司过去几年中的最低价格。

第二步是选择一个与覆盖层 0° 线对齐的价格。在本例中，选择 2021 年

10 月 28 日的显著低点 101 元与九方图覆盖层的 0° 线对齐。注意，该价格必须高于起点的价格。

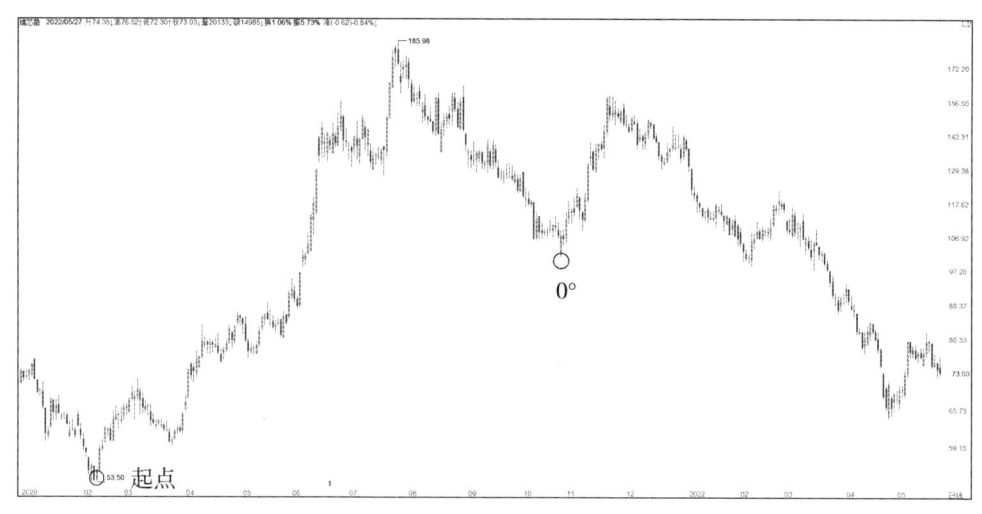

图 4-8　瑞芯微（603893）2021 年 1 月—2022 年 5 月的日 K 线图

第三步是选择一个价格增量，用来递增九方图上的价格。该股的价格刻度是 50 到 190 元，根据价格增量选择标准，这里选择 0.25 元的价格增量是比较合适的。

第四步是选择九方图覆盖层角度线确定的价格，并绘制在价格走势图上。这一步的目的是找到一个或两个与转折相关的覆盖层角度，一旦确定了这个覆盖层角度，这个覆盖层角度线上的价格就可以用来预测走势图上未来的支撑和阻力水平。

图 4-9 是与瑞芯微价格走势对应的九方图，其起始价格为 53.50 元，价格增量为 0.25 元。从起始价格开始，九方图上的价格按 0.25 元的增量递增。比如，单元格 1 的价格为 53.75 元，单元格 2 的价格为 54 元，单元格 3 的价格则为 54.25 元，以此类推。

将走势图的显著低点 101 元所在的单元格在九方图上标记出来，其所在的单元格为 190，这个单元格正好位于九方图的 90° 线上。将覆盖层的 0° 线与该

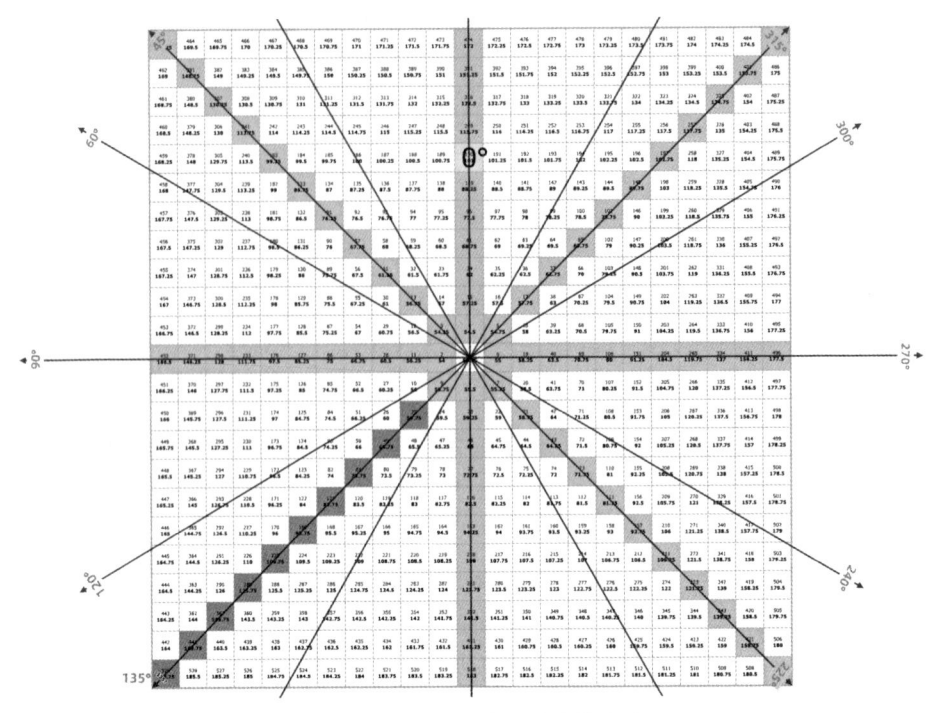

图 4-9　瑞芯微价格走势对应的九方图

单元格对齐，也就是令覆盖层的 0° 线与九方图的 90° 线重合，这样一来，覆盖层的 0° 线正好穿越单元格 190 的中心。

观察发现，覆盖层 135° 线上的单元价格可以较好地反映该股价格走势的支撑和阻力位。将这些价格在九方图上予以标注，并将其对应的支撑阻力线标注在价格走势图上。如图 4-10 所示，图中的字母标注了价格走势在支撑阻力线附近形成的转折点。一般而言，如果有 1～2 个转折点与九方图覆盖层的某一条角度线高度相关，便可以用这条角度线对应的单元价格作为价格走势图上的支撑阻力线。以瑞芯微的价格走势来说，字母 A、B 和 C 处形成的重要转折表明，该股股价的运行围绕着九方图覆盖层的 135° 线波动，这个角度上的价格可以用来预测未来走势的支撑阻力位。

在 C 点形成顶部之后，该股价格一路跌至预测的支撑阻力线 D 点处才止跌企稳，该线就是由九方图角度覆盖层的 135° 线上的单元格 25 所确定的。

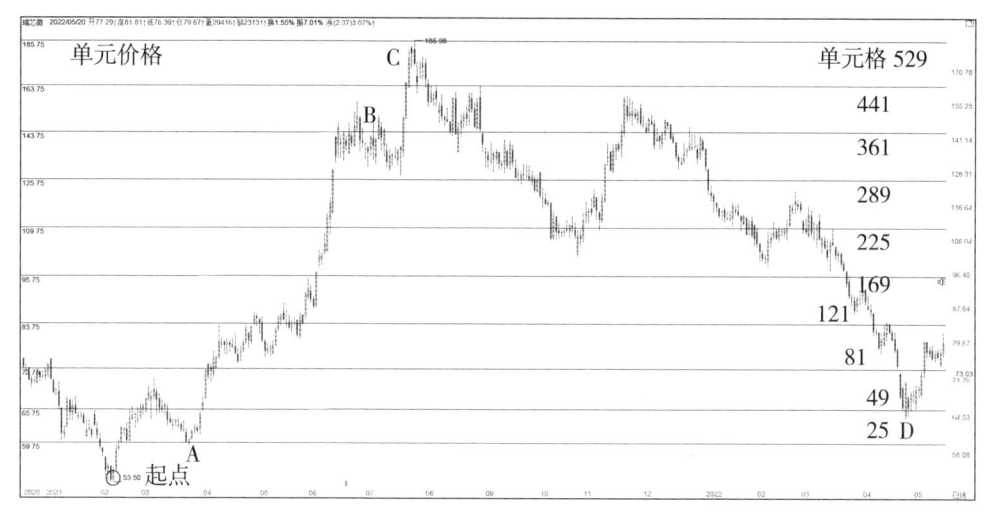

图4-10 瑞芯微（603893）2021年1月—2022年5月的日K线图

九方图可以用来准确预测支撑位和阻力位，如果能配合一只股票的消息面进行综合分析，以了解其为什么会在此处发生转折，也是很重要的。例如，瑞芯微公司在股价跌到D点附近的时候公布了一季报，每股收益0.20元，较之前出现大幅下降。正所谓"利空出尽便是利好"，这一消息使该公司股价从九方图确定的支撑位开始了较强劲的反弹。

二、日内图表

继续沿用上一个例子中提到的瑞芯微，但这次使用的是它的15分钟走势图。

首先，选择一个显著低点作为九方图的起点。这里选择2021年10月28日的最低点101元作为起点，这个价格正是日线图应用中0°线覆盖层对应的价格，现在将其作为九方图的起点。

其次，选择另一个显著低点对齐覆盖层的0°线。这里选择2021年11月9日的显著低点109.00元作为覆盖层0°线的起点。

再次，选择用来递增九方图的价格增量。由于该股价格比较高，所以这里仍旧选择 0.25 元作为价格增量。

创建完九方图，并将覆盖层在九方图上对齐后，就可以将落在角度线上的价格标注出来，然后对比价格的转折点倾向于围绕哪一条角度线波动。下一步是将该条覆盖层角度线上的价格绘制到价格走势图上，用作支撑位和阻力位。

到此为止，就可以确认转折点与九方图覆盖层支撑阻力位的关系，以上就是如何判断市场倾向于围绕哪一条角度线波动的方法。下面介绍将这条角度线用来预测未来的支撑阻力位的步骤。

观察发现，覆盖层 60° 线上的价格与走势图中的转折点密切相关。天顶位置的 A 点、次高点 B 点以及见顶后下跌的第一次重要反弹起点 C 点，均位于 60° 线处的支撑压力位附近。这表明，在此时间周期内，市场倾向于围绕九方图角度覆盖层的 60° 线波动，如图 4-11 所示。

图 4-11　瑞芯微（603893）2021 年 10 月—12 月的 15 分钟图

如图 4-12 所示，九方图的起始价格为 101 元，价格增量为 0.25 元。角度线覆盖层的 0° 线与单元格 32 的价格 109 对齐，覆盖层 60° 线上的数字被标注了出来。

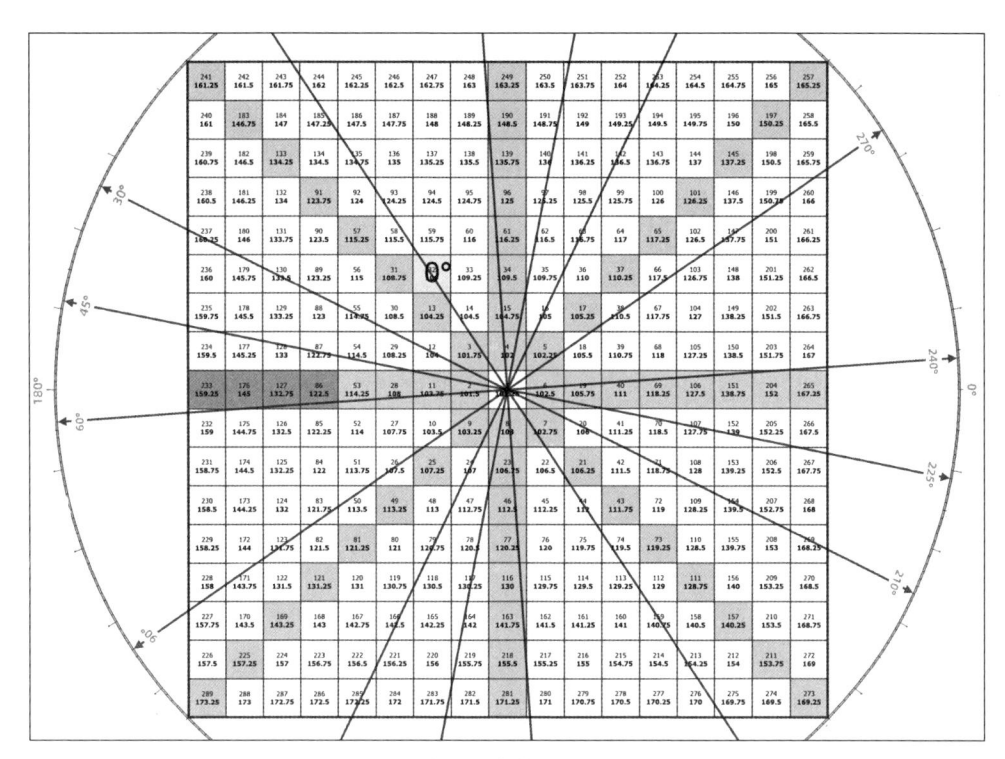

图 4-12　瑞芯微走势图对应的九方图

如图 4-13 所示，低点 C 之后，瑞芯微的股价继续跌至 127 单元格附近的 D 点，此时市场触底，然后反弹到 176 单元格附近的 E 点，最后精确下跌到

图 4-13　瑞芯微（603893）2021 年 9 月—12 月的 15 分钟图

127 单元格附近的 F 点。通过 A 点、B 点和 C 点处的转折，得出瑞芯微 15 分钟股价走势倾向于围绕覆盖层 60° 线波动，所以对 D 点、E 点以及 F 点的预测变得非常简单。

以上讲述的两个例子选用了同一家公司。回顾在日线图中的应用，可以发现两个例子的基本模式是相同的：确定一个起点，将覆盖层的 0° 线对齐一个转折点，然后利用前两个转折点确定股价波动偏向围绕的角度线，这个角度线便可以用来预测未来的转折价位。相同的方法可以运用到任何时间周期，唯一不同的是两个起始价格（九方图起点、覆盖层起点）和价格增量的选择。

三、周线图表

在周线图表上应用价格递增和覆盖层预测未来支撑阻力位。

第一步仍旧是选择一个显著低点作为九方图的起始价格。本例中，将易事特（300376）2020 年 2 月 3 日的显著低点 3.90 元作为九方图的起点。

第二步是选择九方图覆盖层的起点，该价格选择的是 2020 年 3 月 9 日的显著高点 6.39 元。

第三步是选择一个价格增量来递增九方图每个单元格的价格。基于该股走势的价格范围为 3 到 15 元，这里选择 0.10 元作为九方图的价格增量。

如图 4-14 所示，在 2020 年 3 月 9 日的显著高点 6.39 元处有一条水平线，此水平线代表覆盖层的 0° 线。

下一步是确定该股的价格走势围绕哪一条覆盖层角度线波动。通过标注覆盖层角度线上的价格，并在图表上绘制它们作为支撑和阻力水平，就可以实现这一目的。

如图 4-15 所示，走势图上绘制了覆盖层 0° 线上标注的价格。字母 A 显示价格下跌到覆盖层 0° 线上形成的底部转折。A 点的转折显示了该股价格可能本身就倾向于围绕 0° 线波动，因此直接用 0° 线来预测该股未来的支撑和阻力位。

图 4-14　易事特（300376）2019 年 12 月—2022 年 5 月的周 K 线图

图 4-15　易事特（300376）2019 年 12 月—2022 年 5 月的周 K 线图

通过九方图上相应的单元格价格，很容易预测下一个较高的阻力位，即市场高位转折点 B。当市场触及覆盖层 0°线的阻力价格时，便在 B 点形成了高位转折。

后面的价格走势图更是证明了覆盖层 0°线所显示出的强大支撑阻力作用，后面以字母标注的转折点，几乎全部出现在 0°线上的单元格附近。另外，在整整两年的价格运行区间内，上涨的上限与下跌的下限，也被 0°线上的单元格 9 与单元格 81 所对应的价格牢牢锁定。

图 4–16 是与易事特走势图相对应的九方图，起始价格为 3.90 元，价格增量为 0.10 元。0° 线上的价格被标记了出来，这些价格分别是 4.80 元、6.40 元、8.80 元以及 12 元，它们被用作图 4–15 中的支撑线和阻力线。

57 **9.6**	58 **9.7**	59 **9.8**	60 **9.9**	61 **10**	62 **10.1**	63 **10.2**	64 **10.3**	65 **10.4**
56 **9.5**	31 **7**	32 **7.1**	33 **7.2**	34 **7.3**	35 **7.4**	36 **7.5**	37 **7.6**	66 **10.5**
55 **9.4**	30 **6.9**	13 **5.2**	14 **5.3**	15 **5.4**	16 **5.5**	17 **5.6**	38 **7.7**	67 **10.6**
54 **9.3**	29 **6.8**	12 **5.1**	3 **4.2**	4 **4.3**	5 **4.4**	18 **5.7**	39 **7.8**	68 **10.7**
53 **9.2**	28 **6.7**	11 **5**	2 **4.1**	1 **4**	6 **4.5**	19 **5.8**	40 **7.9**	69 **10.8**
52 **9.1**	27 **6.6**	10 **4.9**	9 **4.8**	8 **4.7**	7 **4.6**	20 **5.9**	41 **8**	70 **10.9**
51 **9**	26 **6.5**	0° 25 **6.4**	24 **6.3**	23 **6.2**	22 **6.1**	21 **6**	42 **8.1**	71 **11**
50 **8.9**	49 **8.8**	48 **8.7**	47 **8.6**	46 **8.5**	45 **8.4**	44 **8.3**	43 **8.2**	72 **11.1**
81 **12**	80 **11.9**	79 **11.8**	78 **11.7**	77 **11.6**	76 **11.5**	75 **11.4**	74 **11.3**	73 **11.2**

图 4–16 易事特走势图对应的九方图

第三节 减量

一、日线图表

使用价格减量来预测支撑价格和阻力价格。

第一步是选择显著高点或显著低点的价格作为九方图的起点。图 4–17 为石头科技（688169）的日 K 线走势图，这里将其 2021 年 6 月 21 日的最高价 1492.13 元作为九方图的起点。

第二步是选择一个价格减量来减小九方图的起始价格。从起始价格开始，每个单元格减小一个减量单位。该股的价格超过 1000 元，所以选择 -10 元作为价格减量。价格减量的选择与价格增量的选择原理相同，此处不再展开。通过公式，可以计算出每个单元格中的单元价。

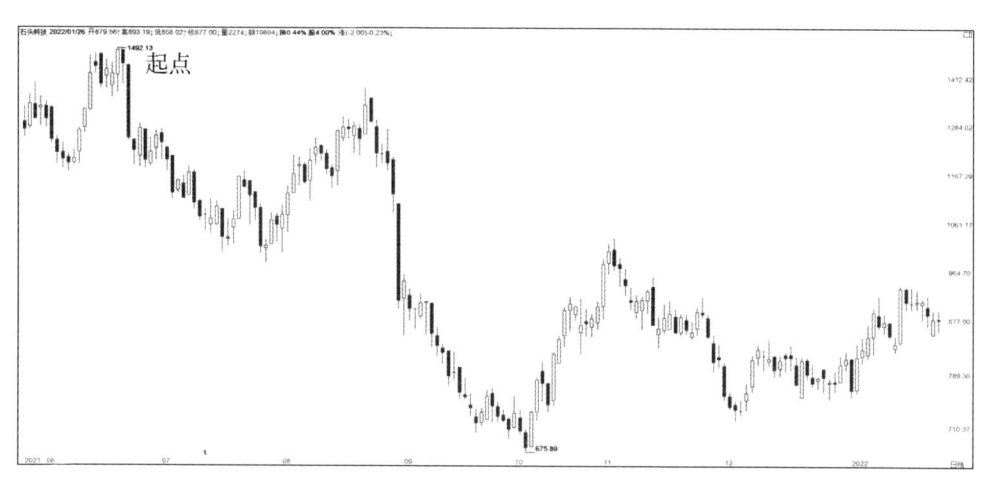

图 4-17　石头科技（688169）2021 年 5 月—2022 年 1 月的日 K 线图

单元价计算公式为：

$$单元数 \times 价格减量 + 起始价格 = 单元价$$

例如，对于单元格 81，套用公式计算得到：

$$81 \times (-10) + 1492.13 = 682.13 \text{ 元}$$

图 4-18 所示的九方图中，起始价格为石头科技的最高价 1492.13 元，价格减量设置为 -10 元。这意味着随着九方图由内向外转动，每个单元格的价格值将会由大变小。江恩本人通常使用九方图水平交叉线和对角交叉线上的价格作为价格的支撑和阻力水平。

第三步是在价格走势图上标注九方图水平交叉线和对角交叉线上的价格作为支撑阻力线。绘制出线条后，便可以确定哪个九方图角度与市场的顶部和底部相关。当找到此九方图角度时，该角度线上的价格就可以用于预测未来的支撑和阻力水平。

57 922.13	58 912.13	59 902.13	60 892.13	61 882.13	62 872.13	63 862.13	64 852.13	65 842.13
56 932.13	31 1182.13	32 1172.13	33 1162.13	34 1152.13	35 1142.13	36 1132.13	37 1122.13	66 832.13
55 942.13	30 1192.13	13 1362.13	14 1352.13	15 1342.13	16 1332.13	17 1322.13	38 1112.13	67 822.13
54 952.13	29 1202.13	12 1372.13	3 1462.13	4 1452.13	5 1442.13	18 1312.13	39 1102.13	68 812.13
53 962.13	28 1212.13	11 1382.13	2 1472.13	1 1482.13	6 1432.13	19 1302.13	40 1092.13	69 802.13
52 972.13	27 1222.13	10 1392.13	9 1402.13	8 1412.13	7 1422.13	20 1292.13	41 1082.13	70 792.13
51 982.13	26 1232.13	25 1242.13	24 1252.13	23 1262.13	22 1272.13	21 1282.13	42 1072.13	71 782.13
50 992.13	49 1002.13	48 1012.13	47 1022.13	46 1032.13	45 1042.13	44 1052.13	43 1062.13	72 772.13
225° 81 682.13	80 692.13	79 702.13	78 712.13	77 722.13	76 732.13	75 742.13	74 752.13	73 762.13

图 4-18 石头科技走势图对应的九方图

如图 4-19 所示，将九方图水平交叉线 225° 线上的价格作为支撑阻力位绘制到价格走势图上，在支撑阻力线的右端标注九方图 225° 线上的单元数，每条线左端的数字是与单元数对应的单元价。

从图中可以看到，当股价见到 1492.13 元后，股价开始下跌，并沿着支撑线形成底部 A。然后市场向上移动，在阻力线下方形成一个反弹顶部 B。点 A 和点 B 显示出石头科技的股票价格倾向于围绕九方图 225° 线波动，因此，可以将 225° 线的其他价格标注到图表上，用于预测未来的支撑和阻力水平。

在高点 B 点之后，该股继续在支撑阻力线处形成 C、D 转折点，再次表明该股在 B 点后的几个月继续围绕九方图 225° 线波动。此前的 A 点和 B 点的转折代表了最近的过去，前文多次提到，"最近的过去是不久将来最好的诠释"，在 A 点和 B 点后，成功预测 C 点及 D 点的转折将不再是一个难题。

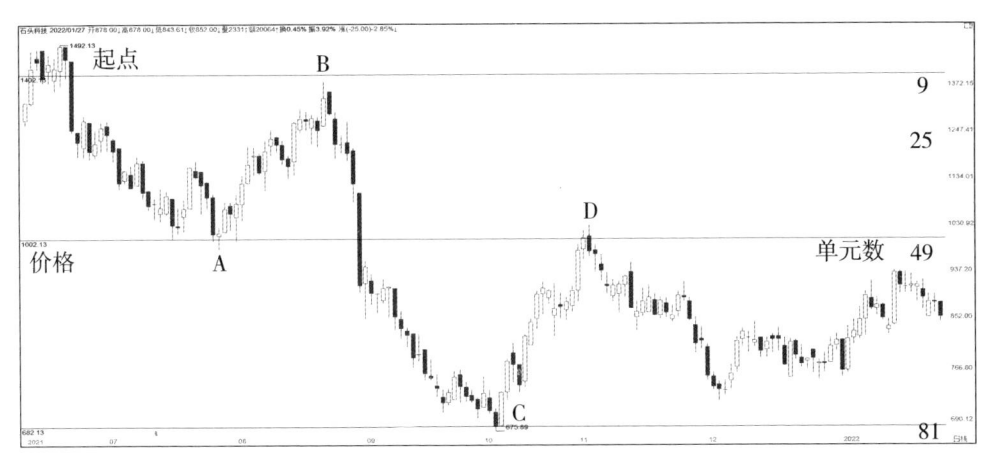

图 4-19　石头科技（688169）2021 年 6 月—2022 年 1 月的日 K 线图

二、周线图表

在周线图上运用九方图的价格减量来准确计算未来的转折价格。

第一步同样是选择一个显著高点作为九方图的起点。如图 4-20 所示，以数源科技（000909）为例，选择其 2020 年 7 月 13 日的最高价 10.48 元作为九方图的起点。

第二步是选择一个价格减量来减小九方图上的价格。从起始价格开始，九方图上的每个单元格降低一个单位的价格减量。基于数源科技的价格波动范围，选择 -0.01 作为九方图的价格减量。

第三步是计算每个单元格的单元价，计算公式如上所述。

如前所述，江恩观察到价格往往围绕某些特定的角度线波动，然后从水平交叉线和对角交叉线中选择相关性最强的角度，用于预测支撑和阻力价格水平。观察发现，数源科技的价格波动与九方图对角交叉线左下角的 225° 线相关性最强，如图 4-21 所示。

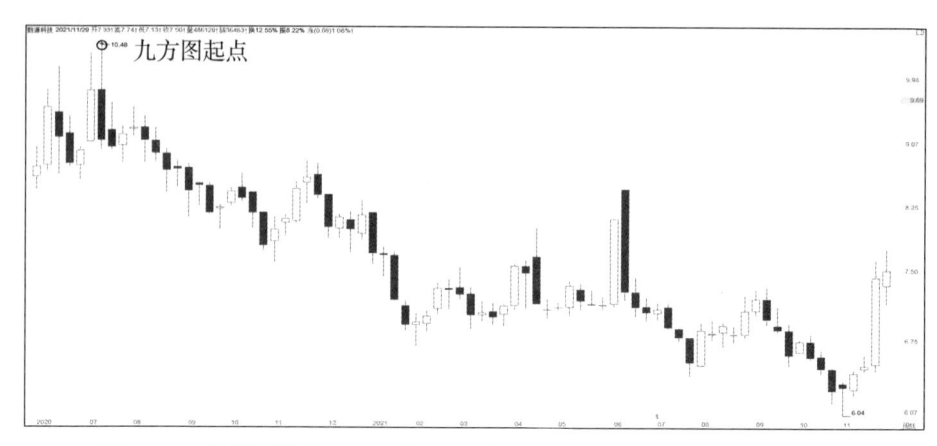

图 4-20　数源科技（000909）2020 年 6 月—2021 年 11 月的周 K 线图

381 6.67	382 6.66	383 6.65	384 6.64	385 6.63	386 6.62	387 6.61	388 6.6	389 6.59	390 6.58	391 6.57	392 6.56	393 6.55	394 6.54	395 6.53	396 6.52	397 6.51	398 6.5	399 6.49	400 6.48	401 6.47
380 6.68	307 7.41	308 7.4	309 7.39	310 7.38	311 7.37	312 7.36	313 7.35	314 7.34	315 7.33	316 7.32	317 7.31	318 7.3	319 7.29	320 7.28	321 7.27	322 7.26	323 7.25	324 7.24	325 7.23	402 6.46
379 6.69	306 7.42	241 8.07	242 8.06	243 8.05	244 8.04	245 8.03	246 8.02	247 8.01	248 8	249 7.99	250 7.98	251 7.97	252 7.96	253 7.95	254 7.94	255 7.93	256 7.92	257 7.91	326 7.22	403 6.45
378 6.7	305 7.43	240 8.08	183 8.65	184 8.64	185 8.63	186 8.62	187 8.61	188 8.6	189 8.59	190 8.58	191 8.57	192 8.56	193 8.55	194 8.54	195 8.53	196 8.52	197 8.51	258 7.9	327 7.21	404 6.44
377 6.71	304 7.44	239 8.09	182 8.66	133 9.15	134 9.14	135 9.13	136 9.12	137 9.11	138 9.1	139 9.09	140 9.08	141 9.07	142 9.06	143 9.05	144 9.04	145 9.03	198 8.5	259 7.89	328 7.2	405 6.43
376 6.72	303 7.45	238 8.1	181 8.67	132 9.16	91 9.57	92 9.56	93 9.55	94 9.54	95 9.53	96 9.52	97 9.51	98 9.5	99 9.49	100 9.48	101 9.47	146 9.02	199 8.49	260 7.88	329 7.19	406 6.42
375 6.73	302 7.46	237 8.11	180 8.68	131 9.17	90 9.58	57 9.91	58 9.9	59 9.89	60 9.88	61 9.87	62 9.86	63 9.85	64 9.84	65 9.83	102 9.46	147 9.01	200 8.48	261 7.87	330 7.18	407 6.41
374 6.74	301 7.47	236 8.12	179 8.69	130 9.18	89 9.59	56 9.92	31 10.17	32 10.16	33 10.15	34 10.14	35 10.13	36 10.12	37 10.11	66 9.82	103 9.45	148 9	201 8.47	262 7.86	331 7.17	408 6.4
373 6.75	300 7.48	235 8.13	178 8.7	129 9.19	88 9.6	55 9.93	30 10.18	13 10.35	14 10.34	15 10.33	16 10.32	17 10.31	38 10.1	67 9.81	104 9.44	149 8.99	202 8.46	263 7.85	332 7.16	409 6.39
372 6.76	299 7.49	234 8.14	177 8.71	128 9.2	87 9.61	54 9.94	29 10.19	12 10.36	3 10.45	4 10.44	5 10.43	18 10.3	39 10.09	68 9.8	105 9.43	150 8.98	203 8.45	264 7.84	333 7.15	410 6.38
371 6.77	298 7.5	233 8.15	176 8.72	127 9.21	86 9.62	53 9.95	28 10.2	11 10.37	2 10.46	1 10.47	6 10.42	19 10.29	40 10.08	69 9.79	106 9.42	151 8.97	204 8.44	265 7.83	334 7.14	411 6.37
370 6.78	297 7.51	232 8.16	175 8.73	126 9.22	85 9.63	52 9.96	27 10.21	10 10.38	9 10.39	8 10.4	7 10.41	20 10.28	41 10.07	70 9.78	107 9.41	152 8.96	205 8.43	266 7.82	335 7.13	412 6.36
369 6.79	296 7.52	231 8.17	174 8.74	125 9.23	84 9.64	51 9.97	26 10.22	25 10.23	24 10.24	23 10.25	22 10.26	21 10.27	42 10.06	71 9.77	108 9.4	153 8.95	206 8.42	267 7.81	336 7.12	413 6.35
368 6.8	295 7.53	230 8.18	173 8.75	124 9.24	83 9.65	50 9.98	49 9.99	48 10	47 10.01	46 10.02	45 10.03	44 10.04	43 10.05	72 9.76	109 9.39	154 8.94	207 8.41	268 7.8	337 7.11	414 6.34
367 6.81	294 7.54	229 8.19	172 8.76	123 9.25	82 9.66	81 9.67	80 9.68	79 9.69	78 9.7	77 9.71	76 9.72	75 9.73	74 9.74	73 9.75	110 9.38	155 8.93	208 8.4	269 7.79	338 7.1	415 6.33
366 6.82	293 7.55	228 8.2	171 8.77	122 9.26	121 9.27	120 9.28	119 9.29	118 9.3	117 9.31	116 9.32	115 9.33	114 9.34	113 9.35	112 9.36	111 9.37	156 8.92	209 8.39	270 7.78	339 7.09	416 6.32
365 6.83	292 7.56	227 8.21	170 8.78	169 8.79	168 8.8	167 8.81	166 8.82	165 8.83	164 8.84	163 8.85	162 8.86	161 8.87	160 8.88	159 8.89	158 8.9	157 8.91	210 8.38	271 7.77	340 7.08	417 6.31
364 6.84	291 7.57	226 8.22	225 8.23	224 8.24	223 8.25	222 8.26	221 8.27	220 8.28	219 8.29	218 8.3	217 8.31	216 8.32	215 8.33	214 8.34	213 8.35	212 8.36	211 8.37	272 7.76	341 7.07	418 6.3
363 6.85	290 7.58	289 7.59	288 7.6	287 7.61	286 7.62	285 7.63	284 7.64	283 7.65	282 7.66	281 7.67	280 7.68	279 7.69	278 7.7	277 7.71	276 7.72	275 7.73	274 7.74	273 7.75	342 7.06	419 6.29
362 6.86	361 6.87	360 6.88	359 6.89	358 6.9	357 6.91	356 6.92	355 6.93	354 6.94	353 6.95	352 6.96	351 6.97	350 6.98	349 6.99	348 7	347 7.01	346 7.02	345 7.03	344 7.04	343 7.05	420 6.28
441 6.07	440 6.08	439 6.09	438 6.1	437 6.11	436 6.12	435 6.13	434 6.14	433 6.15	432 6.16	431 6.17	430 6.18	429 6.19	428 6.2	427 6.21	426 6.22	425 6.23	424 6.24	423 6.25	422 6.26	421 6.27

图 4-21　数源科技周线图对应的九方图

如图 4-22 所示，贯穿走势图表的水平线是基于九方图 225°线的单元价绘制的支撑和阻力线。每条线的两端标有来自九方图 225°线上的数字，左边是单元价，右边是单元数。图中最主要的转折点为 D 点，这个转折点非常接近九方图 225°线单元格 441 所确定的价格。实际最低价为 6.04 元，支撑位和阻力位为 6.07 元。利用价格减量计算的数源科技周线上的最低点，与实际最低价误差仅为 0.03 元。

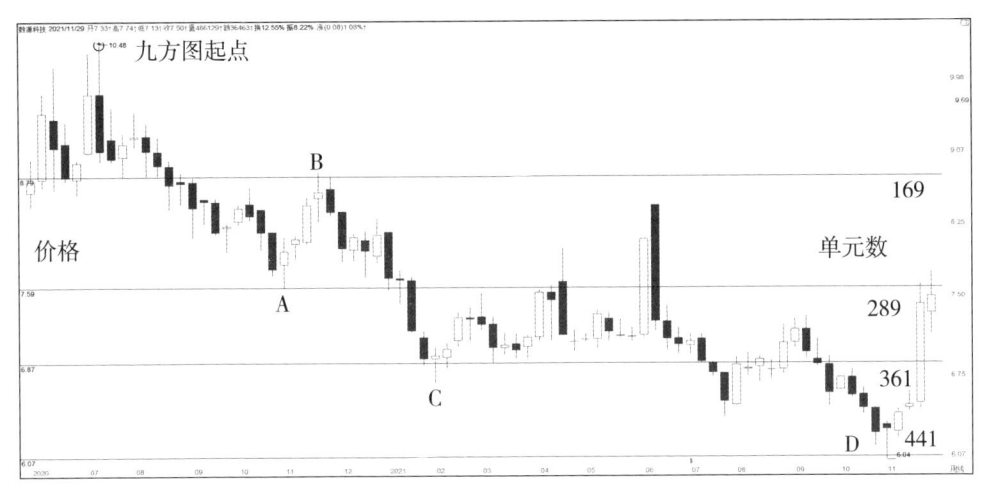

图 4-22　数源科技（000909）2020 年 6 月—2021 年 11 月的周 K 线图

第四节　减量和角度覆盖层

一、股票

本节使用显著高点作为九方图的起始价格，在九方图上，这个高点按照一个价格减量依次递减。建立以显著高点为起点的九方图后，便可以将覆盖层的起点设置为一个比九方图起点低的价格。

第一步是选择一个显著高点作为九方图的起点，通常这个显著高点为历史最高点或阶段最高点。如图 4-23 所示，这里选择金一文化（002721）2015 年 12 月 23 日的最高价 36.62 元作为九方图的起点。选择这个价格，是因为它是该股的历史最高价，所以理所当然地成为九方图的起始价格。

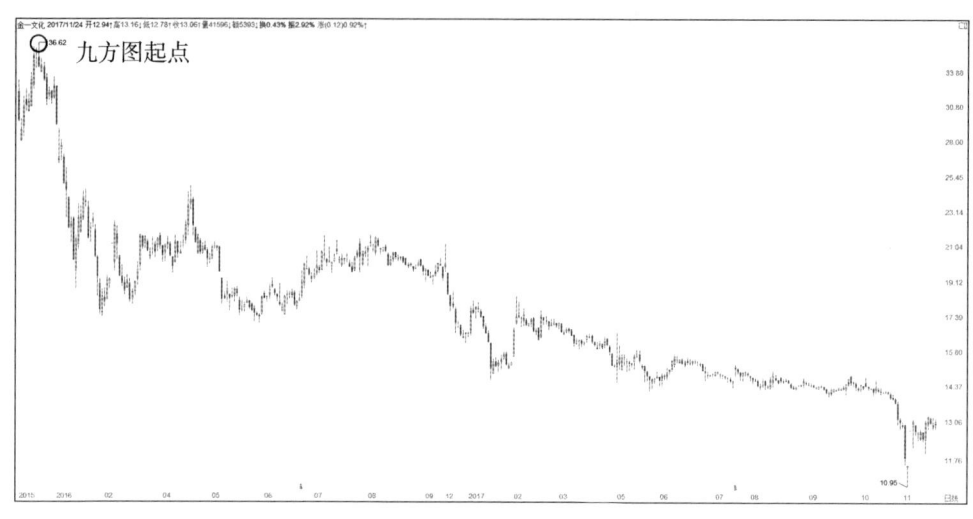

图 4-23　金一文化（002721）2015 年 12 月—2017 年 11 月的日 K 线图

第二步是选择用于缩减九方图每个单元格价格的递减值。根据金一文化的价格刻度区间，将递减值设为 -0.1 元。

第三步是选择覆盖层的起点。这个价格必须低于九方图的起点，它可以是高点，也可以是低点。在本例中，选择历史最高价后第一轮下跌的最低点 17.34 元作为覆盖层的起点，如图 4-24 所示。

建立起九方图及其角度覆盖层后，下一步是确定该股的股价围绕哪一条覆盖层角度线波动。覆盖层角度线穿过的价格，江恩认为具有特殊意义，因此这些价格常被江恩用作价格走势图上的支撑和阻力线。

如图 4-25 所示，将覆盖层 180° 线和 330° 线上的价格用作支撑和阻力线后，不难发现，前 4 个转折点 A、B、C 和 D 均在 180° 和 330° 线附近出现。这表明金一文化的股价倾向于围绕覆盖层的这两条角度线波动，因此，覆盖层 180° 线和 330° 线上的单元价可以用于预测未来的支撑和阻力水平。

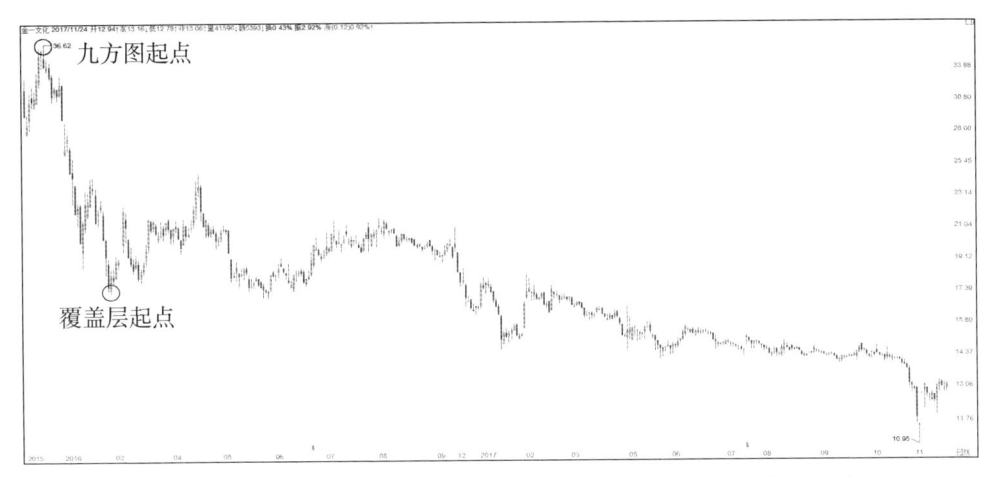

图 4-24　金一文化（002721）2015 年 12 月—2017 年 11 月的日 K 线图

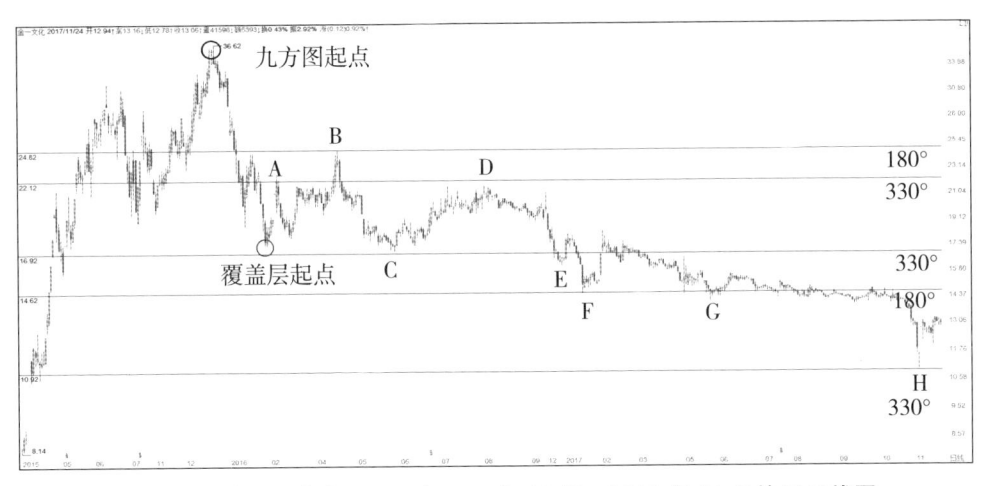

图 4-25　金一文化（002721）2015 年 12 月—2018 年 11 月的日 K 线图

图 4-26 是与金一文化股价走势对应的九方图。该九方图的起始价格为 36.62 元，递减量为 -0.1 元，这意味着每个单元格按照 -0.1 元递减。覆盖层 0° 线与单元格 192 中的 17.42 元的价格对齐（实际为 17.34 元）。单元格 118 价格是 24.82 元，单元格 220 价格是 14.62 元，这两个单元格都在覆盖层的 180° 线上。单元格 145 价格是 22.12 元，单元格 197 价格是 16.92 元，单元格 257 价格是 10.92 元，这三个单元格都在覆盖层的 330° 线上。这些圈出的单元格所代表支撑和阻力价格，都标注在了价格走势图中。

在这个例子中，金一文化的价格走势表现出围绕覆盖层 180° 线和 330° 线波动的倾向。确定了这些价格偏好的覆盖层角度线后，绘制到价格走势图表上的支撑和阻力线将延伸到未来，这些线可以用作预测将来的转折水平。

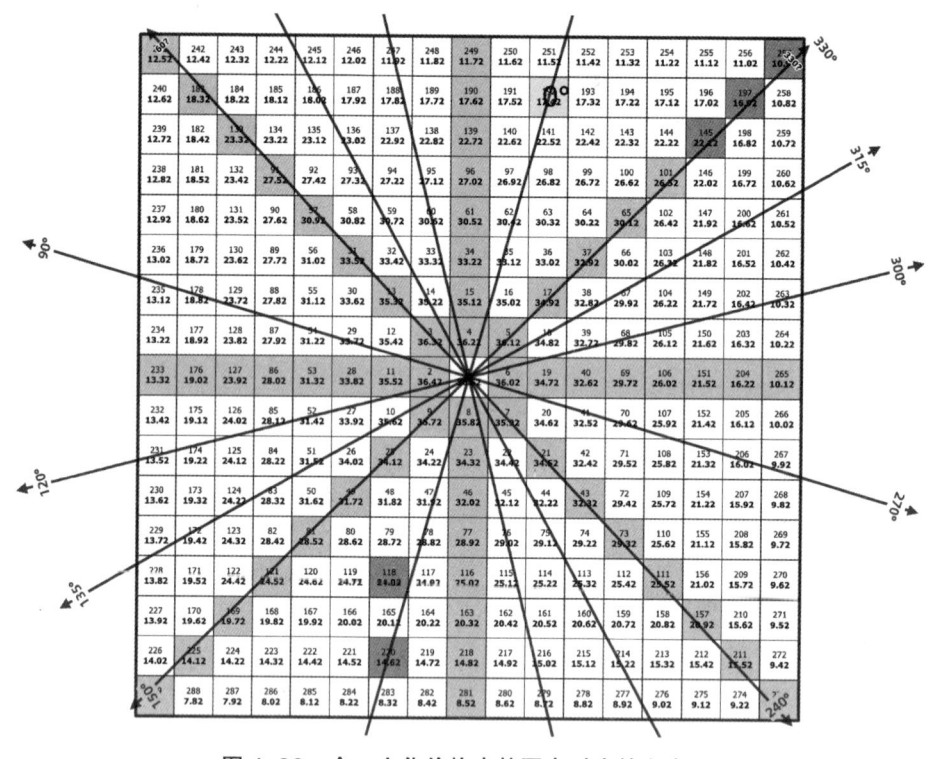

图 4-26 金一文化价格走势图表对应的九方图

查看金一文化的价格走势图，通过 A、B、C、D 前 4 个转折点确定了具有相关性的覆盖层角度线后，该股股价的波动率便被有效识别了。之后，该股股价又在 E 点、F 点、G 点和 H 点形成了 4 个低位转折（见图 4-25）。

二、指数

在指数上应用该技术时，第一步仍然是选择一个显著高点作为九方图的起点。此处使用地产等权（399983）2018 年 1 月 29 日最高点 9490 点作为九方图的起点。

第二步是选择一个价格减量，用来减小九方图上单元格的价格。地产等权的价格非常高，所以使用 −10 作为价格减量。

第三步是选择一个转折价作为覆盖层的起点。这个转折点既可以是高点，也可以是低点。在这个例子中，使用 2018 年 3 月 9 日的反弹高点 8205 点作为覆盖层的起点。如图 4−27 所示，图中标注了九方图的起点以及覆盖层的起点。

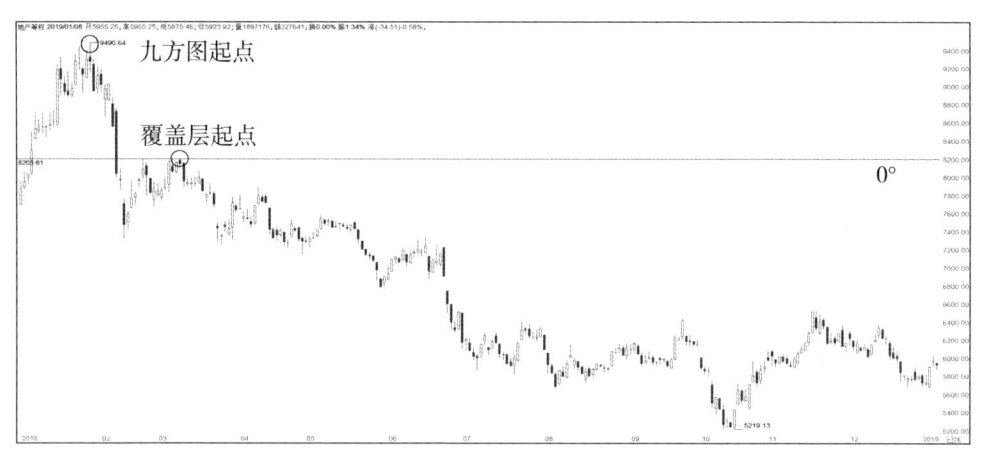

图 4−27　地产等权（399983）2017 年 12 月—2019 年 1 月的日 K 线图

第四步是确定是否存在特定的角度线，使得指数的价格走势围绕其波动。如果一条角度线与前几次转折的高点或低点高度相关，则可以认为该市场围绕这条角度线波动。如图 4−28 所示，字母 A、B、C、D、E 表示在覆盖层 120° 线上的转折点。在一条特定角度线附近出现这么多次转折，足可以表明该指数的价格走势围绕覆盖层的 120° 线波动。

接下来，是在走势图上绘制出其他位于覆盖层 120° 线上的价格，这些价格将被用来预测未来的支撑位和阻力位水平。

如图 4−29 所示，该九方图的起始价格是 9490 点，价格减量是 −10 点。覆盖层的 0° 线与反弹高点 8205 点对齐，该价格位于单元格 128 和 129 之间，这个起始值在九方图上被标注了出来，图中也标注了与转折点相关的覆盖层 120° 线所确定的价格。

图 4-28 地产等权（399983）2017 年 12 月—2019 年 1 月的日 K 线图

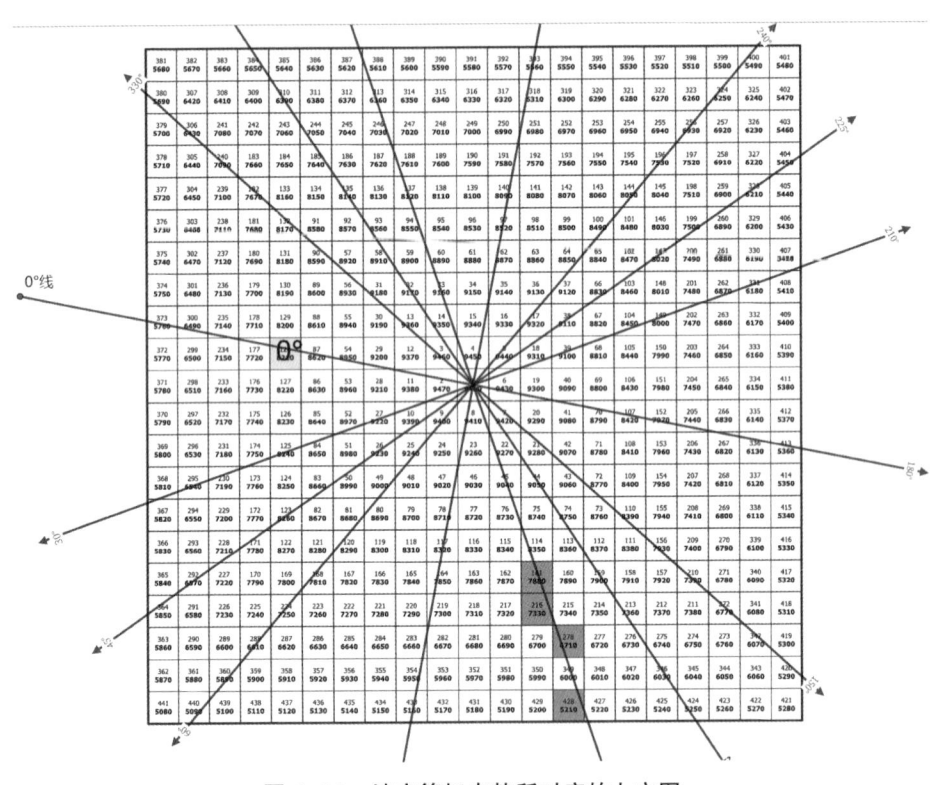

图 4-29 地产等权走势所对应的九方图

如图 4-30 所示，图中显示了覆盖层 120°线确定的最终价格。A、B、C、D、E 显示出围绕覆盖层 120°线波动的特性后，市场开始下跌，并在支撑线附近的 F 点出现一个显著低点，其后该指数进入一段强劲反弹期。这再次表明，市场偏好的特定角度线可以成功地用来预测未来价格的支撑和阻力水平。

图 4-30　地产等权（399983）2017 年 12 月—2019 年 1 月的日 K 线图

三、期货

以期货为例，进一步阐明九方图价格减量与覆盖层的综合运用。

第一步是选择一个显著高点作为九方图的起始价格。在期货运用案例中，这里选择燃料油期货 2018 年 10 月 10 日的历史高点 3654 点作为九方图的起点。

第二步是选择一个递减值，用来降低九方图每个单元格的价格。在本例中，使用燃料油最小变动价格 1 元作为价格减量。

第三步是选择对齐覆盖层 0° 线的转折价格。转折价格既可以是高点，也可以是低点。在这个例子中，使用燃料油 2019 年 2 月 25 日的最高价 2952 点作为覆盖层的起点。

如图 4-31 所示，除了最上方的 0° 水平线外，其他水平线都是根据九方图覆盖层 90° 线上的单元价绘制的，这意味着图示期间，燃料油的价格围绕覆盖层 90° 线上下波动。

2019 年 2 月 25 日后，燃料油明显地分为两个大的下跌波段，其中 A、

B、C、D 为第一组，E、F、G、H 为第二组。巧合的是，两组下跌波段，其支撑阻力位均在 90°线上对应的单元价附近形成。由此可见，九方图在预测价格支撑阻力位方面的威力不容小觑。

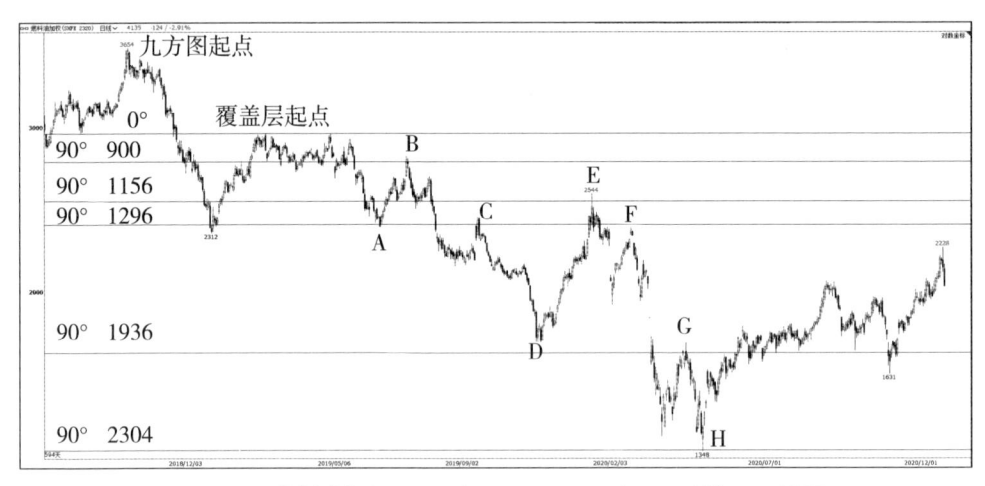

图 4-31　燃料油加权 2018 年 7 月—2020 年 12 月的日 K 线图

图 4-32 是与燃料油走势图对应的九方图。由于整个九方图非常大，此处只显示了九方图覆盖层 90°线穿越的单元格。该九方图覆盖层的 0°线与九方图单元格 702 中的价格 2952 对齐，90°线上的支撑阻力位在九方图上进行了标注。

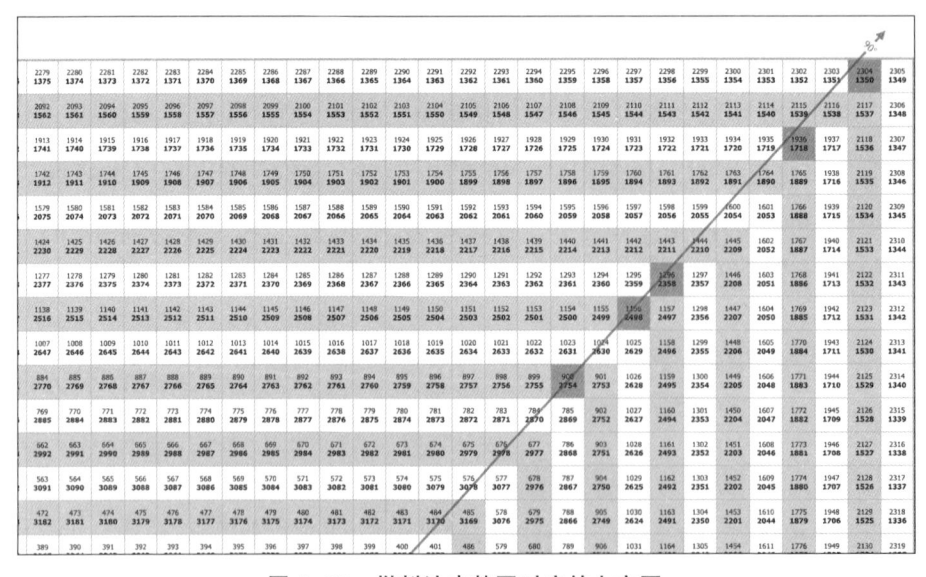

图 4-32　燃料油走势图对应的九方图

第五章
零基九方图

第一节　零基九方图的应用

所谓"零基九方图",即起始价格为"0"的九方图。下面以实战案例的形式来详细介绍如何使用零基九方图预测支撑阻力位。

一、股票

使用零基九方图预测价格,将再次使用到水平交叉线和对角交叉线来确定支撑和阻力水平。在零基九方图上,起始价格被设置为0,增量被设置为一个不为1的值。

如图5-1所示,按照中铁工业(600528)的价格区间,可以将与其价格走势对应的九方图的递增值设置为0.01。图中的水平线是根据零基九方图交叉线上的单元价格绘制的支撑线和阻力线,这些水平线的两端都有一个数字,左端是单元价格,右端是单元格所在角度线及其单元数。所有来自九方图水平交叉

图5-1　中铁工业(600528)2021年7月—2022年2月的日K线图

线及对角交叉线的单元价格，都可以用于创建走势图上的支撑线和阻力线。

要用这种方法预测价格走势未来的支撑和阻力位，必须有一些最近在支撑和阻力线上形成的历史转折点。如图 5-1 所示，A、B 和 C 处的转折，都位于支撑线和阻力线上。在支撑和阻力线上形成 3 个转折点之后，有理由相信在不久的将来，会在相同的支撑和阻力线附近形成更多的转折点，这就是零基九方图的预测基础——历史会重演。

图 5-2 是与中铁工业走势图对应的九方图，可以利用如下简单公式来计算九方图里的单元价格。

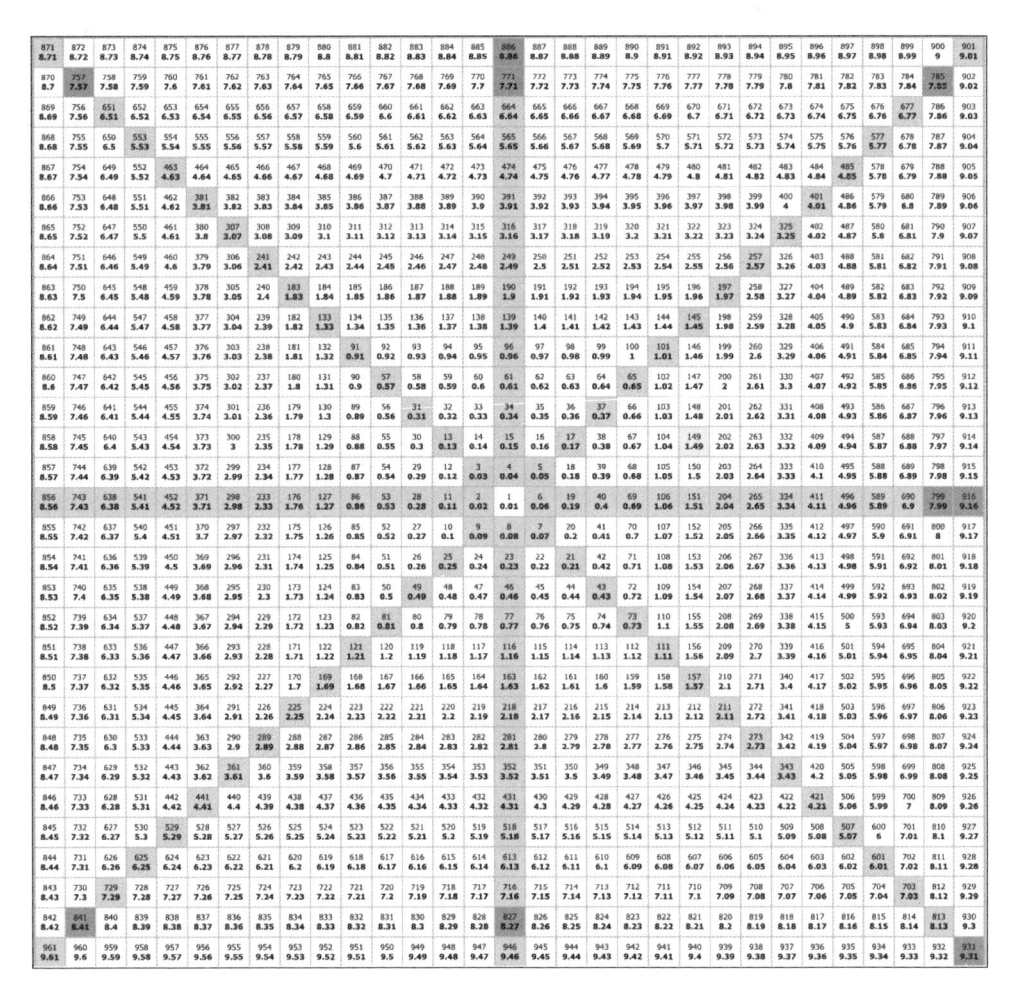

图 5-2 价格增量为 0.01 的零基九方图

$$单元数 \times 递增值 = 单元价格$$

例如，单元格149的价格计算方法为：149×0.01=1.49。

如图5-3所示，在转折点A、B和C之后，这个市场继续在预测的支撑和阻力线上形成了更多的转折点。零基九方图对角交叉线及水平交叉线上的单元价，几乎囊括了走势期间所有的高低转折点，零基九方图的预测威力由此可见一斑。

图5-3 中铁工业（600528）2021年7月—2022年2月的日K线图

二、期货

图5-4是尿素量指的日K线走势图。尿素的最小变动价格为1，零基九方图的价格增量要求不为1，因此，这里取尿素最小变动价格的2倍"2"作为九方图的递增值，然后将零基九方图交叉线对应的单元价格绘制在尿素的价格走势图上作为支撑阻力线。在每一条支撑阻力线上，将单元数标注在右边，价格标注在左边。

要判断零基九方图是否对尿素的价格走势具有支撑阻力作用，必须首先在支撑阻力线上形成至少1~2个历史转折点。只有在支撑阻力线上形成1~2个历史转折点后，才能使用这些支撑阻力线预测未来的支撑阻力水平。观察发现，尿素价格在支撑阻力线 A 点附近形成高点转折。A 点形成之后，便可以确认与尿素价格走势相对应的递增值为 2 的零基九方图，大概率可以对其未来价格走势的支撑阻力位进行有效预测。

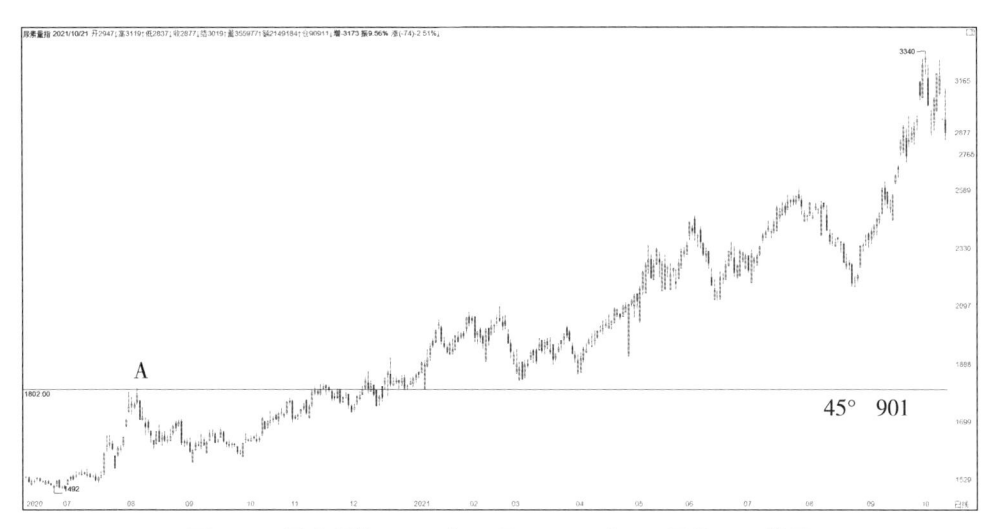

图 5-4　尿素量指 2020 年 6 月—2021 年 10 月的日 K 线图

图 5-5 是与尿素量指走势对应的零基九方图。九方图的起始数字是 0，每个单元价格的递增值为 2，价格走势图中的支撑阻力线来自该九方图的交叉线。要计算零基九方图上每个单元格的价格，请使用下面的公式：

单元数 × 递增值 = 单元价格

例如，单元格 88 的价格是：88×2=176。

如图 5-6 所示，在转折高点 A 之后，尿素价格继续在零基九方图对应的支撑阻力线附近形成了一系列的高低转折点（以字母标注），这些支撑阻力线的价格全部来自零基九方图的对角及水平交叉线。

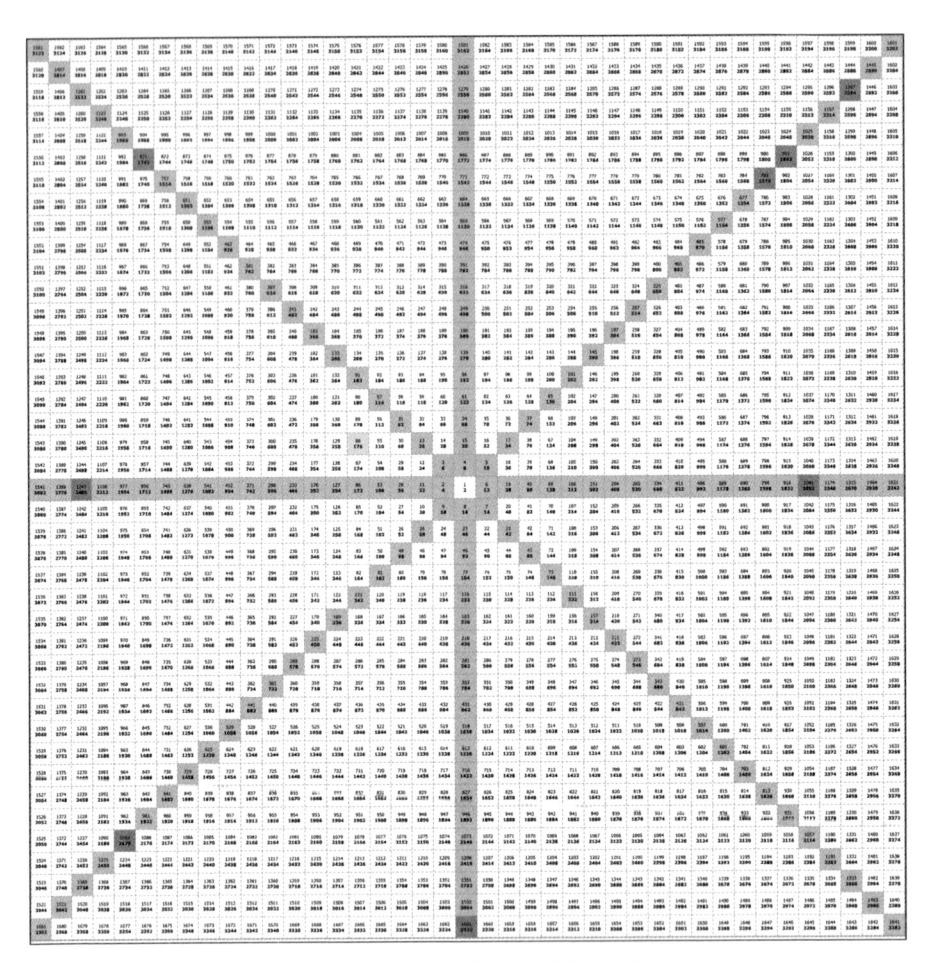

图 5-5 价格增量为 2 的零基九方图

图 5-6 尿素量指 2020 年 6 月—2021 年 10 月的日 K 线图

第二节　零基九方图和角度覆盖层

一、股票

使用零基九方图配合覆盖层来预测价格，需要选择两个数字，第一个数字是九方图每个单元格的递增量。选择递增量的过程与前面相同，此处不再赘述。要选择的第二个数字是用于对齐覆盖层 0° 线的转折点，也就是选择覆盖层的起点。

以云南旅游（002059）为例，如图 5-7 所示。观察发现，云南旅游的价格区间在 4～10 元之间，根据价格增量选择标准，将递增量设置为 0.01 元，并使用 2021 年 8 月 2 日的最低价 4.36 元作为九方图覆盖层的起点。换句话说，就是将九方图覆盖层的 0° 线与最低价 4.36 元对齐。

图 5-7　云南旅游（002059）2021 年 7 月—2022 年 5 月的日 K 线图

对于零基九方图，只使用角度覆盖层的 90°，180°，270°，360° 角度线上的单元价格来创建支撑价位和阻力价位。与本书前述其他方法一样，开始阶段，价格走势图必须在支撑阻力线上形成过历史转折点，然后才能用这些支撑阻力线进行预测，因为九方图支撑阻力线的预测原理是基于"历史重复发生"。

如图 5-7 所示，A 点和 B 点处的转折在零基九方图覆盖层所确定的支撑和阻力线附近形成，这就表明云南旅游的股价围绕零基九方图上这些特定的支撑阻力线波动，据此可以预计，将有更多的转折点在这些支撑阻力线附近形成。

如图 5-8 所示，将覆盖层的 0° 线与最低价 4.36 元所对应的单元格 436 对齐。云南旅游价格走势图上的支撑阻力线即来自此零基九方图覆盖层特定角度

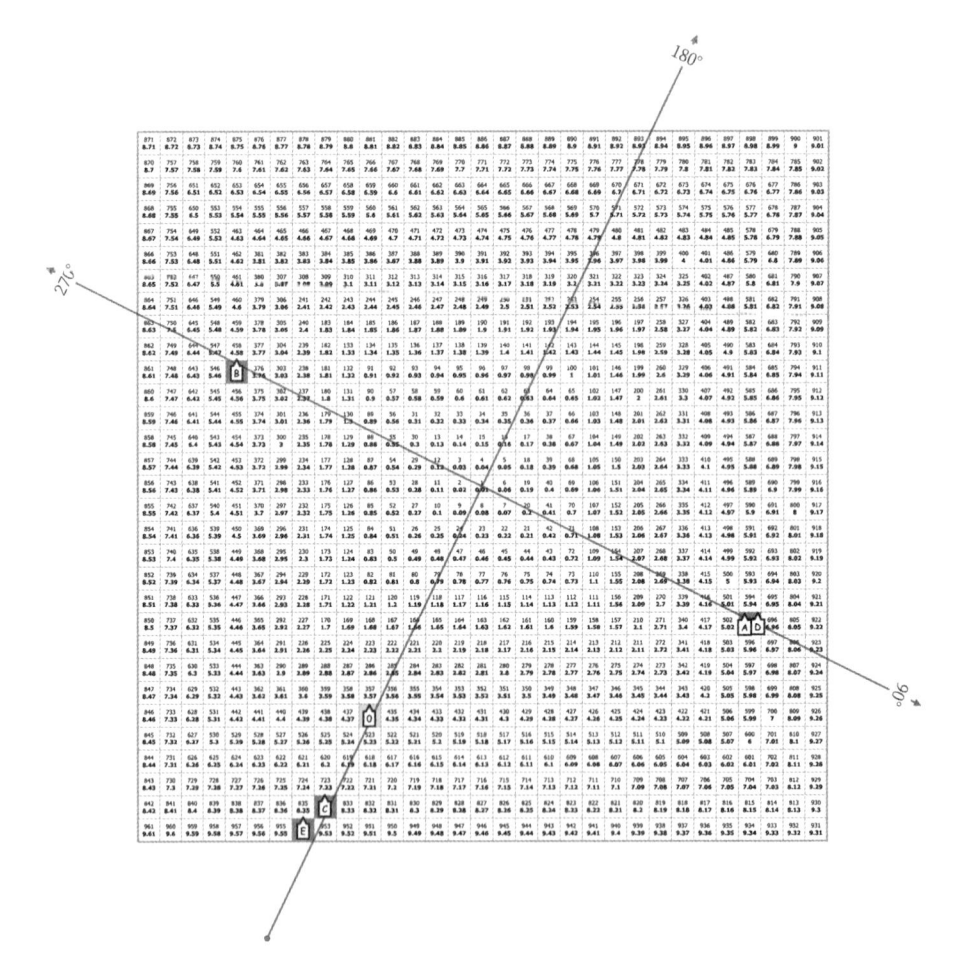

图 5-8 与云南旅游股价走势对应的零基九方图

线上的单元价格，也就是由角度覆盖层的 90°线、180°线、270°线和 360°线确定的单元价格。

图 5-9 对云南旅游走势图中更多的转折点进行了标注。在支撑和阻力线附近形成 A 点和 B 点的历史转折点后，股价分别在 C 点、D 点和 E 点形成高点、低点和高点转折，这恰恰得益于此前支撑和阻力线对 A 点和 B 点转折点的确认。江恩曾经说过"过去就是将来"，大概就是这个意思。

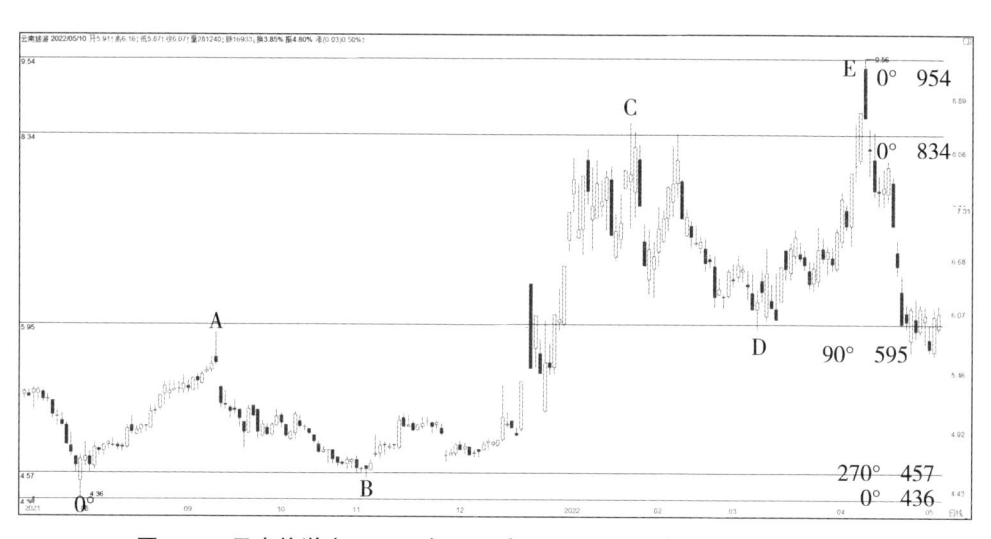

图 5-9　云南旅游（002059）2021 年 7 月—2022 年 5 月的日 K 线图

特别值得一提的是，云南旅游走势图中的 C 点和 E 点高位转折，皆源于覆盖层 0°线的强大压力，而 0°线又与 360°线重合，C 点实际上是最低点 4.36 元围绕 0°线向外旋转了 4 圈得到的，而最终的高点 E 点实际上是从 C 点向外旋转了 1 圈得到的。由以上分析不难发现，最终的高点 E 点，实际上是最低点 4.36 元围绕 0°线向外循环 5 次得到的结果。

二、外汇

本例以人民币（USDCNY）价格走势举例说明。像其他品种一样，预测人民币价格走势，也必须选择两个数字来应用该技术。第一个数字是用于提高九方图价格的递增量，根据人民币的价格范围，这里选择 0.01 元作为递增量；第二个要选择的数字是高低转折价，在本例中，使用 2019 年 9 月 3 日的最高价 7.18 元作为覆盖层的起点。

如图 5-10 所示，覆盖层的 90°线、180°线、270°线、360°线对应的单元价格被用作价格走势图中的支撑和阻力位。在每条支撑和阻力线的左端标注了单元价格，每条线的右端标注的是角度线及单元数。从图中可以看到，价格从 A 点开始下跌，在 90°线附近的 B 点和 C 点止跌，循环一圈再次回到 0°线最高价附近止步不前，继而开始连续下跌，最终在 270°线单元格 640 附近的 6.40 元支撑位附近止跌企稳，实际止跌点为 6.42 元。

图 5-10　人民币（USDCNY）2019 年 8 月—2021 年 4 月的日 K 线图

图 5-11 是与人民币走势图对应的九方图。覆盖层的 0°线与 7.18 元所在的单元格 718 对齐。九方图上标注的价格即为走势图上的支撑阻力价位，这些价格是由覆盖层的 90°线和 270°线确定的。

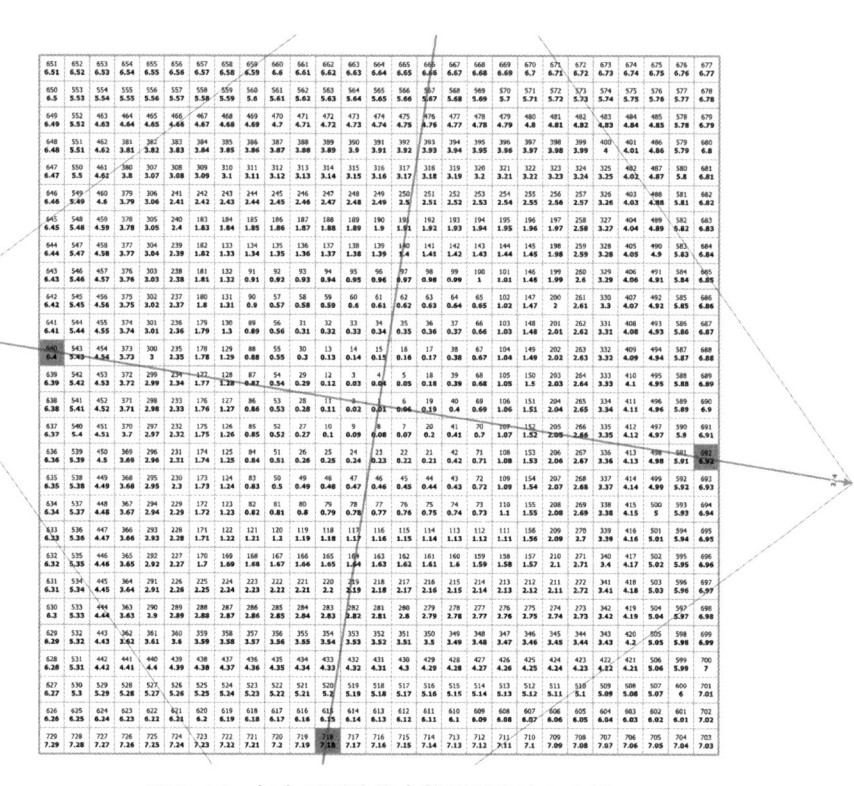

图 5-11　与人民币价格走势图对应的九方图

第六章
江恩网格

第一节　固定周期

在同一走势图上,当同时使用九方图的价格预测方法和时间预测方法时,就产生了江恩网格。用价格预测方法创建一组水平线,用时间预测方法创建一组垂直线,这些水平线和垂直线合在一起,便构成了江恩网格。固定江恩网格是通过发现价格的波动率(即价格波动偏好的覆盖层角度线)和一个不变的时间周期共同创建的。

一、搭建固定周期江恩网格

以光大银行(601818)为例,如图6-1所示。在图示范围内,该股的股价喜欢围绕九方图的45°线上下波动,这里将九方图的起始价格设置为2021年8月2日的最低点3.26元,对应的九方图单元数为326。九方图单元数的放大与缩小,以及如何判定价格走势的波动率,即判定股价围绕九方图波动的特定角度线,请阅读此前相关章节,此处不再赘述。

将九方图上代表45°角移动的单元数添加到价格走势图中,这些价格线是创建固定周期江恩网格的第一步,如图6-2所示。

第二步是添加垂直的时间线。如图6-3所示,光大银行的价格从底部起涨后,在九方图90°线确定的价格线附近形成第一个高点,这里将这个高点标记为A点。A点距离起始价格12个交易日,那么就将12个交易日用作固定的时间周期。也就是说,相邻的垂直时间线之间距离为12个交易日,从而产生了12,24,36,48等递增时间线。通常而言,在选择周期大小时,从起点到第一个重要转折点的时间应始终视为周期的最佳候选时间。

图 6-1　光大银行（601818）2021 年 7 月—2022 年 3 月的日 K 线图

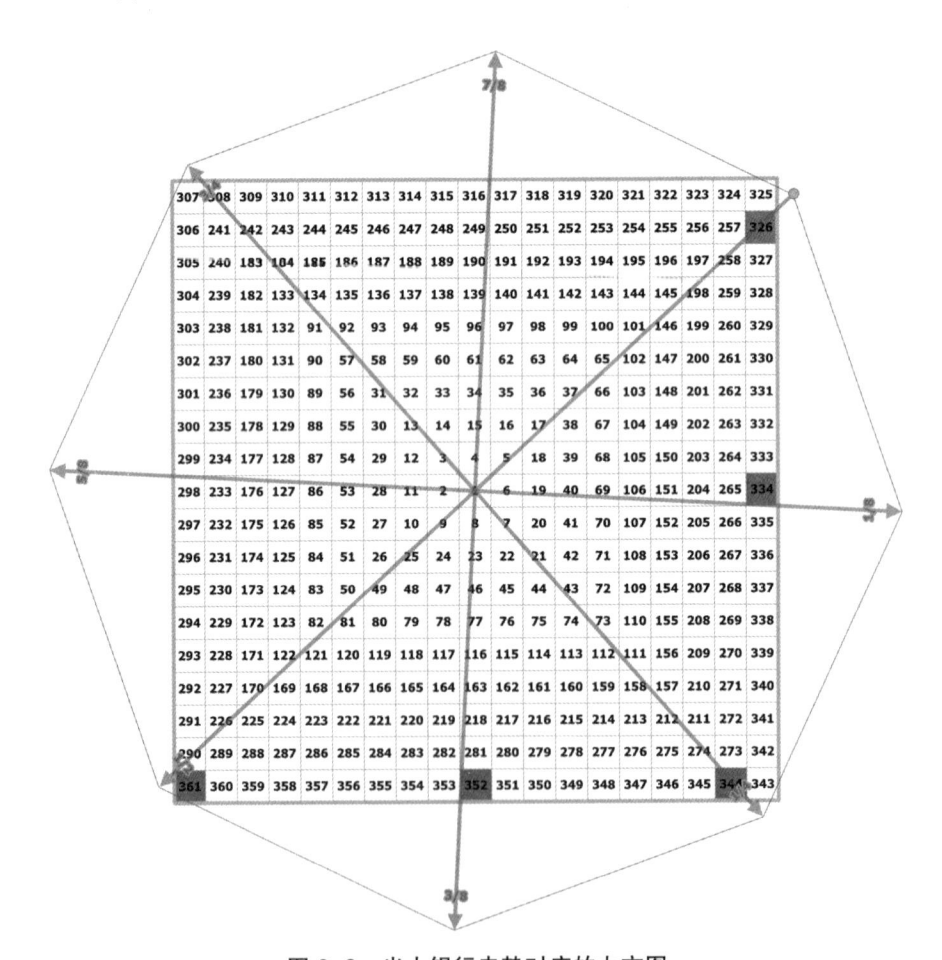

图 6-2　光大银行走势对应的九方图

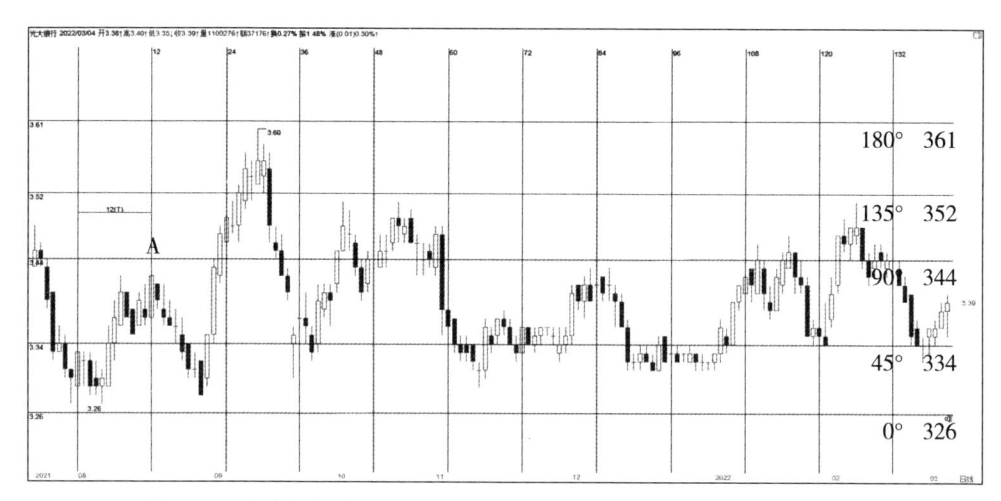

图 6-3　光大银行（601818）2021 年 7 月—2022 年 3 月的日 K 线图

第三步是将水平价格线和垂直时间线的交点用向上的斜线连接起来，如图 6-4 所示。

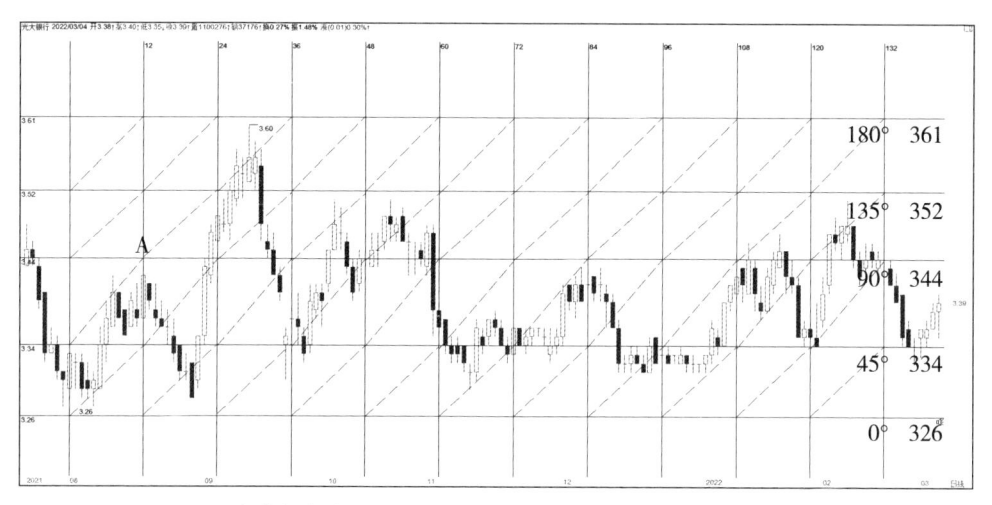

图 6-4　光大银行（601818）2021 年 7 月—2022 年 3 月的日 K 线图

第四步也是最后一步，是将水平价格线和垂直时间线的交点用向下的斜线连接起来。图 6-5 就是最终的固定周期江恩网格。

江恩网格可以看作转折出现前的航标，网格线的交点始终是形成转折的重要位置。如图 6-6 所示，A 点之后，在下斜江恩网格线上形成低点 B；然后

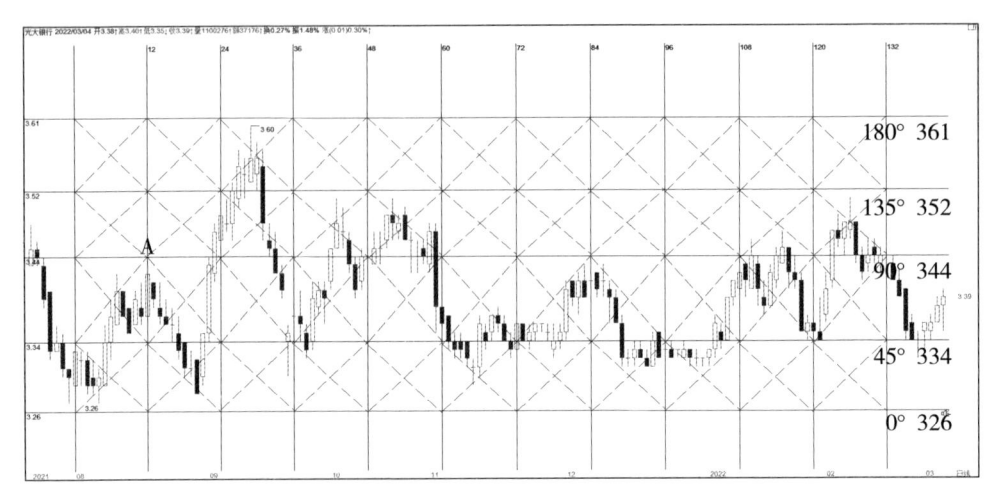

图 6-5　光大银行（601818）2021 年 7 月—2022 年 3 月的日 K 线图

价格快速上涨至 180° 价格线附近的 C 点；继而出现一波快速下跌，在 36 时间线附近的网格交点 D 处止跌企稳；然后快速上涨至 E 点，E 点正好位于江恩网格线交点上方；接着价格在 48 时间线附近形成一个小的底部转折 F；然后，价格反弹到高点 G，该高点又是正好位于一个网格线交点附近。后面的转折点众多，此处不再一一列举。从图上可以清晰地看到，转折点要么出现在价格线附近，要么出现在时间线附近，要么出现在两者的交点附近。

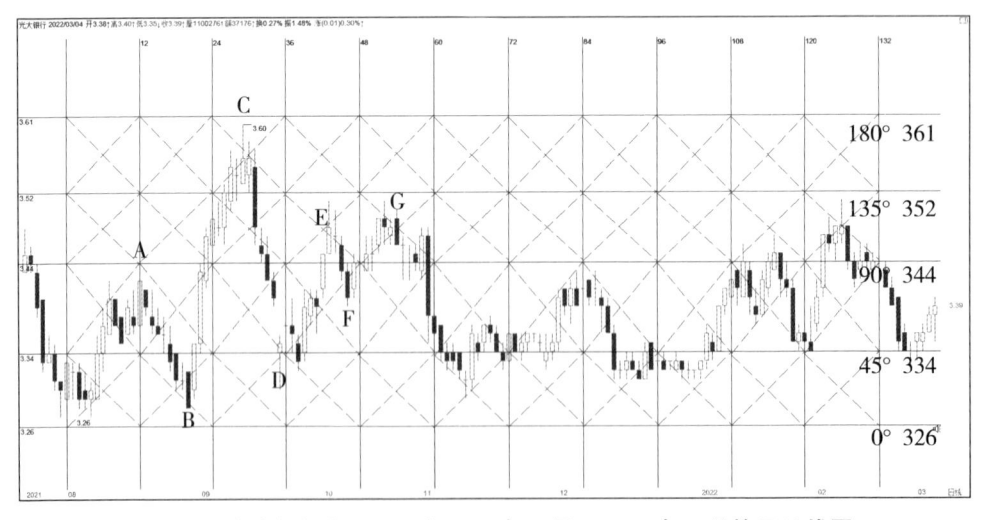

图 6-6　光大银行（601818）2021 年 7 月—2022 年 3 月的日 K 线图

在平缓的上涨与下跌走势中，江恩网格中的对角线通常可以用作价格通道来使用。如图 6-7 所示，图中标记了四个箭头，两个箭头向上，两个箭头向下。两个向上箭头表示由江恩网格创建的上行价格通道的边界，当价格从起点 O 向上运动到高点 A 时，其价格保持在该通道的上下边界之间运行；两个向下倾斜的箭头表示江恩网格创建的下行价格通道的边界，当行情运行到高点 A 之后，价格沿着下降通道下跌到低点 B。

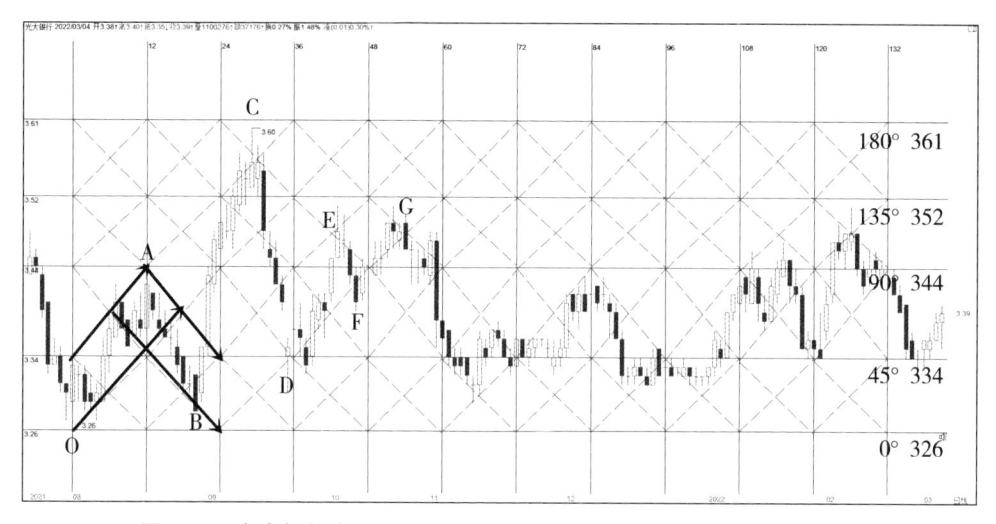

图 6-7　光大银行（601818）2021 年 7 月—2022 年 3 月的日 K 线图

二、分时应用

如图 6-8 所示，观察淮河能源（600575）的九方图及价格走势图发现，将起点设为 4 月 27 日 11 点 15 分的最低点 2.66 元时，该股的 15 分钟走势图倾向于围绕九方图角度覆盖层的 45° 线波动，因此将网格的起点设为上述低点，标记为 O 点。由于这是一个价格刻度较低的分时图表，所以将九方图缩小为 1/10，以便在走势图上绘制相应的价格线，如图 6-9 所示。

图 6-8 淮河能源（600575）2022 年 4 月 26 日—5 月 16 日的 15 分钟 K 线图

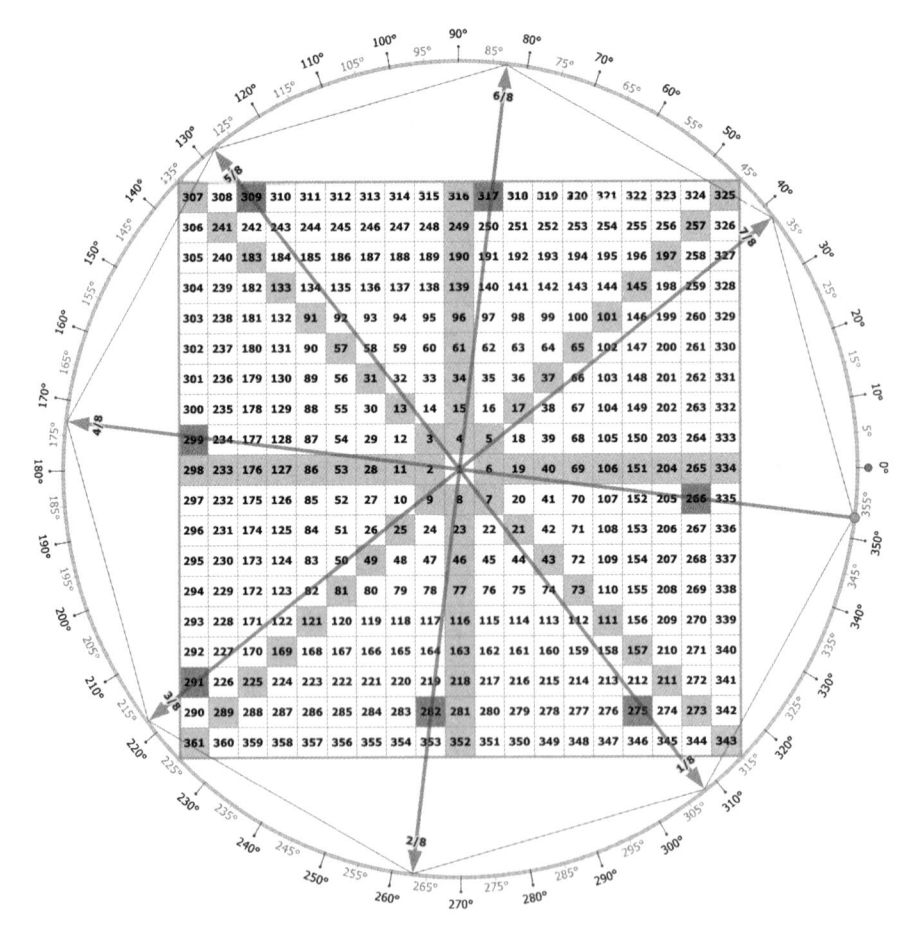

图 6-9 淮河能源走势图对应的九方图

如图 6-10 所示，起点 O 作为时间周期的测量点，从 O 点到第一个显著高点 A 点，一共经历了 14 个时间单位，所以时间线的间隔设置为 14 个时间单位。

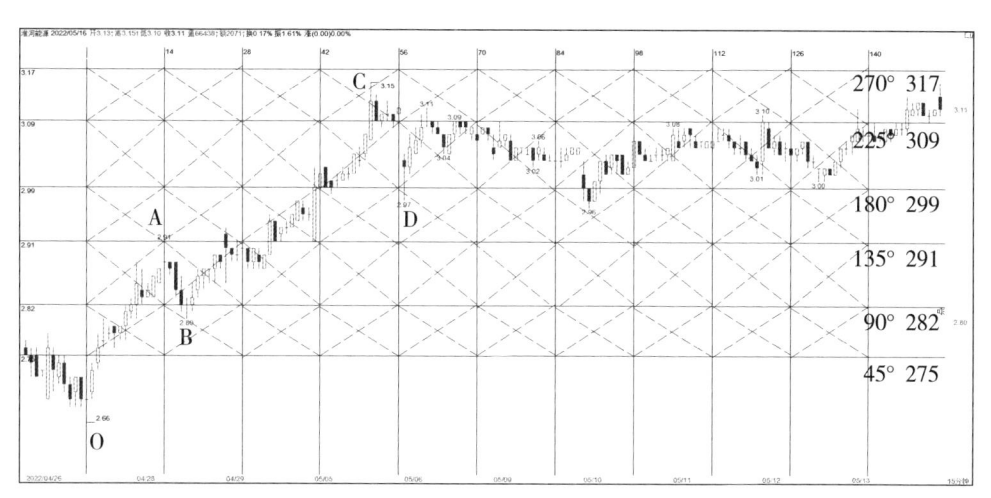

图 6-10　淮河能源（600575）2022 年 4 月 26 日—5 月 14 日的 15 分钟 K 线图

O 点之后，价格开始上升，并在 135° 价格线上的 A 点处见顶；然后价格开始回调，在 90° 价格线附近见到点 B；其后，价格开始快速上涨，上涨到 270° 价格线附近见到高点 C；高点 C 后，价格跌到 180° 价格线与 56 时间线交点附近的低点 D；此后价格一直维持在 180° 价格线与 225° 价格线的区间内来回震荡，直到时间超越 140 时间线后才突破该区间。

第二节　可变周期

一、搭建可变周期江恩网格

可变周期江恩网格同样是通过在图表上使用九方图的价格预测方法和时间预测方法来创建的。

第一步是在价格走势图上绘制水平的价格线。这一步的关键是要找到价格的波动率，即找到价格波动偏好的特定角度线，然后将价格线绘制到价格走势图上。如图6-11所示，以深证成指（399001）为例，以2021年12月13日的高点15288点为起点，其价格大致围绕九方图角度覆盖层的180°线波动。深证成指走势图对应的九方图如图6-12所示。

图6-11　深证成指（399001）2021年9月—2022年5月的日K线图

第二步是在价格走势图上绘制时间线，时间线是根据九方图交叉线上的单元数来确定的。如图6-13所示，第一条垂直时间线标记在起点后的第一次低

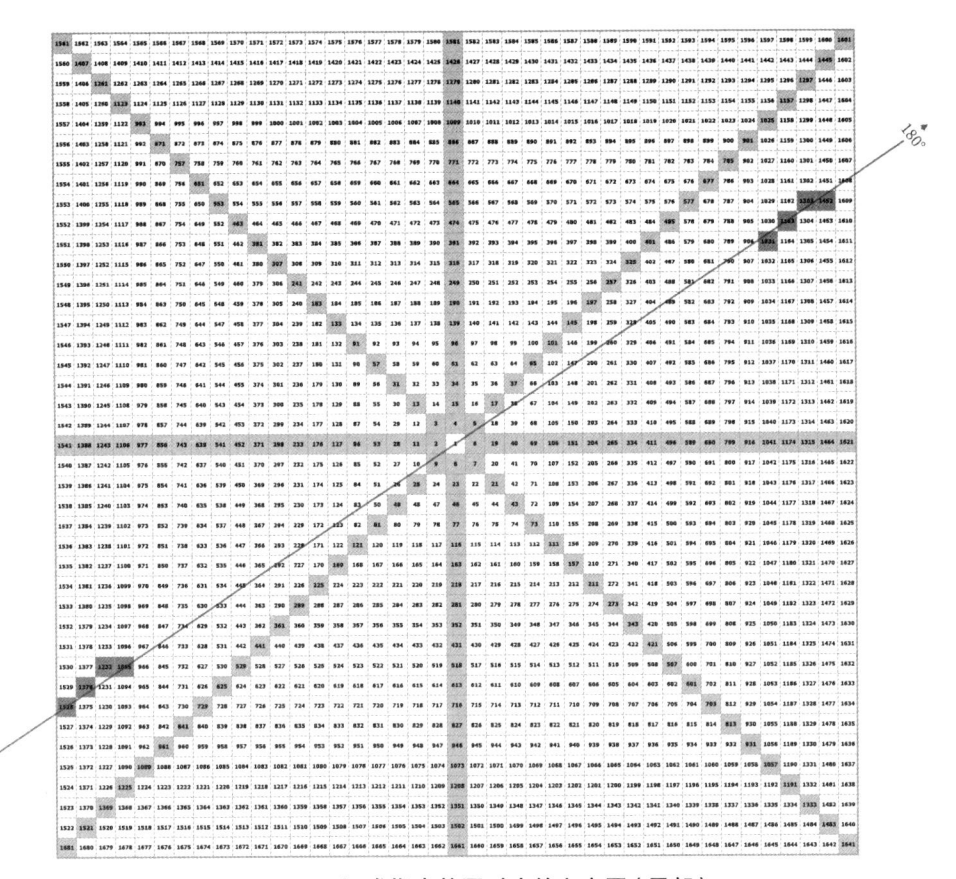

图 6-12　深证成指走势图对应的九方图（局部）

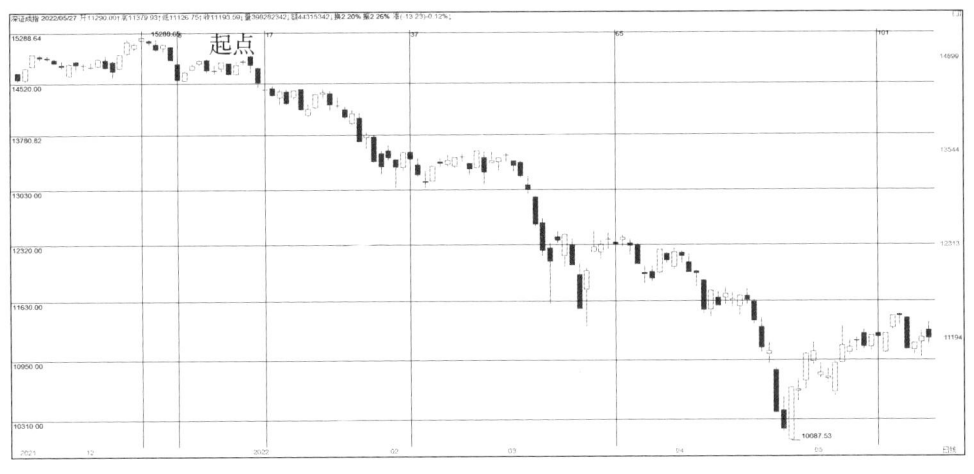

图 6-13　深证成指（399001）2021 年 9 月—2022 年 5 月的日 K 线图

点转折处（时间线 5）。在九方图上，数字 5 在 45°线上，即九方图对角交叉线右上部的那条角度线，所以这条角度线上的单元数将用于创建后续所有的垂直时间线。

第三步是绘制向上的网格线，这些网格线用来连接水平价格线与垂直时间线的交点，如图 6-14 所示。

图 6-14　深证成指（399001）2021 年 9 月—2022 年 5 月的日 K 线图

第四步也是最后一步，是绘制向下的网格线，同样，这些网格线也是连接水平价格线和垂直时间线的交点，如图 6-15 所示。

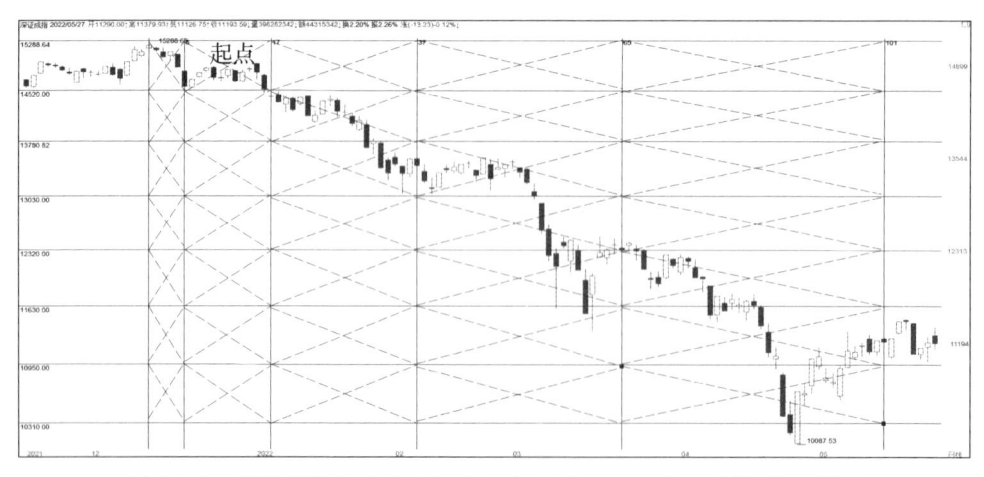

图 6-15　深证成指（399001）2021 年 9 月—2022 年 5 月的日 K 线图

从图 6-15 可以看到，可变周期江恩网格线看起来稍微有点儿弯曲，这是因为时间线的间距越来越大所致。

图 6-16 突出显示了向下倾斜的 4 条通道线，因为这 4 条通道线代表了深证成指下跌的 3 个阶段。随着深证成指在 2021 年末见到高点后，不同的下

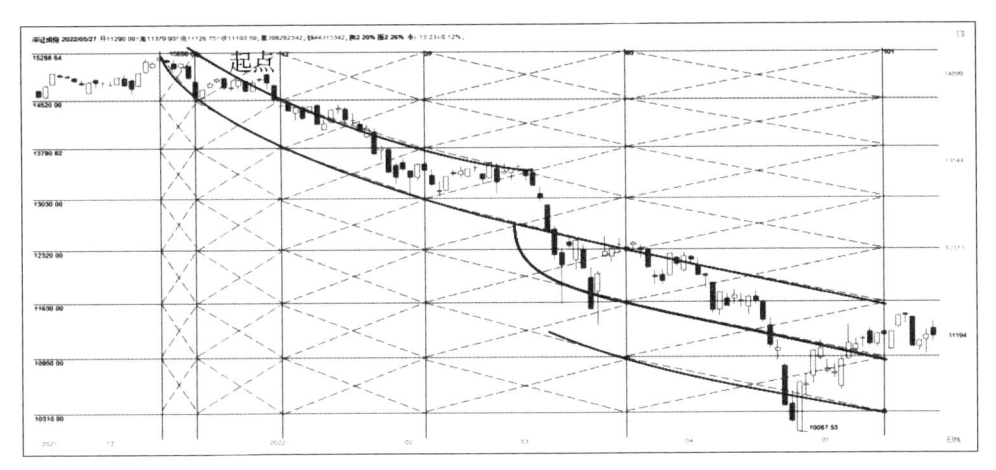

图 6-16　深证成指（399001）2021 年 9 月—2022 年 5 月的日 K 线图

跌阶段，其高低点往往在通道线的上轨及下轨附近出现，最近一次低点是在 2022 年 4 月 27 日。

如图 6-17 所示，深证成指于 2022 年 4 月 27 日见到低点后，目前已反弹一月之久，到达第二条通道线附近。如果深证成指的熊市继续下去，必然还将下跌。如果有效突破第三条通道线，那么预示着 2021 年末开始的熊市即将结束。

二、外汇应用

如图 6-18 所示，首先通过九方图确定水平价格线。这里选择美元指数 2021 年 1 月 6 日的最低点 89.206 点为覆盖层 0° 线起点，美元指数价格走势倾向于围绕九方图覆盖层 30° 线波动，因此，在美元指数价格走势图上，从起始价格开始每隔 30° 绘制一条价格线。美元指数对应的九方图如图 6-19 所示。

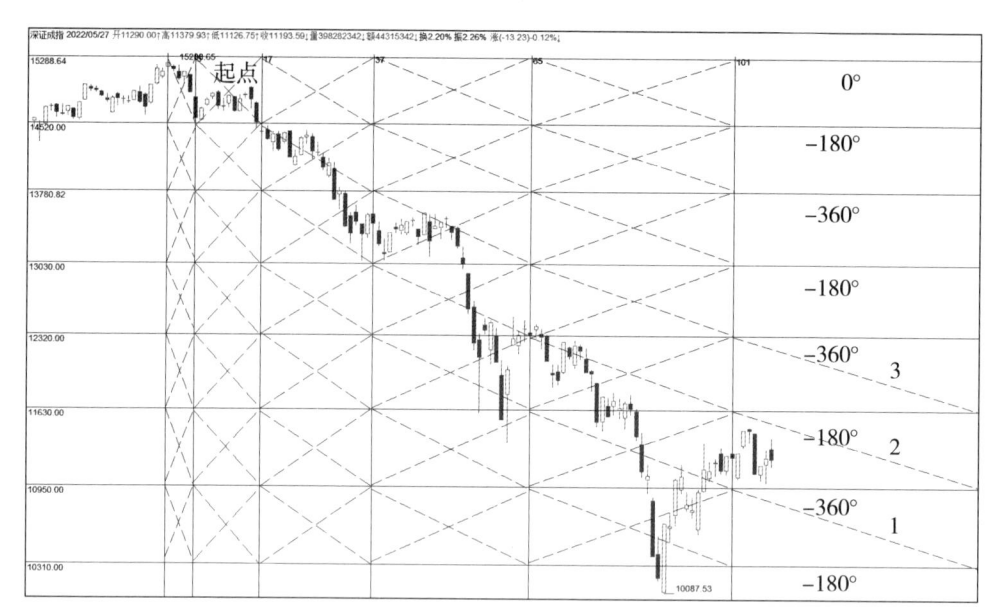

图 6-17 深证成指（399001）2021 年 9 月—2022 年 5 月的日 K 线图

图 6-18 美元指数（USD）2020 年 10 月—2022 年 5 月的周 K 线图

第二步，通过九方图的交叉线配合走势图中起点后的第一次转折创建时间线。如图 6-20 所示，起点之后的第一个转折处标记为 A 点，A 点距离起点 4 周。单元格 4 位于九方图水平交叉线上方的 90° 线上，因为这条角度线识别出了起点之后的第一个转折，所以这条角度线上的单元格可以用来计算其他时间线。

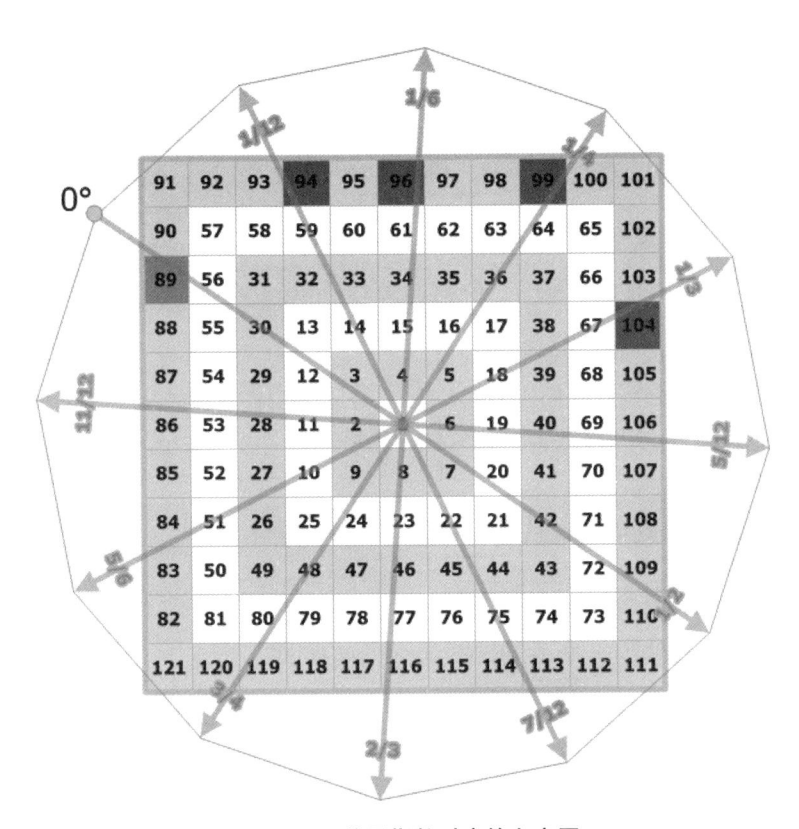

图 6-19 美元指数对应的九方图

图 6-20 美元指数 2020 年 10 月—2022 年 5 月的周 K 线图

A 点之后，价格开始下跌，在网格线的 B 点处形成一个低点；接下来价格开始上涨，在 30° 价格线附近形成高点 C；在 C 点之后，价格再次回落至 0° 线附近的 D 点；在见到低点 D 后，价格开始反弹，一直沿着加粗的网格线震荡上行；在 61 时间线与 90° 价格线交点附近出现加速上涨，并在 120° 价格线附近见到高点 E。由此不难看出，价格经常在价格线之间运动，并在不同的时间线与价格线的交点处形成转折。

三、注意事项

当价格在江恩网格中运行时，有以下几条注意事项。

（1）注意价格线附近形成的转折点。

（2）注意时间线附近形成的转折点。

（3）注意时间线处的快速突破。

（4）注意时价线交点处的转折。

（5）注意网格线交点处的转折。

（6）注意向上网格线形成的上升通道。

（7）注意向下网格线形成的下降通道。

第七章
时价计算器

第一节　价格与时间

一、价格 = 角度

如果想知道当下某个点位是否为重要转折点，可以通过将价格转换为经度来实现。首先，计算价格所在的圆周度数，接下来，将该度数与基于太阳经度的日期关联。例如，上证指数 2016 年 1 月 27 日的最低价格是 2638.30 点，当时并不确定此处是否为重要转折，那么可以通过如下方法进行判断。

该数字在九方图上位于从 0° 开始的 157° 角。作为一个日期，这是春分后的大约第 157 天，这意味着 2638 点的价格大约等于 8 月 29 日的日历日期。查看走势图可以看到，2015 年 8 月 29 日为一重要转折点，由此可以推断，2016 年 1 月 27 日为一重要转折点的概率很大！

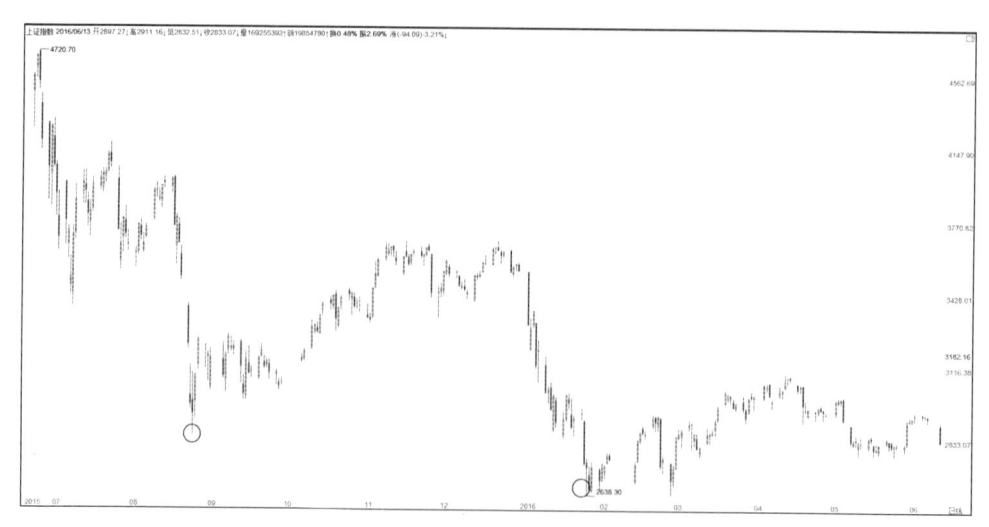

图 7-1　上证指数（000001）2015 年 6 月—2016 年 6 月的自然日 K 线图

值得一提的是，基于"历史会重演"，经过上述方法得出的前一个日期并非重要转折点时，将无法得出 2638 点为重要转折点。也就是说，只有前一个日期是重要转折，当下的日期才有可能成为重要转折。

二、价格 = 时间

另一种方法是使用价格本身作为几何时间序列，大家要做的是找到价格的高低点出现在九方图相同角度线上的时间周期。

例如，上证指数 2005 年 6 月 6 日的最低点是 998 点。显然，如果在 2005 年的基础上再加上 998 年，就可以得出一个日期，这个日期在很遥远的将来才会被用到。这里将计算与数字 998 在九方图相同角度上的较小数字，可以得到 3 年和 14 年。2005+3=2008 年，是年见到经济危机低点 1664 点。如果在 2005 年的基础上再加上 14 年，就得到了 2019 年，这一年上证指数再次见到 2440 点低点。下一次是 32 年后的 2037 年。998 点对应的九方图角度线如图 7-2 所示。

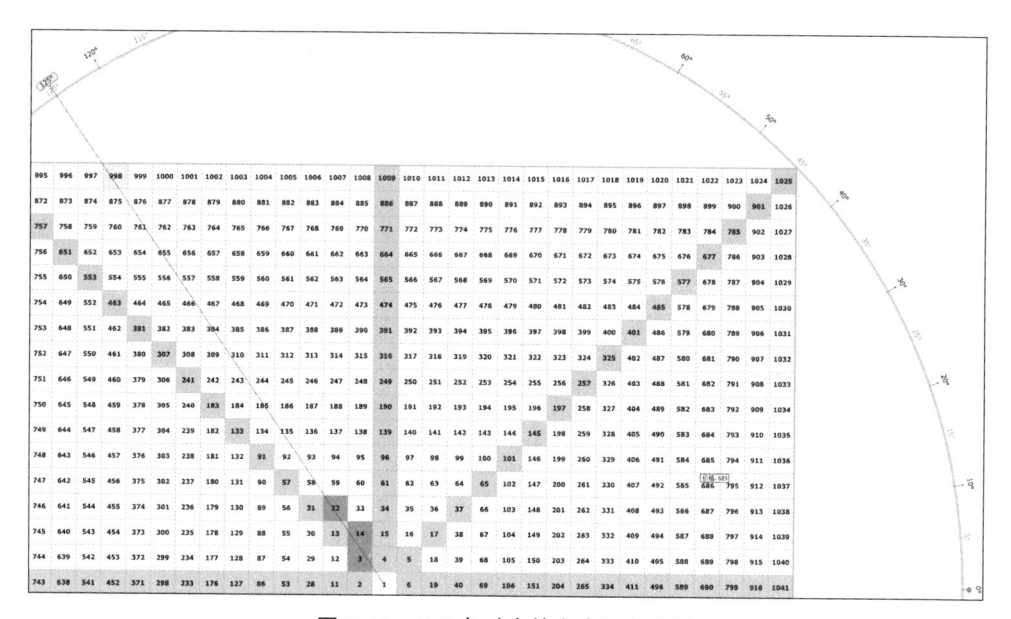

图 7-2　998 点对应的九方图角度线

请记住，应该检查在同一区域内其他市场的高低点，以此来确认目标时间的有效性。为了缩短目标时间，可以配合更小的时间段来应用此方法，比如在月、周、日线图表上。当使用较小的时间增量时，转折点的重要性也会有所降低。换句话说，转折点的重要性根据使用的时间尺度来定义。周线图上的主要转折点甚至可能不会出现在月线图或年线图上，但利用周线来缩小目标时间时，就很重要。

同样的逻辑也适用于日线甚至日内，也就是说，一个转折点或者波动是否为主要的波动高低点，取决于选定的图表周期大小。从这些信息中可以清楚地看到，一个主要的高价或低价的平方根与时间规律是同步的。

例如，2015 年 6 月 12 日，上证指数在大幅下跌前达到 5178 点。将其转换为三位数为 517，然后计算其平方根，得到 22.73。如果把这个数字作为年加上当时的年份，可以得到 2015+22=2037，这是第二次落到这一年。不要低估这一概念的价值，即价格既是经度也是时间的量度。

笔者和江恩都没有必要为你准备好一切，要真正学习和掌握这些技巧，你必须靠自己。

三、诞生日期

该技术用来确定相对于首个交易日（诞生日期）出现的最高点或最低点的准确时间。现以上证指数举例说明如下。

（1）上交所第一个交易日是 1990 年 12 月 19 日。上证指数 2001 年 6 月的顶部发生在 1990 年 12 月之后的 126 个月。数字 126 位于九方图第 6 个循环的 193° 角上。

（2）从 1990 年 12 月 19 日起，2005 年 6 月的股市底部出现在第 174 个月。数字 174 位于九方图第 7 个循环的 193° 角上。

上证指数开市以来的首轮牛市高点到首轮牛市低点，刚好为一个 360° 循环，如图 7-3 所示。这项技术在分析任何市场的所有显著高点和低点的情况下都适用，大家也应该根据江恩的指示，从起点开始，以日和周为单位计算时间角度。

图 7-3　上证指数（000001）1991 年 1 月—2005 年 11 月的月 K 线图

四、经度转价格

将黄道经度转换为价格水平的秘密是基于证券、商品、货币等的最小变动价格。例如，用土星 1° 对应 1 元，当土星位于金牛座 23° 21′ 时，那么经度便是 53.35 元，因为金牛座从黄道带的 30° 开始。

江恩在《五月咖啡》的信件中详细阐述了这一技巧。其他技术基于江恩的"大师图表"，具体来说包括四方图、六方图、九方图以及轮中轮。江恩在《价格阻力》[①]的手稿中介绍了一个将当前行星经度转换为价格的例子。

"1953 年 12 月 2 日，5 月大豆价格的高点为 311.25 点，这相当于双鱼座的 18° 45′，与木星接近 90° 角，与土星呈 135° 角，与平均经度呈 180° 角，与天

---

① 见本书第九章《江恩相关手稿解读》。

王星呈 120° 角。价格 300 点等于处女座 30°，302 点等于天秤座 30°，304 点等于天蝎座 30°。"

这些显然不是将价格直接转换为经度，因为纯经度转换的话，311.25 是水瓶座 11° 15′。然而，江恩的圆周图是基于地球的 24 小时自转，这种情况下，311.25 就是位于双鱼座 18° 45′。利用几何形状，江恩将价格与行星在黄道带的经度联系起来。

要将天文经度转换为价格，首先要将价格转换为 1/8 增量，因为大多数股票都是以 1/8 增量交易的。例如，一只股票在 2021 年 3 月 24 日以 119.5 元的价格见顶，要做的第一件事就是将这个数字转换为 1/8。方法是将价格乘以 8，这将把价格转换为 956 元，即在 119.5 元中有 956 个 1/8 增量。下一步是确定太阳从最高价格之日起移动了多少经度。比如说目前的交易日期是 2022 年 2 月 28 日，从 2021 年 3 月 24 日到 2022 年 2 月 28 日，太阳移动了 335.81°。

接下来，需要将 335.81° 转换成平方根关系，用于其余的计算。大家已经知道九方图上 360° 的数字是平方根加 2 的结果，180° 的数字是平方根加 1 的结果。因此，335.81° 将是一个大于 1 但小于 2 的数字，找出这个数作为平方根增量的方法是将它除以 180°。在这种情况下，335.81° 除以 180° 得到 1.8656，此时 1.8656 就是在九方图上的平方根增量。

现在大家知道 1.8656 对应于 335.81°。回到最初的问题，即从 2021 年 3 月 24 日开始计算 335.81° 的价格，需要从价格的平方根中减去 1.8656，然后重新计算平方数。取 956 的平方根，等于 30.919。因为是根据高点价格计算的，所以从 30.919 中减去 1.8656，然后将结果重新平方。30.919−1.8656=29.0536，重新平方等于 844.11。现在只要将 844.11 除以 8，就可以把它转换为价格。844.11/8=105.5。该价格与太阳的角度为 335.81°，与那一天的最高价 119.5 元相差 335.81°。

如果你想在这个完全相同的角度上计算其他价格，可以在数字 1.8656 加上增量 2，这将产生 3.8656，5.8656，7.8656，9.8656，等等。用 30.919 减去这些数字并重新平方，所有结果都会出现在相同的角度上，它们仅仅是九方图上朝向"主中心"的一环。例如，30.919–3.8656=27.0536，计算其平方等于 731.89，除以 8 等于 91.48 元。这一数字也与太阳为 335.81° 的那一天的最高价 119.5 元相差 335.81°。如果该股票价格在 91.48 元的价格区间附近交易，大家还想知道江恩图形上这个数字的正方相、三分相以及对冲相，可通过在平方根上加减 0.5 得到 90° 相位，加减 1.5 得到 270° 相位，加减 1 得到对冲相位，加减 0.666 得到三分相，加减 1.333 得到 240° 相位。将 91.48 元乘以 8，等于 731.89，计算 731.89 的平方根，即为 27.0536，得出以下计算结果。

正方相位：

$27.0536+0.5 \rightarrow 27.5536^2 \rightarrow 759.200/8=94.90$

$27.0536-0.5 \rightarrow 26.5536^2 \rightarrow 705.09/8=88.13$

$27.0536+1.5 \rightarrow 28.5536^2 \rightarrow 815.308/8=101.91$

$27.0536-1.5 \rightarrow 25.5536^2 \rightarrow 652.986/8=81.623$

对冲相位：

$27.0536+1 \rightarrow 28.0536^2 \rightarrow 787/8=98.375$

$27.0536-1 \rightarrow 26.0536^2 \rightarrow 678.79/8=84.848$

三分相位：

$27.0536+0.666 \rightarrow 27.7196^2 \rightarrow 768.37/8=96.04$

$27.0536-0.666 \rightarrow 26.3876^2 \rightarrow 696.305/8=87.04$

$27.0536+1.333 \rightarrow 28.3866^2 \rightarrow 805.80/8=100.72$

$27.0536-1.333 \rightarrow 25.7206^2 \rightarrow 661.549/8=82.69$

这些价格是 91.48 元价格的所有重要相位，它与太阳自 2021 年 3 月 24 日最高日起的经度运动有着精确的角度关系，这些价格也对应着太阳在 2022 年 2 月 28 日的经度。最重要的价格是 91.48 元，其次是对冲价格，然后是正方价格，最后是三分相价格。这种方法对于预测周期转折日非常有效。

五、数字周期

九方图的另一个作用是结合数字序列来预测。江恩一直说他的预测基于循环理论和数字序列。江恩在《空中隧道》第 75 页指出："我的预测基于循环理论和数字序列。历史重复发生。我一直坚持这样的观点——了解和预测未来的任何事情，你只需要看看过去发生的事情，并找到一个正确的基础即起点。我认为未来只是过去的重复，这启发源于《圣经》。"

通过创建九方图在内的大师图表，江恩可以通过图表几何形状上的周期性数字序列或数字周期，了解市场转折点在时间或价格上是否存在任何数学关系。与在大小或长度上固定的普通周期不同，数字循环周期在每个新的循环中以几何增长的方式连续出现更大的时间或价格单位。

基于此，可以使用九方图的时间角度作为数字循环周期，要做的只是简单地获取基数，即"+"的值，并将这些值添加到先前市场顶部和底部的日期中，使用日、周、月、年或行星经度作为时间周期。大家要做的是建立和维护一个以前市场转折的日期列表，并简单地将周期时间单位添加在九方图的水平交叉线上（0°，90°，180°，270°）。因为顶部和底部倾向于与之前的顶部和底部出现在相同的时间角度上，所以应用此技术时，大家首先应该选出顶部与底部。

下面以上证指数（000001）2019 年 1 月 4 日和 2020 年 3 月 19 日的两个低点为例进行说明。

在九方图上，将 0° 线上的 6，19，40，69，106，151，204，265，334 的数字序列与这两个日期相加，查看它们是否有一个共同的时间周期。然后对 90°，180° 和 270° 角（水平交叉线）执行相同的操作。将 4，15，34，61，96，139，190，249，316 和 2，11，28，53，86，127，176，233，298，以及 8，23，46，77，116，163，218，281，352 序列添加至两个低点，圈出它们共同拥有的所有时间周期。然后，用月份做同样的步骤，圈出它们共同的月份。然后在周线上重复上述步骤。圈出的这些共同日期，就是需要引起注意的趋势逆转时间。

以周线为例，两个低点叠加 0° 线数字，唯一重合的时间是 2020 年 5 月初，此处为一个小级别高点，如图 7-4 所示。

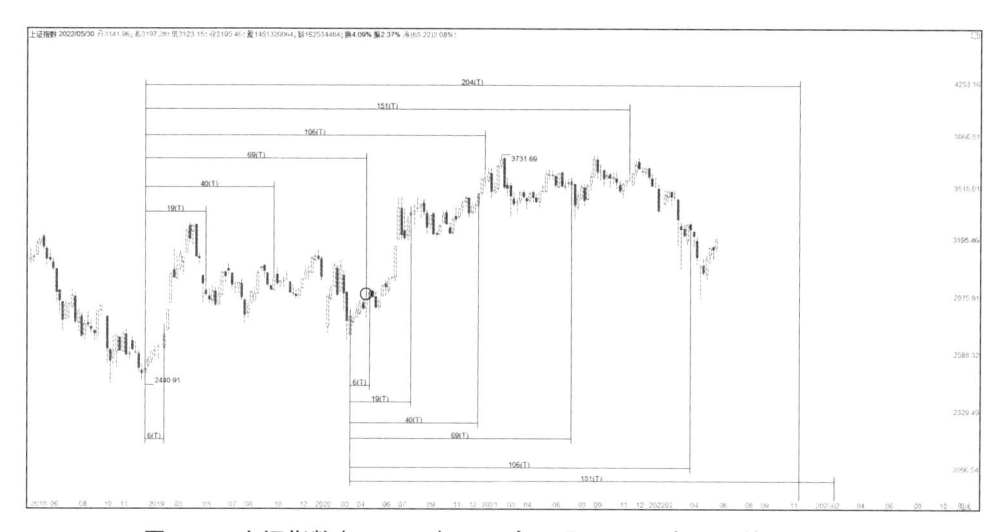

图 7-4　上证指数（000001）2018 年 5 月—2022 年 5 月的周 K 线图

数据处理软件可以非常快速地进行这种类型的日期计算。如果简单地将 "+" 上的数字作为天、周、月加到过去的转折点上，并且圈出相同的所有时间，大家将会吃惊大量的市场转折日期是如何被精准预测的。

可以在两个日期中使用的另一种时间技巧，是基于此前介绍过的平方根关系。大家要做的是测量 2019 年 1 月 4 日的行情启动点和 2020 年 3 月 19

日下跌结束点这两个日期之间的时间差。可以用日、周、月或行星度数来进行测量。

按天算的话，两个低点相隔 440 天。取 440 的平方根，再加 2，然后求其平方，将得到九方图上相同时间角度的下一个数字，结果是 527 天。现在，只需将此数字添加到启动日期 2019 年 1 月 4 日，此时将得到 2020 年 6 月 14 日作为未来的转折日期，此处有可能出现另一个行情启动点。结果此处是 2020 年新一波主升浪的启动点，如图 7-5 所示。

图 7-5　上证指数（000001）2018 年 8 月—2020 年 12 月的自然日 K 线图

也可以在 440 的平方根上不断增加"2"，然后重新计算平方，以找到在同一时间角度上的其他日期。例如，将 440 的平方根加上 4，然后将其重新平方，将得到 623，将该数字作为下一个添加到 2019 年 1 月 4 日启动点的日数，得到的日期是 2020 年 9 月 18 日，这是 2020 年 7 月见顶后下跌结束的区域。由此不难发现，相同的时间角度计算出来的转折点，往往与此前的转折点性质相同，如图 7-6 所示。

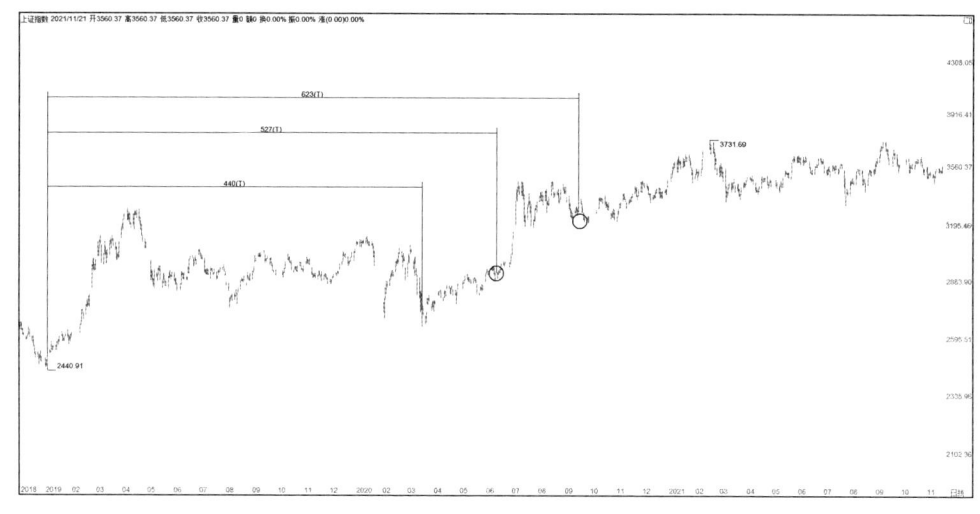

图 7-6　上证指数（000001）2018 年 8 月—2021 年 11 月的自然日 K 线图

第二节　九条规则

在分析市场时，始终使用开市日期以及出现显著高低点（最好是极值点）的日期，例如市场历史最低价。还可以从最近的熊市低点（上涨趋势源自熊市低点）检查每次牛市运动，把那一天当作一个新的开始。以天、周、月或行星经度为单位测量时间段，找出这些数字在九方图上的位置，这个过程称为赋值，然后寻找重复的角度。接下来，查找几何关系，例如与之对冲的 180°相位、正方相位和三分相。做完这些，便可以确定在预测未来转向日期时，哪些时间角度是重要的。

以下规则概述了使用九方图作为时间计算器进行未来预测的过程和理论。

（1）通过赋值确定最高价和最低价的准确时间角度。以日、周、月或行星经度度量时间。

（2）预计未来的价格高点将与过去的价格高点在同一时间角度出现，预计未来的价格低点将与过去的价格低点在同一时间角度出现。

（3）使用规则（2）时，紧挨着当前循环的循环具有最大权重。例如，当前处于九方图的第 24 个循环，则在应用规则（2）时，要查看第 23 个循环中发生了什么，所以必须知道当前处于哪个循环！

（4）如果使用最低点日期作为起点，那么 0° 时间角将倾向于提供未来的低点日期。换言之，如果选取的数字都是覆盖层 0° 线上的数字，并将这些值作为时间段添加到开始日期，用来计算未来的日期，这些日期也将趋向于低点日期。高点同理。

（5）如果使用最低点日期作为起点，那么 180° 的时间角将倾向于提供未来的高点日期。换言之，如果选取的数字都是覆盖层 180° 线上的数字，并把这些值作为时间段加到开始日期，用来计算未来的日期，这些日期也将趋向于高点日期。高点同理。

（6）如果用一个最低价日期作为起点，"软角"通常也会作为低点出现。"软角"是指 60°，120°，240°，300° 的时间角度。"硬角"通常显示为高点，"硬角"是指覆盖层 45°，90°，135°，180°，225°，270° 和 315° 时间角。"硬角"规则的例外情况是 270° 时间角。如果选取的起点是一个低点，这个时间角通常也会显示为另一个低点。作为将来的参考，"硬角"是 45° 递增，"软角"是 60° 递增。高点同理。

（7）如果计算的未来日期发生反转，则余下的一系列日期也应该反转。这就是说，如果一个预测的高点变为了低点，那么你应该预计剩余的序列也会发生同样的反转。最初计算为高点的未来日期现在将变为低点，最初计算为低点的剩余日期将变为高点。

（8）由于高点和低点通常与之前的高点和低点出现在相同的时间角度，因此，在相同的时间角度之间，上升趋势和下降趋势往往是相同的。例如，当前周期之前的一个周期中，如果在 0° 和 45° 时间角度之间为上升趋势，那么便可以预期当前周期在这两个角度之间也为上升周期。如规则（7）所述，如果周期反转，剩余序列也要反转。规则（7）也适用于预测角度之间的上升趋势和下降趋势。

（9）始终绘制最近熊市低点为起点的日线图。始终绘制从第一个交易日起的日线图、周线图和月线图。对于特定市场来说，所有时间低点都是非常有价值的。

第八章

衍生技术

第一节　高低指标

本节主要介绍如何使用九方图的数学原理来预测下一交易日的高低价范围。该指标需要自行设定 3 个参数，如表 8–1 所示，参数"价格乘数"用于低价股。如果一个股票的价格整数位小于 3 位，则通常将该值设为 10 或 100，将小数点向右移动。例如，一个股票的价格是 21 元，这个参数将设置为 10，因此使用的价格是 210 元。如果价格很低，如 1.02 元，价格乘数将设置为 100，因此使用的价格将是 102 元。该指标应用于指数通常会好于个股，因为指数的价格更高。

表 8-1　用户参数表

参数	
价格乘数	1/10/100
预测最高价的度数	+45°（30°）
预测最低价的度数	−45°（−30°）

预测最高价的度数，是在九方图上移动，以计算下一个交易日的最高价度数。

预测最低价的度数，是在九方图上移动，以计算下一个交易日的最低价度数。

（1）将参数"预测最高价的度数"转换为平方根值。这是通过将参数除以 360°，然后乘以 2 得到的，这个数字称作"最高偏移值"，如（45°÷360°）×2=0.25。

（2）将参数"预测最低价的度数"转换为平方根值。这是通过将参数除以 360°，然后乘以 2 得到的，这个数字称作"最低偏移值"，如（−45°÷360°）×2=−0.25。

（3）如果将参数"价格乘数"设置为 10 或 100，再将其乘以当前的收盘价，这会令小数位右移，得到一个更高的价格。

（4）计算当前收盘价的平方根。如上证指数 2022 年 4 月 26 日的收盘价为 2886.43 点，则其平方根为 $\sqrt{2886.43}$ =53.73。

（5）将最高偏移值与收盘价的平方根相加，如 0.25+53.73=53.98。

（6）将最低偏移值与收盘价的平方根相加，如 −0.25+53.73=53.48。

（7）将步骤（5）得到的数字进行二次方运算，这就是下一交易日的预测最高价，$53.98^2 \approx 2913.84$。

（8）将步骤（6）得到的数字进行二次方运算，这就是下一交易日的预测最低价，如 $53.48^2 \approx 2860.11$。

通过以上步骤，得到 2022 年 4 月 27 日的预测最高价为 2913.84 点，预测最低价为 2860.11 点。

如图 8-1 所示，假设预测最高价度数为 +45°，预测最低价度数为 −45°。如果收盘价为 2886 点，那么在九方图上移动 +45°，得到预测最高价 2911 点；在九方图上移动 −45°，得到预测最低价 2857 点。因存在小数，九方图上的对应值与计算值存在少许误差。

通常来说，下一个交易日实际走势的高低区间会落在预测的高低区间之内，预测的高低价范围提供了正常情况下下一个交易日的预期位置。如果下一个交易日的最高价高于预期最高价，这是市场强势的表现；如果下一交易日的收盘价高于预期最高价，预示着市场非常强势，当发生这种情况时，市场往往会继续上涨。

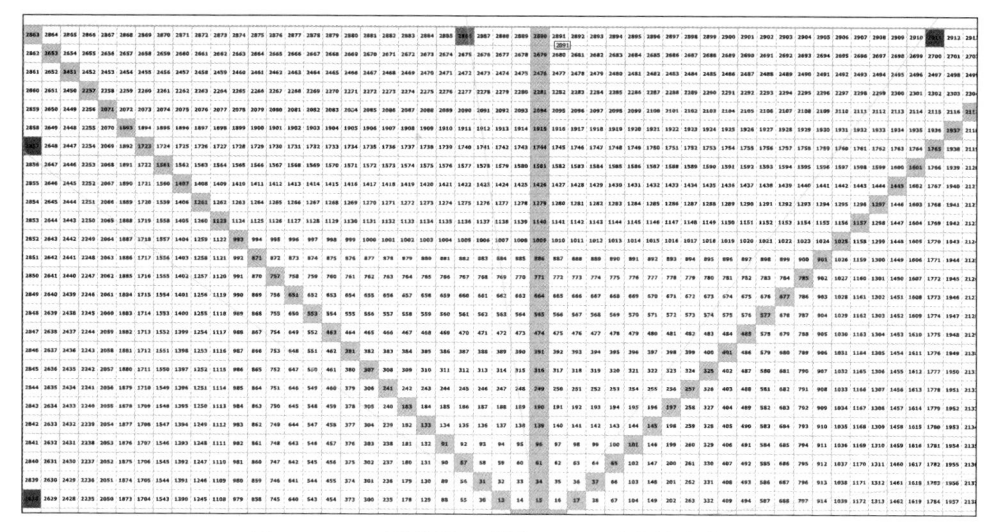

图 8-1　45°覆盖层 0°线与 2886 对齐的九方图

如果下一交易日最低价低于预期最低价，这是市场弱势的表现；如果下一交易日收盘价低于预期最低价，预示着市场非常弱势，当发生这种情况时，市场往往会继续下跌。

在日线图上计算预测最高、最低价时，它们可以作为日内交易的预期价格区间，日内交易者可以使用这些值作为日内图表上的支撑位和阻力位。

如图 8-2 所示，将预测最高值与预测最低值标记在上证指数走势图后发现，2022 年 4 月 27 日当天，上证指数低开高走，收盘价 2958 点大幅高于预测最高价 2913.84 点，其实际最低点亦高于预测最低点，预示着市场已经走强，反弹或已展开。结果上证指数于当日探底回升，见到阶段底部。

也可以将高低价指标应用到高点附近。如 2021 年 2 月 18 日，上证指数见到最高点 3731.69 点，当日收盘价为 3675.36 点，据此可以得出下一个交易日的预测最高价 3705.73 点及最低价 3645.11 点。结果下一交易日的实际最低价为 3634.01 点，低于预测最低价 3645.11 点，且实际最高点低于预测最高点，预示着市势趋弱。结果 2 月 18 日的 3731 点成为年内最高点，至笔者截稿时也未能再次见到该点位，如图 8-3 所示。

图 8-2　上证指数（000001）2021 年 11 月—2022 年 5 月的日 K 线图

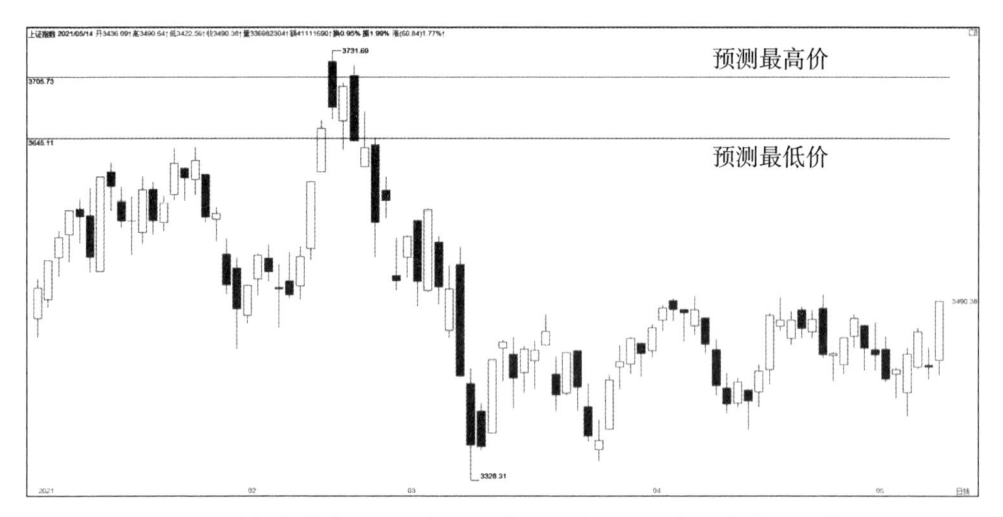

图 8-3　上证指数（000001）2020 年 12 月—2021 年 5 月的日 K 线图

第二节　行星角度线

第一步是将行星的经度转换成能在图表上绘制的价格，可以通过查找特定日期行星的经度来完成这一步。例如，要预测 2022 年 4 月 27 日上证指数的价格范围，就要选择一颗行星，在九方图的外圆上标记它所在的经度。以火星为例，查看星历表可知，该日火星的地心经度为 338°。

第二步是将行星经度标注在九方图的圆周上，将覆盖层的 0° 线与之对齐。本例中，九方图圆周上的"♂"符号为火星符号，位于九方图圆周的 338°。将九方图覆盖层的 0° 线对齐该经度，就可以在九方图上找出与该经度有关的价格，如图 8-4 所示。

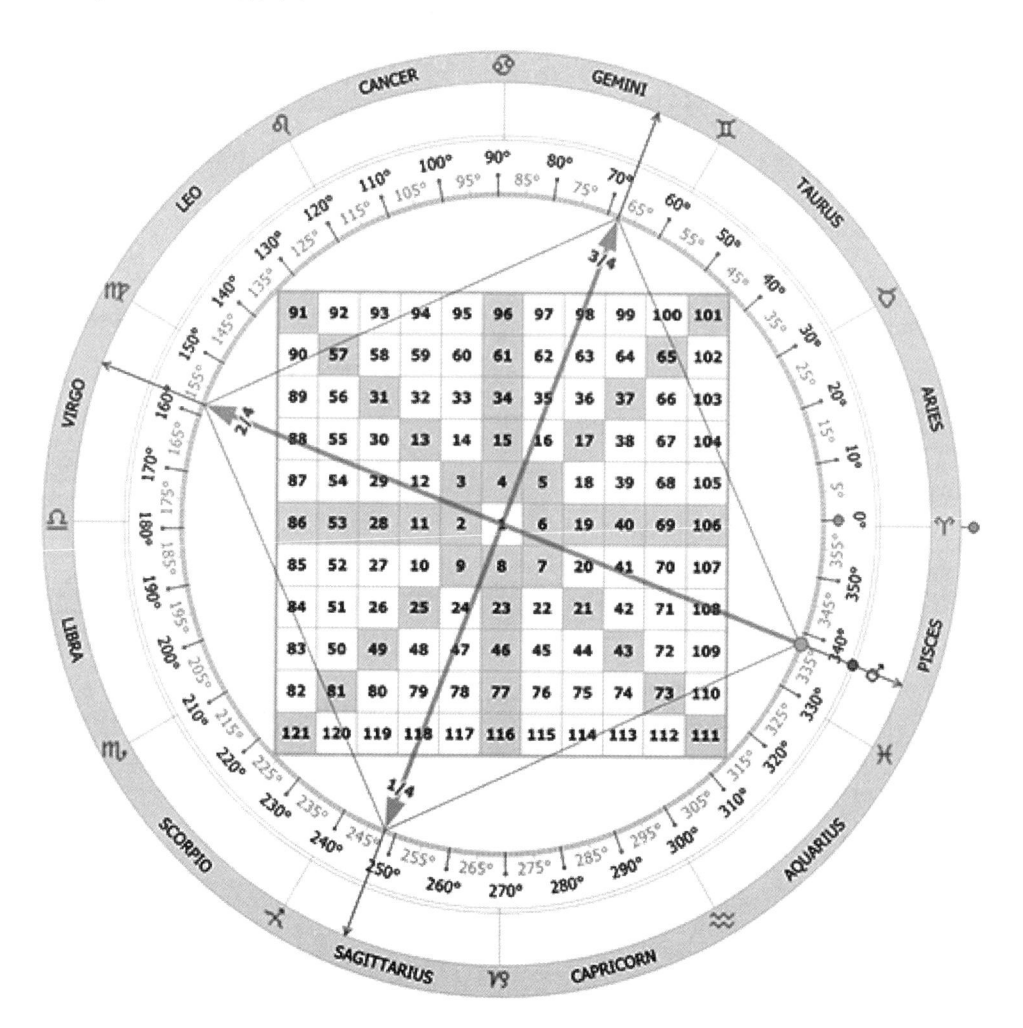

图 8-4　覆盖层 0° 线与圆周 338° 对齐

第三步是将走势图价格范围内的覆盖层角度线上的单元价格标注在走势图上。该方法通常使用的角度线为 0° 线、90° 线、180° 线和 270° 线。若使用更多的覆盖层角度线，如 45° 线，则会因为距离太近而降低行星角度线的作用。本例中，覆盖层 0° 线、90° 线、180° 线与 270° 线上的单元数，就是当日行星角度线上的数字。在上证指数走势图价格范围内的行星角度线数字包括 2954，2900，2847 以及 2793，这些数字的均值为 2873，当日上证指数最终在 2863 点止跌回升。

第四步是在价格走势图上绘制多天的行星角度线价格以创建行星角度线通道，并关注在这些行星角度线通道处形成的转折。可通过连续多天的价格范围计算出来，绘制到图表上，以得到行星角度线通道，如图 8-5 所示。

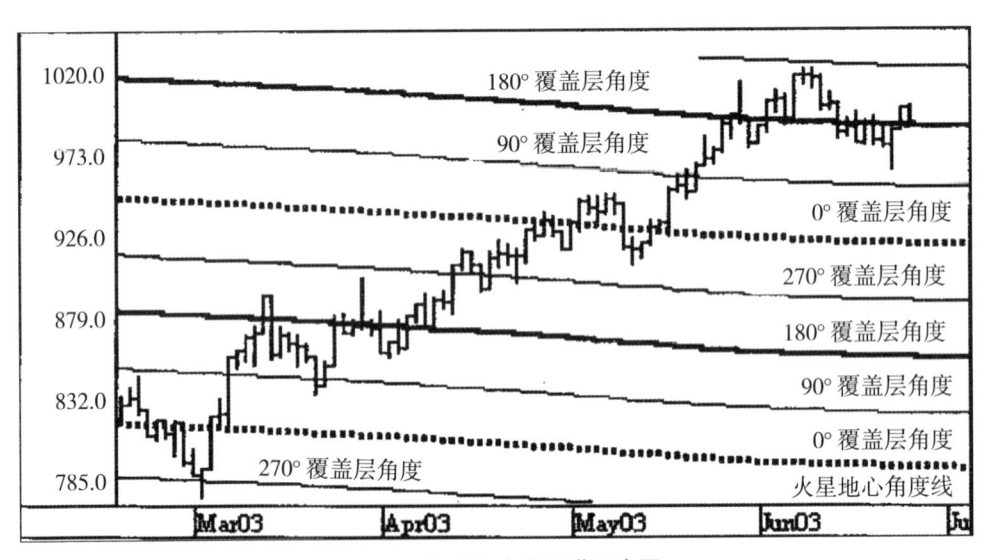

图 8-5　行星角度线通道示意图

第三节　甘氏线 ①

九方图的另一个作用是，它解决了一直困扰人们的甘氏线波动率问题。如果你想从先前的顶部或底部利用甘氏线进行预测，第一件应该做的事是确定 1×1 线的波动率。

大家完全可以使用九方图的平方根来实现这一点。例如，以上证指数 2019 年 1 月 4 日的低点 2440 点为例，围绕九方图旋转 180°，得出 2539 点的价格。也就是说，2440 的平方根加 1，再平方等于 2539。价格之间的差值是 2539-2440=99 点。以 1 月 4 日的低点 2440 点的平方根（49）作为甘氏线的时间因子，可以得到 2 月 22 日的日期，这意味着 1×1 线即 45° 线在 49 个自然日内上升了 99 点。

其他重要的甘氏线是 2×1，3×1，4×1，8×1，1×2，1×3，1×4 和 1×8。其中 1×2 线将以 1×1 角度线的两倍速度前进。在这个例子中，1×2 线在 49 天内前进了 198 点（99×2）。2×1 线将以 1×1 角度线的 ½ 速率运行，即 49 天向上移动 49.5 点，以此类推。如果大家花时间研究这项技术，将会看到这项预测技术到底有多准确。

甘氏线有两个最重要的因素，一是起点的选择，二是波动率，两者缺一不可。使用九方图，彻底解决了一直困扰人们的甘氏线波动率的选择问题。剩下的问题，只要选择一个显著的高点或低点就可以了。

根据以上方法制作的甘氏线，其威力与胡乱绘制的甘氏线不可同日而语。如图 8-6 所示，2019 年 1 月 4 日低点后的下一个主要高点及主要低点，精确

---

① 甘氏线，即江恩角度线。为避免与前文的角度线出现混淆，本节使用"甘氏线"一词。

无误地落在了 1×4 线及 4×1 线上面。图 8-6 说明了上证指数如何遵循 180°的增量，以及如何利用这一基本技术精确地绘制甘氏线。图表上的最高价略微低于 1 月 4 日最低价 2440 点的 4 个 360° 循环价格 3294 点。如果大家不知道甘氏线为何物，请参看本书第九章"江恩相关手稿解读"。

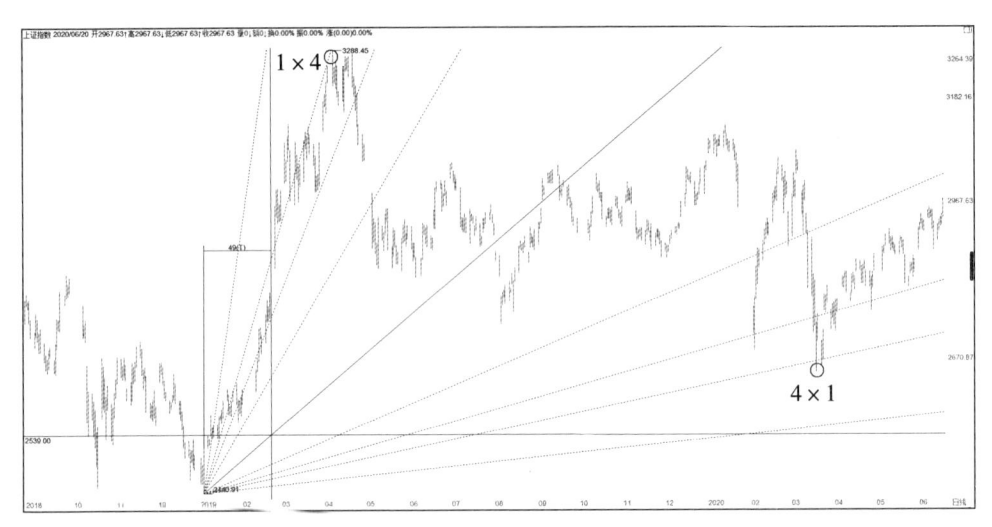

图 8-6　上证指数（000001）2018 年 9 月—2020 年 6 月的自然日 K 线图

第九章
江恩相关手稿解读

为了便于读者更好地理解以九方图为代表的大师图表，更加准确地研究大师图表的内在思想，笔者节译了江恩部分相关手稿供读者参考。由于手稿距今年代久远，原文行文与现代语法与用词习惯有很大的不同，客观上增加了读者阅读的难度。鉴于此，为了便于读者理解，笔者在忠于原文的基础上，对原文做了大量的注解，有的注释放在了"脚注"，有的注释或因字数较多，或为了便于行文，则直接以"译者注"的形式以不同的字体在原文中进行了注释。江恩大部分手稿并未配图，这大大降低了江恩手稿的可读性，笔者尽最大努力根据文意增补绘制了部分配图。因笔者水平以及认知所限，疏漏错误之处在所难免，请广大江恩爱好者们批评指正。

第一节　时间因素

百川归海，海水却永远不会满，江河从何处流就仍归向何处。

——《圣经》

已有之事，后必再有；已行之事，后必再行。日光之下，并无新事。

——《圣经》

我花费了20年的时间彻底学习和发现了这个原理，提出事物发展变化将依照时间的影响，时间决定一切。时间背后蕴藏的因素将是我永恒的秘密，并且由于她太贵重、太有价值了，以至于绝对不能广泛散播。除此之外，公众也没有心理准备去接受这个原理，即使我解释了，公众仍不会明白，不会相信。但我可以告诉大家的是：时间背后存在的因素与万事万物内在的自然序列有关。

水往低处流，即使可以强行用抽水泵使水流达到更高的水位，但是当停止抽水时，不需要施加任何外力，水流还是会返回到从前的水位。明白了这个道理，您将会发现股票市场也是如此，股价可以被外力强行拉抬到超过它们自然价值的水平，投资者将像一群失去警惕的小羊羔，变得很有激情，充满希望地在顶部买入。在这之后，股价又坠落到一个可以使您的希望崩溃，令您感到绝望的水平上，最猖狂的疯牛变成了狗熊，失望的情绪和恐惧的心理逼迫您不得不卖出手中的股票承受损失。通过股票和期货市场中的供求规律以及我对时间因素的研究，我能预先知道这一切在什么时候一定会走到尽头。

时间因素与价格因素是相互和谐的，依照两者之间的关系，我能知道特定时间中的特定价位。也就是说，我会知道何时见何价以及何价出现在何时。其实知道相对拐点是很初级的东西，预先几个月甚至一年判断趋势转折的具体性质和转折力度才是我的精髓。这些将是我的秘密，或者说还不是将它公开的时候，不过在适当的时候，将会有其他人传播或发展我的方法，即便如此，也只会有少数人能认识并接受它。

即使大家都了解并相信了我的方法，也不可能使大家都成为市场中的佼佼者。因为当很多人都知道这个简单的数字和规律时，市场将会为了自己的生存而依据其自身的结构发生变异，一切都将改变，包括长久不变的波动因子。当然这些活跃的改变并不是无休止的，但至少会持续到几乎没有人或仅有少数人能够发现或了解它时。不过这些变异并非是无迹可寻的，请仔细阅读《圣经》，您会发现，其实"日光之下，并无新事"。自然的序列是永远不可能发生根本性改变的，它是万事万物的法则，这是没有人能够改变的事实。

我并不渴望更多的金钱，这些对我已经没有太多的意义，我将致力于研究、发现和传播我的这些技术，给需要帮助的人带来幸福，谢谢大家。

江恩

江恩把市场看作宇宙的一个微缩版，认为符合毕达哥拉斯的宇宙和谐原则，因此，市场中存在一些特定的数字以反映这种和谐关系。江恩眼中的市场即宇宙的微缩版是什么样的呢？

图9-1是开普勒宇宙模型。在这个模型中，宇宙就像一个巨大的球体，球体、正方体、正四面体、球体、正十二面体、球体……层层嵌套。

图9-1　开普勒宇宙模型

柏拉图认为，正方体、正四面体、正八面体、正十二面体分别对应宇宙的四大元素——土、火、气、水。正十二面体是宇宙的比例尺度，也就是黄金分割比率。

在开普勒宇宙模型中，宇宙仿佛一层套一层的果壳，这不禁使人联想起著名物理学家霍金教授的著作《果壳中的宇宙》。宇宙是在果壳中吗？市场会不会也在果壳之中？

我们把宇宙模型中各类几何体投影在平面上，有三角形、四方形、六方形和圆形。江恩用这些几何形状构造了六方图、九方图以及轮中轮，试图用它们来环环套住市场跳动的脉搏，把握价格与时间的关键转折点和趋势方向。

江恩拒绝"对宇宙几何"不感兴趣的人进入他的课堂，在江恩眼里，几何代表着宇宙，同时也代表着市场。他认为，如果忽视市场的这种几何特性，便永远无法打开获利之门。

后面，笔者将对江恩的六方图、九方图、轮中轮以及其他手稿进行详细解读，以此来揭开江恩理论的神秘面纱，使读者更加理性地认识江恩理论成为一种可能，有兴趣的读者可进一步阅读此书。

第二节 六方图

因为任何事物都是循环运动的，没有什么东西是直线运动的，所以六方图是想向你展示角度是怎么在比较高和比较低的价格水平时影响股票价格变化，以及为什么当股票达到比较高的价格时会出现比较快速的运动。原因是它们已经移动到距离 45° 角足够远的分离位置[1]，没有什么能使它们停下来，它们的运动自然而然地就是飞速上升或者下降。

在六方图里，最开始的位置是 1，也正好是 360° 的循环位置[2]。江恩绘制的六方图，"1" 应在中心位置。目前市面上大多数六方图软件皆把 "1" 放在了第二个循环的起始位置，这其实是有悖于江恩本意的。如图 9-2 与图 9-3 所示。

---

[1] 这里的 45° 角是指在六方图上绘制的 45° 线。
[2] "1" 为太极原点，也就是说 "1" 就代表了第 1 循环。

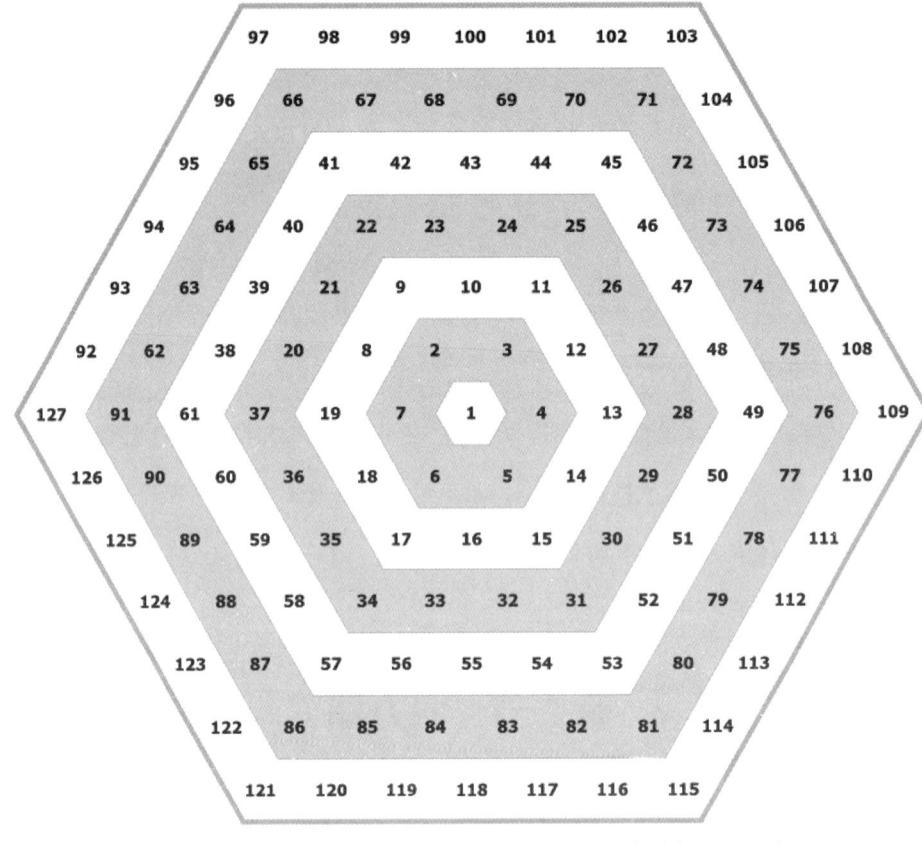

图 9-2　1 在中心位置的六方图（笔者绘）

然后在第一个循环之后放置一系列循环。6 个数字后结束第二个循环，距离初始位置增加了 6 个单位。第二个循环的结束位置是 7，7 在这里可以代表重要的年、月、周、日[①]，而 7 日正好是上帝安排的安息日。

第三个循环结束在 19，比上一个循环增加了 12 个单位。

第四个循环结束在 37，比上一个循环增加了 18 个单位。

第五个循环结束于 61，比上一个循环增加了 24 个单位。

第六个循环结束于 91，比上一个循环增加了 30 个单位。

第七个循环结束于 127，比上一个循环增加了 36 个单位。

---

① 所谓"其大无外，其小无内"，可以表示任一周期。

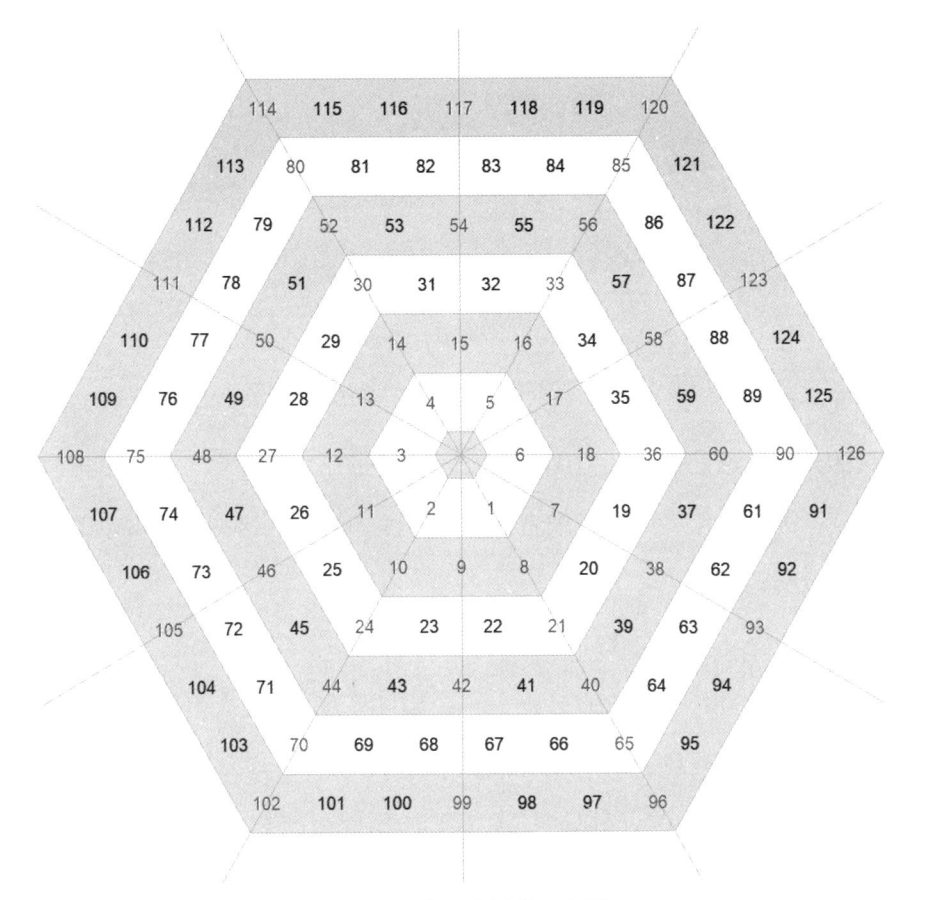

图 9-3　错误绘制的六方图

注意到了吧，从第一个循环开始，每次循环之间增加 6。也就是说，当这种循环进行 6 次后，可以得到"36"。

如上所述，这样就结束了第一个六方图的循环。可以等价于 127 个月，这就解释了为什么一段大行情往往会运行 10 年零 7 个月①，或者直到价格达到六方图的方角，或者到达重要的最近的 45° 角才结束②。

---

① 10 年零 7 个月等于 127 个月。
② 45° 是时间与价格形成的夹角，45° 角度线附近的价格容易导致转折。方角是指当前数值与前一个数值形成的 0°，45°，90°，180°，270° 和 360° 的位置。六方图上的数字可以抽象地看作日、周、月等。如 127 可以看作是 127 天或 127 个月，这是认识江恩六方图的关键所在。

第八个循环结束在 169，比上一个循环增加了 42 个单位。这是一个非常重要的角度，也是一个非常重要的时间循环因子，因为它等价于 14 年零 1 个月，或者说两个 7 年的循环，往往重要的顶底都落在这个角度上，全都可以在这个六方图上找到①。

第九个循环结束在 217，比上一个循环增加了 48 个单位。

第十个循环结束在 271，比上一个循环增加了 54 个单位。271 是从 1 开始的第九个循环②，是第三个 90° 或者 270°。一个圆的四分之三，这是一个非常强大的角度，这已经被四方图、九方图以及十二方图证实了，这里再次被六方图证实。无论你用多少途径或者以什么方法去演算，这些数字展示的数学证据总是那么精确。

第十一个循环结束在 331，比上一个循环增加了 60 个单位。

第十二个循环结束在 397，比上一个循环增加了 66 个单位。此时便形成了完整的六方图，得到了从 1 开始的 11 个循环③。

在以"1"为中心的六方图中，注意同一角度线上的 7、19、37、61、91、127、169、217、271、331 和 397，它们都是测算时间周期的重要点位；另一条 90° 线上的 2、9、22、41、66、97、134、177、226、281 和 342，或者从六方图来说的 60° 线和 240° 线④。

---

① 169 还是 13 的平方，而 13 恰恰是神奇数字之一。
② 从第二个循环起计。
③ 从第二个循环起计。
④ 六方图中的数字可以顺时针旋转也可以逆时针旋转，六方图的圆周角度同样可以顺时针旋转，也可以逆时针旋转，且圆周的 0° 线起点位置可以设置在六方图的左边，也可以设置在六方图的右边。以上种种旋转方式及起点不同，导致六方图上的数字角度不同。江恩在介绍六方图及其他大师图表的时候，并未事先说明用的是哪种循环方式以及起点在哪一边，所以原文中记录的角度有时会令人摸不着头脑。在实际运用中，建议将六方图上的数字用顺时针计数，将六方图的圆周以逆时针旋转，圆周的起点即 0° 线设置在六方图的右边。将这种模式固定化，以免在使用六方图的时候产生不必要的混乱。

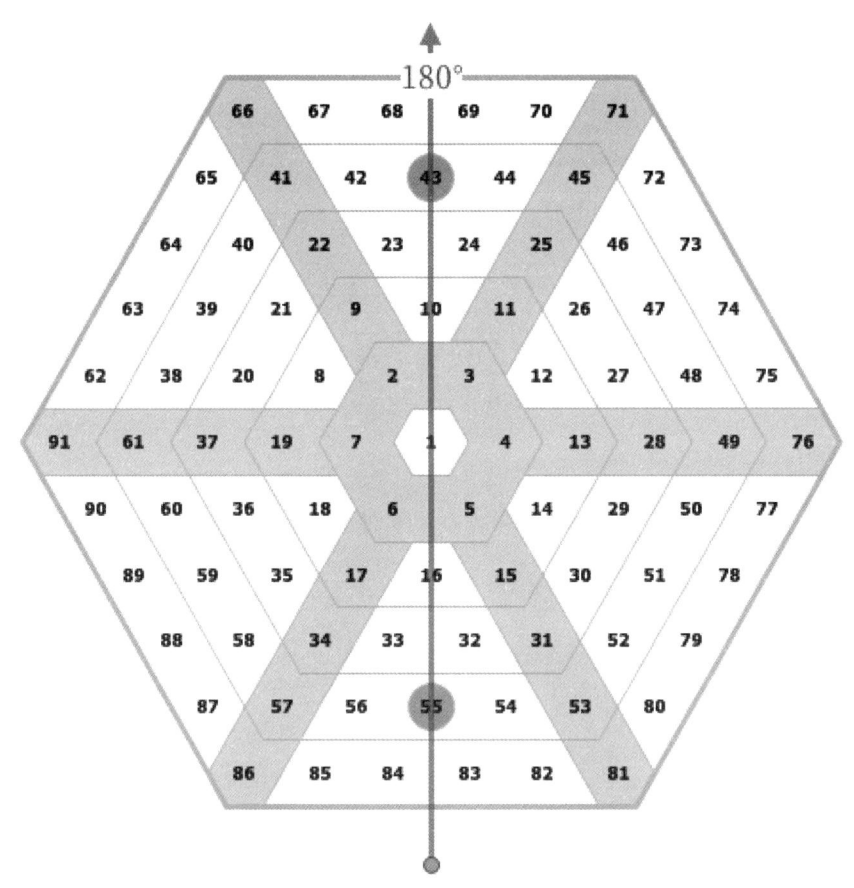

图 9-4　高点为 55、低点为 43 的六方图（笔者绘）

　　仔细看六方图上的每一个重要角度，大家会发现为什么在不同周期（日、周、月和年）上出现价格抵抗，为什么价格会在时间和价格的重要位置上停下来并形成顶底。

　　当一些股票的价格通过并超越了 120° 线，特别是超越了 127° 线和 127 点并且跳出了第一个六方图中的方角，它的波动将变得更快速和疯狂，意味着更加快速的涨跌。

　　当一只股票的价格从六方图中心附近的 6 运行到 7 时，很快便会触及强势角度，即六方图的 180° 线或数字 6 的 90° 线。但是当股价突破 162 后，下一个强势角度的价格阻力是 169，这就是为什么股价越高，波动越剧烈的主要原因。因为随着价格离六方图的中心越来越远，重要角度之间的距离会变得越来越大。

记住，任何事物都要找到一个中心，重要的顶和底的形成都是遵照一个价格中心和一个可测量的时间中点，这或者是一个基准或起点，或者是某个顶部和底部。那些垂直或水平位置上的阻力位，可能正好与股票价格运行的时间周期相同，因而当股价越过22.5元，将击穿一个22.5°的角度。当这些角度被击穿时，股价就会涨得更高，进而会碰到更大的阻力。下跌过程的法则刚好相反。

市场的运行模式类似其他普通事物的增长模式，这就如同要建造一栋大楼，先要打好地基，然后才能在地基上面盖四面墙，然后在这四面墙上盖房顶。因为行情中的时间和空间因素，立方体和六方图恰恰证明了这个法则的有效性。盖这个房子的时候，是按照四方图或六方图来盖的，有四面墙或四条边，有底部和顶部，所以它是一个立方体。

假设一个超过20年的市场循环，第一个60°或者说5年时间[①]是立方体的基础构筑部分；第二个60°运行到120°，是第一条边，或者说形成10年的循环；第三个60°，是第二条边，它结束于第15年或者180°角的位置，这是一个非常关键的位置，这就好比房子盖到了一半，碰到了资金困难，这种困难阻止你继续盖下去；第四个60°，或者是说240个月，或者说是20年循环的结束位置，是第三条边，这就好比已经完成建筑工程的2/3一样，这将是一个几乎无法超越的位置，足以结束20年的循环而形成顶点；第五个60°，或者是说300°角，300点，300日，或者300月，历经25年，这是第一个5年

---

① 1年运行12°。江恩描述的"时间因子"每月移动10点，这是土星的平均速度。六方图实际上可能是为土星定制的，因为土星在5年内移动60°，这就是江恩对六方图的描述。在另一句话中，江恩说："在我看来，我30多年来一直用来预测每一次重要繁荣、衰退或萧条的'主宰时间周期'，它将帮助我准确预测下一次恐慌的来临。"大家应该注意到土星绕太阳运行一周大约需要30年，这可能是一个线索。土星也与经济衰退有关。

循环的重演，这个5年将彻底结束建筑的四条边，是一个重要的角度；第六个60°，或者说360°，是时间因素规则中30年循环的终点，它在45°线上每月运行1°来构筑顶部，这就是一个完整的立方体，然后重新开始。

把上述观点和六方图结合起来学习，将对大家的理解非常有帮助。

第三节　九方图

九方图是非常重要的，因为数字"9"可以用来测量一切事物。如果不考虑重复使用0的话，所有的数字将不会超过9。如果用360°除以9，将得到40°，它可以表示40天、40周、40月或40年，这说明了为什么底部和顶部经常出现在这些角度上，因为这些角度是通过圆的九分之一计算出来的。

如果将20年即240个月除以9，将会得到26.66个月。26.66°是一个极其重要的角度，它可以用来表示月、周或天。九九八十一，形成了一个初始九方图。请注意不同的角度是如何从九方图的中心开始运行的；第二个九方图在162完成，请注意其与中心的相对位置；第三个九方图在243完成，这相当于243个月或者说20年零3个月，这说明一个循环可能有一个超过3个月的误差存在；第四个九方图结束在324，请注意被45°线穿越的325，这里预示着周期的变动位置；要完成一个360°循环需要4个九方图外加36°。注意，361等于19的平方，这证明了九方图在计算重要角度线和明确差异上的巨大价值。

从中心"1"开始，注意7，21，43，73，111，157，211，273和343是如何落在45°线上的。与其相对，请注意3，13，31，57，91，133，183，241和307是如何落在另一条45°线上的。记住，始终有四种方式可以从一个中心沿 45° 角、90° 角或 180° 角移动，当在平面上测量时，这四种方式大致相同。请注意，8，23，46，77，116，163，218，281 和 353 位于同一角度上。还请注意，4，15，34，61，96，139，190，249 和 316 也位于同一角度，所有这些角度上的数字都是强阻力点，可以帮助大家测量出重要的时间窗口。

请尽量配合十二方图以及 360° 圆周来研究九方图。

图 9–5 向您展示了六个九方图，每个图表包含 81 个数字，其中第一个九方图的数字是从 1 到 81。任何东西都必须有底部、顶部和四条边，才能成为正方形或立方体。第一个正方形运行到 81，它表示底部、基点、地基或者起点。第 2，3，4，5 个九方图代表四条边，它们都包含 81 个数字。第六个九方图代表顶部，这是《圣经》中提到的倍数关系，或者说这是一种递归现象。9 乘 9 等于 81，6 乘 81 等于 486。大家也可以用 9 乘 81 得到 729（第九个九方图）。

1	2	3	4	5	6	7	8	9	1	2	3	4	5	6	7	8	9	1	2	3	4	5	6	7	8	9
9	18	27	36	45	54	63	72	81	90	99	108	117	126	135	144	153	162	171	180	189	198	207	216	225	234	243
8	17	26	35	44	53	62	71	80	89	98	107	116	125	134	143	152	161	170	179	188	197	206	215	224	233	242
7	16	25	34	43	52	61	70	79	88	97	106	115	124	133	142	151	160	169	178	187	196	205	214	223	232	241
6	15	24	33	42	51	60	69	78	87	96	105	114	123	132	141	150	159	168	177	186	195	204	213	222	231	240
5	14	23	32	41	50	59	68	77	86	95	104	113	122	131	140	149	158	167	176	185	194	203	212	221	230	239
4	13	22	31	40	49	58	67	76	85	94	103	112	121	130	139	148	157	166	175	184	193	202	211	220	229	238
3	12	21	30	39	48	57	66	75	84	93	102	111	120	129	138	147	156	165	174	183	192	201	210	219	228	237
2	11	20	29	38	47	56	65	74	83	92	101	110	119	128	137	146	155	164	173	182	191	200	209	218	227	236
1	10	19	28	37	46	55	64	73	82	91	100	109	118	127	136	145	154	163	172	181	190	199	208	217	226	235
1	2	3	4	5	6	7	8	9	1	2	3	4	5	6	7	8	9	1	2	3	4	5	6	7	8	9
252	261	270	279	288	297	306	315	324	333	342	351	360	369	378	387	396	405	414	423	432	441	450	459	468	477	486
251	260	269	278	287	296	305	314	323	332	341	350	359	368	377	386	395	404	413	422	431	440	449	458	467	476	485
250	259	268	277	286	295	304	313	322	331	340	349	358	367	376	385	394	403	412	421	430	439	448	457	466	475	484
249	258	267	276	285	294	303	312	321	330	339	348	357	366	375	384	393	402	411	420	429	438	447	456	465	474	483
248	257	266	275	284	293	302	311	320	329	338	347	356	365	374	383	392	401	410	419	428	437	446	455	464	473	482
247	256	265	274	283	292	301	310	319	328	337	346	355	364	373	382	391	400	409	418	427	436	445	454	463	472	481
246	255	264	273	282	291	300	309	318	327	336	345	354	363	372	381	390	399	408	417	426	435	444	453	462	471	480
245	254	263	272	281	290	299	308	317	326	335	344	353	362	371	380	389	398	407	416	425	434	443	452	461	470	479
244	253	262	271	280	289	298	307	316	325	334	343	352	361	370	379	388	397	406	415	424	433	442	451	460	469	478

图 9–5　六个九方图

数字 5 是所有数字中最重要的数字，因为代表着中心平衡点，它的每条边上有四个数字。请注意它是如何在九方图上显示为中心数字的，如图 9-6 所示。

```
3 6 9
2 ⑤ 8
1 4 7
```

图 9-6　中心数字 5

从中心的 1 开始，按正方循环运行到 360。请注意，此时的九方图得出的是 361°。原因是它是 19 的平方，从 1 开始运行了 360，表示起点和终点。361 是一个过渡点以及下一个循环的起点。如果将第一个单元格留空或将其设为"0"，那么将得到 360。任何事物都将得到数学证明，大家可以从中心开始计算到外缘，也可以从外缘开始计算到中心，还可以从左向右计算到中心。

请注意，从 1 开始，沿着九方图的一边一直到第 19 行，然后按照同样的方法得到 19 列，结果同样是 19 的平方。这是一个完整的循环，循环的一半是 180°。请注意中心位置，从四个角以及从东西南北的所有角度都能到达中心点 181 的位置上，这表明穿过中心点正是另一半循环的起始点。

前面用天文学证明了几何角度的运行原理。当你取得了进步，证明了自己的价值时，我会给你主宰数字以及主宰原理。

上面提到的 19 的平方或者"圆中见方"，还不是真正意义上的九方图，许多人误认为这是同一张图表。图 9-7 才是江恩所说的"九方图"，它实际上是一个十九方图。

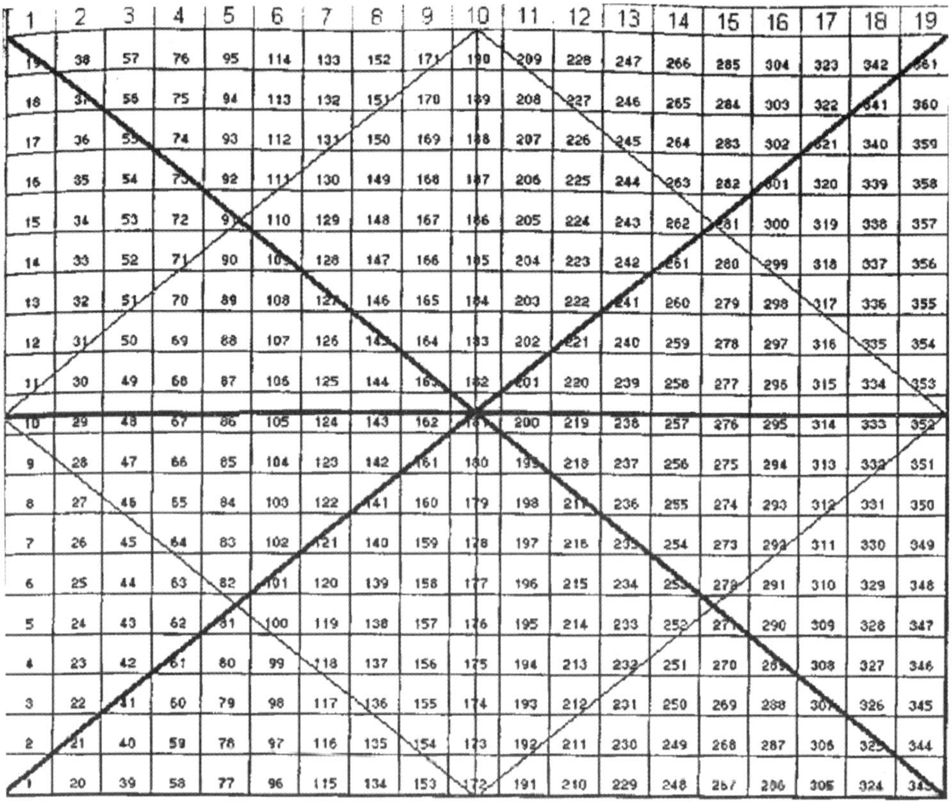

图 9-7 十九方图

正如大家看到的，以上就是江恩本人对九方图的全部文字解释，就以上这只言片语的简单介绍，还不是出自其公开出版的著作，而是出自内部培训讲义。也就是说，实际上江恩没有留下任何关于如何使用九方图的文字性说明！

江恩特别关注的数字 9 自然有其独特性。他说："我们用 9 个数字来衡量一切，如果不重复使用数字 0 的话，将不能超过 9。"如果将"9"与任意数字相加，得到的结果相加，将会回到原来的数字。例如，1+9=10，1+0=1；2+9=11，1+1=2；3+9=12，1+2=3，以此类推。如果将任一数字乘以"9"，得到的结果相加将会变为"9"。例如，9×5=45，4+5=9；9×8=72，7+2=9；9×33=297，2+9+7=18，1+8=9，以此类推。此外，数字 1 到 9 的总和等于 45，即 1+2+3+4+5+6+7+8+9=45，最终也将得到"9"，因为 4+5=9。

这就是为什么江恩说数字 9 可以用来衡量一切。

在江恩的鸡蛋教程中，有一段话是关于测量时间周期和九方图的基本结构的。上面写道："人类首先学会了用日晷记录和测量时间，并将一天划分为 24 小时，每小时代表 15°。"日晷上的角度表示一天中的时间。由于时间都是由太阳测量的，因此我们必须使用 360° 圆来测量市场的时间周期。请记住，必须始终从日、周、月的最高或最低点开始计算时间，而不是从确切的季节或日历时间。

45 天是一年的 1/8，90° 是一个日历年的 1/4，或者说是一个四分位。112.5 天是 90+22.5。120 是圆的 1/3，是三分位。135 是 90+45，150 是 90+60，157.5 是 135+22.5，165 是 120+45。180° 是一个完整圆的 1/2 或者说起点的对冲位，这对于趋势的变化非常重要。202.5 是 180+22.5，225 这个 45° 角是 180+45。240 是 120 的 2 倍。247.5 是 225+22.5。270 是一个圆的 3/4 和 3 乘以 90。292.5 是 270+22.5，315 是 270+45，337.5 是 315+22.5，360° 是一个完整的循环。测量每周和每月的时间周期的方式与测量天数的方式相同，并通过观察所有这些重要的时间角度以了解趋势的变化。"[①]

---

① W. D. Gann. The W. D. Gann Master Commodity Course: Original Commodity Market Trading Course.［M］. Snowball Publishing，2009.

第四节　轮中轮

笔者所绘 24 轮中轮如图 9-8 所示。

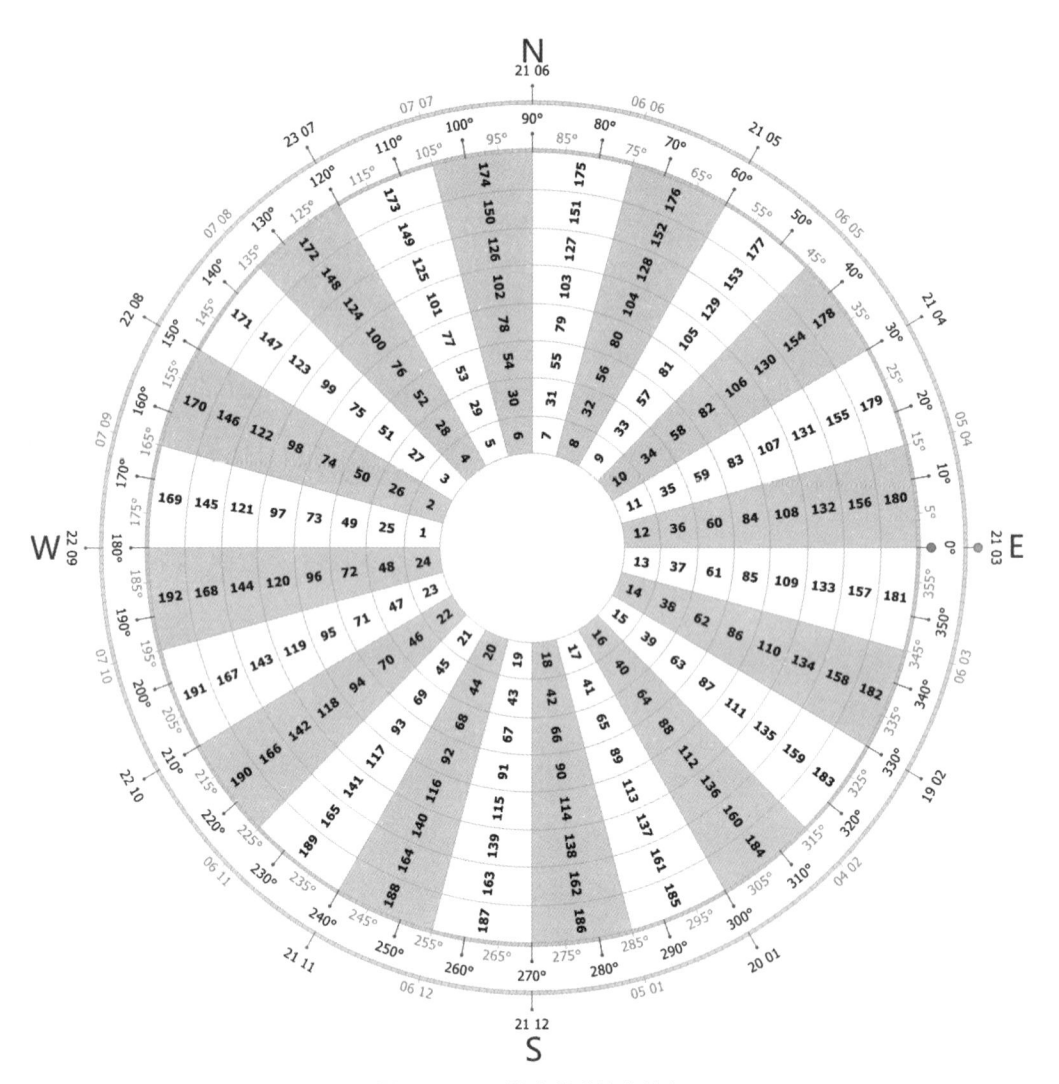

图 9-8　24 轮中轮（笔者绘）

这种图表与正方形图表完全不一样，它适用于谷物和羊毛，也适用于股票。外圆右边标记"E"（东方）和"3月20日"的地方作为起点①，它表示季节性的一年时间周期②。

由于地球绕自转轴旋转一周是24小时，所以使用15°表示1小时时间，或者表示大约15天的时间。

从3月20日（春分）到5月6日是45°，或者说3小时时间。

从3月20日到6月21日是1/4年或90°，或者说6小时时间。

从3月20日到7月23日是1/3年，即与3月20日相距120°，或者说8小时时间。

从3月20日到9月23日是180°③，或者说12小时时间。

完整的一圈是12个月时间，或者说365.25天。用于月度周期，完整的一圈是360个月；用于周时间间隔，完整的一圈是360周，而364周是52周的7倍，即7年。

价格也可以围绕360°圆周移动。5月大豆的价格44美分位于45°角（5月5日）之下1美分，而价格405点也位于相同的角度上，因为360加上45等于405。5月大豆的极端低点67位于67.5°上，或者说处于60°~75°之间的半分位上。价格470.75位于76.75°位置上，因为它是完整的360°圆再超过76.75°④。

大家要注意内圆，它的价格和时间从0°数字1开始，到360°上的第24个数字结束，至此完成了完整的一次循环，即相当于地球绕自身轴线旋转一周。这些可以应用于每日的价格波动，其循环数字如下：

---

① 实际上应该是3月21日，下同。
② 即旋转一圈表示一年，一年分为四季。
③ 实际上应为9月22日，秋分。
④ 470.75实际应为436.75=360+76.75。

24，48，72，96，120，144，168，192，216，240，264，288，312，336，360，384，408，432，456，480，504，528，552和576（24的平方）。这些数字意味着价格到达了24小时经度，运行完了360°的圆。如图9-9所示。

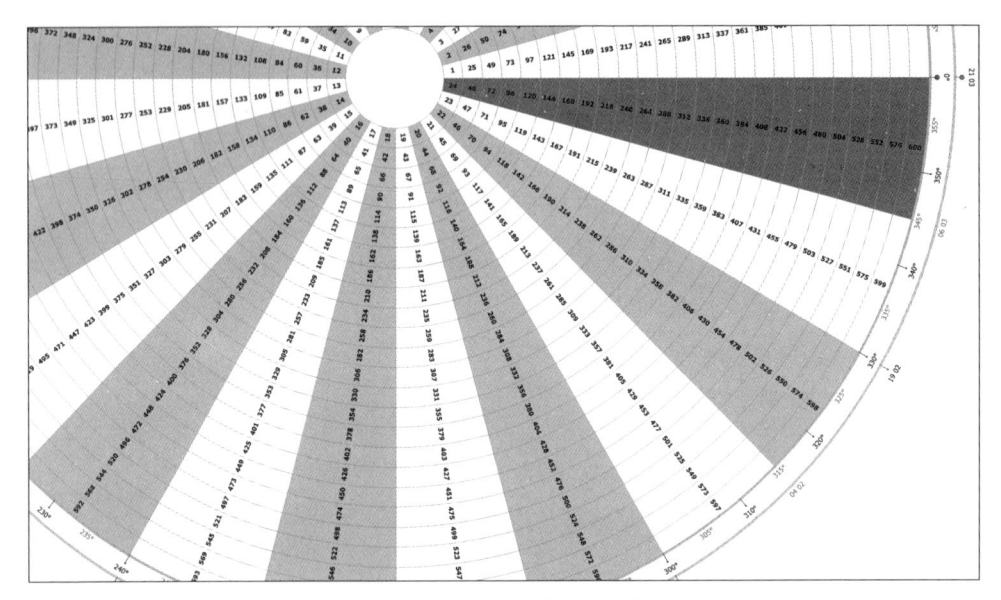

图9-9　24×24轮（笔者绘）

从1（即0°）开始，每蒲式耳3美分相当于45°，6美分相当于90°（1/4圆），9美分相当于135°，12美分相当于180°（1/2圆），15美分相当于225°（5/8），18美分相当于270°（3/4圆），21美分相当于315°（7/8圆），24美分相当于360°（完整的圆）。

我已在5月大豆的极端高点价格上画了绿色圆圈，在低点价格上画了红色圆圈，以便于大家看清从任何高或低点出发，价格何时到达45°，90°，120°，135°，180°，225°，240°，270°，315°和360°的位置。完整的一圈（即绕行24美分）对于趋势变化是很重要的。48美分是下一个重要的价格，第三圈，即72美分是更重要的[①]。

[①] 72是12的平方数144的一半。

例如：5 月大豆的低点是 239.5 美分，注意 240 是第 10 圈的结束数字。

如果把 72 加到 240 上 ①，则结果是 311.5。

因此，当 5 月大豆达到 311.5 美分时，它完成了完整的循环，这是一个很强的阻力位置和卖出水平。如图 9-10 所示。

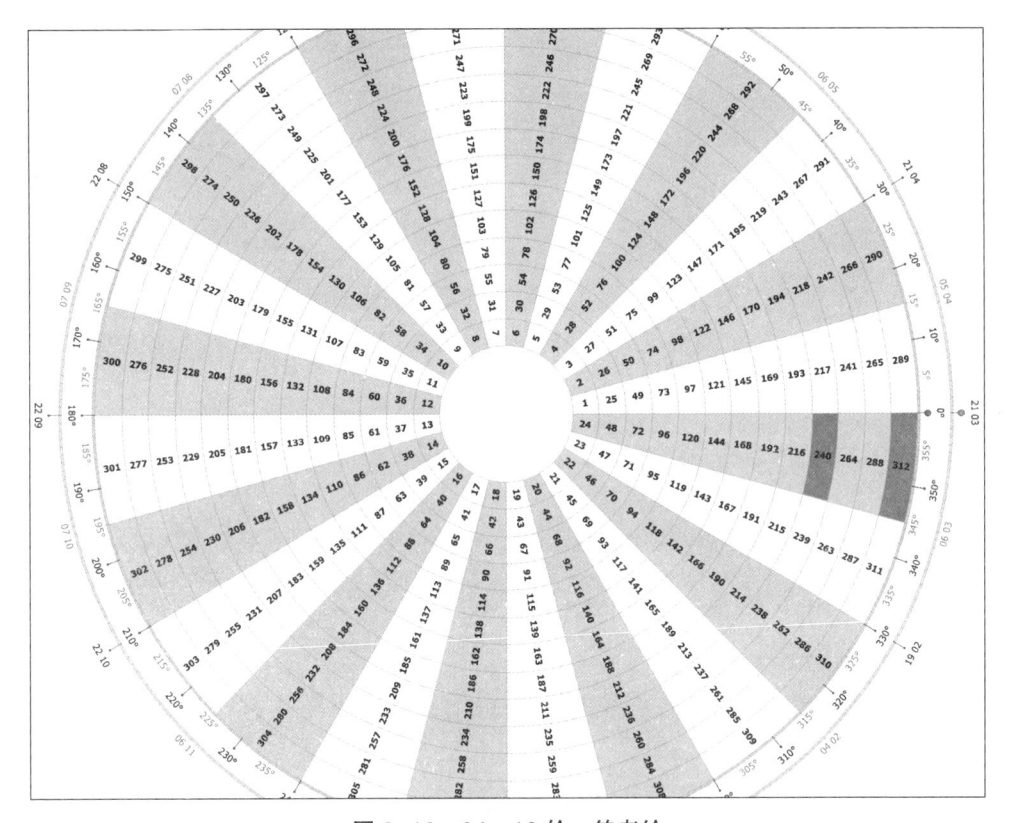

图 9-10　24×13 轮　笔者绘

当它从 311.5 跌至 296 时，总共下跌了 15 美分，即向下移动了 225°（圆的 5/8），这使得此处成为一个阻力水平。注意：价格 296 位于 120°，时间是 7 月 23 日（接近 7 月 17 日）位置上，而且 296 又是 344（最后一个高点）下跌的第 2 圈。沿着这条角度线通向对面（180°）的位置，你将看到 296 位于 44、

---

① 根据文意，240 实际应为 239.5。

65 和 144 的对边[①]。如图 9-11 所示。

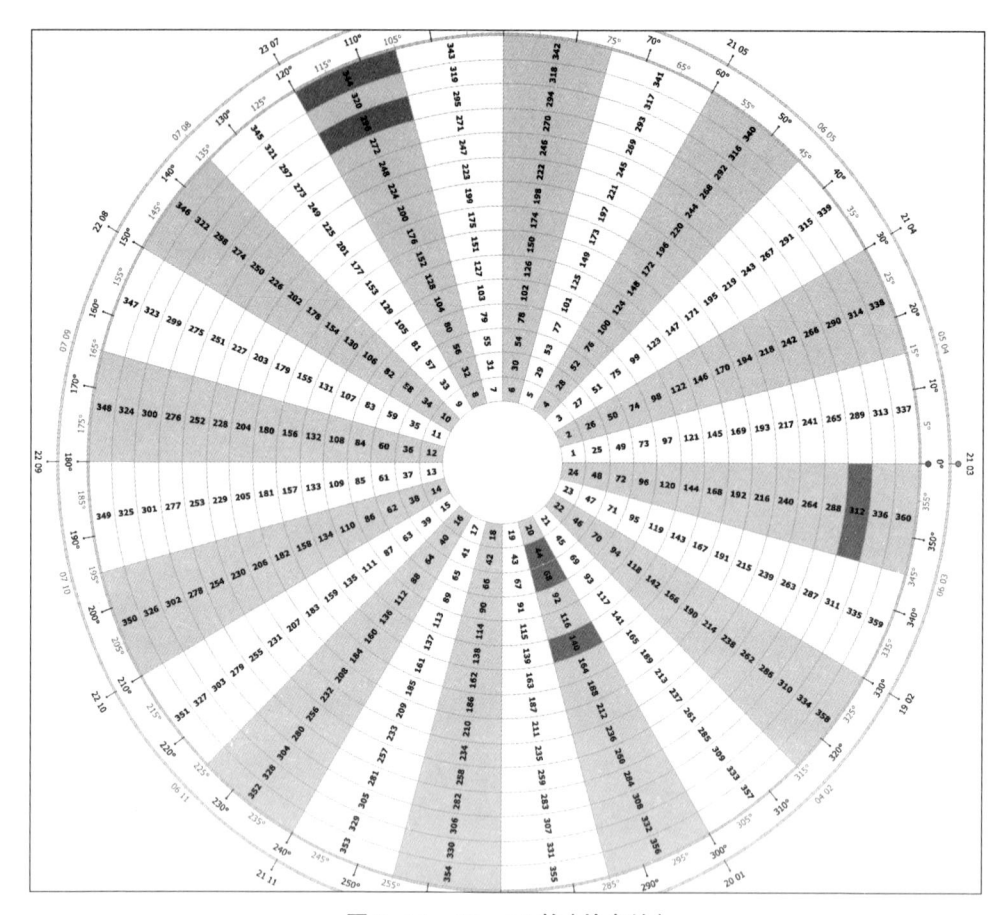

图 9-11　24×15 轮（笔者绘）

还要注意 295 位于 67 的对边，这是一个极端的低点价格。当价格跌至 294，它低于 295 所在的角度，也低于自然的 90°角。如图 9-12 所示。

接着，你要注意 287，它是从 311 开始下跌后的完整的 24 美分循环的位置。如图 9-13 所示。

---

① 笔者亲自绘图后发现，296 对面 180°线上的值应为 44、68 和 164。

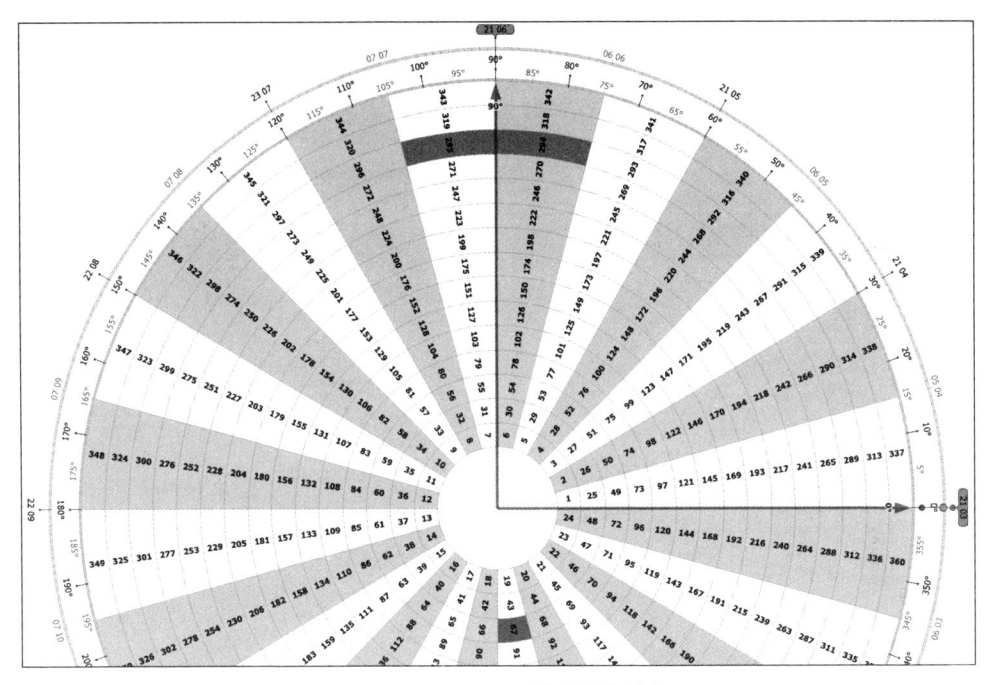

图 9-12　24×13 轮（笔者绘）

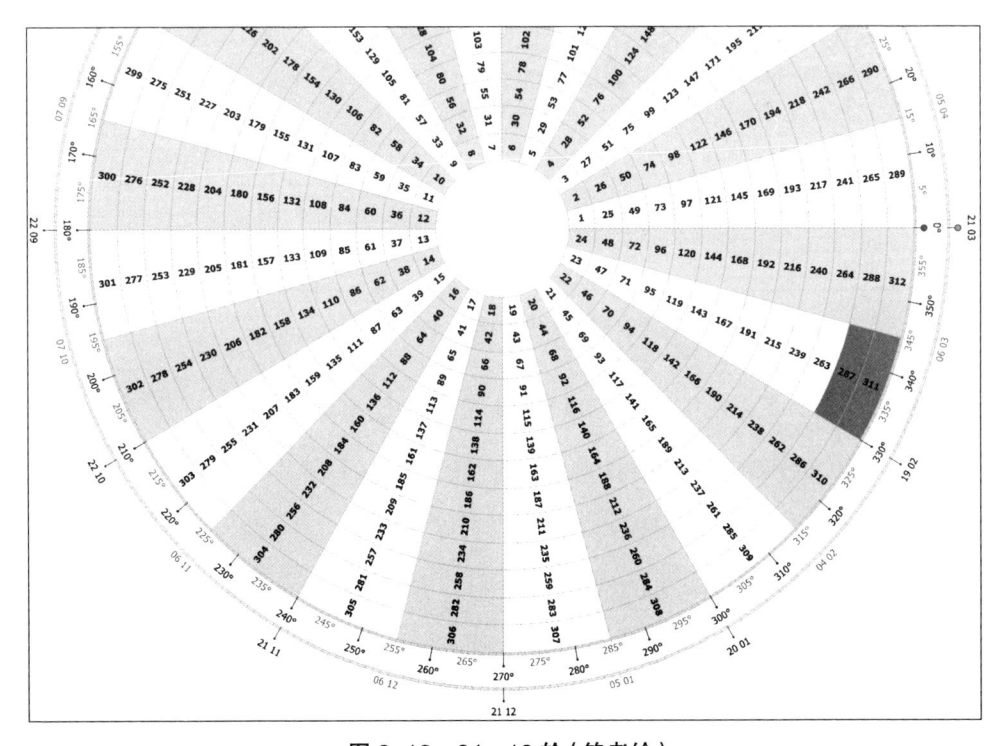

图 9-13　24×13 轮（笔者绘）

如果价格走到此水平之下，那么你要关注 284，它位于与 44、68 和 164 相同的循环位置上；而 285 则位于与 67 相同的循环位置上[1]。如图 9-14 所示。

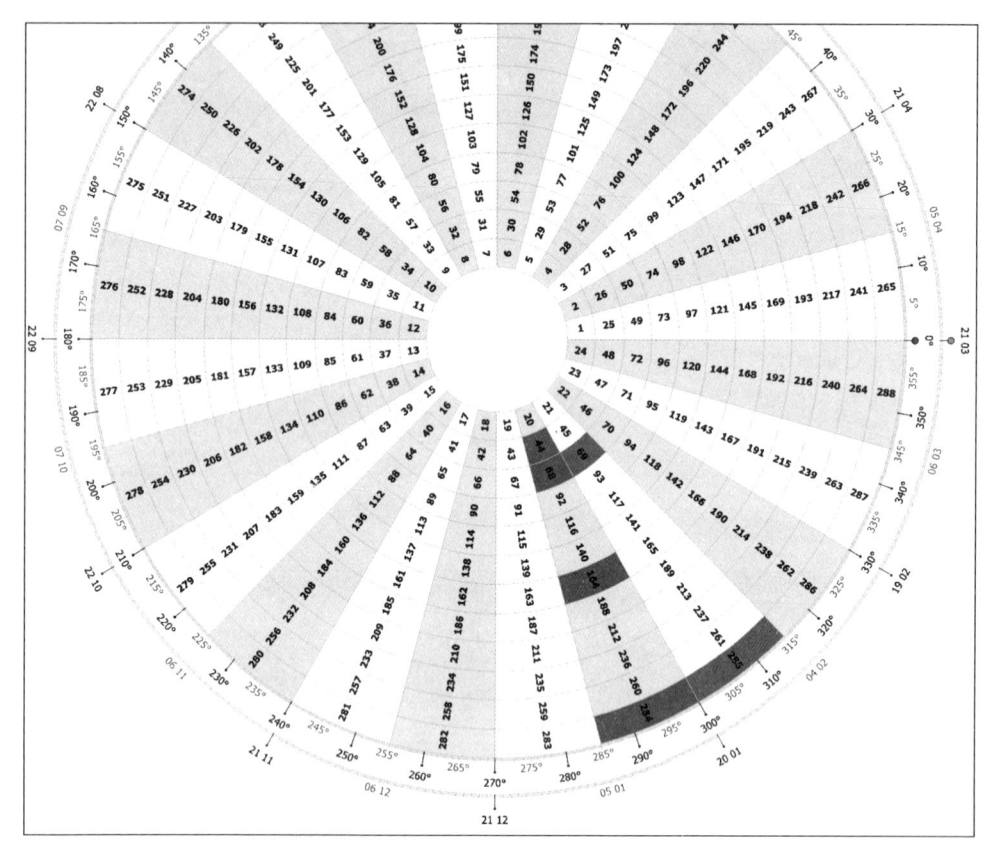

图 9-14　24×12 轮（笔者绘）

当价格从低点 201.5 上升至 344.5 时，正好是低点之上的 6 个完整循环少 1.5 美分[2]。但价格在 344.5 出现滞涨，因为它在 7 月 7 日底部的对冲位上，即与低点 44 和 68 呈 180°。如图 9-15 所示。

---

[1]　实际应为 69。
[2]　实际应为 1 美分。201.5 旋转 6 圈后为 345.5，345.5-344.5=1。

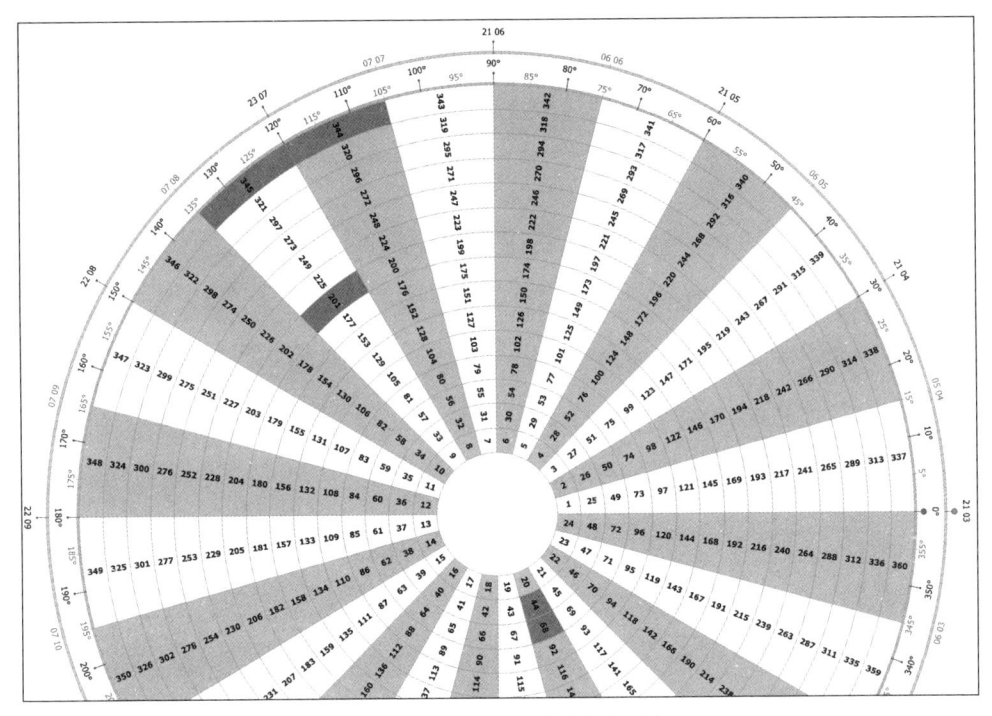

图 9-15　24×15 轮（笔者绘）

注意：436 位于 60° 线（5 月 20 日）上[1]，它与低点 67 相距 150°[2]，也非常接近从 44 开始的 150° 位置，它们仅仅相隔 15°[3]。价格 436，上升了 369 美分[4]。请注意：369 停靠在 135° 线上（8 月 8 日）[5]，这是一个阻力角度，也是低点 44 的 180° 位置[6]。如图 9-16 所示。

价格从 436.75 下跌到 301.5[7]，共下跌了 135.5 点；而 135 是 45° 的 3 倍。202 位于 150° 角上（8 月 23 日）[8]，这也是 154 所在的角度位置和 311 美分的

---

[1] 实际应为 5 月 21 日。
[2] 低点 67 位于 270° 线上，与 60° 线相差 150°（60°+360°−270°=150°）。
[3] 低点 44 位于 285° 线上，与 270° 相差 15°。
[4] 从低点 67 开始计算。
[5] 实际为 8 月 7 日。
[6] 实际为 210°。低点 44 位于 285° 线上，369 位于 135° 线上（360°−285°+135°=210°）。
[7] 实际应为 436.5。
[8] 实际为 8 月 22 日。

对边位置①。查看价格 33，你将发现它位于 45° 角 3 倍的 135° 线上（8 月 3 日）②，这是对另一个阻力日的确认。如图 9-17 所示。

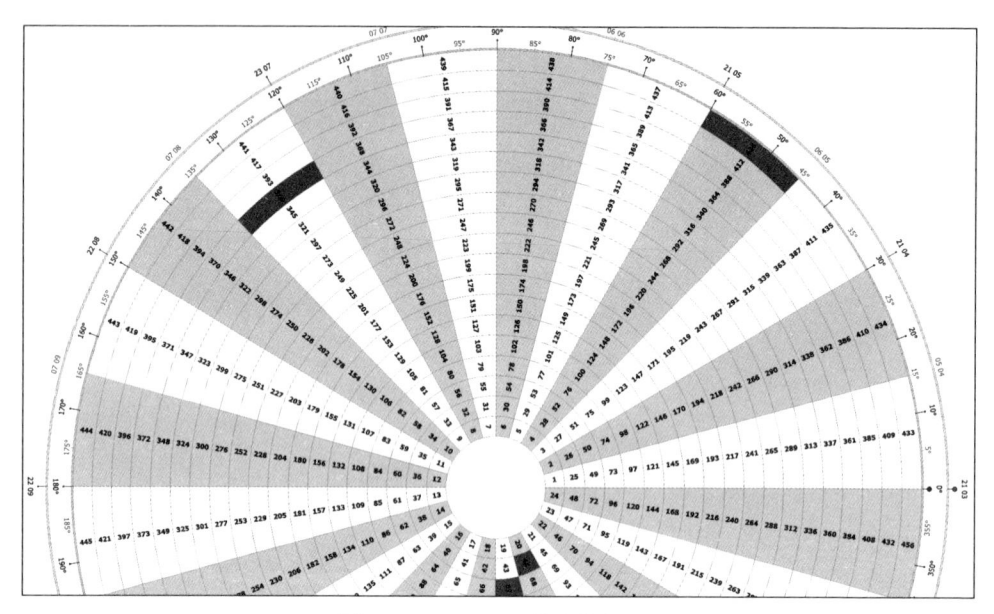

图 9-16　24×19 轮（笔者绘）

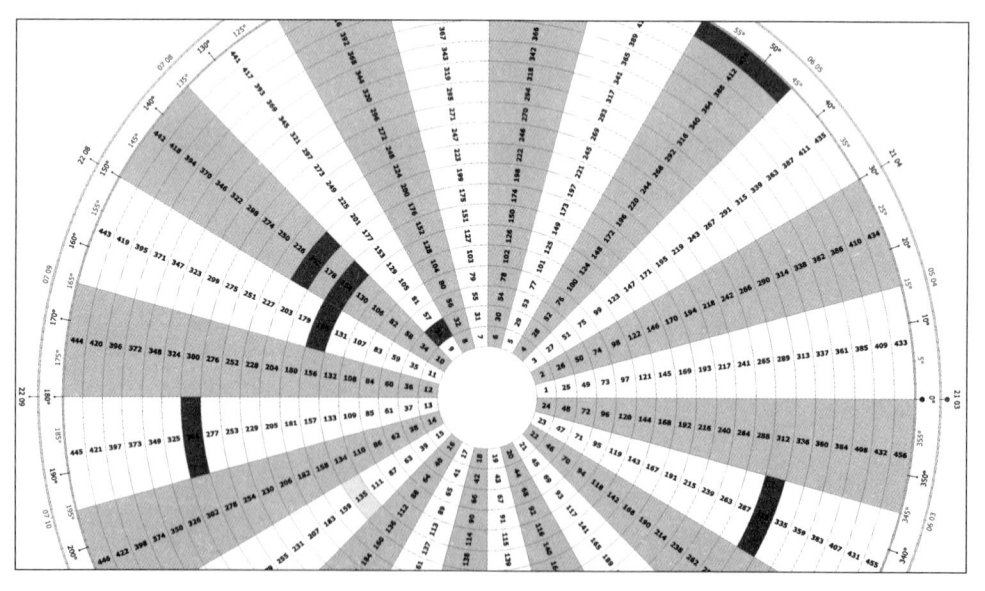

图 9-17　24×19 轮（笔者绘）

① 311 的对边是 155。
② 实际为 8 月 7 日。

从 201.5 到 311.5，相距 110。查看 110，你会发现它位于 210° 线上，并且位于旧顶 314 的对边。210° 线的日期是 10 月 23 日[①]。价格到达高点 311.25 而接近 312，311.25 位于 3 月 8 日 345° 线上[②]。311.25 超前了时间，因此可以预期它需要回调 72 美分。那时，价格跌回到 305，位于 12 月 7 日（225° 线）上[③]。如图 9-18 所示。

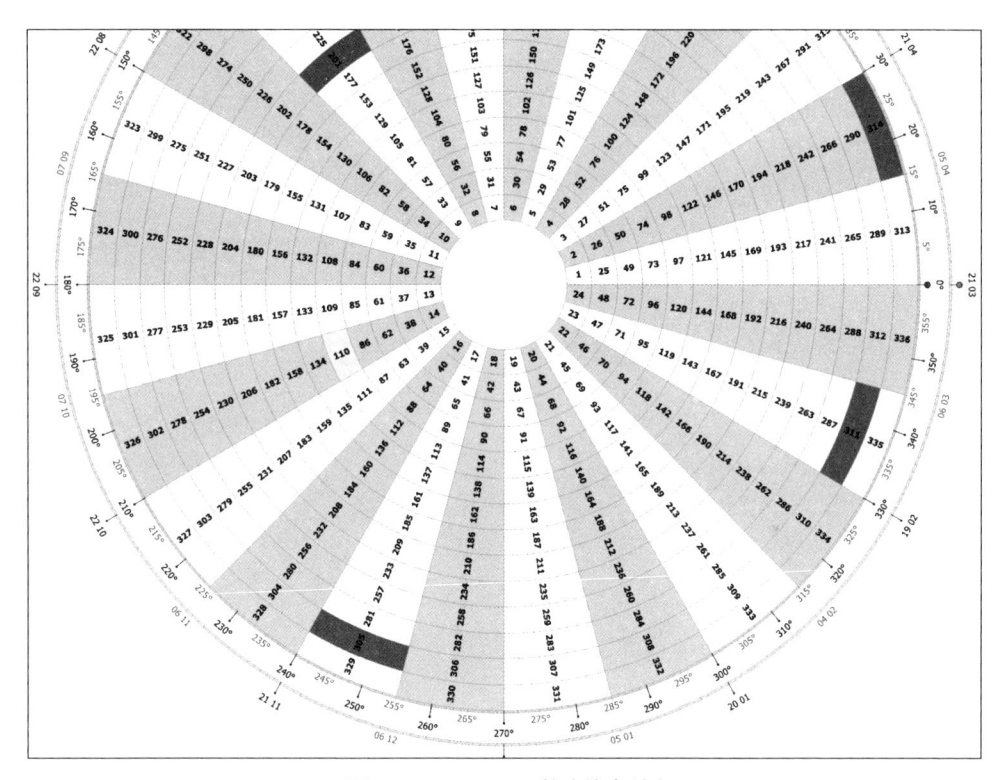

图 9-18　24×14 轮（笔者绘）

价格受制于时间，时间引起价格变化，时间角度是价格的阻力。这些是以小时经度来量度的，它是基本的几何角度，并能确定趋势的变化。通过回顾以往的记录，你会发现它们运行得多么精确！

[①]　实际为 10 月 22 日。
[②]　实际为 3 月 9 日。
[③]　实际为 12 月 6 日，255° 线。

例如：1920年2月15日的高点435停靠在45°线上①。而315°的日期是2月5日②。你要关注趋势的变化，因为它是整数的自然时间周期，并且价格位于360°之上和之下的45°角位置上③。如图9-19所示。

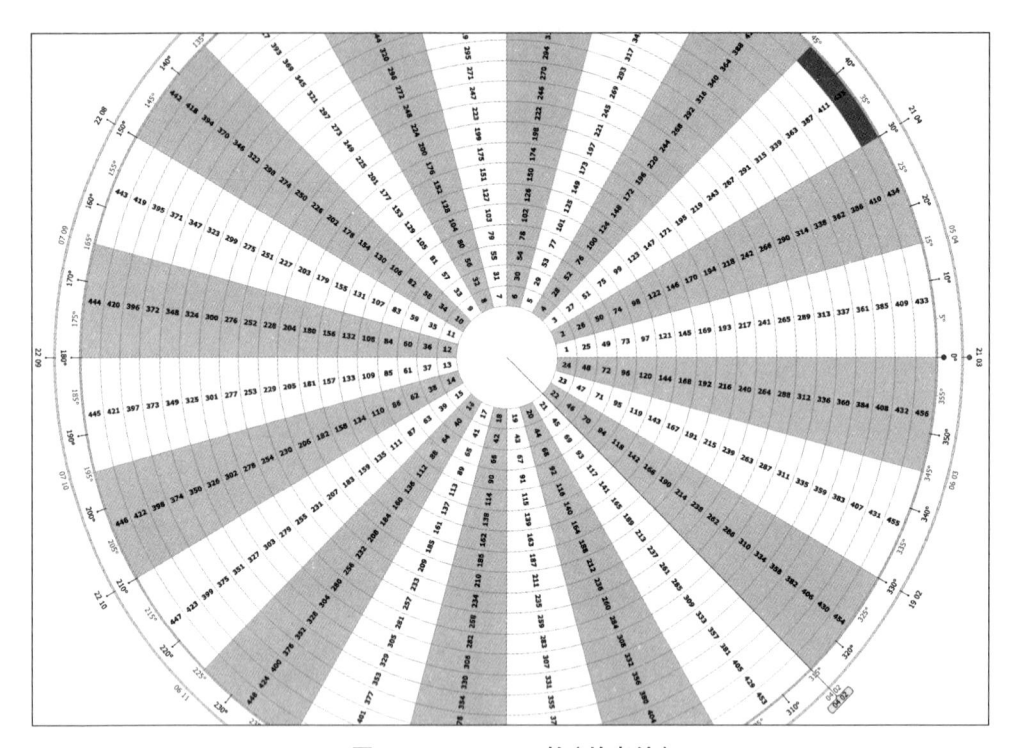

图9-19　24×19轮（笔者绘）

24轮循环的360°圆的上下45°，可以确定每日的波动和快速涨跌的波动。首先，你要查看周和月的位置，然后你再查看每日的位置，并且关注日线图上的阻力位。12月2日，日线图给出趋势变化的首次指示和显示的运行时间。311.5是从低点239.5开始的3个价格24轮循环④。如图9-20所示。

---

① 实际应为2月5日。

② 实际应为2月4日。

③ 价格435位于45°角上，而它的日期2月5日则位于315°线附近。45°和315°都与360°相差45°。

④ 239.5+3×24=311.5。

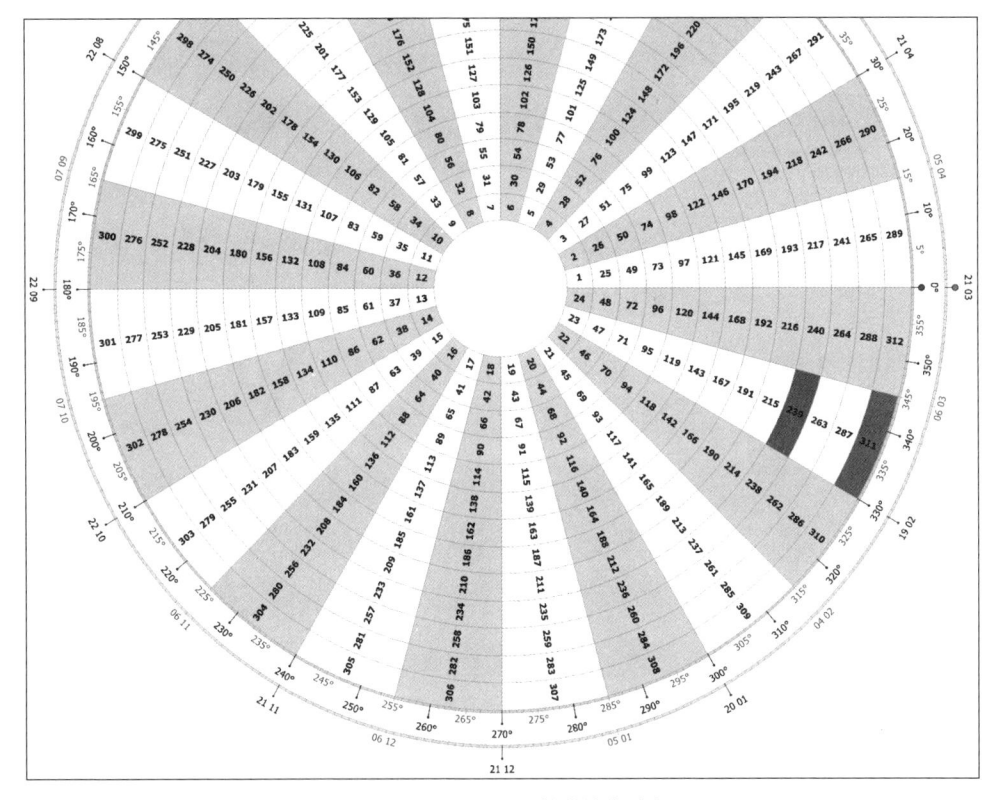

图 9-20 24×13 轮（笔者绘）

为什么 240 是支撑阻力位置呢？原因之一是：240 是圆周的 2/3；从 436.75 到低点 44 的半分位是 240.375。下一个重要的一半位置是 218.375 即 436.75 的 1/2。注意：219 停靠在 45°角上（5 月 6 日），而 219 是 210 和 225 之间的一半位置①。低点 67 到高点 436.75 的一半位置是 251②。注意，252 位于 180°上（9 月 25 日）③，这使得它成为非常重要的阻力水平。当价格上升到此水平之上时，它会继续上升到 311④，并且在升穿 252 之后，价格绝不会低于 249。假设 5 月大豆下跌到 276，它将位于 180°位置上，即半分位 252 之

---

① 一半的位置应为 217.5，即（225-210）/2+210=217.5。
② 半分位是 251.875，即（436.75-67）/2+67=251.875。
③ 实际应为 9 月 22 日。
④ 实际应为 312。252 的对角线为 312。

上一圈的位置上。如图 9-21 所示。

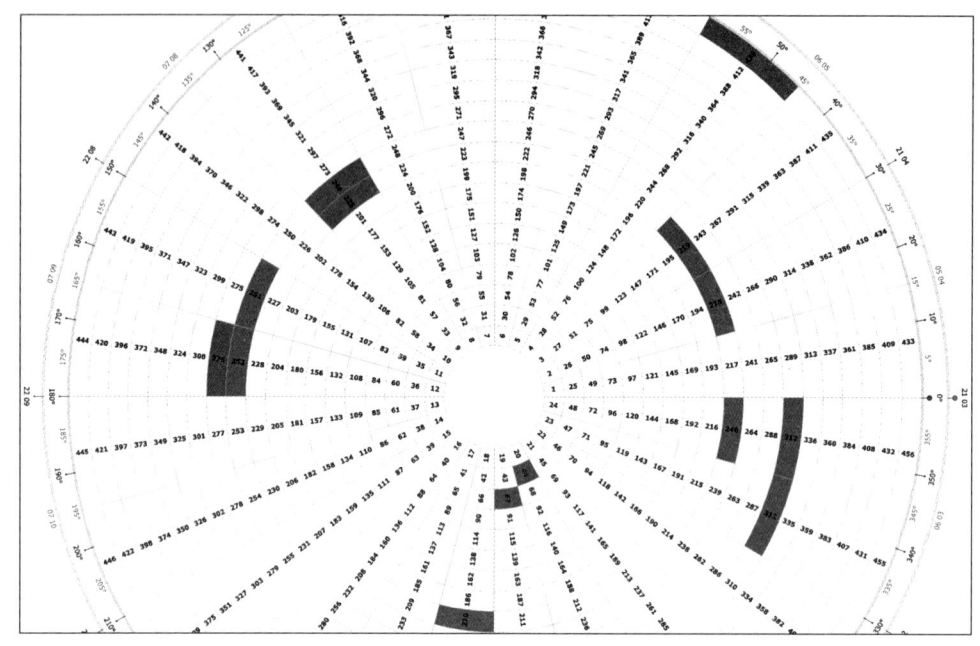

图 9-21　24×19 轮（笔者绘）

用相同的方法分析谷物，通过使用这种独立的图表去标注高低点价格和日期，然后便可以确定相应的角度线。

江恩

1955 年

第五节 角度线[①]

一、预测要素

数学是唯一精确的科学。天地之间的一切力量赋予了掌握数学的人。爱默生曾经说过："上帝无时无刻不在应用几何学。"另一位智者说过："宇宙中没有别的，唯有数学的力量。"[②] 不朽的最伟大的数学家——毕达哥拉斯在研究数字并发现了隐藏在其背后的自然法则之后说："上帝之前是数字！"他认为，数字的波动创造了上帝与神。他还说过："数字是永恒的！"人们相信数学能揭示真理，并能用它解答一切问题。若无数学，则化学家、物理学家及天文学家也就不复存在了。由此可见，数学在人类历史进步和科学发展道路上发挥着重要的作用。

使用数学可以使问题变得简单，并且能够得出正确的答案与结果。但令人匪夷所思的是，只有少数人能够利用数学去预测股票和商品市场的未来。其实，学习和理解数学的基本原理是很容易的，当你使用几何学、三角函数或微积分时，都会用到简单的数学方法——加法或减法。

数字有奇偶数两种形式。数字相加，递增其值；数字相乘，倍增其值；数字相减，递减其值；数字相除，倍缩其值。我们有时也会使用较高级的数学方法。

[①] 角度线教程版本众多，市面上多为1940年和1951年版本，本书节译的是1935年初版。其他版本教程大多以期货举例，该版本则主要以股票举例。除了文中个别股票（期货）名称及单位有所不同，内容实际上基本一样。另外，市面上大多数译著将角度线翻译成趋势线，笔者认为有些不妥，实际上该角度线教程指的就是大家常说的"江恩角度线"，只不过此教程为江恩的亲笔论述而已。

[②] 这是法拉第的话。

在你了解了它们之后，会觉得这是很简单的。

自然界中的一切事物有雌与雄、黑与白、左与右、和谐与混乱之别，市场运动则有涨跌两种形式。事物有三个维度：长、宽和高。在几何学中，我们经常使用三种图形——圆形、三角形和正方形，从而获得圆中的正方形和三角形的分割点，并以此判断时间、价格和空间的阻力水平，我们还使用360°的圆去测量时间和价格。

我使用三种角度去测量时间和价格：垂直角、水平角和斜对角。我应用奇偶数的平方值，不仅证明了市场的波动规律，更借此揭示了市场的波动原因。

二、绘制图表

图表是对过去市场运动的记录。未来仅是过去的重复，没有什么新的东西。如《圣经》所说："已有之事，后必再有。"历史是会重复的。我们根据图表的记录和有关规则，可以确定何时重复以及如何重复。所以，研究市场的第一要义是：如何正确绘制图表。如果你绘错了图表，那么你在应用有关规则的时候就会出错。

（1）年线图：始终应该制作一张年线图表，用以标记一年中的最高价和最低价。根据市场的活跃度和范围，价格空间可以用每格（1/8英寸，下同）表示1美元、2美元或者更多[①]。

（2）月线图：月线图在判断主要趋势时，是所有图表中最重要的。月线图用来记录一个月中的最高价和最低价。在方格纸上绘制时，每格表示1美元。

（3）周线图：若股票价格低于50美元，通常以每格表示0.5美元，即两格

---

① 在江恩的期货教程中，1美元、2美元用1点、2点来代替。

表示 1 美元，8 格（1 英寸）表示 4 美元。当股价波动很活跃时，尤其是当每股超过 100 美元时，你应该使用每格 1 美元。

（4）三日图①：该图记录周一早晨开盘和周三晚上收盘之间的最高和最低价，再以另一根线记录周四开盘至周六收盘之间的最高、最低价。这种图表展示了半周的时间间隔，这也是很重要的图表，将在以后予以说明。三日图表示的股价空间与周线图是相同的。

（5）中点图：为了获得周平均值，我们将每周最高价和最低价之和除以 2，得到每周的价格中点。用点标记在每根周线上，或者单独标记在另一张图纸上，然后用直线将各周的中点连接起来。中点图的重要性将在以后阐述。

（6）日线图：在交易活跃的股票时，必须始终绘制日线图。如果仅出于研究之目的，周线图与月线图已经足够，它们能给你主要趋势的指示。日线图比其他图表更有效地显示出次级趋势的变化，但不能预测趋势最终的运行时间有多长或者运行得有多远。日线图应该和其他图表一样保持相同的比例。当股价低于 50 美元而处于不活跃阶段时，每格表示 0.5 美元，即用两格表示 1 美元。当股价处于活跃阶段上升很快时，每天的波动会很大，你应该按照周线或者月线图的比例来绘制日线图，即每格表示 1 美元。当股价的波动幅度很大时，这样的比例可以令图表压缩，使图表保持在一个能让你方便看清楚的视线范围内。

在日线图上，不要将节假日空开。因为时间间隔表示的是交易日，而不是自然日。不管怎样，必须至少两周横向标记一次自然日。此后，按照趋势变化的时间周期规则，你将会发现这样做对于检查和知道某个顶或底之后的第 30，60，80，120，135 等天数是很有必要的。这个天数是指自然日，这是对日线图精确的时间测量。我们经常用日线图上的交易日计算出精确的数学量度。同

---

① 也叫"半周图"。

时，我们用自然日计算精确的时间周期，使日线图对于趋势变化具有双重重要指示[1]。

三、角度线

经过多年的实战验证之后，我发现角度线能够精确地测量空间、时间、量能和价格。

正如我在前面所说，数学是这个世界上唯一精确的科学，不论地球上的各种民族说什么语言，但都认同2加2等于4。迄今为止，所有的科学都不会像数学一样取得如此巨大的共识。不同科学领域的人，尽管在某些问题上会发生分歧，但是他们都要遵循数学原则。

圆无论大小，都是360°，特定数值的度数及其角度线是非常重要的，它们能够指示股价重要的顶底和阻力[2]水平。一旦你完全掌握了角度线，你将能够确定股价的走势。

经过35年的研究和实战，这个方法已日臻完美，并且我已经证明了哪些是可以用来判断股市趋势的最重要的角度线。因此，你一定要专注于角度线的研究，直至将它"吃透"。在此过程中，你要学习和实践我给予你的所有规则，最终，你将获得成功。

倘若你按照我给出的规则从极端高低点开始精确地绘制角度线，那么使用角度线去测量空间和时间，就会比做加法或乘法更加简单。你在做加法或乘法计算时也许会出错，而精确绘制的角度线则绝不会错。例如：现在你要计算图表上某个底部之后的第120个周期（日、周、月），你可以从"0"点开始向上绘制120单位长度的垂线，然后从120向下绘制出45°角度线，那么在0线

---

[1] 在江恩的理论体系中，交易日与自然日将会频繁地交替使用。
[2] 在江恩的语境中，"阻力"既可表示支撑，也可表示压力。下同。

上将显示出距离底部第 120 个周期的位置①。你或许会不小心数错了数字，而这个方法会帮助你纠正差错。

画在图表上的角度线始终可以把股价的位置和趋势显现在你的眼前。尽管你可能在某个时间阻力位上已经做过标记，但是你完全可能放错地方或者忘记了，然而这些角度线将始终展现在你的面前。

正确绘制角度线能够防止你错判趋势。你若能耐心等待和遵循所有的规则，这些角度线会向你展示趋势是如何变化的。

普通的移动平均线是这样形成的：把某个周期的最高点和最低点之间的中点连接起来，直至最后的日期。这种移动平均线在空间或点位上显现出不规则的形状，这是因为在一个时间单位里可以上移 2 点，而在另一个单位时间里则可能移动 5 点，然而时间周期却是规则的。所以，从某周期的任何一个顶或底开始，并以相同的比例向上或向下绘制角度线，才是真正的移动平均线②。

四、绘制角度线

我们可以用数学或几何学证明三角形、正方形和圆形上的重要点位。在我画完了一个正方形之后，可以在正方形中以相同的直径画一个圆，并且再绘制出一个等边三角形。

角度线可以将时间和价格分割成一定比例的几个部分。如图 9-22 所示，我绘制了一个边长为 28 的正方形。它高 28 个小方格，宽 28 个小方格。换言之，即纵向 28 个小方格，横向 28 个小方格。它与正方形房间相同，有底（地板）、有顶（天花板）和边墙。每个物体都有长、宽和高。

---

① 即 45° 线与水平 0 轴的交点。
② 此处的"移动平均线"实际上是指"角度线"。

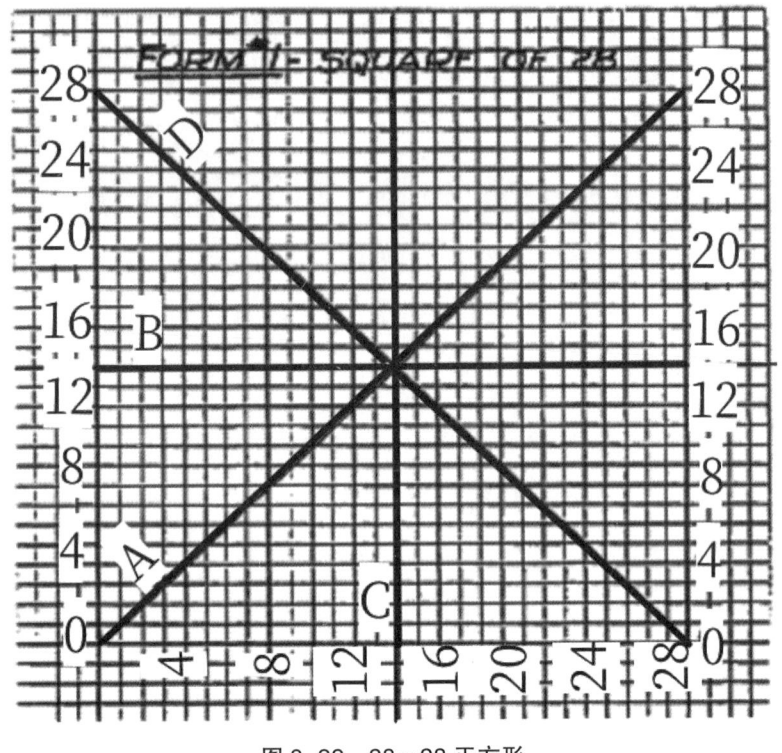

图 9-22　28×28 正方形

为了在这个正方形里获得最强势和最重要的位置，我用水平线和垂直线把它分成 4 个相等的部分。请看从 0 延伸至 28 标记为 A 的角度线，这是沿着 45°移动的对角线，它把小正方形分割成两个相等的部分。它同时也将大的正方形分割成两个相等的部分。然后请看 B 线[①]，它从 14 开始水平横贯整个正方形，把正方形分成上下相等的两部分。再请看 C 线，它是一条垂线，从 28 的 1/2 位置 14 开始向上延伸，在 14 的位置穿过正方形的中心，并在中心与其他角度线交叉，它把大正方形分成左右相等的两个部分。然后再看 D 线，它是另外一条 45°线，它从左上角开始，精确地穿越中心点 14 后到达右下角。我们所画的第一根线通过正方形的中心，将它一分为二，再从另一个方向画线将正方形一分为四；最后从正方形的各个角画两根线，把正方形一分为八，生成八个三角形。

---

① 中间的水平线。

正如你在这个正方形里所看到的那样，目测就能很容易地发现最强的支撑或阻力位置，那就是所有角度线互相交叉的中心点。四条线在这个点交叉，这自然比一条线通过的位置产生的支撑或压力作用要强得多。同理，使用相同的方法去绘制角度线，就可以把较小的正方形分割成四个或八个相等的部分。稍后，我会给你一些规则和例子，我将阐述如何用时间正方价格[①]。例如：顶部价格是28，那么这个28×28的正方形可以体现时间正方价格，因为价格上涨了28个小方格，就要走完28个时间单位，如此，我们就可以用时间正方价格了。所以，当股价运行了28天（周、月）的时候，就与28个价格单位形成了时价正方。

五、标准图

90×90正方形是最标准的图形，那些对于判断价格走势至关重要的角度线都在其中。包括：3¾度，7½度，15度，18¾度，26¼度，30度，33¾度，37½度，45度，52½度，56¼度，60度，63¾度，71¼度，75度，82½度，86¾度和90度。

你不必使用量角器去测量角度，你只须使用8×8绘图纸，并依此画线，便可以得到正确的角度。

在90正方形上，你会获得一些证明。注意，始于顶或底画的相同的角度线是如何通过它们的交点的。例如：从0向上画的8×1线和从90向下画的8×1线，二者在45水平线上的5.625（从0开始向右计算，下同）上交叉；从0向上画的4×1线和从90向下画的4×1线，你将看到它们在45水平线上的11.25交叉，这与另一条角度线是二倍的测量值。为什么这些角度线会出现这种情形呢？其原因是：45是90的一半。因此，从0开始向上画的和从90开始向下画的相同的角度线一定会在45°角（引力中心）上交叉[②]。

---

① "正方"，即平衡。
② 即正方形中心点。

六、从低点绘制角度线

图 9-23 向大家展示了股价在牛市强势位置时使用的角度线。

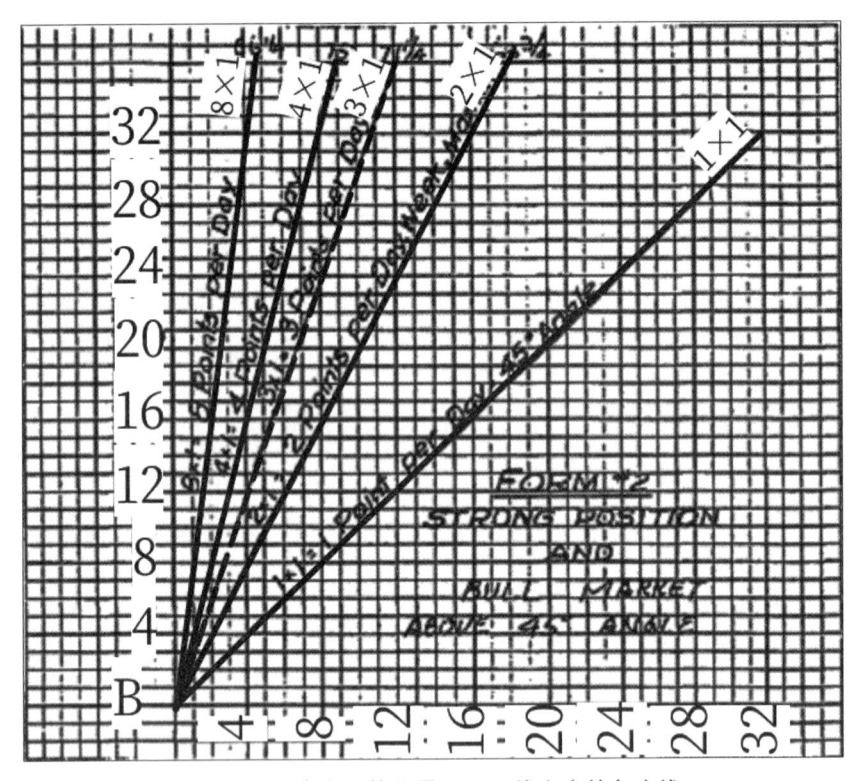

图 9-23　牛市强势位置，45° 线上方的角度线

1. 1×1 线

要画的第一条并且总是最重要的角度线为上升 1×1 线，表示每个时间单位运行 1 个价格单位，这条线的几何角度是 45°（以底部水平线为基准，下同），它把 0° 和 90° 平分，把空间和时间平均分成两半。所有重要的角度线在 0° 和 90° 之间形成，因为 90° 是上下垂直的，而且是价格可以上升到的极限位置。因此，上升 1×1 线对价格的支撑与阻力作用是最强大的。

只要价格沿着 1×1 线向上运行，则表明行情处于多头控制之下，或将见到更高的价位。我们可以在 1×1 线之上建仓，将止损点设在 1×1 线之下 1～3

个单位。但是，需要记住这条规则：永远都不要将止损点设在比 3 个单位更多的位置，除非股价位置极低，或者是牛市刚启动之时。我总是将止损点设在 45°线之下 1 个单位的位置，如果股价跌破 45°线 1 个单位，这表明趋势至少会暂时改变，股价可能会走低。

精确绘制 45°线的简易方法是：从底部算起的时间是 28 个时间单位，那么 45°线另一端的纵坐标则需走过 28 个价格单位，这是学习和绘制角度线最简易之法。如果你能坚持原则，即等待价格回落至 45°线上时买入，并等待价格跌破 45°线时卖出，那么你仅仅依靠 45°线交易就能战胜市场。

2. 2×1 线①

第二条重要的角度线为 2×1 线，表示每个时间单位运行 2 个价格单位，该线把 45°线和 90°角之间的空间平均分成两半，其几何角度值为 63.5°，这就是该线是第二强劲和第二重要的角度线的原因。只要价格停留在这条角度线之上，就表示比处于 1×1 线的时候具有更强的上升动能，因为它的角度形态要比 45°线陡峭得多，所以这是一条更加敏感的角度线。当价格向下跌破了 2×1 线，就意味着价格将会走低，下一目标将是 1×1 线，以此类推。所有的角度线都有不变的规则：不管价格向下击穿了哪一条角度线，都意味着价格将继续向下，目标为下方相邻的另一条角度线。

3. 4×1 线②

第三条重要的角度线为 4×1 线，其表示每个时间单位运行了 4 个价格单位，或者说运行 4 个价格单位需要消耗 1 个时间单位。其角度值为 75°，是把

---

① 现今习惯将其称作"1×2 线"。我们通常将上升 1×1 线上方的角度线称作 1×2 线、1×3 线等，而将 1×1 线下方的角度线称作 2×1 线、3×1 线等，这样更容易理解几个时间单位运行了几个价格单位，而江恩本人对此未作有效区分。
② 现今习惯将其称作"1×4 线"。

2×1 线和 90°之间的空间等分成两半的角度线。只要价格在 4×1 线之上运行，则表明价格非常强势。但是一旦价格向下跌破该线，表明股价将跌向低于当时价格位置的下面一条角度线，即下一个支撑位置①。

4. 8×1 线②

8×1 线，表示每个时间单位运行 8 个价格单位，其几何角度值为 82.5°。价格如果在 8×1 线之上运行，表明价格的上升极度强劲，但一旦价格跌破此线，就意味着价格会下降到邻近的下一条角度线③。

5. 16×1 线④

这是一条可能会用到的角度线，表示每个时间单位运行 16 个价格单位，其几何角度值为 86.5°。它仅被应用在像 1929 年那样快速上涨的市场中⑤，也就是说价格以每单位时间运行 16 个价格单位快速行进的时候，而这样的行情通常极少出现。

你要重视我所列出的在强势或牛市一边的这 4 条角度线⑥。任何时候，你用角度线去分割时间和空间的时候，都能得到时间和空间的引力中心⑦。

6. 3×1 线⑧

注意用绿墨水所画的并标有"3×1"标记的角度线⑨，它表示每个时间单位

---

① 3×1 线。
② 现今习惯将其称作"1×8 线"。
③ 4×1 线。
④ 现今习惯将其称作"1×16 线"。
⑤ 经济危机前夜的暴涨时期。
⑥ 包括 2×1 线、4×1 线、8×1 线以及 16×1 线。
⑦ 即半分位。
⑧ 现今习惯将其称作"1×3 线"。
⑨ 图 9-23 从右往左数第三条虚线。

运行 3 个价格单位，其几何角度为 71.5°。强烈建议在任何时候都使用它并且在任何重要底部开始的月线图上都保持该线的存在。它也可以用在周线图上，而且大多数情况下都很有用处，但用在日线图上作用相对较小。在一段长期的月线图上画这条角度线，你将很快就会被它的价值征服，同时也可以在周线图上发现它的巨大价值。

上面介绍的这些角度线，是当股价在 45° 线之上运行时需要绘制的所有重要的角度线。

圆有 360°，所以我们能够绘制所有度数的角度线，但是我们用到的角度线必须形成于 0° 和 90° 之间。因为 90° 是垂直向上或向下的，是股价上升角度[①]中最为陡峭的。例如：45° 线平分了 0° 和 90°，而 135° 角是与 45° 角相似的另一个角度，它位于下一个 1/4 圆中 90° 至 180° 之间的一半位置；225° 和 315° 角也可以看作是 45° 角[②]，因此，判断价格趋势的一切有价值的角度都能在 0° 和 90° 之间。当我们将 90° 八等分，我们能够获得最重要的实用角度；将 90 度三等分，获得 30° 和 60° 角，这也是应用和判断时间和价格阻力位置的重要角度。

七、从底部绘制角度线

日线图：如果价格已经下跌了一段时间，然后开始回升（价格从底部回升必须是每天底部抬高，顶部也要抬高）。在日线图上，价格回升 3 天后，你要从底部或低点开始绘制 45° 线和 2×1 线[③]。通常来说，开始时只需要绘制出这两条角度线。如果这个底没有被跌破，你再从这个底部绘制其他的角度线。

周线图：若价格在下跌途中反弹了一周多的时间，然后再下跌，此时我们

---

① 下降亦可。
② 江恩此处解释的这几个大于 90° 的角，对于角度线的绘制及使用而言没有任何实质意义，读者不必深究。
③ 现今习惯将其称作"1×2 线"。

会说，价格将下跌三周或更长的时间，尔后反弹两周或更长时间。此时你要在下跌的低点开始绘制角度线，仅仅绘制 45° 角度线之上的角度线，直至股价再次跌破 45° 角度线。然后，你要使用 45° 线之下的其他角度线，即正方形中熊市一边的角度线。

八、45° 线被跌穿

价格做出了暂时或者其他性质的顶之后，向下跌穿了 45° 线，一轮跌势便开始了。这时，你要做的第一件事，就是从底部或者低点绘制低于 45° 线的其他角度线[①]。请参阅图 9-24。

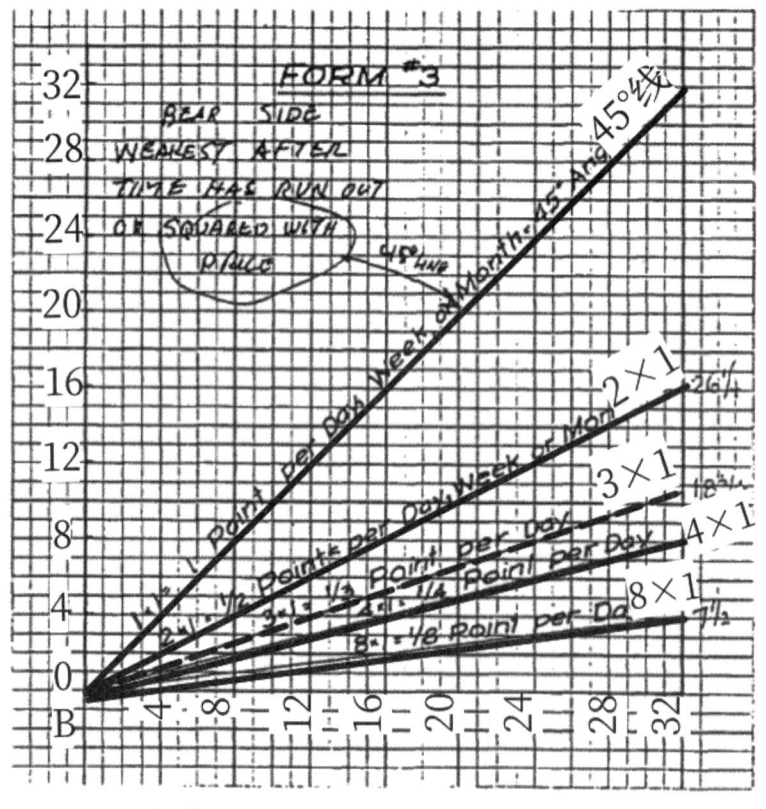

图 9-24 时间走完后或时价正方后弱势位置，45° 线下方的角度线

---

① 即位于上升 45° 线下方的其他上升角度线。

1. 2×1 线

你要在熊市一边绘制的第一条角度线是 2×1 线，即 2 个时间单位运行 1 个价格单位。它的角度值是 26.5°，这是价格跌穿 45° 线后第一个到达的支撑角度线。根据通常规则，价格到达这条角度线时将会获得支撑，尔后出现反弹。有时，价格会长期停靠在它上面，并且做出较高的底。但是，该线一旦被跌破，即价格无法以每两个时间单位运行一个价格单位的速率运行时，你必须画下一条 4×1 角度线。

2. 4×1 线

熊市一边的下一条重要角度线是 4×1 线，它以每个时间单位运行 1/4 个价格单位的比例向上移动，其几何角度值是 15°。它是价格获得支撑并回升的下一条强力支撑线。

3. 8×1 线

4×1 线被跌穿后，你在图表上要绘制的下一条重要角度线是 8×1 线，它是以每个时间单位运行 1/8 个价格单位的比例向上移动的角度线，其角度值是 7.5°。它通常是很强大的支撑线，股价大跌之后，常在其上停留一段时间，或在其上方做出最后一个底，然后恢复上升，穿越其他的角度线后重返强势位置。因此，当价格经历了长期下跌后，在月线或周线图上使用这条角度线是很重要的，它经常起到延缓下跌的作用。

4. 16×1 线

在月线图上，价格从重要顶部开始经历了很长时间回调之后，常用到这条角度线。它是以每月运行 1/16 个价格单位的比例向上移动的角度线，其几何角度值为 3.5°。

5. 3×1 线

这条角度线是用红墨水画的[①]，这也是一条很重要的角度线，其角度值为 18.5°。我在此强调，在月线图上，所有时间都需要从任何重要的底部绘制这条线。在周线图上使用它，有时也会有所裨益，但在日线图上很少使用它。它以每个时间单位运行 1/3 个价格单位的比例向上移动。在含有若干年记录的长期月线图上绘制这条角度线，用不了多久，你就会确信它的价值。当然，在周线图上也能验证和发现它的价值。

至此，你在所有时间里需要用到的任何从底部绘制的角度线业已介绍完毕。

九、从高点绘制角度线

1. 从高点绘制 45° 线下方的角度线

股价筑顶之后下跌了适当的时间，比如 3 天、3 周或 3 月，并且跌穿了前面的底，此时你应该从顶部绘制向下的角度线。如图 9–25 所示，这是一张从顶部开始绘制的 45° 线下方的角度线的标准图。

2. 始于顶部的 45° 线

你画的第一条角度线是 45° 线，它是每个时间单位下跌 1 个价格单位的角度线。只要股价低于这条角度线，就表明价格走势极度弱势，即处于熊市。

3. 其他角度线

很多情况下，在下降趋势中，每个时间单位可能下跌 8 个价格单位、4 个价格单位或 2 个价格单位。因此，你要学习从顶部开始绘制比 45° 角下降得更快的角度线。

[①] 图 9–24 从下往上数第三条虚线。

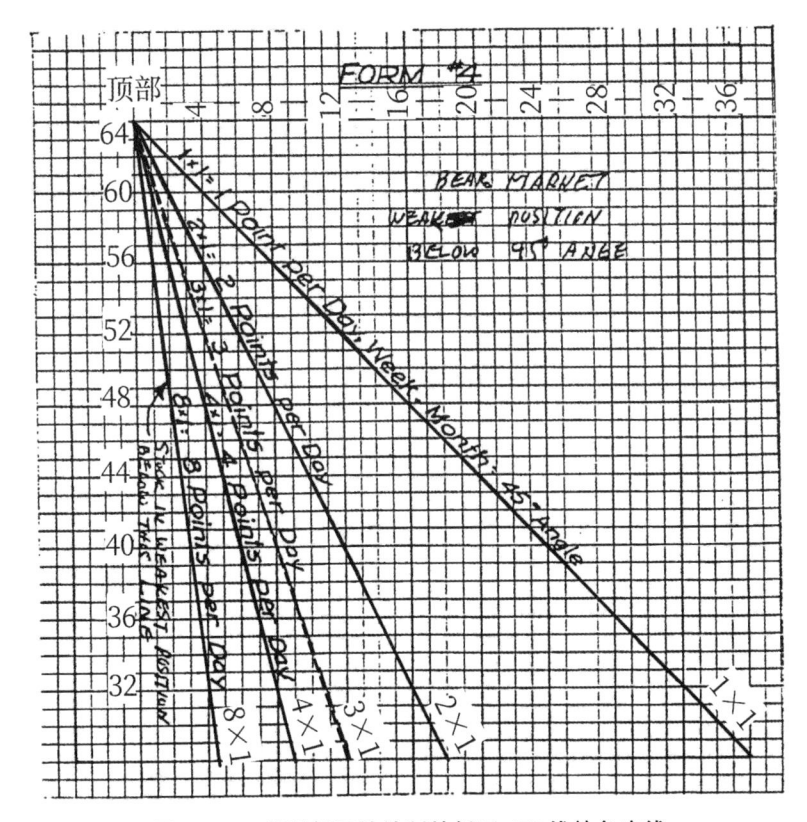

图 9-25　从顶部开始绘制的低于 45° 线的角度线

4. 弱势位置

当价格下跌并保持在 8×1 线之下运行时[1]，行情处于最弱的位置；当价格以每个时间单位 4 个价格单位的比例下跌，即处于 4×1 线之下时[2]，表明股价处于次弱的位置；当价格跌至 2×1 线之下时[3]，表明价格处于较弱的位置。

5. 强势位置

当价格突破 2×1 线时[4]，表明此时已处于较强的位置。然而，这还要根据从顶

---

[1]　即今天的下降 1×8 线。
[2]　即今天的下降 1×4 线。
[3]　即今天的下降 1×2 线。
[4]　即今天的下降 1×2 线。

部下跌的深度与角度线之间的距离大小来判断,这将在后面的规则中予以解释。

6. 趋势变化

只要价格以大于每个时间单位 1 个价格单位的速率下跌并位于 45°线之下,那么它仍处于熊市,即很弱的位置。当价格在长时间下跌之后上升穿越 45°线,此时你应该在 45°线的另一边绘制其他的角度线。这些角度线显示股价处于熊市中相对强势的一边,也表示价格已经准备向牛市方向运动了。

十、从顶部绘制 45°线上方的角度线

图 9-26 是从顶部开始绘制的 45°线上方的角度线的标准图。

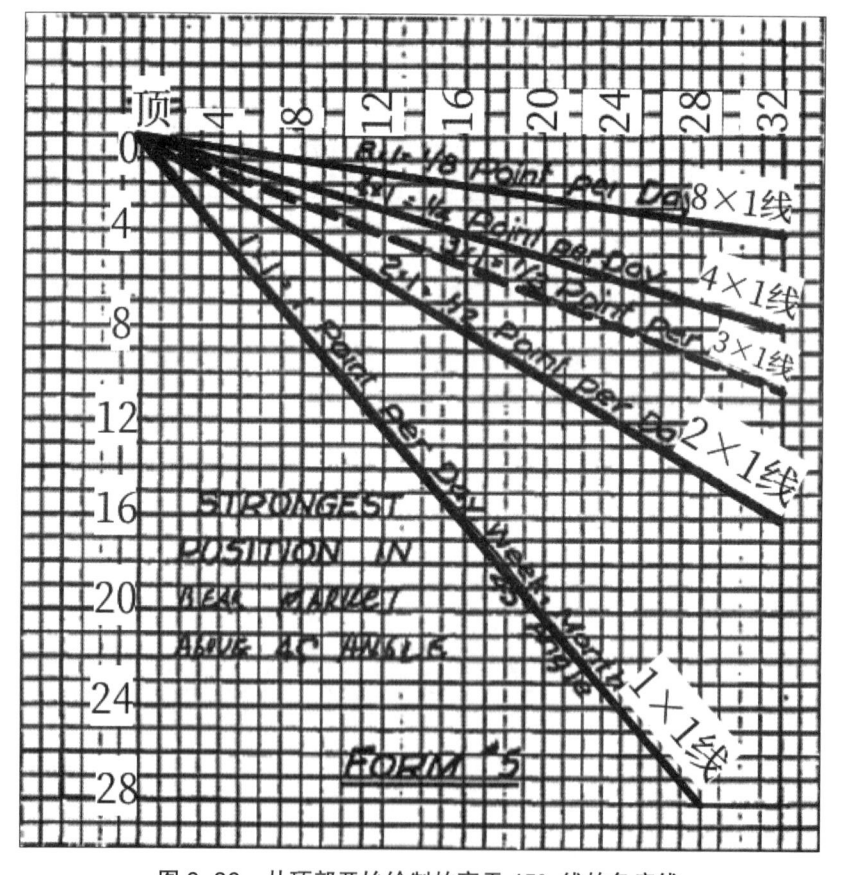

图 9-26　从顶部开始绘制的高于 45°线的角度线

1. 2×1 线

从顶部画出 45° 线这条分界线后，所要画的第一条线是 2×1 线。2×1 线表示横向移动 2 个单位，向下移动 1 个单位；或者说是每个时间单位向下移动 0.5 个价格单位，也就是以每个时间单位运行 0.5 个价格单位的比例向下移动的角度线。

2. 4×1 线

第二条角度线是 4×1 线，它以每个时间单位运行 1/4 个价格单位的比例向下移动。

3. 8×1 线

第三条角度线是 8×1 线，它以每 8 个时间单位向下运行 1 个价格单位的比例向下移动，或者说是每个时间单位向下移动 1/8 个价格单位。

4. 强势位置

当价格向上穿越 45° 线并抵达 2×1 线时，这是一个最好的卖点。之后，价格会下跌至始于前面低点的某条向上绘制的角度线上。当价格保持在 2×1 线之上运行时，表明它处于较强的位置；当价格上穿 4×1 线后，表明它处于下一个较强的位置；当价格上穿 8×1 线（这是一条重要的角度线），表明价格自顶部下跌以来再次处于很强势的位置。你必须时时刻刻考虑价格自底部上升的运动情况和它在始于底部的角度线上的位置，以此判断它的强度。分析价格自底部上涨的点数以及从顶部下跌的点数也是十分重要的。

5. 3×1 线

图 9–26 中用红墨水画的 3×1 角度线是以每 3 个时间单位 1 个价格单位的比例向下移动的[①]，或者说是每个时间单位向下运行 1/3 个价格单位。长时间下

---

① 从下往上数第三条虚线。

跌之后，使用 3×1 线是很重要的。

至此，所有用得到的角度线业已全部介绍完毕。你要练习精确绘制这些角度线的方法，以及根据价格在角度线上的位置来判断趋势的变化。

十一、多重顶底

当存在相隔若干时间的双重底时，你要从这些价格水平相近的底部分别绘制角度线。例如：从第一个底部绘制 45° 线，并从第二个底部绘制 2×1 线，这两条角度线相互交叉，其交叉点就是趋势变化的重要位置。如图 9–27 所示，我从第一个底"1B"开始绘制 45° 线和它右边的 2×1 线，再从第二个底"2B"画 45° 线和它左边即牛市一边的 2×1 线（每个时间单位向上移动两个价格单位）①。你会看到第二个底的 2×1 线②和第一个底的 2×1 线交叉于 48（A），当价格跌穿这些角度线时，说明趋势发生了变化，预示着价格将会跌向更低的位置。

注意从第三个底"3B"发出的 2×1 线③与从第一个底发出的熊市一边的 2×1 线交叉于 53.5 点（C），与第二个底的 1×1 线交叉于 58 点（D），这都是观察趋势变化的位置。我用小圆圈标记了这些从不同底部发出的角度线的交点④。

用相同的方法，可以在双重顶或三重顶中使用这个规则。多重顶底的价格不必精确相等，只要接近于某个相同水平即可。记住：必须从所有重要的顶或底画 45° 角度线。

---

① 即今天所称的 1×2 线。
② 45° 线左边。
③ 3B 起点左边的线。
④ 原图无小圆圈，小圆圈以及 A、C、D 标注为笔者后加。

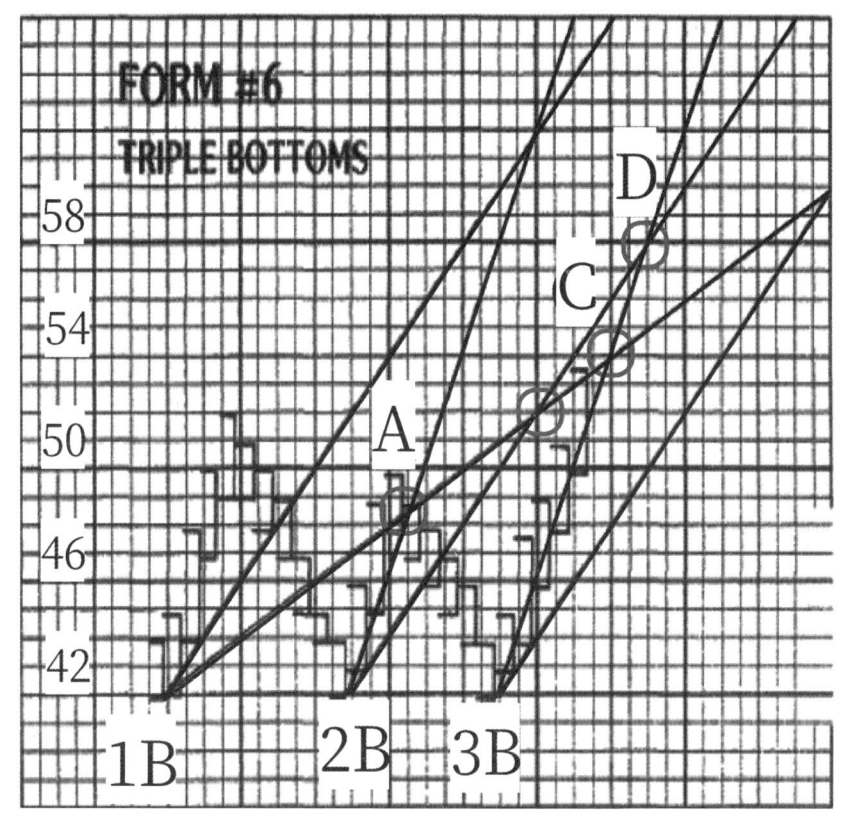

图 9-27　三重底

十二、平行角度线

平行角度线以重要的顶底为起点开始延伸。如前所述，45°角度线是最重要的，因此，要从所有重要的顶或底开始画此条角度线。如果价格开始上涨，我们就从这个底开始画向上的 45°线。尔后，股价若出现回调，并做出了较高的底，然后又上升，做出了更高的顶，我们要从第一个高点引出向上的 45°线。从底部发出的 45°线和从顶部发出的 45°线构成一组平行线，平行线之间的空间给出了价格波动的振幅或宽度。价格经常会向顶部的上行 45°线进击，穿越失败后再跌到底部的 45°线上，然后再上升。如此，股价在这些平行角度线之间进行长期的上升趋势。

如果平行角度线相距较宽，你应该在其中画出等距的中心平行线。这是一条具有很强支撑作用的角度线，价格跌至其上时经常会恢复上升。但是，一旦它被跌穿，价格将会跌到从底部发出的平行线上。

你也可以像画 45° 平行角度线那样画 2×1 或 4×1 平行角度线，它们适合于价格缓慢移动的行情①。

图 9-28　上证指数（000001）2015 年 6 月至 2018 年 2 月的周 K 线图

十三、零基角度线

当股价从显著低点开始上升时，你要从低点绘制向上的角度线。然而，有另外一种角度线被证明也是很重要的，有时它比始于股价底部的角度线更为重要，这就是"零基角度线"。

零基角度线向上的比例与始于底部的角度线是相同的，它的起始点必须位于底部的时间线和股价的零点上，它的方向是向上的。股价每次筑底时都要绘制零基角度线，特别是在周线或月线图上，更要绘制零基角度线。当然，在日

---

① 此处江恩没有配图说明。为便于读者理解，举例说明如下。如图 9-28 所示，图中标注了从底部引出的上升 45° 线（A），从第一个顶点引出的上升 45° 线（B），以及两条平行线之间的中心平行线（C）。

线图上的重要底部，也要绘制零基角度线。如图 9-29 所示。

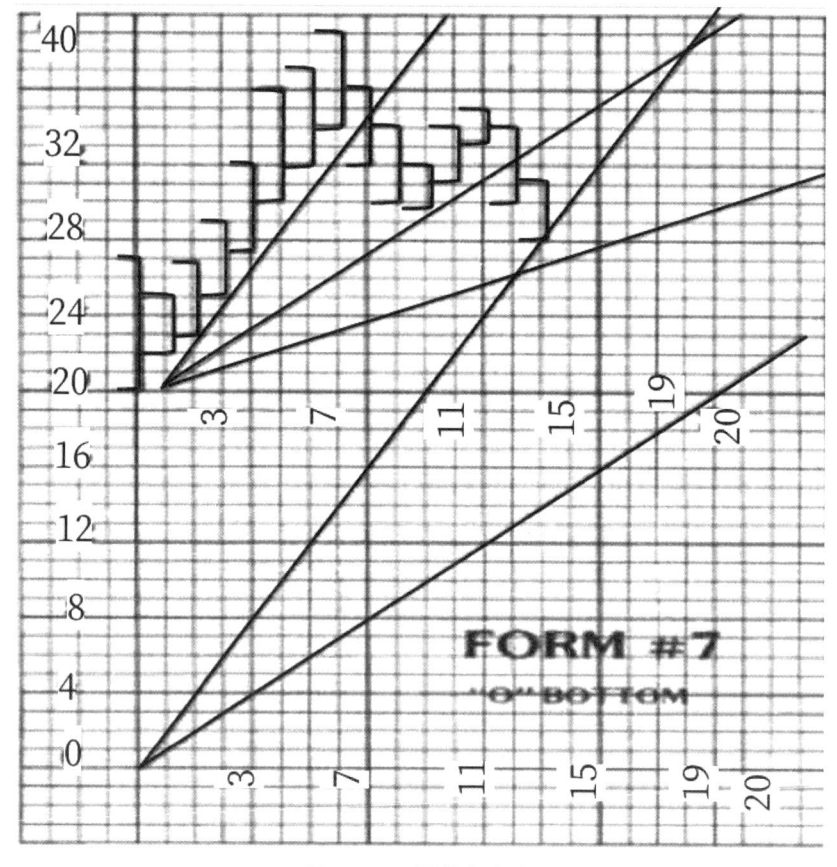

图 9-29　零基角度线

股价在 20 美元筑底，从 0 点开始向上绘制 45° 角度线，这条角度线何时到达 20 美元位置？答案是：它将在底部开始后的第 20 个周期（月、周、日）到达 20 美元。换言之，从 0 点开始的第 20 个周期，它到达底部价格水平的 20 美元，并以相同的比例向上延伸。

当股价跌破始于底部 20 美元的 45° 线和其他角度线时，下一个重要的支撑位置则是从 0 点发出的 45° 线。这条角度线也被跌穿的话，表明股价已处于极弱的位置，并将继续下跌而创出新低。当然，这还要根据股价的位置和跌穿零基 45° 线的时间长短综合研判。

零基角度线，特别是 45° 零基角度线，可以用来判断股价与时间什么时候达到平衡，或股价在什么时候与底部价位正方。

十四、顶点零基角度线

在日线图、周线图或月线图上，当股价到达极端顶点后趋势开始向下时，你要从与顶点时间相同的 0 点处开始向上绘制 45° 线，它将证明价格与时间何时形成正方。当股价到达零基 45° 角度线上时，将对趋势变化具有指示作用，因而显得特别重要。它是最后的支撑线，一旦它被跌破，表明股价将进入很弱的位置。

我教你简单地先从顶或底的 0 点处画 45° 线，这并不意味着你可以不画其他的角度线，其他的角度线也是有用的，只是 45° 线是第一重要的。当 45° 线被击穿后，应该使用其他的角度线，但是不必把所有的角度线都罗列出来，而是在需要它们时才加以绘制。在月线图上，经过若干年后，股价开始接近某个价位水平时，或者股价停靠在其上获得支撑时，就应该着手绘制其他的角度线。

从 0 点开始向上的 45° 线到达底线（底部价格水平），尔后再到达极端顶部的高点水平时，这两种情况对于趋势变化都有很强的预示性。

你要从第一、第二和第三个底部，特别是相隔较长时间的底部的 0 点位置向上绘制 45° 线和其他的角度线，你也要从第一个、第二个和第三个顶部，尤其是时隔已久的顶部的 0 点位置向上绘制 45° 线。在周线或月线图上，零基角度线是很重要的。

永远不要轻视从 0 点位置绘制的角度线，因为它们会告诉你时间与顶、底价格形成正方的位置，以及当第一个底部发出的 45° 线被击穿，股价处于熊市一边时的支撑位置。只有利用零基角度线，才能顺利地找到这些支撑位置。

你应该回顾股票以往的历史，用零基角度线找出不同的顶和底的时价正方形，如此，你便能更加确信这些角度线具有的巨大价值。

十五、0 线交叉点上的 45° 线

在周线或月线图上，任何从顶点向下的 45° 线与"0"线交叉，再从该交点向上绘制 45° 线。顶底之间相隔许多年后，这个向下并再向上的 45° 线是十分重要的。从任何重要底部也要绘制向下延伸至"0"线的 45° 线，再从交点开始画向上的 45° 线，这种 45° 线会指示出价格与始于顶或底的时间所形成的正方形。

你要从任何重要的时间周期结束时的"0"价位线开始绘制角度线。例如：美国钢铁在 1904 年做出了极端低点。1924 年 5 月是 20 年（240 月）周期的结束日期，那时，美国钢铁在 109 美元见顶，该价位正好接近 1915 年 2 月的底部 38 点的零基 45° 线。由于这个顶很重要，而且又是 20 周年结束的日期，所以我们应该从 1924 年 5 月的"0"点位置画 45° 线和其他需要的角度线。

1931 年 5 月是 1924 年 5 月以后的第 7 年（84 月）。从 1924 年 5 月的"0"点位置发出的 45° 线，与 1931 年 5 月的时间线交叉于 84。请注意：美国钢铁在 1931 年 6 月的 83.125 美元上做了一个底，在 1924 年 6 月的 94.25 美元也做了一个底，这是 20 年周期结束的时间。始于 1924 年 6 月的"0"点位置向上运行的 45° 线，在 1931 年 6 月通过 84 美元，美国钢铁股价就止跌于这条角度线上！

十六、同一底部发出的两条 45° 角度线

如前所述，45° 线是以每个时间单位运行 1 个价格单位的比例向上或向下运行的，如图 9-30 所示。

你要注意图表上的低点 52 美元和股价上升抵达的高点 63 美元，45° 线是从底部 52 美元开始向上绘制的。股价上涨见顶后开始下跌，并在 59 美元的

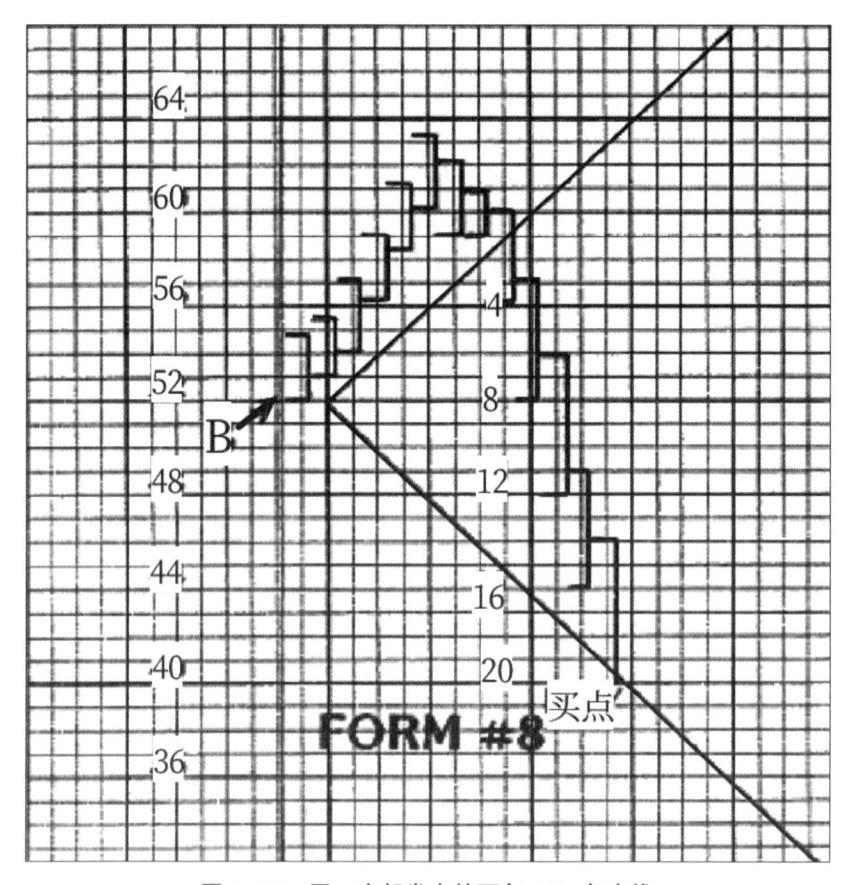

图 9-30　同一底部发出的两条 45° 角度线

价位击穿了向上的 45° 线。你要注意我从底部 52 美元开始向下绘制的另一条 45° 线。从向上的 45° 线击穿点开始，到向下的 45° 线之间的距离是 16。因为这两条角度线是逐渐变宽的，所以股价在到达向下的 45° 线之前，至少需要下跌 16 美元，即垂直下跌时的最小跌幅。

随后股价持续下跌至 40 美元，落在了始于底部 52 美元向下绘制的 45° 线上。这是一个最强的支撑位置，至少股价会暂时反弹，尤其是股价已从顶部 63 美元下跌了 23 美元。在"自然阻力位"一文里你将明白，通常价格下跌 22.5~24 美元是一个很强的支撑位置。

以美国钢铁为例，在月线图上，以美国钢铁在 1927 年 1 月的极端低点

111.25 美元为起点，并以每月 1 点的比例向上绘制 45° 线，然后再从该低点以相同的比例向下绘制 45° 线。当股价跌穿向上的 45° 角度线会发生什么呢？在极端恐慌的市场里，跌穿这条向上的 45° 线是会继续下跌的，如 1931 年和 1932 年的情况那样。

始于 1927 年 1 月低点的向上 45° 线在 1930 年 10 月通过 156 美元。当美国钢铁价格跌破了这条角度线后，继续下跌至 1930 年 12 月的 134.375 美元，这里正好是始于 1927 年 1 月底部的 2×1 线的位置，然后出现一波反弹。1931 年 2 月停止上升，转而向下，并跌穿了始于 111.25 美元向上的 45° 线，此时距离底部是 45 个月，这是陡直凌厉下跌的另一个信号。

在击破点上往下看始于 111.25 美元向下的 45° 线，发现它们的距离是 90 美元。这两条角度线是以每月 2 点的比例分离开的，并且距离底部是 45 个月，因此，股价必定要下跌 90 美元去冲击始于底部向下的 45° 线。这两条角度线相距如此宽广，以至于股价将出现瀑布般的暴跌，这一幕发生于 1931 年 12 月。

美国钢铁跌破了始于 111.25 美元向下的 45° 线之后,已经处于很弱的位置，直至它反抽到这条 45° 角度线之上为止。1932 年 6 月，美国钢铁跌至 21.25 美元，跌穿了始于 1925 年 3 月最后一个底部 113.375 美元向下的 45° 线。在它重返该 45° 线之前，有近两个月的时间收盘价位于该线之下。

这表明，当股价跌穿了始于底部向上的重要角度线之后，又跌穿了始于底部向下的角度线，预示着股价将进入非常弱势的格局，有可能会跌到很低的水平。这种极端波动现象在过去发生过，将来还会发生。这证明，在下跌过程中，股价要与时间形成正方，也就是价格和时间要达到平衡。

还有另外一个时间与价格平衡的例证：始于 1907 年 10 月底部 21.875 美元的零基 45° 角度线，于 1929 年 9 月达到 262 美元，而此时美国钢铁的股价上涨到了 261.75 美元。这表明美国钢铁在从 1907 年底部开始的 262 个月里，上升速率相当于每月 1 美元。由于股价冲击 45°线而不能突破它，表明时间已经到达，股价只能下跌，漫漫熊途即将开启。

十七、从一个顶到下一个顶的角度线

如图 9-31 所示，我们从底部 60 美元开始分析。股价上涨了 6 个月到达顶点 74 美元[①]，其后回调至 64 美元，并跌穿了 45°线，最终停靠在始于底部的 2×1 线上。然后开始上涨，再次上穿始于 60 美元的 45°线抵达较强势的位置。

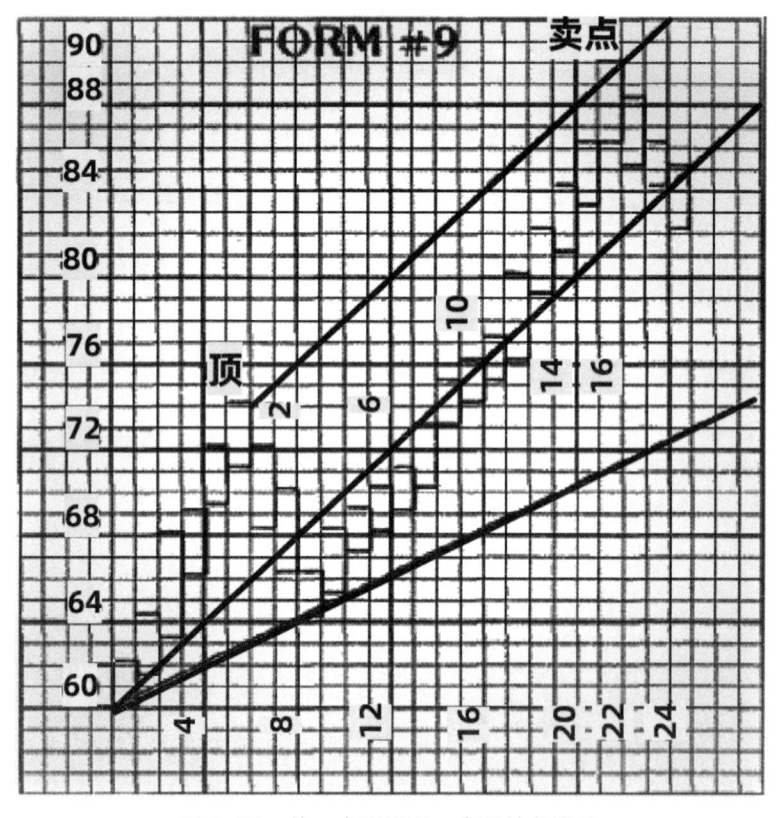

图 9-31　从一个顶到下一个顶的角度线

---

① 图 9-31 中，标记为"顶"的位置为 74。

为了便于判断在新高区域里可能遇到的阻力，我们从顶点 74 美元绘制一条向上的 45°线。股价在底部之后的第 22 个月时涨升到了 90 美元，冲击了始于顶点 74 美元的 45°线。从顶部 74 美元开始至顶部 90 美元共经过了 16 个月，上涨了 16 美元，两点之间的时间和价格相等，显示出这是一个强阻力位置。我们可以选择在此处沽空，并在其上 1~3 美元处设置止损单。

此后下跌开始了，当跌到 84 美元的时候，股价也已经从底部上涨了 24 点。这时股价还是处在比较高的位置，接下来股价再一次跌破从底部绘制的 45°线，说明股价已经处于较弱的位置，这是因为此时股价距离支撑的基础已很远了，指示要再次跌向 2×1 角度线（最下方的角度线）。

请不要忽略这条法则：股价上涨创出新高水平之后开始下跌，通常会跌到前期的顶部。比如在该例中，原来的老顶 74 美元可能是个支撑位置，除非它被跌穿 3 美元。如果真的跌到顶部下方 3 美元的价位，并且继续跌穿了 2×1 线，那么它将处于更弱的位置。下一个需要重点关注的支撑水平是第二个底部，即 64 美元的位置，观察股价能否在此处展开一轮反弹。

十八、急跌后的角度线

股价上涨一段时间后开始筑顶，并在顶部区域盘桓一段时间，然后陡直暴跌。但是，在第一次下跌后总会有一次回升。通常，股价在次级反弹中会做出一个较低的顶，然后股价再一次走低。从第一次大跌的底部开始绘制角度线是很重要的，45°线尤为重要，如我在 FORM#10（图 9-32，笔者注）中所画的那样。

如图 9-32 所示，股价反弹到 75 美元附近[①]，这里是从上一个底部发出的 45°线与从顶部发出的 2×1 线的交汇处。其后股价继续下跌，在 66 美元处跌破了始于顶部的 45°线[②]，表明股价进入十分弱势的位置。股价持续下跌到始于

---

① 点 A，笔者标注。
② 点 B，笔者标注。

第一次大跌底部①发出的向下的 45°线上，从而与始于底部的时间形成正方形，这里是抢反弹的买点②。股价经常沽穿底部向下的 45°线若干点，如能在一段时间内保持住这个水平，那么可在此处买进待涨。

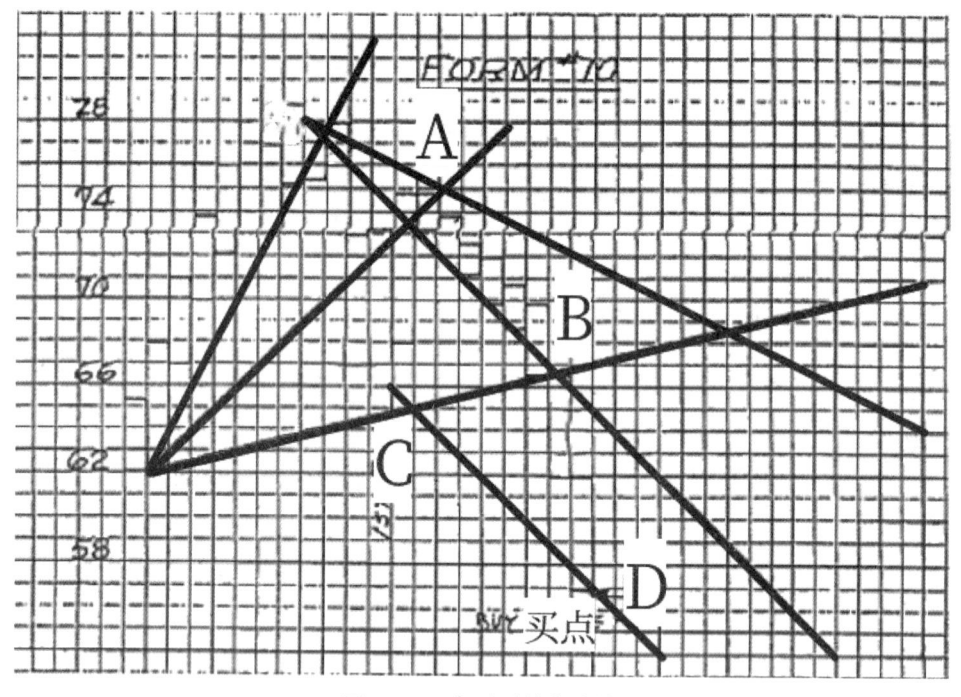

图 9-32　急跌后的角度线

在月线图上，始终需要在第一次急跌的底部绘制向下的 45°线，因为在接下来的股价运动中，它经常成为最重要的支撑位置。

股价上涨一段时间后，急跌 2~3 天、2~3 周或 2~3 个月然后反弹，再下跌至第一次急跌的底部之下，这意味着主要趋势已经向下，将创出新低。

股价下跌一段时间后，急涨 2~3 天、2~3 周或 2~3 个月然后回调，再上涨至第一次急涨的顶部之上，这意味着主要趋势已经向上，将创出新高。

---

① 点 C，笔者标注。
② 点 D，笔者标注。

十九、牛市或熊市的最后摆动

以牛市最后一波上涨的启动位置为起点绘制的角度线是十分重要的。如图 9-33 所示。

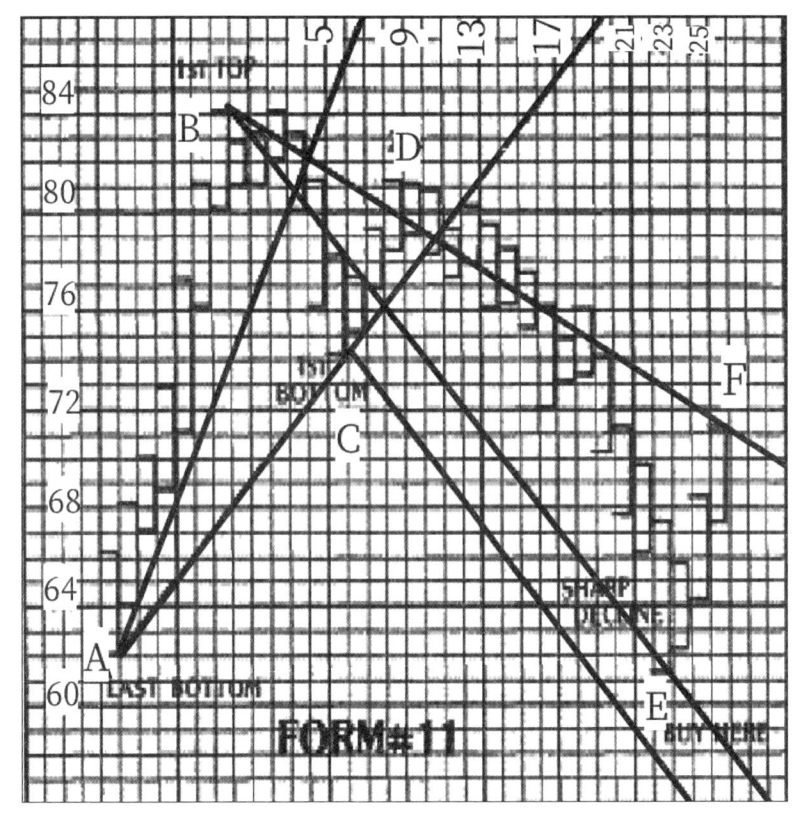

图 9-33 牛市启动位和结束位的角度线

注意,在这个例子里标记有 "最后的底"（Last bottom）的位置[1]。在牛市的最后阶段,股价持续上涨至 84 美元[2],我们从该底部绘制 2×1 线[3]和 45°线。当 2×1 线被跌穿时,意味着趋势已转折向下,股价下跌至 45°线上[4],然

---

[1] A 点。
[2] B 点。
[3] 即 1×2 线。
[4] C 点。

后反弹，做出第二个较低的顶①。而后跌穿 45° 线，并急跌至始于顶部 84 美元向下的 45° 线上，这意味着股价与时间形成了正方形②，这是一个买点。同时在此角度线之下的 2~3 个单位处设置止损单，可以期待股价随后会出现反弹。如图所示，股价随后反弹到了始于顶部向下的 2×1 线上③。

在快速波动的活跃市场里，股价可能在始于"最近的底"的 4×1 或 8×1 线上方运行④。但是，在日线图或周线图上，第一条锐角角度线被跌穿，就说明趋势已经向下运行了⑤。

始终牢记：股价长期上涨后，当主要趋势变为向下时，等待反弹沽空比反趋势买入更安全。

在熊市或急跌的尾声，要逆反应用上述所有的规则。关注市场从最近的顶部开始下跌，或者反弹后做出的最后的奔走形底部⑥，这是很重要的。从最近顶部开始绘制角度线，当股价到达或穿越这些重要角度线时，要密切关注。

例如：1932 年 3 月 9 日，道琼斯工业平均指数（DJI）在 90 点形成最近的顶部。尔后出现连续下挫，期间仅有很小的反弹。最后，在 1932 年 7 月 8 日到达了底部 41 点。注意周线图上从顶部 90 点开始的 2×1 线在 1932 年 7 月 30 日通过 50 点位置。当指数升越该角度线之后，就一直没有再跌到 50 点的位置。1932 年 9 月，指数上涨到 81 点，穿过了该角度线⑦，这是首次明确指示主要趋势变为向上了。如图 9-34 所示。

---

① D 点。
② E 点。
③ F 点。
④ 即今天的 1×4 线和 1×8 线。
⑤ 即角度小于 90° 的角度线，因为所有的角度线都小于 90°，因此这里泛指任意一条角度线。
⑥ "奔走形"底部，即一底比一底高的底部。
⑦ 从图 9-34 可以看到，此处的"该角度线"，应是指"8×1 线"。

图 9-34　道琼斯工业平均指数（DJI）1931 年 2 月 2 日至 1934 年 3 月 19 日的周 K 线图（笔者补充）

回顾 1931 年 11 月 9 日以后的主要摆动也是很重要的，那时平均指数涨到了 119.20 点，尔后又跌到了 1932 年 7 月的 40.60 点这个低点，共下跌了 78.60 点，这是熊市最后的大幅摆动。此段跌幅的中点位置是 80 点。1932 年 9 月，平均指数反弹至 81.40 点，随后又回调到 50 点。在接下来的上涨中，指数站到了这个半分位的上方，这表明指数无论如何也要涨到 119 点。后来，平均指数第二次上穿此半分位，并超过了 81 点，此后再也没有跌穿这个水平，一直上涨到 1935 年 11 月的 149.40 点位置。如图 9-35 所示。

图 9-35　道琼斯工业平均指数（DJI）1931 年 4 月至 1936 年 3 月的周 K 线图（笔者补充）

股价长时间上涨后，在最后运行阶段还具有巨大的上冲动能，它可能穿越从以前的顶或底发出的角度线。当股价再次跌穿这些角度线时，便是股价转弱的信号。当股价大跌后筑底时，在此期间跌穿了重要的角度线，然后快速反弹至角度线之上，这是股价转强的信号。

二十、始于更高的底和更低的顶的角度线

当股价做出了更高的底和更低的顶时，应该遵循什么规则呢？

当股价上升做出了更高的底时，你要从这个更高的底开始绘制角度线。在牛市的最后阶段，如果股价跌破了始于最后底部的角度线，你就应该知道趋势已经向下发展了。

当股价下跌时，应用相同的规则，从每一个较低的顶开始绘制角度线，并关注这些角度线，直至股价再次上穿始于第二、第三或第四个更低的顶的45°线。记住，从第二个更高的底和第二个更低的顶开始绘制的角度线始终是很重要的。

以道琼斯工业平均指数为例：

1929年9月3日，极端高点386.10点。

1929年11月13日，第一次急跌见195.35点。

1930年4月17日，熊市大反弹，第二个更低的顶296.05点。

1932年7月8日，熊市最后一次猛烈下跌形成的底部。

1932年9月8日，在熊市结束之后，见到第一次急速上涨的顶部。

1933年2月和3月，牛市开始后的第二个更高的底。

这都是绘制角度线最重要的高点和低点，如图9-36所示。

下面讲一下市场运动的阶段。

所有市场的上升或下跌运动分三或四个阶段进行。市场开始上涨，运行几周或几个月，然后停止上升几周或几个月，根据股价高低，在5～20个单位价

图中标注：
- 1929年9月3日，极端高点
- 1930年4月17日，熊市大反弹，第二个更低的顶
- 1929年11月13日，第一次陡直下跌的底
- 在熊市结束之后，见到第一次急速上涨的顶部
- 1932年7月8日，熊市最后一次猛烈下跌所形成的底
- 1933年2月和3月，恢复牛市后的第二个更高的底

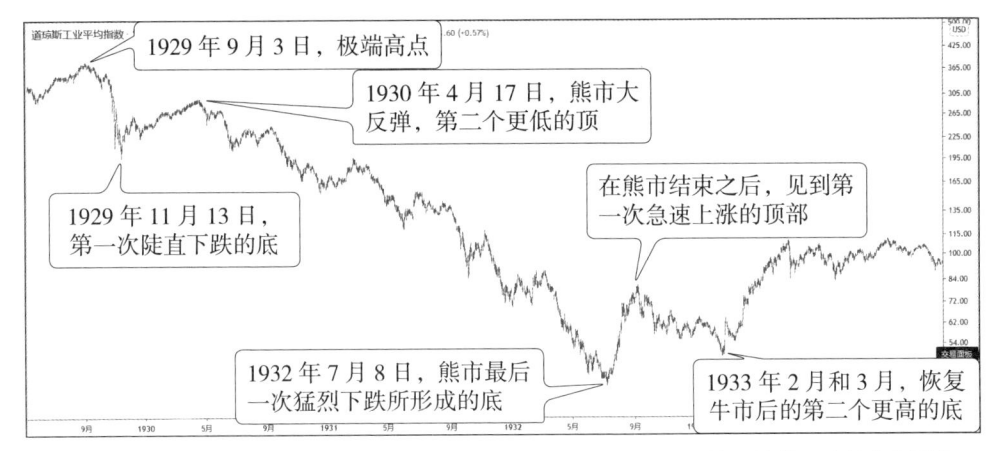

图9-36　道琼斯工业指数（DJI）1929年5月至1934年5月的日竹线图（笔者提供）

格范围里波动。尔后重拾升势，并超越第一阶段的高点，升至更高的水平。然后再次停止上升，回调一段时间，之后股价又上涨超越第二阶段的高点，并持续上升一段时间。之后发生第三次滞涨，这是值得警惕的位置，因为市场常常在第三阶段结束期间筑顶，随后出现较大幅度的下跌。

多数市场以运行三个重要阶段后结束升势。但是，有时股票在休整以后会再次上升，超越第三个顶而构筑出第四个顶。第四次上涨的时间可能比以前的各个阶段短暂，但在某些情况下，特别是股票在高价区特别活跃时，可能持续很长时间。第四个顶很重要，通常是在筑顶后反转大跌。

例如：1935年3月12日，克莱斯勒汽车股价下跌至31美元形成低点。

第一阶段：股价上升至5月16日的49.75美元，尔后下跌至41.25美元。

第二阶段：股价于6月27日开始上涨，在8月10日到达新的高位62.75美元，这是第二阶段的顶点。然后回调至57.5美元，在此盘整了一些时间。

第三阶段：8月28日开始另一次上涨，股价超越了第二阶段的最高价，并于9月11日到达高点74美元，构筑了第三个顶，然后下跌至9月21日的68美元。

第四阶段：股价在10月超越了第三个顶，于11月18日到达90美元，这

是第四阶段的顶点。然后，股价在6个点的范围内横盘波动了5周，这是股票的派发阶段。要警惕呀！这是上涨趋势的终点，之后趋势便转向下跌了。

在熊市中，需要应用与上述相反的规则。当市场进行第三和第四次下跌时，要监视市场的活动情况。必须牢记：在熊市反弹时，股价可能只有一次上涨，在极端情况下，才会有第二次上涨，之后股价还会伴随着主趋势继续下行。

观察和研究股价运行的各个阶段，配合使用始于顶和底的角度线，将有助于确定趋势初期的小型变化和之后的主要变化。

原文无配图，并且克莱斯勒汽车的历史走势已经无从查证。随着时间步入21世纪，汽车巨头克莱斯勒也已风光不再，最终被意大利汽车品牌菲亚特收购。江恩虽然没有给后人留下克莱斯勒汽车的具体走势图表，但是江恩提出的"市场分段运动"思想是具有普遍指导意义的。

笔者研究发现，省广集团（002400）2020年的走势与江恩所述的克莱斯勒汽车走势图有异曲同工之妙，如图9-37所示。

图9-37 省广集团（002400）2020年3月6日至8月31日的日K线图

2020年3月21日，省广集团（002400）股价下跌至2.75元形成低点（圆圈处）。

第一阶段：上升至 4 月 23 日的 6.37 元，尔后下跌至 4.39 元。

第二阶段：股价于 4 月 29 日开始上涨，在 5 月 18 日到达新的高位 7.87 元，这是第二阶段的顶点，然后回调至 6.44 元。

第三阶段：5 月 25 日开始另一次上涨，股价超越了第二阶段的顶点，并于 6 月 15 日到达高点 11.98 元，构筑了第三个顶，然后跌至 6 月 23 日的 9.55 元。

第四阶段：7 月上涨并超越了第三个顶，于 7 月 8 日到达 12.83 元，这是第四阶段的顶点。然后，股价震荡盘整了 4 个交易日。要警惕此处成为上涨趋势的终点。

二十一、角度线位置判断走势强弱

月线图、周线图上的角度线比日线图上的更重要，因为日线图的趋势经常变化太快，而月、周图表上的角度线仅显示主要趋势的变化。

当股价跌穿或升穿任何重要的角度线时，总要考虑它与起始点的距离。无论股价跌穿始于底部的某条角度线，还是升穿始于顶部的某条角度线，股价离起点越远，那么对于趋势变化来说就越重要。

1. 最弱位置

当股票已经完成筹码派发，跌破始于周线或月线图上重要底部发出的 45°线的时候，或股价跌破任何重要顶或底之间的半分位时，此时股价就是处于最弱的位置。跌破时间越长，股价越高，那么上述位置也就越发疲弱。

假如股价上升到 150 美元，而仅仅向下移动了 25 美元，但已跌穿了周线或月线图上始于极端低点的 45°线，那么股价就处于极弱的位置。这是因为，尽管股价仍然位于它的运行范围的半分位之上，但是此时时价已经正方。

股价的弱势程度是以跌穿 3/4，2/3，1/2 等位置而递增的。但是，对于以底部为起点的角度线，它的起点在时间周期中所处的位置会告诉你更多有关弱势的具体信息。在牛市尾声阶段，当股价首次跌穿了来自最后一个底部的重要角度线时，这就是股价趋弱的第一个信号。

2. 最强位置

在日线、周线或月线图上，特别是在周线和月线图上，股价保持在很陡的角度线之上运行时，表明它处于底部上涨以来的最强势位置。

日线图上，股价保持在 2×1 线①之上运行，它就是处在底部上涨以来很强势的位置上。实际上，只要股价保持在 $45°$ 线之上运行，就已经真正处于强势位置了。在周线和月线图上，也要应用相同的规则，因为周线和月线图表是最重要的趋势指示器。

我发现有巨大涨幅的股票，它们在月线图上总是长期处于 2×1 线之上，即长期可以保持每个月上涨 2 个点。我看到过股价回落至 2×1 线之上而未穿破它竟有 10 至 15 次之多，直到上涨了 100 美元或更多后才跌破 2×1 线。股价以这种方式保持超前于时间，即处于远高于 $45°$ 线之上的方式逗留在时价正方形之中，所以，此时的股价是处于很强势的位置。但是，当时间周期结束时，时间也一定会跟上来。主趋势开始由牛转熊时，一旦时间到达，股价便开始跌穿始于最近底部的角度线，从而显露出趋势改变的迹象。②

判断股票处于强势的另外一个标准是：股价上升到前面下跌幅度的一半之上并保持住。也就是说，股价上涨到一半位置之上，在回落时也不跌穿这个位置。这与股票位于 $45°$ 线之上的情况是相同的，也表明股价处于很强势的位置。

3. 强势买卖点

当股价回落至 $45°$ 线之上时，这是一个可靠的买点，止损点设在 $45°$ 线之下。

---

① 今天习惯称为 1×2 线。
② 同上注。

另一种买点是股价处于前面下跌幅度的一半位置时，止损点设在半分位之下。

在周线或月线图上，如果主趋势是向上的话，当股价回落到 2×1 线①之上时，也是一个安全的买点。

4. 重返角度线

请记住，在日线、周线或月线图上，当股价跌破始于某个极端低点的 45°线时，表明它已经处于很弱的位置，并且将跌向下一条角度线。如果股价重返 45°线之上，那么它还是处于比较强的位置。

上述规则也可以应用于始于顶部的 45°线。当股价上穿日线、周线或月线图上的诸角度线（也就是 45°线左边的其他角度线）并且站在 45°线之上时，表明股价已处于很强的位置。

当股价跌穿某一条角度线而后又恢复到其上，或者上穿某条角度线之后又跌破时，表明股价已改变了它的原有趋势。

5. 从底部开始的强势位置和从顶部开始的弱势位置

股价保持在始于底部的 45°线或 2×1 线之上是处于强势位置，但同时它又可能是处于弱势位置。譬如：股价再次恢复上升而去冲击始于顶部向下的 45°线或 2×1 线时，这正好是沽空的时机，等到股价穿越这些角度线或者超越前面顶部时方可买入。当股价跌穿始于底部的 45°线或 2×1 线时，表明它已处于弱势位置，且将跌向更低的位置。②

6. 从顶部开始的强势位置和从底部开始的弱势位置

股价运行一段时间后，上穿某些始于顶部向下的角度线，但同时还处于始

---

① 同上注。
② 同上注。

于底部向上的 2×1 线或 45° 线之下①，表明股价仍然处于弱势位置，并准备跌向更低的位置。

7. 上穿始于极端顶部的角度线

始于极端顶部向下的 45° 线是很重要的一条角度线，当股价上升并超越它时，可以预期一个主要的上涨运动开始了。

例如：如图 9-38 所示，在道琼斯工业平均指数（DJI）的周线图上，注意始于 1929 年 9 月 3 日高点 386 点向下绘制的 45° 线。从 1929 年的顶点到 1935 年 1 月 12 日的 107 点共有 279 周。顶点 386 减去 279，正好等于 107，价位 107 点正好位于 45° 线上。1935 年 1 月 12 日，平均指数上升到 107 点，然后又跌至 2 月 9 日的 100 点，这是道指自筑顶以后第一次真正保持在下降 2×1 线和 45° 线之间②。

图 9-38 道琼斯工业平均指数（DJI）1927 年 4 月至 1936 年 3 月的周 K 线图笔者绘

在 1935 年 2 月 23 日这周里，平均指数又去冲击 108 点，触及了始于 1934 年 9 月低点 85.5 点向上的 45° 线，同时也触及了始于 1932 年 7 月 8 日低点向

---

① 同上注。
② 同上注。

上的 2×1 角度线①，这是一个强阻力位置。平均指数在 1935 年 3 月 18 日这周里回调至 96 点，96 点在始于 1927 年顶部向下的 45°线和始于 1929 年 9 月"0"点位置向上的 3×1 线（每周增加 0.333 点）的交叉点上，这是趋势变化的强支撑位置。此后平均指数开始回升并创出了新高。这证明了角度线的重要性，尤其是从极端顶部绘制的 45°线，并且其他角度线与 45°线的交叉点尤为重要。

关注始于 1929 年顶部向下的 45°线与"0"点水平线的交点，它是自顶部下跌以后的第 386 周，时间在 1937 年 1 月末，注意那时发生了什么情况。

如图 9-39 所示，始于 1929 年高点的 45°线与"0"点水平线的交点实际为 2 月初。当始于 1929 年的向下 45°线与"0"点水平线相交时，恰好是从顶部下降后的第 386 周，此时恰好为 1937 年初的高点区域。

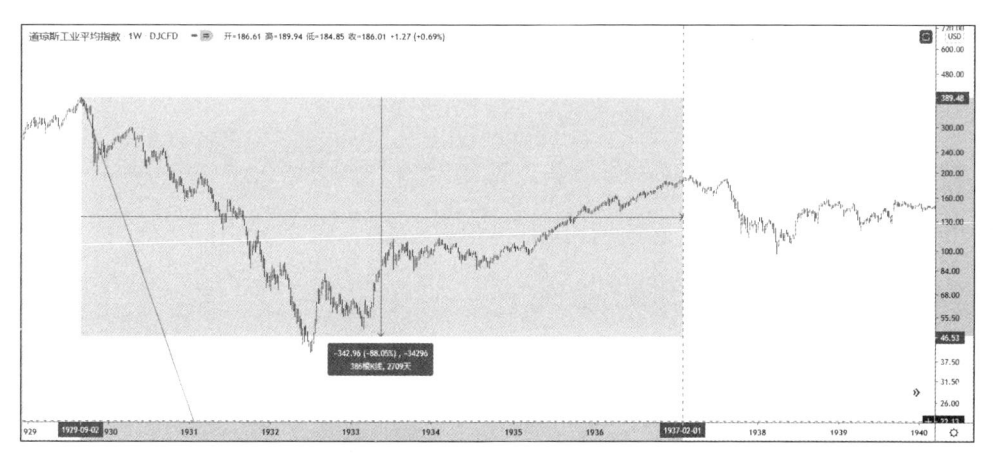

图 9-39　道琼斯工业平均指数（DJI）1928 年 12 月至 1940 年 2 月的周 K 线图笔者绘

二十二、半周图中的角度线

在极端上涨或下跌末期，半周图②会给你巨大的帮助。

---

① 同上注。
② 半周图即三日图。

在半周图中应用所有的规则，并绘制始于顶和底的角度线，你会更快获得趋势变化的指示，这比周线图显露趋势变化要早 2～3 天。

半周图中的趋势变化比日线图要重要得多。当市场处于狭窄的交易区间时，半周图比日线图更值得信赖。

二十三、新股角度线

我经过多年的实践和研究，花费了大量的金钱，发明了能够说明所有市场运行情况的方法和确定任何顶底之后趋势的规则。

如何判断新股趋势是很重要的。股票刚上市时，未曾波动产生顶或底，因此无法绘制以顶或底为起点的角度线。为了便于研判趋势，可以使用 90 正方形（纵向 90，横向 90），并在其内画出各个自然角度，就像"标准图"那样。如前所述，90 正方形是很重要的，因为它是 360° 圆的 1/4，或者是能被应用的最大的垂直角度，在其内能够找出所有角度线的角度。

如果新股开盘价低于 22.5 美元，你可以画一个边长 22.5 的正方形，以此判断股价在角度线上的位置；如果开盘价在 22.5～45 美元之间，你可以画一个边长为 45 的正方形；如果开盘价在 45～67 美元之间，你可以画一个边长为 67.5 的正方形。不管怎样，你总可以在 90 正方形中放置任何开盘价低于 90 美元的新股，以此获得股价的适当位置以及在角度线上的强弱位置。如果新股开盘价在 90～135 美元之间，你可以画一个边长为 135 的正方形，或者从 90 到 180 之间再画一个 90 正方形。

在 90 正方形里，你可以把股票的开盘价作为起点，绘制一张月线图表，就像美国钢铁股票图表里的那样（参考有关美国钢铁的专门分析）。股价击穿任何一条从"0"点绘制的角度线，这与跌穿从某个底部为起点绘制的角度线是一样的。股价上穿任何一条从 90 向下绘制的角度线，这与穿越从某个顶部向下绘制的某条角度线是一样的。你在研究美国钢铁或者其他股票时，可以发现这一现象。

在分析时，始终要考虑价格阻力水平、股价自顶部下跌了多少或自底部上涨了多少。随着市场的发展，你就可以在日线图、三日图或周线图上，从任意更高或更低的底部绘制出重要的角度线，并以此来判断趋势最初的变化。

二十四、角度线的快速计算

你不必从某点向很久以后的空间位置画角度线，可以通过计算来确定角度线在未来某个时间通过的价位。假设 1900 年 1 月，某股票在 15 美元筑底，我们想用计算的方法获得 45° 线在 10 年后的 1910 年 1 月穿过的位置，45° 线是以每月增加 1 美元的比例绘制的，那么 10 年后将在 120 美元再加上底部 15 美元等于 135 美元位置上穿过。用同样的方法，我们也能计算出其他角度线在很长时间以后的位置。

二十五、不常使用的角度线

3×2 角度线：这条处在 45° 线右边的角度线，是以每 12 个月增加 8 点的比例上升的。某只股票必须每月上升 0.75 美元，方能保持在 3×2 线上。在始于底部的重要角度线相距较宽时，3×2 线能在其他角度线之间显示阻力及支撑位置。①

二十六、经纬线

在所有图表里，价格一定会在垂直线上涨跌，因此，价格移动水平就好比纬度。你应该从图表上的"0"点位置开始画重要的角度线和类似于测量用的

---

① 根据文意，3×2 线应在上升 45° 线的下边，因为 12 个月增加 8 点的上升速率小于 1×1 线，因此只能处于上升 45° 线的下边。实际上，某只股票只要每月上升 0.67 美元，就能保持在 3×2 线上，而不是江恩所说的 0.75 美元。

纬度线那样的横向的阻力水平线。

接下来，你应该按照不同周期，在每条重要的自然阻力线处，如 11.25，22.5，33.75，45，67.5，78.75，90，101.25，112.5，120 等，绘制一条水平线。这样一来，当股价运行到这些重要的自然阻力线时，你就知道它们会遇到阻力。

经度线可用来测量横贯图表的时间，因此，你必须在图表上标记始于每个重要顶或底的时间周期，以便于测量时间。这些始于每一个顶或底的重要数值为 11.25，22.5，33.75，45，56.25，67.5，78.75，90 等，它会向你显示产生时间窗口的位置。这些线是相互平行和相互交叉的。研究股票价格的历史记录，看看月线图上的价格到达重要纬度线或时间经度线时发生了什么变化。

譬如，当价格从 "0" 上涨至 90 美元，我们在 90 美元位置画一条水平线，然后在始点右边的第 90 个时间单位上画垂直线，它与通过 90 美元的水平线相交叉，从而形成了一个正方形。始终在图表上保存这些垂直线并加以理解，你将知道重要的时间循环何时走完。

如果股价在 60 个时间单位运行了 60 美元，那么它会遇到强大的阻力，因为股价运动已经形成了时间和价格的正方形，此时，价格纬度线和时间经度线的数值相等。你始终要在图表上放置一个 90 正方形，并在其内使用角度线；然而，我建议只在周线和月线图表中使用这种方法。

你应该从任何底或顶开始绘制 90 正方形，或者从自然阻力位置如 90，135，180 开始绘制 90 正方形。一定不要忘了，要绘制一个极高点和极低点正方形，还要绘制第二个或者第三个股价有所下移（抬高）的顶部（底部）的正方形。

二十七、标记时间周期

在所有图表上标记时间周期是很重要的。从每一个重要波动所形成的底或顶开始，横向标记时间周期，一是便于核查并确认角度线所在的正确位置；二是便于观察主要的和次要的时间周期所指示的趋势变化。

1. 始于底部的时间周期

股价在某月筑底，在下一个月做出了较高的底和较高的顶，或者股价做出了较高的底并回升一个月或更多个月之后，你应该从这个底开始计算时间周期。做底的那个月应归入以前的下跌运动里，这是最后的下跌。你要把开始上涨的那个月作为第一个月，然后以 1/2 英寸方格作为间隔，每次加上 4 个格，然后横向排列下去。

譬如：股价筑底后上升了 50 美元，你检视图表上的底，并找到第 25 个月的位置，那么 2×1 角度线会通过 50 美元的位置，而 45°角度线会通过 25 美元的位置。如果股价在下一个月回落到 50 美元之下，即回落至 2×1 角度线之下，这表明还要进一步下跌。如果你从底部开始横向标记的时间周期有错误，那么角度线的位置也不可能被正确计算出来。①

2. 始于顶部的时间周期

股价上涨做出了极端高点，尔后回调几天、几周或几个月，你一定要从顶点向下画出角度线，并且还要从顶部开始横向标记时间周期。对于顶部，也可以应用相同的规则：股价在上升运动中做出极端高点那天、那周或那月不要计算在内。你要从顶部开始横向右移计算天数、周数或月数，要把顶点这个月看作"0"，把次日、次周、次月作为"1"，在横向排列的每个方格里加上 4，如此可以获得正确的位置。如果在所有的图表上标记的横向排列的时间周期是正确的话，当你所画的角度线发生任何错误时，那么你始终能够找到和发现它们。

例如：股价下跌了 75 美元。在周线或月线图上，向下移动的角度线的幅

---

① 本段中"2×1"应为"1×2"。

度是相同的，除非间距是不同的。假定空间是每 1/8 英寸相当于 1 美元，股价向下移动 75 美元之后，你从顶点开始画出所有向下的角度线，也许角度线中的 2×1 线是画错的，或许是因为你的尺子滑动过了，又或许是从顶部下移一段距离之后，你没有把尺子放在准确的位置上。现在为了精确证明 2×1 线经过的位置，你就要确定时间周期。如果股价下跌 75 美元需要 40 天、40 周或 40 月，而 2×1 线是每个时间单位下移 2 美元，那么从顶部开始要下移 80 美元。如果你发现这条角度线没有经过 80 美元位置，那么你就会知道画错了，应该去纠正它。①

要知道角度线绘制正确与否，这是一个简单的方法。因为你只要简单地在底部基础上加上移动量或者从顶部减去移动量就行了。假设价格与上面的例子有关，当股价从顶点 150 美元下跌了 75 美元，从 150 美元中减去 80 美元，那么 2×1 线就应该在第 40 天、40 周或 40 月的时候通过 70 美元位置，而下跌了 75 美元的位置是落在 75 美元上，因此，75 美元位于始于顶点的 2×1 角度线的上面。如果时间周期指示要转势，那么这就是一个反弹位置。②

二十八、时间周期起点

重要的起始点：股票有史以来的最低点，公司成立日期或者在纽约证券交易所上市交易的日期。从极端低点开始，时间周期始终要横向标记在图表上，这与重要角度线连续向右延伸若干年恰好是相似的。

次要的起始点：第二个或第三个较高的底。但是，你要等到市场已经保持上涨 3~4 个月才能确认其为底部。如果这个底部看上去蛮重要的，就可以从这个底部开始计数。

例如：美国钢铁成立于 1901 年 2 月 25 日。横向计算月数，你要注意

---

① 同上注。
② 同上注。

1931年2月是公司成立日期之后的第360个月，即30年，一个新的周期又开始了。然后再从这一点开始重新横向标记时间周期，直到完成第二个360°周期。

下一个重要的起始点是1904年5月14日的极端低点8.75美元。在月线图上，从这个底开始横向标记月数，因为它是最低的底，所以要更加重视。注意，30年周期即360个月结束于1934年5月。

下一个重要的起始点是1907年10月低点21.75美元，它是第一个较高的底。再下一个重要的起始点是1915年2月形成的第三个较高的底。从任何其他重要底部开始，自始至终都要画角度线和横向标记月数。

在顶部使用相同的规则。在到达顶部和趋势向下运行后，从顶部开始横向标记时间周期。但是，当顶点被升穿或者底部被跌穿之后，要停止计数。长时间未被升穿的顶始终是计算时间周期最重要的起始点。极端高点始终是最重要的，直至它被升穿为止。下一个高点是反弹中形成的，它始终是一个较低的顶，它是下一个计算时间周期的重要顶点。

例如：在美国钢铁图表上，你在横向标记月数时，首先要从1901年4月开始，然后从1909年10月的极端高点和下一个高点（1917年5月）开始。尔后从1929年9月的最后一个高点开始，这是最重要的测量起点，另外还要从1930年4月开始计数。

道琼斯工业平均指数（DJI）在1929年9月3日抵达极端高点，然后在恐慌中陡直下跌，到达低点的日期是1929年11月。从这个低点开始，有一次持续到1930年4月的反弹，这是最后的高点，也是计算时间很重要的起点，因为它是次级顶部和牛市中的最后反弹。1932年7月8日，股价到达了熊市的最后低点，此后有一次陡直反弹，持续至1932年9月开始筑顶，随后缓慢下跌。1933年2月末形成了较高的底，从此底开始，价格上升到新高水平。1932年的底是计算时间最重要的起点，下一个 1933 年 3 月[①] 的底在重要性方面是次一级的。如图 9-40 所示。

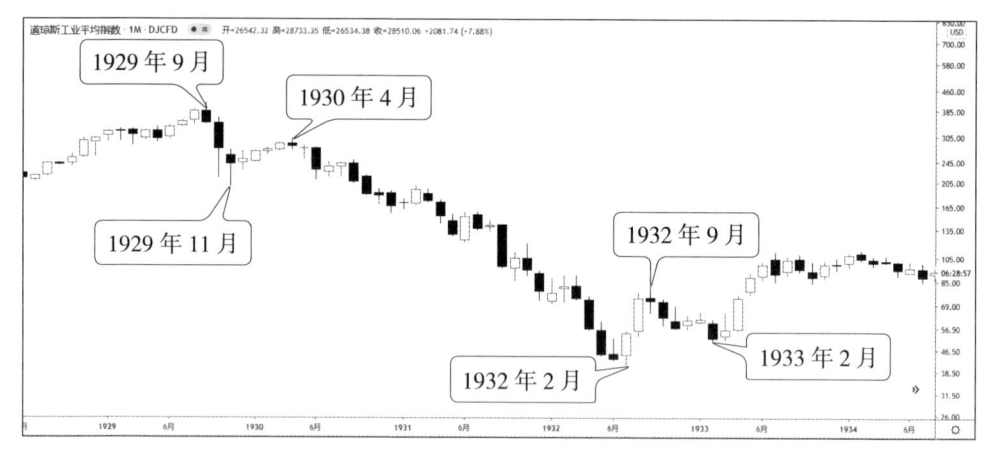

图 9-40　道琼斯工业平均指数（DJI）1928 年 6 月至 1934 年 8 月的月 K 线图（笔者绘）

对于日线或周线图上的底和顶，也可以应用相同的规则。次级的顶或底被突破后，就中断对它们的时间计数，仅仅标记那些未被击穿的重要顶底之后的时间周期。

终止标记顶和底之后的时间周期规则：当它们被穿过 3 个单位时就终止标记。

始终要注意极端高低点之间的月数，还要注意那些顶部和底部价位出现在哪一条角度线上。

二十九、时价正方

我曾做过一项重要而有价值的研究。如果你严格遵循规则，始终关注价格被时间的正方或者时间与价格的会合，你就能十分精确地预测重大的趋势变化。

---

① 此处应为 2 月。

时价正方指的是价格上涨或下跌的点数与相等数值的时间平衡。例如：股票在 24 天里上涨了 24 美元，从低点开始以每天 1 美元的比例向上绘制 45° 线，此时的时间和股价处于同一水平，或者说股价停靠在 45° 线上，此时你要监测股价在该位置的趋势变化。如果股价要继续向上并保持在强势位置，那么它必须继续上升和位于 45° 线之上。如果股价跌穿了 45° 线，那么它就处于正方形之外，或者说是 45° 线熊市一边的较弱位置。

当你看到日线图上的时间正方了价格，你还要去看周线图和月线图，看看股价是否位于强势位置或超出时间周期。因为只要周线图和月线图指示趋势还是向上的，那么日线图上的股价一定会重返原来的位置，从而出现时价多次正方。市场的调整仅是次级周期的时价正方，后来的大跌和大涨才是主要时间周期的时价正方。

1. 时间与价格区间达成正方

如图 9-41 所示，这里显示了从低点 48 美元到高点 60 美元的 12 美元波动区间。现在，假设股价在此范围里上下移动和逗留了若干周期，而且未曾超出底部之上 12 点和跌破这个底，那么我们从这个底部 48 美元开始绘制 45° 线并延伸至顶部 60 美元。我们看到股价保持在这个范围内而没有走得更高，我们再将 45° 线折回到底边，然后再次返回到顶边，如此反复在这个范围内移动 45° 线，直至股价穿越到新的水平，即新高水平为止。你会看到每次 45° 线返回到这个顶边或底边时，会有某些重要的趋势变化发生。

你可以使用 45° 线上下两边的 2×1 线，因为它们把时间周期再次分割成两个相等的部分。①

如果股价最终越出了上边界，那么角度线要从新的较高的底部开始向上绘制，而不是从股价进入新高的那点开始。另外，也可以从任何一个重要底部特

---

① 45° 线左边应为 "1×2 线"，右边应为 "2×1 线"，江恩习惯把两者统称为 "2×1 线"。

别是最近的底部（这是最重要的）开始绘制角度线，并将它延伸至顶边。你要关注 45°线被跌穿时，即时间再次与价格形成正方形时，此处将发生重要的趋势变化——主要的抑或是次级的变化。

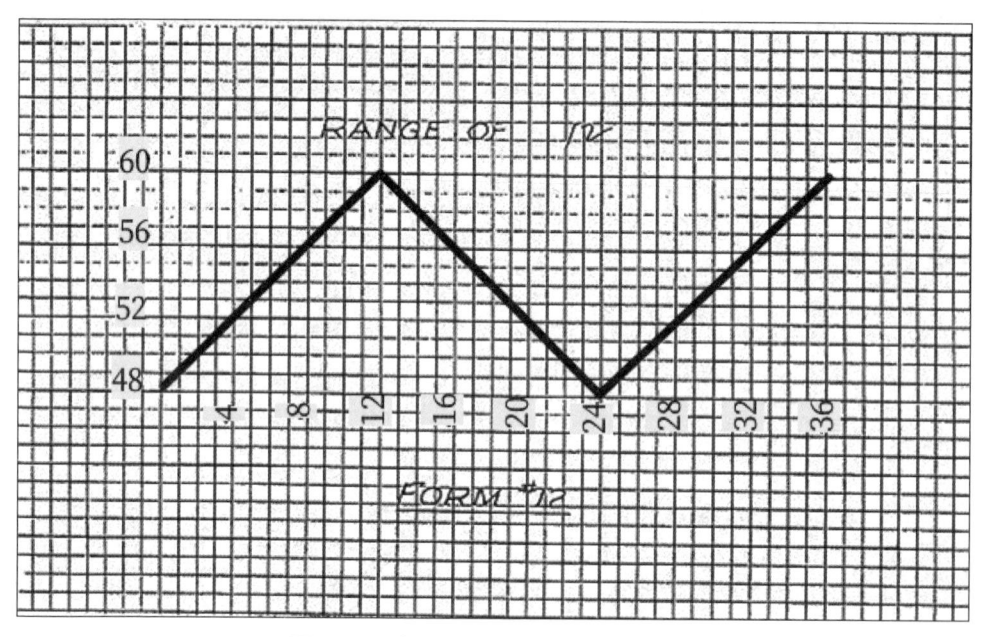

图 9-41　折返于区间盘整中的 45°线

2. 时价正方的三种方式

时间与价格区间正方，就是极端高点到极端低点的点数与时间形成正方形。但是，还有极端高点与时间形成正方形和极端低点与时间形成正方形。当市场运行超越了这些正方形并击穿了重要的角度线时，趋势将发生变化。

（1）极端高低点之间的范围被正方。只要股价逗留在相同价格范围内，如果范围是 25 美元，那么它要与 25 个时间周期形成正方形。只要价格仍旧停留在这个区间，就要继续使用这个时间周期。

（2）时间与底部或极端低点价格形成正方。下一个与时间形成正方的重要价格是最低价或者任一重要低点。例如：股价底部价格是 25 美元，其后 25 个时间周期结束时，时间和价格就形成了正方，此时你要关注基于底部或者最低价的趋势变化。只要股价继续保持在这个底部上方并且继续上升，你始终要使用这个横向连续排列的时间周期，并注意每一次时价正方时的趋势变化。当股价通过第 3 个、第 4 个、第 7 个和第 9 个正方形时，你要特别留意。这些连续的正方形仅发生在日线或周线图表上，而在月线图上，多数情况下，底部被正方 7 次或 9 次之前，已经向上或向下移动出了某一个区间。不过，当股价在某一个狭窄的范围内逗留许多年时，也会发生这种情况。

（3）时间与顶部或极端高点价格形成正方。另一个与时间正方的位置是某只股票的极端高点。必须从日线、周线或月线图上的高点横向标记时间周期，必须留意与顶点价格形成正方的时间，并关注趋势的变化。如果高点价格是 50 美元，在它移动了 50 天、50 周或 50 个月时，它已到达了形成正方形的时间，指示要发生重大的趋势变化，这也能被始于顶和底的角度线所证实。

例如：道琼斯工业平均指数（DJI）在 1929 年 9 月 3 日的高点是 386 点，这需要 386 个自然日与该价格正方，这个日期发生在 1930 年 9 月 23 日。看看图表，注意趋势是如何变化的。结果是，在那个时间附近，指数向下运行了。下一个到达这个时间周期的日期分别是在 1931 年 10 月 4 日、1932 年 11 月 4 日、1933 年 11 月 25 日、1934 年 12 月 16 日以及 1936 年 1 月 6 日。要重视这些日期，当这个 386 天时间周期平衡了价格 386 点时，你将会看到重要的趋势变化。如图 9-42 所示。

对在所有时间周期节点上形成的主要和次级的顶和底，都必须加以关注，因为它们一直以来都在与时间周期形成正方。然而，最重要的还是月线图上的极端高价位，因为这个价格可能会非常高，在时间周期将其正方之前，也许需要很长的时间。在这种情况下，你必须把价格分割成与时间周期相等的 8 等分，并在最重要的位置，如 1/4，1/3，1/2，3/4 上关注趋势变化。但是，所有位置中，最重要的还是时价正方的时候。

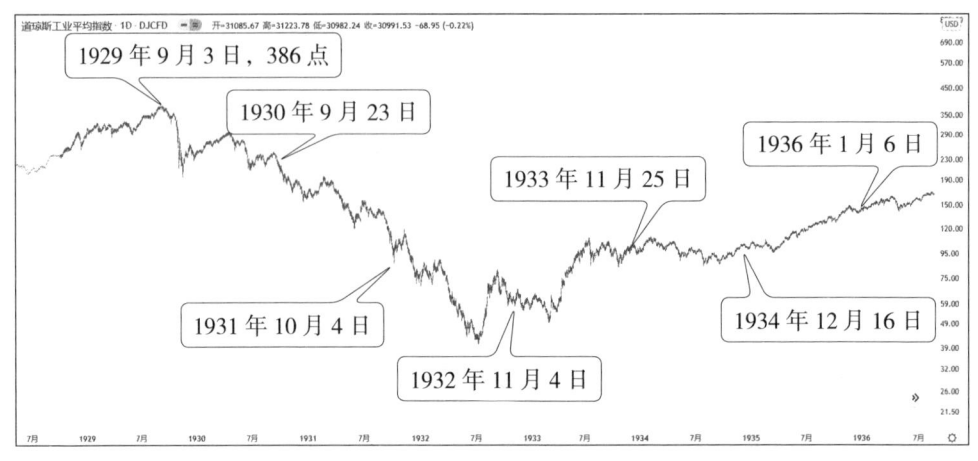

图 9-42　道琼斯工业平均指数（DJI）1928 年 3 月至 1937 年 8 月的日收盘线图（笔者绘）

在顶或底被正方之后，你在关注股价位置时，始终要重视时间周期和从顶底发出的角度线。如果股价正在接近低点，并且顶点价格已与时间形成正方，此时你要看看它与底部的关系是怎样的，因为它也许处于底部之后的第二个或第三个正方形中，这是趋势变化的双重指示。

3. 周正方

一年有 52 周，它的时间价格正方形是 52×52 正方形，因此，你要画一个宽 52、高 52 的正方形，并从"0"点开始绘制所有的角度线，然后在此正方形里绘制周高低点图。

例如：股价的低点是 50 美元，那么周正方形的顶点位置就是 50 加上 52，即 102 美元。只要股价保持在 50 美元以上并且向上运行，那么股价就会在这个正方形里移动。另一方面，如果股价筑顶后下跌，那么你要绘制一个从顶点向下 52 美元、52 个时间周期的周正方形。

你可以把任何股票的历史走势标记在 52×52 正方形里，并且研究它们。要注意第 13 周（1/4）、26 周（1/2）和 39 周（3/4）的时间位置，以及股价抵达这些重要时间和价格阻力水平时发生的趋势变化，你还应当注意这些时间周期附近的趋势变化。

4. 月正方

在股价跌穿 45° 线的时候，如果它的成交价是 135 美元，又在 135 个月，则意味着它击破了双重强阻力水平，即强势角度线和自然阻力水平。因为这个位置在水平阻力或角度线方面都是时间和空间的平衡点，股价打破这个平衡，就预示着后市将会有一波大跌。熊市反之。

月线图上，12 个月形成了一整年，因此，12×12 正方形对于计算月线图的时间周期是非常重要的，12 的平方是 144。从某个底或顶开始后的 12 个月上经常会发生重大变化。如果你使用的是 12 等周期循环，则自然阻力水平标记在 24，36，48，60，72，84，96，108 等时间周期上，它将有助于你判断价格的阻力水平。当股价到达这些重要的自然阻力位置时，还要关注股价在角度线上的运行情况。

三十、价格领先时间

在日线、周线或月线图上，股价经常会上穿 45° 线后有一个短期上涨，随后下跌并停靠在同一条 45° 线上，这是为什么？这是因为股价第一次升穿 45° 线时，时间还未平衡价格。因此，次级回调停靠在 45° 线上是在完成价格与时间的正方形，随后将会有巨大的涨升。

在上升初始阶段，股价会多次停靠在 45° 线上，然后是长期的上涨，再回调而停靠在 45° 线上，尔后上升到更高水平；接着再次跌破 45° 线，从而使股价处于极弱的位置。这是由于股价距离底部已经很远，并且自底部上涨以来时间已很长的缘故。不要忘记，周线或月线图上的角度线是最重要的。

在牛市顶部要逆反上述规则。当股价跌穿 45° 线，其距离基点（底部）已经很远，这时值得高度关注。股价自顶部陡直快速下跌后，再上涨做出稍高的顶或一系列稍低的顶，这是在完成高价区间内的时价正方。其后如果股价跌破45°线，随之而来的将是更快速的下跌。

三十一、最强角度

90°角：为什么它是所有角度中最强的角度呢？这是因为它是垂直向上和向下的角度。

180°角：90°角的下一个最强的角度是什么？是180°角，因为它是90°角的倍角，也是90°角开始后的90°角。

270°角：180°角的下一个最强的角度是什么？是270°角，因为它位于90°角的对边，或者说是90°角开始后的180°角，180°角是圆的一半，是最强的位置。270个月等于22.5年，22.5是45的一半。

360°角：270°角的下一个最强的角度是什么？是360°角，因为它是一个圆的结束，即转了一圈又回到原来的位置。它在180°的对边，而180°是圆的一半位置。

120°和240°角：90°，180°，270°，360°角之后的最强角度是什么？是120°和240°角，因为它们是圆的1/3和2/3。120°是90°加30°，240°是180°加60°，而60°又是180°的1/3。这些强力角度对于时间的测量是特别有力的。

次强的角度是什么？答案是：

45°角，它是90°角的一半。

135°角，它是90°角加上45°。

225°角，它是45°角加上180°角，其又是45°角之后的180°角。

315°角，它是270°角开始后的45°角，其还是135°角之后的180°角。

固定的和十字交叉的角度：90°，180°，270°，360°形成了最重要的交叉，它被称作"水平交叉"。45°，135°，225°和315°组成了次重要的交叉，被称作"对角交叉"。这些角度对于时间、价格、空间和成交量的测量是很重要的。

22.5°，67.5°，78.75°：为什么22.5°比11.25°强呢？因为22.5是11.25的2倍。同理，45°角比22.5°角要强。还有67.5°，它是45°的1.5倍，因此，当任何事物向90°角移动时，67.5°是相当强力的角度。78.75°比67.5°还要强，因为它是90°的7/8，所以它是到达90°角之前最强的角度之一，它对于测量时间、价格和成交量是很重要的。许多股票价格有了重要波动以后，常在第78~80个时间周期筑顶或筑底。但也不要忽视84个月，即7年，它也是很强的时间周期。

1美元的分割（1/8位置）：为什么圆的1/8角度对于时间和价格的测量很重要呢？因为我们把1美元分割成1/2、1/4和1/8等部分。我们使用25美分即1夸特，50美分即半美元，很多年之前，我们还使用12.5美分，但是，我们使用的最重要的基本货币单位是4个夸特，其1/8部分，即12.5美分。股价波动是基于1/8，1/4，3/8，1/2，5/8，3/4，7/8和1的。在测量价格和时间的时候，把它们转换为角度线，计算出来的结果与1/3和2/3相比较，更接近于这些比例，理由很简单：波动以1/8的比例进行，就必须接近这些数值。

把100美元或与它等价的数字作为股价的基础，把它转换成角度，那么12.5美元相当于45°，25美元相当于90°，37.5美元相当于135°，50美元相当于180°，62.5美元相当于225°，75美元相当于270°，82.5美元相当于315°，100美元相当于360°。例如：在第180天、180周或180月时，股票成交价为50美元，那么价格恰好位于它的时间角度上。

1915年2月1日，美国钢铁的低点是38美元，它接近37.5美元，即100美元的3/8，相当于135°角。到1915年2月25日，美国钢铁共运行了14年或者说168个月，此时到达了135°线，表明股价滞后于时间。135°毕竟是一个强力位置，所以价格保持在135°线之上的38美元价位上，说明股价仍处于强势之中。

当价格到达 200 美元时，这恰好是 360° 圆的第二圈。当它上涨到 261.75 美元时，非常接近第三个 100 美元中的 62.5，或者说非常接近 225° 角（即圆的 5/8 位置），这是它穿越一半位置 250（180° 角）后的最强的角度。

江恩
1935 年 11 月

第六节　自然阻力和时间周期

下面给出的阻力水平[①]是基于自然法则的，它们可以应用于时间和空间的测量。在这些位置附近，股价遇到阻力后不是向下就是向上运动，或者在与顶底相同区间内来回移动。主要的和次要的波动顶底，通常是在这些阻力水平上完成的。

一、自然阻力水平

人们开始学习计数时，也许是使用手指。一只手有 5 个手指，另一只也有 5 个手指。在一只脚上可以数出 5 个脚趾，另一只脚也有 5 个脚趾。如此，人们得出了 10，10 加上 10，得出 20。用 5 和 10 相加或相乘是个常用的算法，这种计数的基本方法演绎出了十进制。我们以此推导出 5，10，20，30 的周期和阻力位置。人们计算的基本单位是 100，股价的基本单位与其相当。而币值的基本单位是 1 美元，因此，它们的 1/4，1/8，1/16 对于顶和底、买卖水平而言是最为重要的。

---

① 在江恩的语境中，阻力常包括支撑和阻力两个方向。

以100为基本单位,它的1/4,1/2,3/4是25,50和75,这是最重要的位置。下一个最重要的位置是33.33和66.66,它们是100的1/3和2/3。再下一个重要的位置是1/8、3/8、5/8和7/8,它们是12.5、37.5、62.5和87.5。再次一级的是1/16、3/16、5/16、7/16、9/16、11/16、13/16和15/16,它们分别是6.25、18.75、31.25、43.75、56.25、68.75、81.25和93.75。

因为9是最高的数字,所以它对于时间和空间的阻力水平是很重要的。符合9的最重要阻力水平是9、12、27、36、45、54、63、72、81、90、99、108、117、126、135和144。你会发现,这里的很多阻力位与十二方图中给出的重要阻力位是相呼应的,如12是9和9的1/3相加而成的。

第三位重要的阻力水平是由9的1/2位置形成的,它们是4.5、22.5、31.5、40.5、49.5、58.5、67.5、76.5、85.5、94.5、103.5等。你只要简单地把4.5(9的1/2)加到任一整数上,或者加到9的倍数上便可得出。

下一个重要的阻力水平是由12和它的倍数形成的。这些阻力水平非常重要,因为一年有12个月。这些位置也非常接近其他重要的阻力水平,如基于100和9推导出的阻力位置,它还跟360°圆的等分点的测量值非常接近。以12为基础衍生出来的最重要的阻力位置是:12、18、24、30、36、42、48、54、60、66、72、78、84、90、96、102、108、114、120、126、132、138、144,以及你在十二方图上看到的其他数字。在有关十二方图[①]的单独介绍文章里,给出了其他的数字,许多股票的顶和底都明显地接近以12为基础的数字。

被分割成几何部分的360°圆可以证明所有的阻力水平出现的原因,也会

---

① 篇幅所限,"十二方图"手稿未被本书收入,有兴趣的读者可以参阅相关书籍。本书收入的手稿有两个选择标准,一是方便读者更好地理解本书的核心内容"九方图";二是江恩部分手稿存在含混不清的地方。本书选取了这部分手稿重新翻译并进行了注释,对于那些简单易懂、内容重复且无须注疏的手稿,不在本书的收录之列。

非常精确地测算出时间、空间和成交量。被 2、3、4、5、6、8、9 和 12 等分的圆是很重要的，从中可以获得重要的阻力水平。

我们先用 2 来分割圆，得到 180，这是最强大的阻力水平，因为它是圆周的中心或者说 1/2 的位置。它相当于 180 个月，即 15 年，它是 20 年周期的 3/4，也是 30 年周期的 1/2，所以这个阻力位非常重要。

接着我们用 4 来分割圆，得到 90、180、270 和 360。这些数字是很重要的，因为它们等同于 7.5 年、15 年和 22.5 年。[①] 这些位置以天数、周数或月数的形式标记在重要的时间周期开始和结束的位置上。当价格到达这些位置时，特别是当时间周期完成时，它们将成为重要的阻力水平。

我们用 3 除 360 而获得下一个重要的水平，其中 1/3 是 120，2/3 是 240。这些数字相当于 10 年和 20 年周期；当然，第三个位置是 360，即 30 年周期。

用 12 等分圆的方法，我们得到了如下重要的位置：30，60，90，120，150，180，210，240，270，300，330 和 360。150 和 210，它们是很重要的，因为 150°与 180°距离 30 个月，或者说是 120°与 180°之间的一半位置；而 210°则是 180°和 240°之间的一半位置。

24 等分圆是 12 等分圆之后的下一个重要的分割位置。因为 1 天有 24 小时，地球每小时移动 15°（24 小时移动 360°）。如此，我们获得了如下位置：15，30，45，60，75，90，105，120，135，150，165，180，195，210，225，240，255，270，285，300，315，330，345 和 360。

用 15 除以 2，得到 7.5。在任何其他的点位上加上 7.5，可以得到符合其他阻力水平的某个重要位置。例如：15 加上 7.5，得出 22.5，它是圆的 1/16。150 是重要的位置，在它上面加上 15，我们得出 165，而 165 是 150 与 180

---

① 一个完整的圆代表 30 年。

的 1/2 位置，180 是一个很强的阻力位置。只要把 7.5 和 15 加到某个阻力位置上，便可以获得其他重要的位置。

用 8 来分割圆，我们也能获得很重要的点位，它们是：45，90，135，180，225，270 和 315。其中 135° 很重要，因为它是 45° 的 90°[①]；315° 也是很重要的，因为它在 135° 的对面[②]。

在阻力位置和时间测量方面，下一个重要的位置是用 16 等分圆而获得的，它们是 22.5，45，67.5，90，112.5，135，157.5，202.5，225，247.5，292.5，315 和 337.5。

用 32 等分圆获得的位置也是重要的，因为用它们测量出的周期更加贴近十二方图，并且这些周期与月度周期密切相关。这些点位是 11.25，33.75，56.25，78.75，101.25，123.75 等；这些位置也可以通过在其他数字上简单地加上 11.25 得到。

9 等分圆是很重要的，因为 9 是所用数字中最高的数字。用 9 来分割圆，我们得出如下的点位：40，80，120，160，200，240，280，320 和 360。这些点位都是很重要的阻力位置，并且与许多从不同点位计算出来的其他位置相符合。

将上述位置再除以 2，我们得到 20，40，60，80，100，120，140，160，180，200，220，240，260，280，300，320，340 和 360。许多股票运行到了这些圆的等分位置做出顶和底。这些点位、十二方图中的点位和从 2，4，8 等分圆中获得的其他重要的点位，都是最重要的阻力位置。

等分比例最小的是 1/64 等分圆，它是 11.25 的 1/2，即 5.625。1/64 等分圆虽然是次重要的，但是常常在这些位置上形成顶和底，特别是在接近主要周期结束的时候。这些位置如下：5.625，16.875，28.125，39.375，50.625，

---

① 45°+90°=135°。
② 135°+180°=315°。"对面""对角线""对冲"等词汇，实际上指的是某个位置的 180° 位置。

61.875、73.125、84.375、95.625、106.875、118.125 和 129.375。所有这些点位都是其他重要点位之间的 1/2 位置。如 22.5 是 45 的 1/2、11.25 是 22.5 的 1/2、5.625 是 11.25 的 1/2。

如果你回顾任何一只股票前 10～30 年的记录，检查所有重要的顶和底，你将看到这些点位在时间和价格方面所起的作用有多大。这些点位在周线图上出现的频率要高于月线图，因为周线图上有许多顶和底在月线图上无法显示。日线图上的许多次级波动肇始（结束）于这些点位，但在周线图上则无法显示这些次级波动点位。

确定股价的月线波动，一年的 4 等分是很重要的，因为它显示了季节变化。将一年 4 等分，相当于大约 90° 的时间（90 天），这个时间位置是很强的阻力位置。要关注第 3、6、9 和 12 月时的变化。多数股票会在 12 个月周期结束时发生重大变化。

下一个要做的重要事情是用 3 来分割年，得出 4、8 和 12 个月，这是值得关注的重要位置。用 4 来分割一年（52 周），得出 13、26 和 39 周，这是关注趋势变化的重要位置。用 3 来分割 52 周，可以获得 1/3 位置。在此基础上，第 17～18 周和 35～36 周是关注趋势变化的重要位置。

当任何重要的时间周期正在完成时，要关注日线和周线图上的见顶（底）信号，密切地跟踪角度线，因为它能确定趋势的变化。

在波动空间为 50 点（或更多）的很极端的运动之后，一条很好的应用规则是：对比最大的涨跌幅度，当反向运动超过它时，这就指明趋势发生了改变。另一种方法是采用总的波动幅度的 1/12。假设价格上涨了 144 点，那么它的 1/12 是 12 点。按照规则，当股价上涨了许多而回调了 12 点，尤其是回调时间很接近这个数字时，则指明这轮波动已近尾声。某些股票在上涨过程中，回调未曾超过涨幅的 1/4，而有的回调则在 1/3 处结束，有的则回调至 1/2 位置。一定要从行情启动前的最后一个底部或顶部开始计算，并关注最后的底或顶的 1/2、1/4 和 1/3 位置，还要从以往主要的底和顶开始计算这些比例位置。

下面的例子将向你阐明：美国钢铁的股价是如何在特定时空位置运行的。

二、美国钢铁

美国钢铁[①]公司成立于 1901 年 2 月 25 日，它作为普通股票在纽约交易所上市是在 1901 年 3 月 28 日，上市日开盘价是 42.75 美元。当时它是一个新股，没有历史交易记录，所以没有高低点可供我们利用。因此，第一个应用规则是：如果股价首次下跌了 3 美元，表明它会继续下跌至更低的位置；如果上升了 3 美元，表明它将继续上升至更高的价位。其次，我们在图表上放置一个 90 正方形[②]。你将看到，我在 1901 年 3 月的价格"0"点位置上开始向上画角度线，并且从 1901 年 3 月的 90 美元位置向下画角度线，这些角度线将显示该股短期波动所处的强弱位置。

应用 3 点规则，股价从 43 美元上升到 46 美元，上涨了 3 美元；特别是它已突破了 45 美元，这表明它将会上升至更高的位置。但是，你还要注意股价仍处于始于 90 美元下行的 8×1 角度线之下。另一方面，股价却位于始于底部的 8×1 角度线之上，这是某种弹升类型中的强势位置。

随着股价升至 55 美元，现在要注意阻力水平了。56.25 美元是阻力水平，因为它是 45 美元加上 11.25 美元；54 美元是 90 正方形和十二方图上的阻力位置。当股价升穿了 50 美元之后，55 美元是公众买进股票的心理价位，因为他们相信股价会涨得更高。在股价升至 55 美元之后，我们在 43 和 55 之间的 1/2 位置即 49 美元处做标记。股价一旦跌破 49 美元，表明趋势将向下。股价最终跌破了这个位置，并且跌穿了 43 美元这个低点。

---

① 该股现今仍旧活跃于美国市场上，代码为字母（×）。
② 即时间与价格 T×P 为 90×90 的正方形。

另一个估算的方法是采用 55 美元的 1/2 位置即 27.5 美元。1901 年 5 月 9 日美国钢铁下跌至 24 美元。24 是十二方图上的精确阻力位置，22.5 是角度线上的支撑水平，27.5 和 22.5 之间的 1/2 位置是 25 美元，该价位附近是强支撑位。

我们在顶点 55 美元和低点 24 美元之间计算出的 1/2 位置是 39.5 美元。如果股价升穿了 39.5 美元，那么下一个阻力位置是 3/4 位置的 47 美元。

1901 年 7 月，股价上升至 48 美元，并保持了若干个月没有跌回 39.5 美元之下，但是未能升越始于高点 55 美元的 45° 角度线[1]。

1902 年 10 月，股价跌穿了 39.5 美元，并跌破了始于底部 24 美元的 45° 角度线[2]，从而进入了弱势位置。注意：始于 1923 年 7 月 "0" 点位置的 45° 角度线和始于 90 位置的 45° 角度线交叉于 28 美元，而且 27.5 美元是 55 美元的 1/2。股价首次跌至 45° 角度线之下，尔后又跌至 1904 年 5 月的 8.375 美元，并且停靠在始于 "0" 点的 4×1 角度线上。

1904 年 5 月是 1901 年 3 月之后的第 39 个月，股价到达了底部，并且从 1901 年 5 月底部算起是 36 个月，完成了一个周期。从顶点 55 美元下跌了 46 美元，表明这是一个强支撑，因为 45 美元等同于 45° 角。9 是 55 的 1/6，也是一个支撑水平，任何股票下跌到 9 这个数字附近都会获得良好的支撑，这是股价筑底时的强力数字。

1904 年 8 月，股价首次升穿了始于 90 正方形的 2×1 线。9 月，股价波动开始活跃起来，并且站上了始于 55 美元的 45° 线，显示出向上的趋势。20 是 55 到 8.375 的 1/4 位置。当股价升穿这个水平，预示它将升至更高的水平。下一个位置是 1/3，即 23.625 美元，这个位置也被越过了。再下一个位置是 1/2，即 32.875 美元。

---

[1]　下降 45° 线。

[2]　上升 45° 线。

1904年12月，股价升至33美元，触及了始于55美元的2×1角度线；继而回调，然后再次升越33美元。

1905年4月到达38美元，这是8.375到55之间的5/8位置。注意39美元，它是1903年2月的最后一个顶点。5月股价下跌到25美元，停靠在始于1901年3月"0"点的2×1角度线上，并且始于1904年5月"0"点的45°角度线左边的2×1角度线也显示出很强的支撑作用[①]。另一个原因是，23.125是8.375到38之间的1/2位置，这些角度线使股价保持在1/2位置之上。

1906年2月，股价抵达顶点46美元。在45美元上，我们自然会预料到它是阻力位置。另一方面，43.25是8.375到55的3/4，此时也是60个月，即5周年的结束日期，发生回调也是情理之中的事。

1906年7月，它跌至43美元。25到46之间的1/2点位是35.5，而33.75是一个强有力的阻力水平；32.875是55到8.375的1/2。股价仍然处在始于1901年3月"0"点位置的2×1角度线之上和始于1904年5月低点的45°角度线之下仅2美元的位置，这是买入的强烈信号。

1906年10月，股价到达下一个顶部50美元。

1907年1月，它再次到达与50美元相同的顶部。股价在45美元之上5美元范围内进行了长达4个月的筹码派发。1907年1月是到达顶部的最后一个月，距离1901年4月的顶部有69个月，距离美国钢铁成立日1901年2月是71个月，也是1904年5月低点之后的32个月。进入7之年[②]，预示着股价将跌至较低的价位。在7之年，股价总是出现恐慌性的下跌。股价未能站在1901年7月顶点之上3美元，表明该股并不强势。50美元是一个阻力位，因

---

① 今天通常将45°线左边的角度线，即更陡峭的角度线称作1×2线、1×3线等，而江恩创立角度线时，无论45°线的左边还是右边，皆标注为2×1线、3×1线，江恩用左边、右边来加以区分。

② 1907年的尾数为7。

为 50 是 100 的一半，加上 5.625 等于 50.625①。

1907 年 1 月，股价跌穿了始于 33 美元的 2×1 角度线②。

1907 年 3 月，它又跌破了始于 1904 年 5 月底部的 45° 角度线，并且还位于始于 1904 年 5 月"0"点位置的 45° 角度线之下，因此，股价进入了一个很弱的位置。股价下跌到 32 美元，这是 1906 年 7 月的支撑位，也是 8.375 到 55 的半分位，而 29.75 是 8.375 到 50 之间的半分位。股价在 32 美元附近见底，并在此整理了 3 个月之久。

1907 年 7 月，股价反弹到 39 美元。注意：始于 1901 年 3 月"0"点位置的 2×1 角度线和始于 1904 年 5 月"0"点位置的 45° 角度线交叉于 38 美元，这是一个强力阻力水平，很难逾越。

1907 年 8 月，美国钢铁跌破了 32 美元，这是第四次跌破这个水平。我的规则是：当股价第四次到达相同的水平，它几乎总是穿越并且做出更高的顶或更低的底。

如图 9-43 所示，1907 年 11 月 1 日③，股价跌至 21.875 美元。阻力水平是在 22.5 美元，而且 8.375 到 55 的 3/4 是 20 美元；另一方面，如十二方图所显示的那样，24 是很强的阻力水平。股价并未跌至始于 1901 年 3 月"0"点的 4×1 角度线和始于 1904 年 5 月"0"点的 2×1 角度线，显示出强有力的支撑。该底部是 1901 年 4 月顶点之后的第 78 个月。注意，78.75 是个强阻力水平，因为它是 90 的 7/8。如从 1901 年 3 月算起，则是第 80 个月④。注意：1904 年 6 月的底是在第 40 个月完成的；再往后 40 个月，时间平衡时再次筑底。40 是个强有力的数值，因为它是 360 的 1/9、120 的 1/3，而 120 是一个 10 年周期。

---

① 7 月顶点是 48 美元，5.625 是 360 的 1/64。
② 33 美元为 1904 年 12 月的顶点，因此此处应为下降 2×1 线。
③ 根据残存的配图可知，此处实际上应为 10 月 23 日。
④ 即 6 年零 8 个月，1901 年 3 月至 1907 年 11 月为 80 个月。

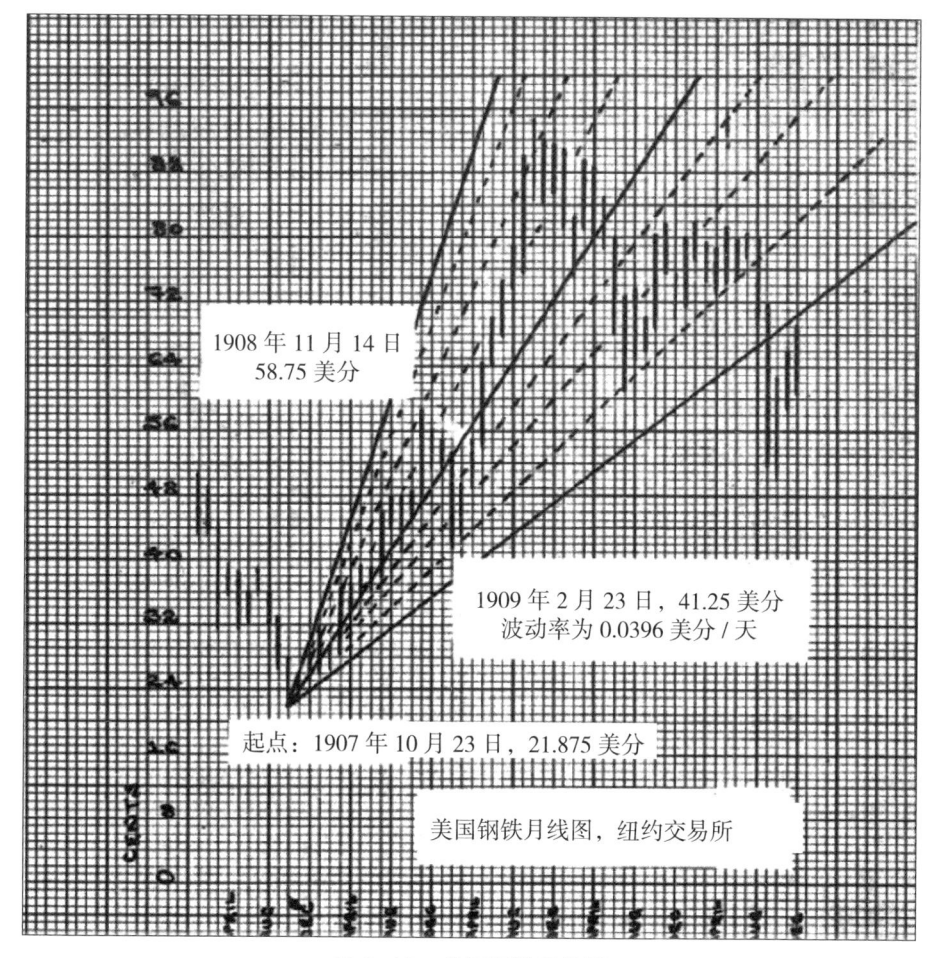

[图示说明文字：
1908年11月14日 58.75美分
1909年2月23日，41.25美分 波动率为0.0396美分/天
起点：1907年10月23日，21.875美分
美国钢铁月线图，纽约交易所]

图 9-43　美国钢铁月线图

图片来源：纽约交易所

1908年1月，股价穿过了始于1907年1月的2×1角度线，并在3月穿越了始于1901年5月的2×1角度线和始于1904年"0"点位置的3×2角度线，从而进入了强势位置。其后股价终于升穿了36美元，这是50到21.875的一半位置，这预示着股价将升到更高的位置。

1908年8月是1901年3月之后的90个月。始于1901年3月"0"点位置和90点位置的2×1线交叉于45美元，始于21.875的2×1角度线也与45美元交叉。8月，股价升至48美元，又在9月回调至42美元。现在，时间已超过了 90 个月，即超出了第一个 90 正方形，所以它处于强势位置。我的规则是：10 年周期中的第 8 年和第 9 年，价格总是位于较高的水平。

1908 年 11 月，股价升越了 50 美元，并涨至 58.75 美元，这是 1901 年 4 月之后的第 90 个月，这是顶部和强阻力的指示。但是，事实上股价已到达了 55 美元之上 3 美元的位置，这是将创新高的征兆，特别是它已经超越了 90 正方形。股价从 1904 年低点已上涨了 50 美元，而区间的 1/3 位置吸引股价返回至 42 美元，这是 1908 年 9 月的最后低点。

1909 年 2 月，美国钢铁股价下跌至 41.25 美元。我预测在 1908 年 11 月形成顶点 58.75 美元并在 1909 年 2 月形成低点 42 美元，请参阅 1909 年 12 月的《股票行情与投资文摘》[①]。

1909 年 4 月，股价穿过了 58.75 到 41.125 之间的 1/2 位置，收复了始于 1901 年 3 月 "0" 点位置的 2×1 角度线。5 月，又穿越了 58.75 美元的顶点，位于始于 1904 年 "0" 点位置的 45° 角度线之上，从而使股价处于很强的位置。现在，问题出现了，即股价经历这么多年之后进入了新的区域，如何计算它要走多远呢？我们在前面 1906 年和 1907 年的顶点 50 美元的基础之上加 45 美元，得出 95 美元。

1909 年 10 月，成交价是 94.875 美元。记住我说的规则：顶底形成于一半位置。底部 21.875 至 58.875 相距 37 美元。58.75 基础上加上 37，得出 95.75。这使得 58.5 成为 1907 年—1909 年之间的半分位[②]。

我在 94.875 美元沽空，并声明不会到达 95 美元，这些预测记载于 1909 年 12 月的《股票行情与投资文摘》上。成交价 94.875 美元稍高于始于 1906

[①] 实际上江恩在《股票行情与投资文摘》中的原话是："美国钢铁将涨至 58 美元，但是它不会达到 59 美元。"而不是江恩在本文中声称的精准到 "58.75 美元"，这在 1909 年 12 月的《股票行情与投资文摘》杂志中有详细记录。现在不少金融分析师吹嘘自己过往预测之神准，江恩可以算得上是其 "祖师爷"。

[②] 1907 年—1909 年的股价范围是 21.875～94.875，其中点是 58.375 美元，不是 58.5 美元。

年 1 月顶点 50 美元的 45° 角度线，在 1907 年低点之上 73 美元，在 1904 年 5 月低点之上 86.5 美元。任何时候，股价从底部上涨了 84～90，这个区域就是卖出范围。但是，94.875 美元是在 90 美元之上的 4.875 美元，仅是底部之上的 86.5 美元，因此，它必须穿过 99 美元才能突破始于 1904 年 5 月极端低点的 90 正方形，这是依据空间波动来测算的。

股价从 1909 年 2 月低点开始已经上涨了 53.75 美元，这是一个强阻力位。股价在第 102 个月筑顶，阻力位置在 101.25 美元。从 1907 年 11 月开始计算，它是第 24 个月，完成了一个完整的周期。如果从 1904 年 5 月开始计算是第 65 个月，那时股价到达了 67.5 美元或者说 67.5°，之后，它开始被跌穿。从 1901 年算起，它是第 104 个月。第 105 个月，即 8.75 年，是一个重要的阻力位置。

为了确定阻力水平，我们应该先计算空间波动的 1/8, 1/4, 3/8, 1/2, 5/8, 3/4, 7/8, 1/3 和 2/3。76.625 是 21.875 到 94.875 之间波动范围的 3/4。1910 年 2 月股价跌至 75 美元，在 3/4 位置获得了支撑。3 月，它上升至 89 美元，在 75 到 94.875 之间 3/4 的位置见顶，并且也恰好在始于 94.875 美元的 45° 线之下。

1910 年 7 月，股价下跌至 61.125 美元，未能继续下跌至 58.5 美元，这是 1907 年—1909 年之间的一半位置，表明它已获得了强支撑。63.25 美元是 94.875 美元的 1/3 位置，表明它是一个支撑水平，随后股价开始上涨。

1911 年 2 月，股价上升至 82 美元，这恰好是在 94.875 到 61.125 之间的 2/3 下方，并且触及了始于 1904 年"0"点位置的 45° 线，随后股价就下跌了。

1911 年 4 月，是 1901 年顶点之后 10 年周期的结束日期。

1911 年 8 月，股价跌破了始于 61.125 美元的 45° 线。

1911 年 9 月，股价又跌破了始于 1907 年 11 月的 45° 线。

1911 年 10 月，股价跌至 50 美元。注意，这是 1904 年 5 月低点之后的第 89 个月[①]，它正在完成 7.5 年周期，且在逼近 90° 角。底部 50 美元是从顶点

---

① 1904 年 5 月的低点是 8.375 美元。

下跌了 44.875 美元①，这是一个很强的支撑水平，因为下跌 45 美元等同于 45°角。50.625 美元是一个支撑水平，表明这里是个再次买入的位置。51.625 美元是 8.375 美元到 94.875 美元之间的 1/2 位置，47.375 美元是高点 94.875 美元的 1/2，所有这一切都表明这是一个很强的支撑水平。此时股价正好位于始于 1904 年 5 月的 2×1 角度线之下，只要股价重返 2×1 线之上，则能开启上涨。至此，股价已下跌两年了，确切地说是 24 个月。从 1907 年 11 月底部 21.875 美元至今是 48 个月，这是时间平衡的位置，预示另一次上升运动开始了。另外，1911 年 10 月也是 1901 年 3 月之后的第 128 个月，128 位于六方图的起始线上，六方图如图 9-44 所示。②

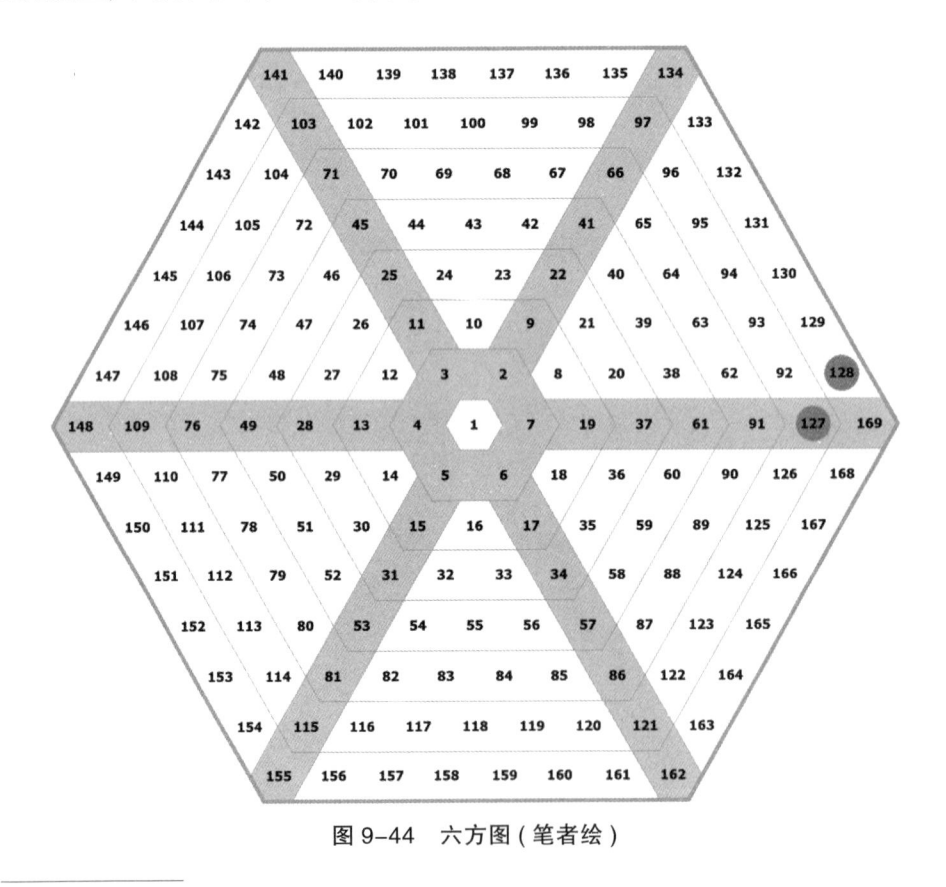

图 9-44 六方图（笔者绘）

---

① 1909 年 10 月顶点 94.875 美元。
② 笔者绘图后发现，此处应为 127，而非 128。

1912年9月和10月，美国钢铁筑顶于80美元（50到94.875的3/4位置），但未能升越1911年5月的高点。现在要注意10年之前的1902年9月的顶点和紧随其后的下跌。

1912年10月，股价开始下跌。在12月，股价跌穿了始于50美元的2×1角度线，处于较弱的位置，并且还跌穿了始于1901年—1904年的角度线和1907年—1909年的所有底部。

1913年6月，再次跌至50美元，这是与1911年10月相同的阻力水平。从1909年顶点开始下跌以来，至此已下跌了44个月，也是1909年2月之后的第52个月、1907年低点之后的第68个月、1904年低点之后的109个月、1906年底部之后的第7年——84个月。根据空间移动或阻力水平，你能够看出股价处于强势。但是，在角度线上，它却处于弱势，它正在以下跌的形式来完成自1907年开始的7年周期。

1914年2月，股价反弹至67美元，正好位于94.875美元到50美元之间的1/3位置之上2美元。注意：2个月内运行了67美元，冲击了始于1904年5月的1×2角度线，并且未能到达始于1909年10月的2×1角度线。钢铁股正在完成始于1904年低点的10年周期，这表明1914年5月或6月是底部时间。另外，1914年11月还是1907年11月低点之后的第7年。1914年7月，股票交易因战争而暂停[①]。

1914年11月，美国钢铁转移至新柯布街交易，价格在32美元附近。如此计算，根据时间可以认定：1914年11月是筑底之月。无论如何，这个价位与上市的开盘价相比，是比较低的。因此，我们还须计算美国钢铁形成极端低点的准确日期。

1915年2月，成交价在38美元。该月是1901年3月之后的168个月（14

---

① 1914年7月28日爆发了第一次世界大战，纽交所从当年7月31日起休市至同年12月13日。

年），1909 年顶点之后的 64 个月，1909 年 2 月底部之后的 72 个月，1907 年底部之后的 88 个月，这些都是预示底部的强有力的时间周期。股价已运行至始于 1904 年 5 月的 4×1 角度线之下，但很快又站在该角度线之上。38 美元这个底恰好在 8.375 到 94.875 之间的 1/3 和 21.875 到 94.875 之间的 1/4（40 美元）位置附近。1909 年 2 月的底是在 41.125 美元。37.5 是自然阻力水平，它是 30 加上 7.5，或者 22.5 加上 15 的结果，而 45 的 7/8 是 39.875，这些数字都是空间运行的强支撑、阻力位置。

根据时间因素，从这个价位开始如何预测其后的走势呢？回顾 10 年之前的走势，我查看了 1905 年、1906 年和 1907 年 1 月的记录，发现股价是上涨的，那么 10 年后的 1915 年、1916 年和 1917 年，股价也应该是上涨的。我在 1909 年 10 月的高点位置加上 7 年，得出了 1916 年 10 月。高点形成于 1916 年 11 月初，当时的高点是 129 美元。尔后急跌至 1916 年 12 月的 101 美元，但是最后的低点 99 美元直到 1917 年 2 月才见到。这是 1907 年 3 月恐慌下跌后的第 10 年，这又是 1910 年顶部之后的 7 年。高点 129 美元是 1914 年 2 月底部之后的 21 个月。股价在第 22 个月开始下跌，在第 23 个月有一次小反弹，并于 1914 年 2 月低点之后的第 24 个月筑底。注意角度线上 99 这个强力位置，它是基点 8.375 美元之上的 90 美元，刚好位于始于 1916 年 4 月低点 80 美元的 2×1 角度线上方。

1916 年 2 月是 180 个月（15 年）的结束时间，股价保持在始于 1904 年 5 月的 2×1 角度线之上运行，但仍然低于 90 美元。

1916 年 8 月，股价升穿了 1909 年的顶点 94.875 美元，这表明股价将涨升到更高地水平。

现在，要想知道美国钢铁上升的预期价格，我们先要回顾其历史走势，1909 年、1910 年、1911 年和 1912 年的高点是 80 美元。1916 年，有 3 个月时间在 80 美元水平筑底，这是最后的低点，它必定是某个重要中心或者说

1/2 位置。1909 年的高点是 94.875 美元，减去 1915 年低点 38 美元，得出 56.875 美元，将此数值加上 80 美元，得出 136.875 美元。

1917 年 5 月 31 日的确切高点是 136.875 美元，股价从 1914 年低点开始上升了 98.625 美元，也是 1904 年低点之上的 128 美元。回顾 5，7，10，15，20 年之前的顶和底，始终是很重要的。我发现，1907 年的低点 21.875 美元和 1917 年高点 136.875 美元之间的一半位置是 79.25 美元，这证明了起点 80 是中心位置，或者 10 年周期里的 1/2 位置。

1917 年的高点位于 1909 年 10 月高点之后的第 91 个月，仅比 90 正方形多了 1 个月。如果从 1901 年高点起算，是第 193 个月，即 16 年。注意，1908 年 11 月高点是 1901 年 4 月高点之后的 90 个月。16 年是 20 年周期的 4/5。正如前文所言，股价在某个周期里的第 8 和第 9 年会有最好的上升运动。

1917 年 5 月是 1901 年 3 月之后的 16 年 3 个月。市场中存在一个 32 年 6 个月的周期。也就是说，美国钢铁在 1917 年 5 月完成了这个周期的 1/2，并且到达高点。根据 90 个月筑底和精确的空间移动来看，136.875 美元相对于其后的下跌而言是个明显的高点。1917 年的高点在价格和时间（91 个月）这两方面都已圆满，表明它的确是个高点，我们应在此处沽空。另一方面，成交量也很巨大，表明筹码已经分散。

我们知道 1907 年股市出现恐慌性下跌，股价在 1907 年 10 月和 11 月形成了低点。1917 年必定重复这个过程①。1910 年也是一个熊年，1917 年是其后的第 7 年，表明 1917 年会有下跌。结果，趋势在 1917 年 6 月反身向下，1917 年 12 月出现恐慌性下跌。美国钢铁跌到了 80 美元，这是 1907 年顶点的 1/2 位置，也正好位于始于 1907 年的 2×1 角度线之下，在始于 1904 年 5 月的 2×1 角度线之下 1 美元处获得支撑。1917 年 12 月是 1910 年 7 月之后

---

① 10 年轮回。A 股 2008 和 2018 年都出现了极端下跌行情。

的第 90 个月，也是 1914 年 2 月之后的第 30 个月，恰好与圆周上的 33.75° 对应，这实际上是底部反弹的另一种暗示。我们都知道美国钢铁在 1908 年和 1909 年是上涨的，因此，在 10 年后的 1918 年和 1919 年里，我预计股价会像 1908 年和 1909 年那样运行。结果，美国钢铁在 1918 年真的上涨了，并在 1919 年 10 月和 11 月里见到了最后的高点，这恰好是 1909 年顶部之后的 10 年。

在 1920 年和 1921 年里，美国钢铁遵循了 1901 年、1910 年和 1911 年的走势。1921 年 6 月，股价见底，这个月是 1914 年 7 月低点之后的第 7 年，1907 年低点之后的 14 年，1915 年低点之后的 76 个月，1917 年顶点之后的 49 个月，1901 年 4 月顶点之后的 242 个月，即 20 周年，这是最重要的周期。

高点 136.625 美元的 1/2 位置是 68.25 美元，股价在此一半位置上获得了支撑，表明这是一个好的买点。股价从顶部下跌了 66.25 美元，这是另一个支撑水平，因为 8.375 美元到 136.625 美元的 1/2 位置是 64.125 美元。事实上，股价保持在这个有强力支撑位的 1/2 位置之上，表明它将上升至更高的水平。下一个位置是 38 美元到 136.625 美元的 1/2 位置 87.25 美元，股价在 1918 年 2 月和 1919 年 2 月皆在该价位见底。

1920 年，美国钢铁股价跌破了 87 美元，此后它再也没有反弹到 91 美元，一直跌到 1921 年 6 月的 70.5 美元。

1922 年，股价升穿了 88 美元，这是 38 美元到 136.625 美元的 1/2 位置。接着，它又升到了 111 美元，然后跌到 86 美元。股价接下来的 4 个月里保持了相同的底部，没有低于 1915 年低点到 1917 年高点之间的 1/2 位置之下 2 美元。这充分证明这个主要半分位具有完美的支撑，并且这也是强烈的买入信号，可以相信股价最终会升至更高的水平。

1924 年 5 月和 6 月恰好是 1904 年 5 月之后的 20 年，股价筑底于 95 美元。在到达高点 261.75 美元之前，未曾再到达过这个成交价格，而是低点和高点逐步抬高的走势。

1928 年 11 月是 1908 年 11 月高点之后的 20 年，美国钢铁在此见到了高点。

1929 年 1 月、2 月和 3 月，高点位于相同水平的 192~193 美元附近，随后出现下跌，跌至 5 月。股价在 162.5 美元形成了最后的低点，这比 2 月和 3 月的低点略低些。

1929 年 9 月 3 日，美国钢铁到达了历史上的最高点 261.75 美元，注意 1919 年 7 月和 1909 年 10 月到达的顶点。顶点 261.75 美元比 1909 年的顶点早 1 个月到达，而比 1919 年迟 1 个月到达。这个顶是在 1901 年 3 月之后的第 343 个月形成的，这是一个很重要的数字，它是顶底的预示，因为它是 7×49 的结果，49 又是 7×7 的结果。从 1921 年的低点起算，本月是第 98 个月，或者说 8 年零 2 个月，即第 9 年初见顶。注意，美国钢铁拆股之前的老顶是在 1927 年 5 月形成的，此时距离 1917 年 5 月的顶点正好是 10 年。

1929 年 9 月是 1915 年低点之后的第 174 个月，接近 180 个月，预示股价将出现一轮大跌。1929 年 9 月又是 1923 年低点之后的第 72 个月，1926 年 8 月高点之后的第 56 个月，1927 年 9 月高点之后的第 24 个月，1917 年 5 月之后的第 147 个月。147 是很重要的，因为 135 加上 11.5 等于 146.25，而在十二方图上，147 是一个重要的阻力水平。

从 1904 年 9 月到 1929 年 9 月，趋势是上升的，历时 300 个月，这是一个预示结束的时间周期，在这里计算空间幅度是很要紧的。1915 年低点 38 美元到 1929 年高点 261.75 美元，上涨了 223.75 美元。我们知道，225 是一个很强的阻力水平。然后计算 1907 年低点 21.875 美元到 261.75 美元的价差，发现空间移动了 240 美元，这是另一个很强的阻力水平，因为它是 360° 圆的 2/3，即 240°。从 1904 年 5 月的极端低点开始，美国钢铁上涨了 253.375 美元，255 是 240 到 270 之间的一半位置，所以它是一个很强的阻力水平。

1921 年低点 70.5 美元至 1929 年高点 261.75 美元，空间移动了 191.25 美元，由 180 美元加上 11.25 美元得到，这是另一个强阻力位置。在最后一轮行情中，美国钢铁从 1929 年 5 月的 162.5 美元升至顶部的 261.75 美元，升幅很接近 100 美元。**我的规则是：当股价陡直上升了 90～100 个价位，这是关注筑顶和趋势改变的时机。**

实践多年之后，我发现：在许多年的长周期里，股价很难保持多于每月 1 美元的增长，也就是没有比保持在 45°线上运行更好的走势了。股价在早些年快速上升而走到了时间的前面，之后必然发生快速的回调，这是由于股价针对时间的自身调节，以此来完成时价正方形。**我的规则是：当时间和空间平衡时，股价便会筑顶或筑底，这是美国钢铁在 261.75 美元筑顶的关键因素。**

1907 年 10 月的低点是 1904 年 5 月极端低点之后的下一个重要的低点水平。从 1907 年 10 月开始到 1929 年 9 月，股价上涨了 262 美元。确切地说，时间在 1929 年 8 月 23 日就到了。而股价在 1929 年 9 月 3 日筑顶于 261.75 美元，该价格位于从 1907 年 10 月 "0" 点位置绘制的 45°角度线之上 1/4 的位置，这表明股价已经重新返回到了 45°线上，这是时间和空间平衡的指示。假设股价已升穿了 45°线，只要它保持在其上，就说明股价将会涨得更高。然而，一旦股价行至其下，则预示着将会下跌至较低的位置。分析其他股票也要按照这条规则。要想让股价沿着 45°线运行，每月必须增加 1 个价位。而 1929 年 5 月美国钢铁的股价滞后于时间，这就是为什么股价发生快速上涨 100 美元去冲击 45°线（我将 45°线称作时间与空间平衡的指示器）而筑顶的原因。

我曾经说过：重要的顶和底会演变为半分位。现在需要知道美国钢铁为什么在 1929 年 11 月 150 美元位置形成低点，这是很重要的。回顾 1928 年 12 月走势，发现美国钢铁从 172.5 美元的位置跌下来，形成的最后一个低点是 149.75 美元。在这个低点水平附近，筑底历时 3 周。从这个水平开始上涨至 192 和 193 美元，之后便下跌至 162.5 美元，然后再上升至 261.25 美元。美国钢铁从 149.75 美元水平开始，创出了历史至今的新高，因此，149.75 美元或者 150 美元，必定会变成一个重要的中心点。最后的一个低点是 1915 年的

38 美元，将 149.75 美元减去 38 美元，得出 111.75 美元，然后再在 149.75 美元上加上 111.75 美元，精确地得到 261.5 美元，而美国钢铁正是筑顶于 261.75 美元。1915 年—1929 年的半分位是在 149.875 美元。美国钢铁在 1929 年 11 月跌至 150 美元，这是一个强力买点，为安全起见，设 147 美元作为止损点。

股价的总幅度 261.75 美元的 3/4 位置是 196.25 美元，因此，这是一个强阻力水平。计算 1921 年 6 月的最后低点 70.5 美元到极端高点 261.75 美元之间的 2/3 位置是 198 美元。笔者曾经指出：在 1930 年 4 月沽出美国钢铁的股票，并以 199 美元为停损点。1930 年 4 月 7 日，美国钢铁的成交价是 198.75 美元，该点位于始于高点 261.75 美元的 8×1 角度线之下，从角度线和股价的相对位置来看，该股已经走弱。但是，我们必须始终要考虑始于底部的角度线位置，此时美国钢铁的价格位于始于 1914 年和 1921 年低点的 45°角度线之上。

根据时间周期考虑股价的位置是很重要的。1930 年 4 月是 1920 年 4 月高点之后的 10 年，要是倒退 20 年的话，可以发现该股在 1910 年 3 月和 4 月见顶。回到 7 年之前，1923 年 4 月是个高点，1930 年 4 月之前的第 90 个月，也就是 1922 年 10 月有个高点，随后快速下跌至 11 月。所有的这些时间周期都预示着美国钢铁在 1930 年 4 月会遇到强阻力而形成高点，并且此时的周线和日线也同处下行趋势，这是沽空的确切信号。在下跌途中，你要进行金字塔式交易[①]。

三、历史见证未来

我们知道美国钢铁成立于 1901 年 2 月 25 日，往后看看 5，10，15，20 和 30 年周期结束时发生了什么。

你会发现：在 1901 年、1902 年、1903 年和 1904 年，美国钢铁处于熊市，

---

① 此处的"金字塔式交易"，是针对做空而言的，即首先卖出一大笔空头头寸，然后，随着价格的下跌一路卖出（卖出量递减）。

不断创出新低。因此，你要预计 30 年周期时会出现很低的价位，特别是 1929 年形成极端高点之后。注意这是牛市中的第三个高点。你还要考虑 20 年之前的 1911 年和 10 年之前的 1921 年，这些周期预示着 1931 年将是个熊年。然后，你还要查看角度线，它显示股价已进入始于 1929 年顶点向下的角度线的熊市一边。

1. 1930 年

1930 年 5 月，股价跌至 3 个月前的低点之下，即 178 美元之下，这也跌破了始于 1915 年底部"0"点位置的 45°线。当它位于 174 美元之下时，也就跌破了始于 1921 年低点的 45°线，显示股价处于很弱的位置，表明它将跌向更低的水平。

1930 年 12 月，股价跌到了 135 美元，这个价位位于始于 1927 年 1 月低点 111.25 美元的 2×1 线之上。由于这是该股最大波动区间的半分位，因此是一个强力阻力位置。

2. 1931 年

1931 年 2 月，股价反弹至 152.375 美元。这是 360 个月的结束日期，即美国钢铁成立日之后第一个 30 年周期的结束时间，美国钢铁的趋势变化几乎总是在 2 月来临。在进入新的周期之前，趋势总是向下的。此前的最后一次反弹到达 152.375 美元，这个价格未能到达始于 111.25 美元的角度线。在接下来的下跌中，股价跌破了始于 1918 年 5 月"0"点位置的 45°线。

1931 年 4 月，股价跌破了 135 美元这个低点，并跌破了始于 111.25 美元的 2×1 线和始于 1915 年低点 38 美元的 2×1 线，尔后又跌破了始于 1921 年低点的 2×1 线，显示价格处于很弱的位置。此后股价又沽穿了始于 1929 年 11 月低点 150 美元向下的 45°线，并到达了始于 1928 年 12 月 150 美元的 45°线的下面。股价处于 45°线之下如此弱的位置，表明只能产生微不足道的反弹。

1931年6月，低点是83.25美元，该点位停靠在始于1924年5月低点95美元的"0"点位置向上的45°线之上。注意：始于1904年和1915年的4×1线的交叉点位于这个水平，并且始于1929年9月"0"点位置向上的4×1线在此处穿过84美元，该点成为此次小反弹的强支撑位置。

1931年7月，股价反弹至105.5美元，但仍然处于始于顶和底的角度线的弱势位置。

1931年9月，股价跌穿了83美元，处于始于1924年5月"0"点位置的2×1线和始于1927年1月111.25美元向下的2×1线之下，股价滞后于始于1929年顶部向下的8×1线。因为所有始于底部的强力角度线都被跌穿，所以股价处于极其弱势的格局。

1931年12月，股价跌到了始于1928年12月低点150美元"0"点位置的45°线上的36美元位置，36美元又位于始于1925年6月最后低点114美元向下的45°线上。36美元位于1915年低点38美元之下2美元的价位，时间是1911年低点之后的第242个月、1927年1月低点之后的第60个月。股价在这里止跌企稳，并出现了短暂反弹，股价逐渐反弹至1932年2月，当时的成交价是52.5美元。

3. 1932年

这是新的30年周期里的第12个月[①]。注意：1902年1月的顶点，这是30年之前的顶。还有，1912年1月的顶点是20年之前的顶。

股价继续下跌，于1932年6月到达低点21.25美元，这与1907年10月的低点是相同的，此时是1929年顶点之后的第34个月。当股价到达底部时，该点位于始自1925年3月向下的45°线之下。注意：始于1924年5月向下的45°线到达"0"点位置的时间是1932年6月，这是见底信号。根据股价在

---

① 新的30年从1931年开始。

1904年5月形成极端低点这个事实来看，我们要关注5月和6月的趋势变化，即周期完成时的趋势变化。1932年6月是1904年5月低点之后的第336个月，1930年4月顶点之后的第26个月。注意1912年的5月和6月，那时出现过一个低点。

1932年9月，美国钢铁有一次陡直反弹，升至52.5美元。这与1932年2月的高点是相同的水平，但是未能穿越这个位置。此时股价仍然处于始于顶点的角度线的弱势位置，预示随后还将继续下跌。

4. 1933年

1933年2月，股价跌至23.25美元，这是一个次低点，比1932年的底更高，这表明股价有了良好的支撑。该月是1929年9月之后的第42个月，即7年的1/2周期，也是1930年4月顶点之后的第34个月，以及新30年周期中的第24个月。1913年2月见底反弹，而1903年2月是一轮下跌行情前的高点。美国钢铁总是几乎在2月发生趋势变化。回顾7年之前的1926年你会发现，3月和4月都是低点。注意始于1931年2月（这是30年周期的结束日期）"0"点位置的45°线在1933年2月通过24美元，因此，股价停靠在这条角度线上时，意味着股价将止跌企稳。

1933年7月，高点是67.5美元。注意：1923年的低点形成于7月和8月，1913年的高点形成于8月，1903年的新低形成于7月。

1933年10月，股价跌至34.5美元，该月是1929年9月顶点之后的第49个月，以及1930年4月高点之后的第42个月。从1923年10月低点起算，这个月是第120个月，即10年周期。1913年10月也是低点，1903年的低点在11月。回顾7年之前的1926年10月，我们发现有个低点。我们还要重视5年周期的1928年10月，发现那时也有一个低点。回到15年之前，即180个月之前的1918年9月,那里有一个高点。由于存在许多趋势变化的信号，因此，预计 1933 年 10 月会形成底部。

5. 1934 年

股价开始上升，在 1934 年 2 月筑顶于 59.75 美元。我们发现本年 2 月发生了向下的趋势变化，股价未能到达 1933 年 7 月的高点，这是熊市疲弱的征兆，表明将出现更低价位。59.75 美元位于始自 1933 年 7 月顶点的 45°线之下。往前看，我们发现 1904 年 5 月是股价的极端低点，因此，我们预计股价将要下跌至 1934 年的 5 月，1934 年 5 月是 1904 年 5 月底部之后的 30 周年。还要重视 1914 年和 1924 年，它将说明股价在 1934 年会如何运行。

1934 年 9 月的低点是 29.5 美元，这是 1929 年顶点之后的第 60 个月，即 5 年周期，这表明此处会有一个趋势变化。注意：1924 年 10 月有个低点；1914 年 11 月，因一战原因纽交所闭市，美国钢铁在新柯布街交易，此时该股也出现了一个低点。回顾 7 年之前的 1927 年，发现该年 10 月也有个低点。

6. 1935 年

1 月：有一个微弱的反弹，高点在 40.5 美元，但它仍处于从 1932 年和 1933 年低点开始的上升 45°线之下。但是，股价已升穿了始于 1934 年 2 月顶部下行的 2×1 角度线，但还未收盘于这个角度线之上，表明此刻还处于弱势格局。

2 月：趋势再次向下，跌穿了始于 1932 年和 1933 年底部的上升 2×1 线。

3 月：低点 27.5 美元略高于 1932 年和 1933 年的底部，表明在较高位置获得了支撑而处于即将反弹的位置。股价位于始自 21.25 美元低点的上升 4×1 线之下，但处在始于 1933 年 2 月"0"点的上升 45°线之上，并停靠在始于 1933 年 7 月高点的下降 2×1 线上。注意：1925 年的低点形成于 3 月，1915 年的低点形成于 2 月，1905 年 4 月形成了高点。还要注意：该年 3 月是 1933 年低点之后的 25 个月、1932 年之后的 33 个月和第二个 30 年周期里的第 49 个月。回顾 7 年之前，发现 1928 年 3 月有个低点。再来看 1905 年、1915 年和 1925 年，它们都是美国钢铁的上涨年。

4 月：美国钢铁开始上涨，穿越了始于 1934 年 2 月顶点的下降 2×1 线，这是第一次保持在这条角度线之上运行。

7 月：高点 44 美元位于从 1933 年 7 月顶点开始的向上 45°线之上。

8 月：股价升穿了始于 1933 年顶点的 45°线，并回到始于 1932 年 6 月"0"点位置的 45°线之上，这表明股价已处于较强的位置。注意始于 1934 年 2 月顶点"0"点位置的上行 2×1 线，1935 年 5 月和 6 月股价就停靠在这条角度线上，也停靠在始于 1932 年 6 月低点的 45°线上。

10 月：股价再次回调，停靠在始于 1935 年 3 月低点的 2×1 线上，这里是始于 1933 年 7 月高点的下行 45°线和始于 1935 年 3 月低点的 2×1 线的交叉点。本月的价格低点是 42 美元，这些情况显示了股价在这些角度线上获得了强支撑。

11 月：股价上升至 50 美元。注意：始于 1931 年 7 月最后顶点 105.5 美元的下行 45°线在 1935 年 11 月通过 53.5 美元。回顾以往周期，不难发现：1905 年的年高点是在 12 月，1915 年的年高点在 12 月，1925 年的高点在 11 月，1928 年的低点在 12 月。5 年之前的 1930 年是个熊年，但股价还是在 12 月见底。1935 年还在继续，并会重现 1905 年、1915 年和 1925 年的牛市周期。

7. 未来预测：1936 年

为了预测美国钢铁股价在 1936 年的走势，首先要回顾 1906 年、1916 年、1926 年、1921 年、1922 年和 1929 年的走势[①]。注意，1906 年和 1916 年的高点是在 1 月到达的，并且趋势在该月拐头向下。但是，这两年的七八月至 12 月间的趋势是强势向上的。在 1926 年 1 月里有个高点，5 月抵达低点，8

---

① 1906（30 年）、1916（20 年）、1926（10 年）、1921（15 年）、1922（14 年）以及 1929（7 年）。其中主控周期分别为 5 年、7 年以及 10 年，其余年份均为主控周期衍生而来。

月里又有个高点，10月又到达低点，然后陡直反弹，并在12月形成全年高点。

在预测任何股票的未来走势时，要应用这些相同的规则，画出所有始于顶和底的角度线，重视阻力位置，研究成交量，并关注周线、月线图上高低点位置。应用所有的规则，思考所有的趋势信号，你将能够做出更加精确的预测。

四、按照平方数确定时价阻力

每一个涨跌趋势终止的价格都是某些重要的数字点位，它们由360°圆的分割点、九方图、十二方图、二十方图和某些其他数字的平方或者半分数来确定。

不能用数字确定的顶和底是不存在的。每一个市场波动都是某个原因的结果，你一旦确定了原因，就能够充分明了其结果。

价格经常会运行到某个半分数即顶和底的一半位置，或者某些其他的重要阻力位置的一半位置。例如：我们将360°圆二等分得到180°；四等分，得到90°；然后再将90°二等分，得到45°；再将45°二等分，得到22.5°；22.5°的二等分为11.25°；11.25°的二等分是5.625°；5.625°的二等分是2.8125°，这是我们所能利用的圆周时间周期的最低级别的分割点。

从时间周期来说，股价的顶底总是出现在不同数字的平方、不同数字的三等分点、它们的顶底价格的平方或者各种平方数的一半位置。因此，根据这些平方数研究支撑阻力水平是很重要的。

1. 平方数

每一个数字的平方和两个相邻平方数之间的半分位是很重要的。例如：

2的平方是4，3的平方是9，4和9的半分位是6.5。

4的平方是16，9和16的半分位是12.5。

5的平方是25，16和25的半分位是20.5。

6的平方是36，25和36的半分位是30.5。

7 的平方是 49，36 和 49 的半分位是 42.5。

8 的平方是 64，49 和 64 的半分位是 56.5。

9 的平方是 81，64 和 81 的半分位是 72.5。

10 的平方是 100，81 和 100 的半分位是 90.5。

11 的平方是 121，100 和 121 的半分位是 110.5。

12 的平方是 144，121 和 144 的半分位是 132.5。

用相同的方法，能够算出 13、14 等数字的平方数及其半分数。

需要牢记的要点是：底为奇数，则在奇方数上筑顶，即在 3，5，7，9 或 11 做出低点的股票，将在奇数平方位见到高点；而在 2，4，6，8 或 10 上筑底的股票，将在偶方数上筑顶。

当股价在低位运行时，易在 2，4，6.5，9，12.5 和 16 等价位附近遇到阻力（支撑）而形成顶或底。所有这些数字也是重要的时间周期，尤其在月线图上更是如此，当然也要关注周线图。当股价波动很活跃并到达了高位，而且时间周期距离过去的顶或底又很远，那么你要关注日线图上的平方数位置。

2. 阻力数

11.25：11.25 是圆的 1/32，也是 22.5 的 1/2。

12：这是重要的时间和价格撑压位置，因为 12 相当于 12 个月。

15：15 之所以重要，是因为它相当于 15 个月，即 1.25 年。

16：下一个重要的阻力数是 16，它是 4 的平方数。

18：它是时间和价格的重要阻力数字，因为它是 9 的 2 倍，12 的 1.5 倍，圆的 1/20。

20.5：它是 16 和 25 的半分数，在时间测量上是很重要的。

22.5：22.5 是圆的 1/16，是 45 的 1/2。股票经常在 23 个月筑顶或筑底的原因就是 22.5° 角在这个位置上。

24 和 25：这两个数字是很重要的，因为 24 是 12 的 2 倍，25 是 5 的平方数和 100 的 1/4。

26：4 的平方数是 16，偶数 6 的平方数是 36，它们的半分数是 26。它在某些时候是重要的时间和价格的阻力位置。

27 和 28：重要的顶和底在 27 和 28 个月附近形成，主要或次级的运动在这个时间周期上结束。其原因是：4×7=28，28 是 28 个月，是 2.333 年。9 的 3 倍是 27，而在 3 的倍数上完成的事物是很重要的，因为 3 是第一个可以被平方的奇数（1 的平方还是 1）。

30：任何半分位都是非常重要的，因此，30 个月（2.5 年）是趋势发生变化的重要时间周期，因为 30.5 是 25（5 的平方）和 36（6 的平方）的半分数。

34 和 36：33.75 是 45 的 3/4。回顾 1932 年 7 月结束的熊市运动，该月是 1929 年顶点之后的 34 个月。在第 34 和第 36 个月时关注趋势变化是很重要的。36 是 6 的平方，使其成为一个强力阻力位置。36 是 12 的 3 倍，即第 3 年结束时间，这是 36 之所以强大的另一个原因。

39 和 40：40 在《圣经》中被多次提及，如以色列儿童在荒野中流浪 40 年，食物维持了 40 天。40 个月等同于 3.333 年。45 的 7/8 是 39.375，40 是圆周的 1/9。所有这一切，使 40 在时间周期和价格支撑阻力水平方面显得十分重要。

42：下一个重要的时间和价格数字是 42，它在时间上是 3.5 年，即 7 年周期的 1/2。42.5 是 6 的平方和 7 的平方的半分数。

45：它是所有数字的主宰，因为它包括了 1—9 的所有数字[①]。90° 角的 1/2 是 45° 角，所以 45 是重要的半分位。它是 360 的 1/8，是 5×9 的结果。快速涨跌经常发生在第 45 个月。在任何类型的正方形图表上[②]，你会发现：45 会在 45° 线或 90° 线以及等价于这两条角度线的某条角度线上显露出来，这一切

[①] 1—9 的众数和是 45。江恩经典著作中有一本名为《华尔街 45 年》，实际上，江恩在华尔街并非 45 年。

[②] 即四方图、九方图等正方形图表。

无不证明了 45 是个主宰的数字。在价格、时间、空间和成交量波动的测量中，应尽一切可能使用 45 这个数字。

48 和 49：判断趋势变化方面强大而重要的数字是 48 和 49。48 是 12 的 4 倍，即 4 年的结束月数；49 是 7×7 的结果，即 7 的平方数。股价下跌到 49~50 时，经常会遇到支撑，并且从这个位置开始有一个好的反弹。这与股价上涨到 49~50 附近遇到阻力相似，无论如何，股价先要回调至 45。

50：是一个重要的数字，因为它是 100 的一半。我们在 45 上加 5.625，可以得到 50.625。

52：这个数字非常重要，因为一年有 52 周，51.875 是 360° 圆的 1/7，它又可表示 4.75 年。52.5 是 45 到 60 的半分数，这些原因使其在观察支撑阻力时显得尤为重要。

56 和 57：这两个数字是很重要的，因为 56.25 是 45 加上 11.25 的结果，同时也是 45 和 67.5 的半分数。56.5 是 49 到 64 的半分数。

60：这是一个非常重要的阻力位，并且是一个重要的时间周期，因为它相当于 5 年的时间，即 10 年周期的 1/2 或者 20 年周期的 1/4。它是 45—49 之后的最重要的时间周期之一。60 是圆的 1/6。在这里，我们再次使用了"3 的规则"，用 3 乘以 20 得到 60，60 是 180 的 1/3，又是 45 到 75 的半分数。要关注上涨或下跌到 60 美元附近的股票，如果股价在此处犹豫不前，震荡好几天、好几个星期或好几个月，就可以知道股价在此处遇到了支撑阻力，转势迫在眉睫。

63 和 64：62.5 是 100 的 5/8。63 是 9×7 的结果。64 是 8 的平方，相当于 5.333 年，是 60 之后值得注意的重要数字。

66 和 67：66 是 5.5 的 12 倍，它相当于 5.5 年。67.5 是 45 加上 22.5 的结果，它还是圆的 3/16，即 67.5°。

70 到 72：70 在《圣经》中出现了许多次，它是 3 个 20 年再加上 10 年，是人的古稀之年。70 是 10 的 7 倍，20 年周期的 3.5 倍。72 相当于 6 年。72.5 是 8 的平方和 9 的平方的一半。72 是 360 的 1/5，也是十二方图中最重要的时间周期。

78 到 80：都是重要的数字，因为 78.75 是 90 的 7/8。80 是 20 的 4 倍，是 40 的 2 倍。80 是 360° 圆的 2/9，也是 100 的 4/5。9 的平方是 81。巨大的阻力发生在这些价格附近，周期的开始和结束也发生在这些月数的附近，正如你在图表上看到的那样。

84 到 85：这两个数字是强支撑阻力水平，因为 84.375 是 90 的 15/16，84 是 7×12 的结果，即相当于 7 年周期。在这个位置，当股票运行到第 90 个月或者 90 美元时，会遇到最大的阻力。当股价跌到 90 美元之下后，84～85 美元是第一个重要支撑水平。

89 和 90：90 是最强大的阻力数之一，因为它是直角，是圆的 1/4。90.5 是 81（9 的平方）和 100（10 的平方）的半分数。在活跃的市场里，当价格运行到 90 个月、90 周或 90 天时，会发生直上和直下的波动。第 90 个月是最重要的，但是 90 周也是相当重要的。始终要最关注第 89 个月时行情构筑顶底和重要趋势变化的可能性。许多重要的运动是在 89 个月开始和结束的，而有些运动则运行到第 90 个月。注意美国钢铁股票 1915 年—1916 年的月线图，看看在第 89 和第 90 个月附近发生了什么。在日线图上，变化经常发生在第 92 和第 93 天。但是，在某个重大变化发生之前，某些波动常运行至第 98 天。记住，在月线图上关注这个位置是很重要的。

95 到 96：这是 8×12 的结果。95.625 是 90 加上 5.625 的结果，它是时间和价格变化的相当强的诱因。当某个重要的时间间隔是第 96～98 个月时，你会经常发现趋势发生变化，因为这是 8×12 的结果，是第 9 年的开始。第 9 年始终是重要的，它经常标志着一波重大行情的终结。股价常常涨至 95～97 美元，而未能涨至 100 美元。股价经常下跌至 95～97 美元遇到强支撑，尔后反弹并再次穿越 100 美元。

99 和 100：是非常重要的数字。因为 100 是 10 的平方，99 是 11×9 的结果。100 是公众买卖股票的心理价位，即人们希望股价到达这个价位。因此，股价常常运行至 99 而未能到达 100，而且常常下跌至 99 然后再开始上涨。

要研究所有的平方数、半分数和十二方图，如在 360° 圆图中所示的那样。所有这些数字点位，将会帮助你确定趋势变化和支撑阻力水平。

江恩
1935 年 11 月

第七节　价格刻度

一、不同商品的价格刻度

1. 大豆、玉米、燕麦、黑麦和小麦

日、周和月线高低点图表的刻度始终是相同的：每普式尔 1 点对应 1/8 英寸，或者 8 点对应 1 英寸。为了平衡时间或者使时间符合价格，你要使用 1 个单位的时间与 1 美分价格相对应。

例如：1939 年 7 月 27 日的 5 月大豆极端低点 67 点，这需要 67 个自然日或者 67 个交易日去平衡，以及 67 周或 67 个月的时间去正方[①]价格。

2. 可可

日线图的刻度是 15 点对应 1/8 英寸，但是在某些日线图上，则会使用 10

---

① 正方即平衡。

点对应 1/8 英寸的刻度。周线图是 30 点对应 1/8 英寸。月图上用 20 点对应 1/8 英寸，而某些则是 30 点。为了得到正方价格的时间，要用高点或低点价格除以刻度，如此才能够获得正方价格所需的时间。

3. 咖啡

日线图上的刻度是 20 点对应 1/8 英寸，这个刻度代表性最好。周线图的刻度是 20 点和 30 点对应 1/8 英寸，而月线图是 30 点对应 1/8 英寸。为了获得平衡价格的时间，需要用高点或低点价格除以刻度。

4. 棉花

日线图上的刻度是 10 点对应 1/8 英寸，周线图是 15 点对应 1/8 英寸，月线图则是 20 点对应 1/8 英寸，但是，某些月线图上则是 30 点对应 1/8 英寸。趋势和角度按照这两种刻度配合得很好，这是由于 20 点在每份 100 包的合约上等于 100 美元，而 30 点则等于每份棉花合约 150 美元。棉花每波动 1 点，则等于每份合约 5 美元。为了获得平衡价格的时间，要用高低点的价格除以刻度[①]。

5. 禽蛋

日线图上的刻度是 10 点对应 1/8 英寸，周线图上是 25 点对应 1/8 英寸，它等于 1 美分的 1/4，或者每份合约的损益是 36 美元。一张 35 点对应 1/8 英寸刻度的图表，这等于每份合约 50.4 美元[②]。

月线图的刻度是 50 点对应 1/8，即每打 0.5 美分，或者每份合约 72 美元。一张 70 点对应 1/8 英寸刻度的图表，这等于每份合约 100.8 美元[③]。

---

① 棉花合约每份为 100 包，每包 500 磅；而 20 点 =0.2¢ =0.002$；0.002$×50000 磅 =100$。
② 35 点是周线刻度。禽蛋每份合约为 14400 打。25 点 =0.25 美分，35 点 =0.35 美分；则 0.25¢×14400=36$，0.35¢×14400=50.4$。
③ 0.5¢×14400=72$。70 点 = 0.7¢。0.7¢×14400=100.8$。

禽蛋的最小变动价格是 5 点，或者每份合约 7.20 美元。每打 1 美分，即 100 点等于 144 美元①。为了获得平衡高低点或高低点差值所需要的时间，你要用价格除以刻度，从而获得所需要的时间。当你使用 25 点刻度的时候，你可以用 4 乘以高点价格来获得平衡价格的时间。在刻度是 50 点对应 1/8 英寸的图表上，你可以乘以 2。你若始终用高低点价格除以刻度，那么你很少会出错。

二、几何角度

45°线，是从任何顶底或者任何 1/2 位置开始绘制的角度线中首要的也是最重要的角度线。

从图表上的顶或底开始横向标记日、周或月数，如此，你将知道角度线何时到达高或低价位以及何时形成正方形，即达到平衡。你要在周图表上用箭头标记下列周数：6.5，13，19.5，26，32，35，39，45.5，52。你还要在第二年、第三年或更多年里继续做标记，如 58.5 周（$1^{1/8}$ 年），65 周（$1^{1/4}$ 年），78 周（$1^{1/2}$ 年）。你必须拥有一张显示 11 个间隔周期直至 30 年的表格②，你要从禽蛋的高点或低点开始进行计数，如此你可以看清楚何时位于极端高点或低点之后的 1/4，1/2，1/3，2/3，3/4，1 年位置。

1. 时间和价格的关键位置

360°圆的比例部分如下：$11^{1/4}$，$22^{1/2}$，$33^{3/4}$，45，$56^{1/4}$，60，$67^{1/2}$，$78^{3/4}$，90，$101^{1/4}$，$112^{1/2}$，120，$123^{3/4}$，135，$146^{1/4}$，$157^{1/2}$，$168^{3/4}$，180，$191^{1/4}$，$202^{1/2}$，$213^{3/4}$，225，$236^{1/4}$，$247^{1/2}$，$258^{3/4}$，270，$281^{1/4}$，$292^{1/2}$，300，$303^{3/4}$，315，$326^{1/4}$，$337^{1/2}$，$348^{3/4}$，360，由此完成了一个循环。这些位置可以被标记为时间和价格，它们将成为引起趋势变化的关键位置。

---

① 1 美分 =100 点，那么每份合约为 0.01$×14400=144$。
② 12 个数字，11 个间隔。

2. 平方数

这些数字是：4，9，16，25，36，49，64，81，100，121，144，169，196，225，256，289，324和361。

通过研究过去市场在这些重要时间周期、价格水平的活动情况并关注未来价格的波动，你一定会认识到它们在测量时间周期和价格水平上的巨大价值。但要记注：时间始终是最重要的，它能引起价格的趋势性变化。

3. 角度线的起点

（1）从日、周或月线图上的任何重要顶或底开始画角度线，始终要先画45°线。然后画它左边的1×2角度线和它右边的2×1角度线，这是最重要的两条角度线。在你需要时，还可以使用所有其他角度线。

（2）从任一高低点绘制横贯图表底部的水平直线。当45°线或者其他任何角度线到达这些基准线时，就可以认为是时间正方了价格，时间也可以在价格的1/8，1/4，1/2等位置正方价格。

例如：从10月禽蛋1950年10月2日的低点3225点绘制水平线，从10月禽蛋的高点5855点绘制水平线。以每周25点的比例，从3225低点绘制向上的45°线，与通过高点5855的水平线交叉，这就意味着价格与时间在3225～5855点区间内实现了平衡，即时价正方。

利用45°线去正方价格和用25去除价格是相同的。请看1947年9月10日到现在的10月禽蛋周图表，我已在那里放置了所有时间周期和角度线，并且用箭头标记了关注趋势变化的重要位置。我在这张图表上已经放置了你在任何时候需要使用的所有参数，因此，你可以把它作为任何其他商品的样板图。

（3）从低点或高点日期的"0"点位置绘制45°角度线，并且延伸它到任何以前的顶或底的水平。例如：从1950年10月2日的"0"点位置绘制45°线，当它到达3225点时，就意味着价格被时间平衡。当此角度线到达5855点时，同样意味着时间和价格平衡，或者说是完成了从"0"点开始的正方形。为了获得角度线从"0"点到5855点所需的时间，可以用5855除以25，其结果是需要234周才能正方或平衡5855点。当然，你要8等分和3等分这个时间周期，并且在这些位置做上标记，正如我在周图表上所做的那样。当任一条45°角度线通过顶底的价格水平线时，要密切关注趋势的变化。

从3225点或者其他价位向上绘制比例为每周50点的1×2线，当这条角度线到达5855点时，意味着1/2的时间与价格实现了平衡，或者说形成了时价正方。

1×4线每周上移100点，当它到达5855点时，这意味着1/4的时间与价格达到了平衡。

在下跌市场中方向相反：当始于任何顶部的45°线到达低点水平时，这表明时间和价格业已平衡，或者说此时时价正方。

从任何顶部开始的1×2线每周下跌50点，当它到达低价位时，这表明2倍的价格被时间所平衡。

（4）以每周25点的比例计算正方3225点所需的时间，结果是129周。从这个低点开始，把129周标记在图表上。从129周所在日期的3225点向左绘制上升45°线，这条角度线与来自低点3225点上行的45°线相交叉，该交点正好位于正方形一半的位置上。价格升越这条角度线是很重要的，它预示着价格将会升得更高。把这条规则应用到任何其他价格走势图上，当角度线通过正方形的价格结束位置时，重大的趋势变化就即将来临。

用25除5855，得到234周。沿着5855点的水平线移动至234周，然后从此点开始向左下方绘制45°线。当价格跌落到两条角度线的交点之下时，这表明价格必将走向更低的位置。这个234周的时间周期还可以被八等分或者三等分，在图表上标记这些时间周期。用此方法，你将能够确定时间和价格何时平衡，也能够看清楚角度线的交叉和价格走到其上或其下时的趋势变化。当价格位于45°线之上或之下时，价格将会处于强势或弱势的位置。但是，你还必须使用所有其他的角度线来验证趋势变化。

在谷物或任何其他商品应用相同的规则，通过学习和实践，你将学会如何判断趋势由弱转强或由强转弱。

另外，记住你签署的协议：保证不泄露这些规则，不转授他人；保守秘密，仅仅自己使用。稍后，你将收到很重要的 CE 平均值和 MOF 公式[①]。这些内容只能向已学过与你相同课程的同学传播。不要向其他学生泄露这些秘密，因为他们所学的仅是次级课程，并且他们只支付了较少的学费。

祝你成功！你真诚的朋友。

江恩
1954 年 11 月 6 日

第八节　价格阻力

一、阻力水平

最高成交价的一半位置和高低点之间的一半位置是十分重要的，因为这些位置相当于 45° 角或者说是"引力中心"[②]。对于 5 月大豆来说，这些价格是：218.375，240.375，251.875 和 319.125。

根据周线或月线图的极端高低点形成的日期，从它们的一半位置开始向上或向下画 45° 线，这些角度线对于确定高低点和趋势变化是很重要的。从极端低点或极端高点开始加上或减去圆周的分割比率，可以得到以下数据：

---

① "CE 平均值"，即江恩比例。木、土、天王、海王、冥王星的平均经度简称为 MOF。
② "引力中心"，即半分位。

44°加上360°，得到404°。从404°减去90°得出314°，它在黄道十二宫上的位置是水瓶座14°。这个位置减去90°，其正方形相位是224°，即天蝎座14°[①]。如图9-45所示。

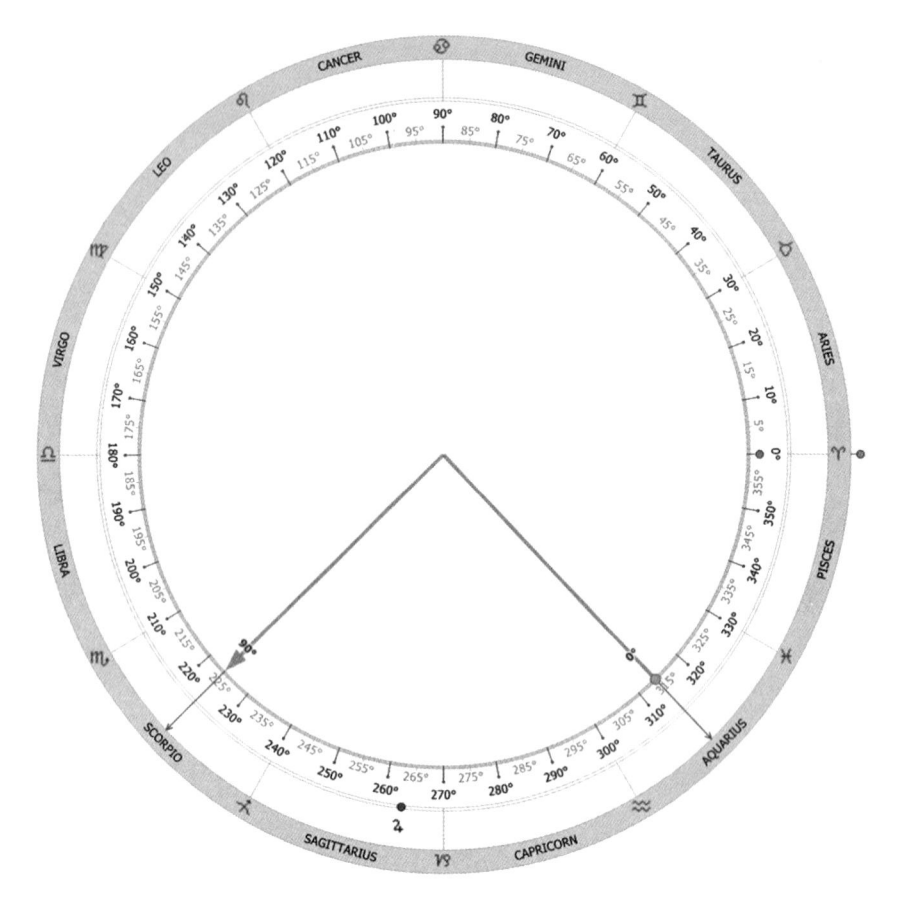

图9-45　黄道十二宫（笔者绘）

436.75[②]减去360，得到76.75°，即双子座16°45′；减去120，得出价格316.75，即水瓶座16°45′；减去90°，其正方形相位是226.75°，即天蝎座16°45′[③]。如图9-46所示。

[①] 5月大豆在1932年12月28日的极端低点是44¢。1¢=1°，下同。
[②] 1948年7月27日高点。
[③] 210°箭头所指位置。

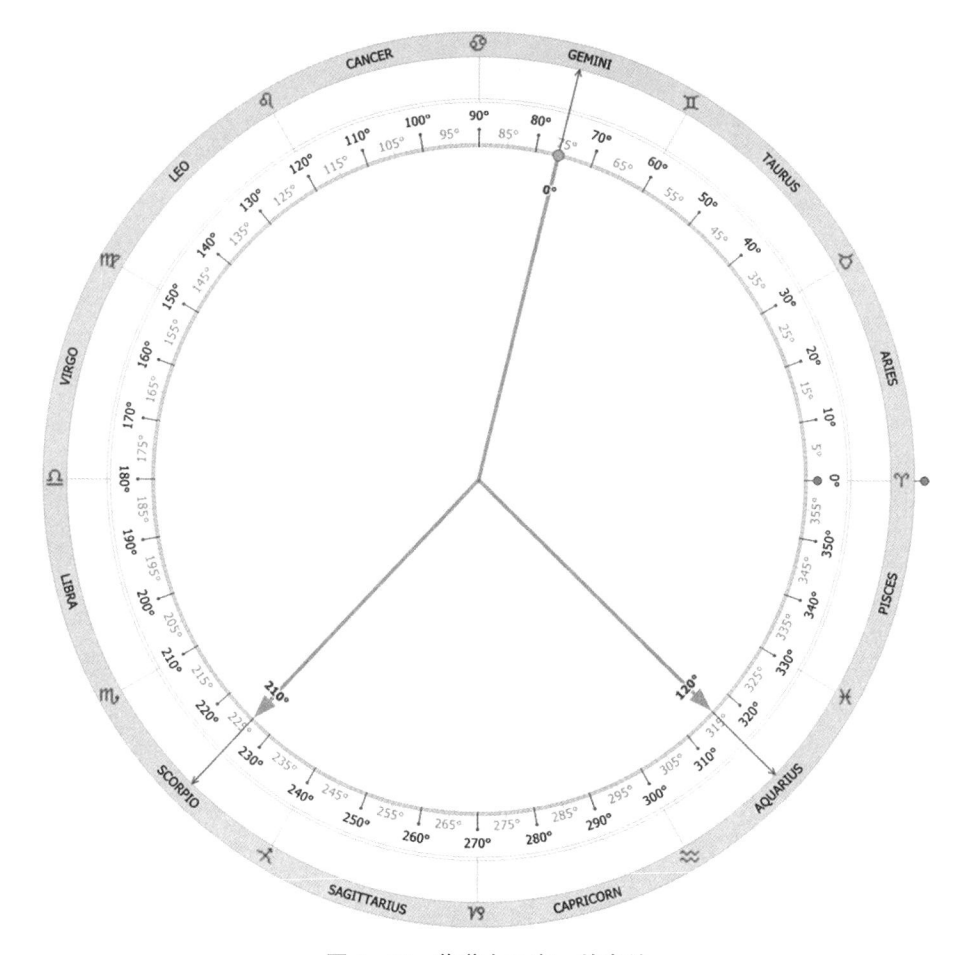

图 9-46　黄道十二宫　笔者绘

低点 67、68 或 69[1] 相当于双子座 7°、8° 和 9°。减去 120°，得出 307、308 和 309，这些三角点位于水瓶座 7°、8° 和 9°。从这些价格中减去 90°，得出 217、218 和 219，即天蝎座 7°、8° 和 9°[2]。

高点 131 加上 180，得出 311，即水瓶座 11°。减去 90，得出 221，即天蝎座 11°。

---

[1] 分别为 1938 年 10 月 20 日、1939 年 7 月 27 日以及 1940 年 8 月 10 日低点。
[2] 计算过程如下：427-120=307、428-120=308、429-120=309。"三角点位"即 120° 相位。307-90=217、308-90=218、309-90=219。

1936 年 10 月 5 日第一笔成交价是 120。加上 180，得出 300，即摩羯座 30°。

218.375 是天蝎座 8°22′。加上 90，得出 308.375，即水瓶座 8.375°。

240.375[①] 是射手座 0°22′。加上 60，得出 300.375。加上 90，得出 330.375。

251.875 是射手座 11.875°。加上 60，得出 311.875，是水瓶座 11.875°。加上 90°，得出 341.875°，即双鱼座 11.875°。

1930 年 6 月的高点是 216，它相当于天蝎座 6°。加上 90，得出 306，即水瓶座 6°。加上 225，得出 441，是 21 的平方，即双子座 21°。441 比 360 多 81，是 9 的平方。

436.75 减去 135[②]，得出 301.75，即水瓶座 1°45′。减去 180，得出 256.75，即射手座 16°45′。减去 225，得出 211.75，即天蝎座 1°45′。减去 236.5，得出 200.25，即天秤座 20°15′。5 月大豆在 1949 年 2 月的低点是 201.5。

344.5 减去 33.75，得到 310.75，即水瓶座 10°45′。减去 45，得出 299.5，即摩羯座 29°30′[③]。

120 加上 90，得出 210，即天蝎座 30°。加上 135 得到 255，即射手座 15°。加上 180，得到 300，即摩羯座 30°[④]。

67 加上 90，得到 157，即处女座 7°。加上 135，得到 202，即天秤座 22°。加上 120，得出 187，即天秤座 7°。加上 180，得到 247，即射手座 7°。加上 225，得到 292，即摩羯座 22°。加上 240，得到 307，即水瓶座 7°。加

---

① 1948 年 10 月 9 日低点。
② 436.75 点是 1948 年 1 月 15 日的高点。
③ 344.5 点是 1951 年 2 月 8 日高点。33.75 是圆的 32 等分的 3 倍。
④ 120 点是 1936 年 10 月 5 日高点。

上 270，得到 337，即双鱼座 7°。加上 315，得到 382，即白羊座 22°。加上 360，得到 427，即双子座 7°。加上 371.25，得到 438.25①。5 月大豆的高点是 436.75，此高点之后的极端低点是 201.5。注意：67 加上 135 是 202，405 的 1/2 是 202.5②。180 加上 22.5 是 202.5，这就是 5 月大豆在 201.5 点见底的数学原因。

上面所有的价格水平都能用日、周和月的时间周期来测量，什么时候那些时间周期抵达这些价位，这对于趋势变化是非常重要的，尤其是被来自高点或低点的角度线所确认时则更为重要。

二、主宰角度

主宰角度的含义是：主要的行星经度和这些行星的正方、三角和对冲相位上的价格和时间周期③。

六大行星的地心和日心平均经度是测量时间和价格的最有力位置④，除火星以外五大行星的地心和日心的平均经度值得密切关注⑤。

你也要计算围绕太阳运行的八个行星的平均经度，因为这是第一个最重要的奇方数。1 的平方是 1，1 是太阳。8 加到 1 上面是 9，这是 3 的平方，它完成了第一个奇数的平方，它对于测量时间和价格是非常重要的。

举例说明：现在写作的日期是 1954 年 1 月 18 日，地心观测土星的相位是天蝎座 8°～9°。加上正方形相位 90°，是 308°～309°，即水瓶座 9°，这相当于 5 月大豆 308～309 的价格。

---

① 371.25 = 360 + 11.25，而 11.25 是 360° 圆的 32 等分。
② 405 点是 1920 年 2 月 15 日的高点。
③ 即 90°、120° 和 180° 相位。
④ 除水星、金星、地球以外的六大行星。
⑤ 平均经度简称 MOF。

木星位于双子座 21°①，这是从 0° 开始的 81°，81 是 9 的平方。从木星经度减去 135°，得出 306°，即水瓶座 6°，这是大豆在 306～311.25 之间多次受阻的原因。价格阻力水平在这些度数、价位以及日、周、月图表上的几何角度线附近将会变得更强，土星和木星的相位力量耗尽了这些价格阻力水平的时间，这也是大豆停止上涨的原因。

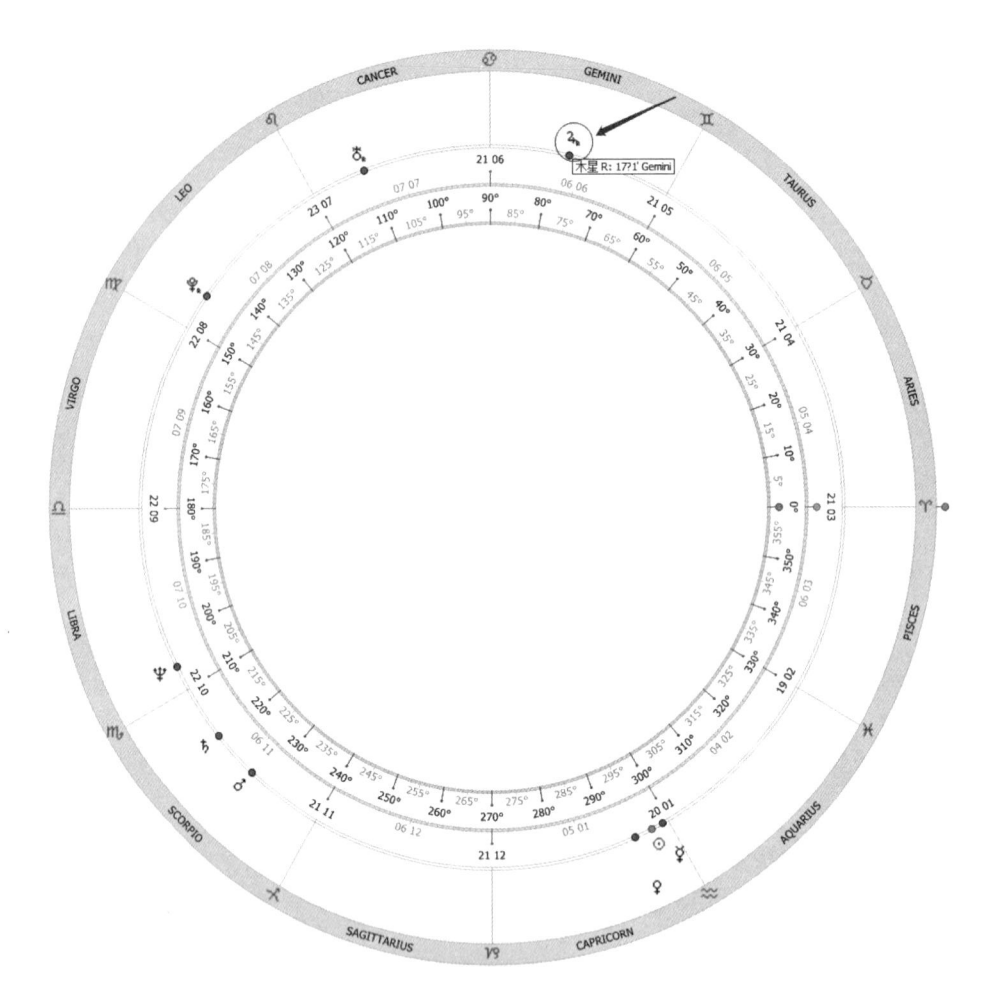

图 9-47　木星相位（1954 年 1 月 18 日）（笔者绘）

---

① 查看星历表得知，此处应为双子座 17°，而非江恩所说的 21°。

三、24 换算法

地球自转一周（360°）的时间是 24 小时。1 小时时间等于 15°，我们使用价格 1 美分对应 1 小时。这是针对每天的活跃市场而言的，它也可以用于周和月的时间周期。

行星经度和行星的平均经度决定了阻力水平，价格循环一周是 24 美分/蒲式耳。你要用红色的圆圈在图表上标记所有的低点，并且用绿色的圆圈标注所有的高点[1]。接着，你要注意从每个高点和低点开始的 45，60，90，120，135，180，225，240，270，300，315 和 360 度角；然后，你要对照行星经度和行星平均经度，看看价格什么时间到达这些度数并遇到阻力。

例如：大豆在 1953 年 12 月 2 日的高点是 311.25 美分，对应双鱼座 18.75°[2]，并且接近木星的正方形相位（90°）、土星的 135°、平均经度的 180° 和天王星的 120°。如图 9-48 所示。

图 9-48 中，A 为双鱼座 18.75°，B 为 83° 木星，C 为木星的正方相位 353°，D 为 215° 土星，E 为土星的 135° 相位 350°，F 为平均经度 178.25°，G 为平均经度的 180° 相位 358.25°，H 为 113° 天王星，天王星的 120° 相位与木星的正方相位 353°（C）重合。从图中可以看到，1953 年 12 月 2 日，如此多的关键角度皆汇聚于双鱼座 18.75° 附近，此时见到高点 311.25 美分也就不足为奇了。

---

[1] 具体颜色自行选择即可。
[2] 这里使用了 24 换算法把价格转换为经度，此处 1° 不再代表 1 美分，而是 15° 对应 1 美分，因此，311.25 美分 ×15°=4668.75°，4668.75°÷360°=12.968 圈，也就是说 12.968 圈后见到高点 311.25 美分，即 12 圈又 0.968 圈，去掉整数圈后，0.968×360=348.75°，对应双鱼座 18.75°。

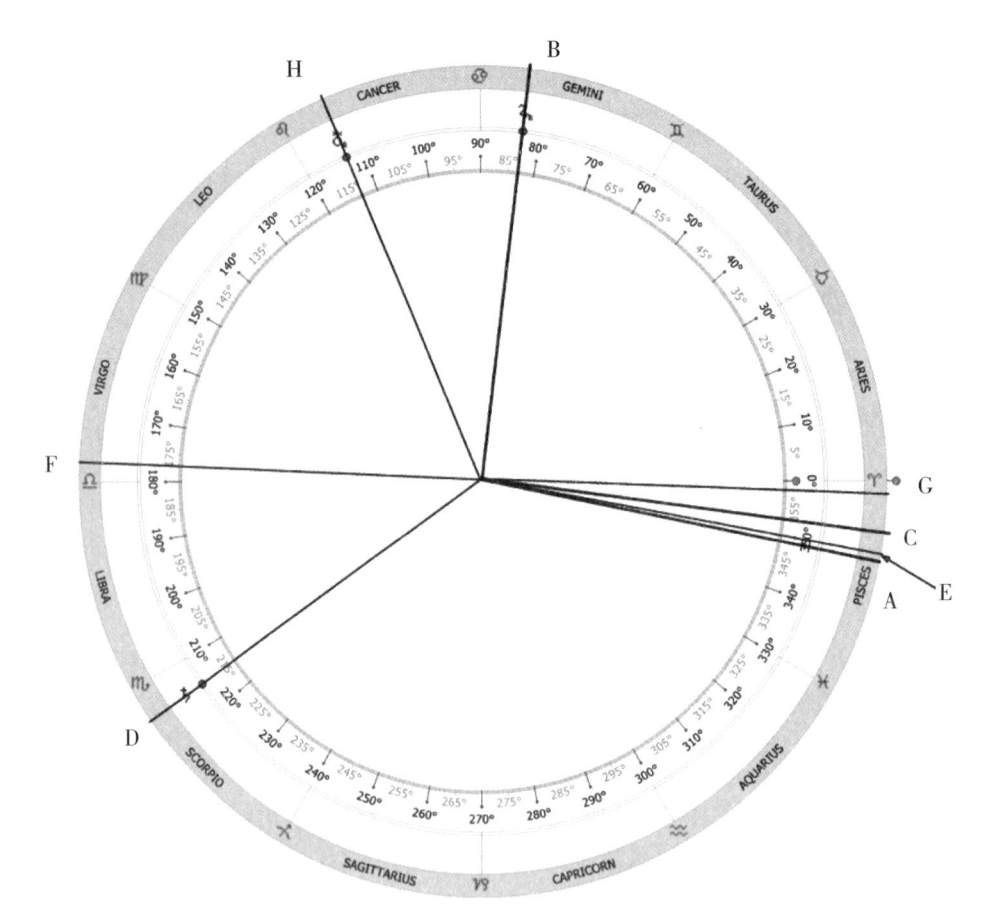

图 9-48 311.25 高点所在的位置（笔者绘）

  价格 300 美分相当于处女座 30°，302 美分相当于天秤座 30°，304 美分相当于天蝎座 30°[①]。1954 年 1 月 18 日，地心土星位于天蝎座 8° 34′（见图 9-49），而天蝎座 15° 对应的价格为 303 美分。因此，当 5 月大豆跌到 302 美分时，它肯定位于土星经度之下，这就预示价格将跌到更低的水平。同时，地球围绕太阳公转一周是 365.25 天，308.5 美分是土星的正方相位，只要价格低于 308.5 美分，它就在正方形之中，价格倾向走得更低。使用 24 换算法，当价格跌破

---

① 这里同样使用 24 换算法把价格转换为经度，在该例中省去计算步骤，直接用轮中轮进行定位。

了 304 美分的时候，它就处于"熊性"的天蝎座里，这是一个固定星座，预示价格将会跌到更低的位置①。

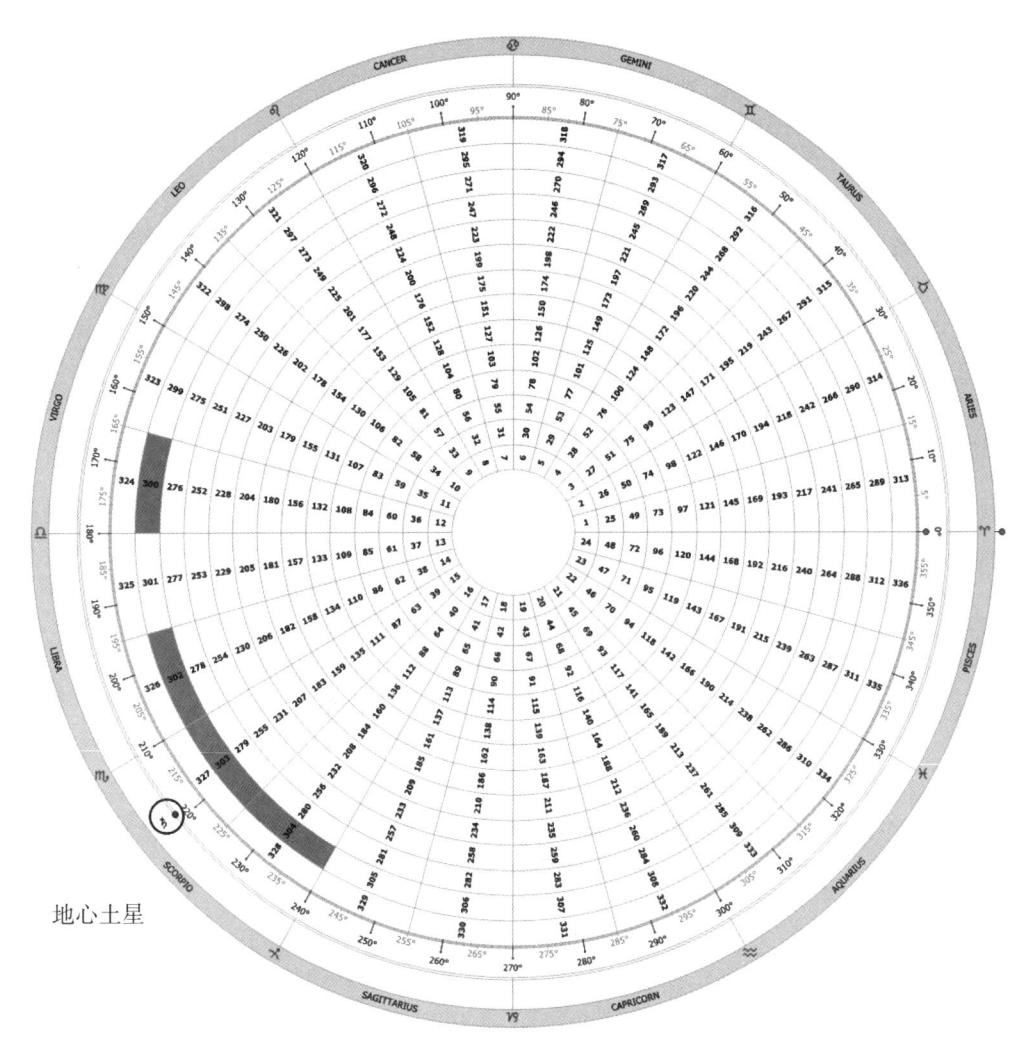

图 9-49　地心土星位于天蝎座 8°34′（笔者绘）

用我们分析 5 月大豆的方法去研究和分析所有商品期货。记注：当遇到这些阻力水平时，你必须给市场充分的时间来证明它正在筑顶或筑底，从而赢得

---

① 星座的特质有三种：本位、固定和变动。本位、固定星座的特质使股价稳定，而变动星座使股价快速变化。

应对趋势变化的准备时间。在确定主要趋势发生变化之前，你不要猜测，要一直等到获得趋势变化的明确信号。你可以凭借这些阻力水平进行买卖，并且要设止损单。在你掌握了上述信息后，你要在 1953 年 12 月 2 日果断沽空 5 月大豆，而在 12 月 17 日在 296 美分的价位上回补你的空头仓位，因为从月线图上看，价格已跌到始于 44 美分的 45° 角度线上了[①]。

四、24 美分

当价格从任何高点或低点开始涨跌 24 美分的时候，你要关注日线和周线的价格走势，这是很重要的。此外，48 美分、72 美分也很重要，因为它是 24 的 2 倍、3 倍。96 美分、120 美分，即 24 的 4 倍、5 倍。144 美分也十分重要，因为它是 24 的 6 倍和 12 的平方。168 美分也是很重要的，它是 24 的 7 倍。也可以使用 24 的一半 12 及其倍数 36、60、84 等，它们的和相当于 180°，即圆的一半。

江恩

1954 年 1 月 18 日

---

① 1932 年 12 月到 1953 年 12 月共 252 个月，以 1 美分 / 月的比例计算，则 252 个月相当于 252 美分。252+44=296 美分，因此 296 位于 1 个时间单位运行 1 个价格单位的 45° 线上，价格受到强力支撑。

附：江恩手绘原图

1. 8 的循环（见图 9–50）

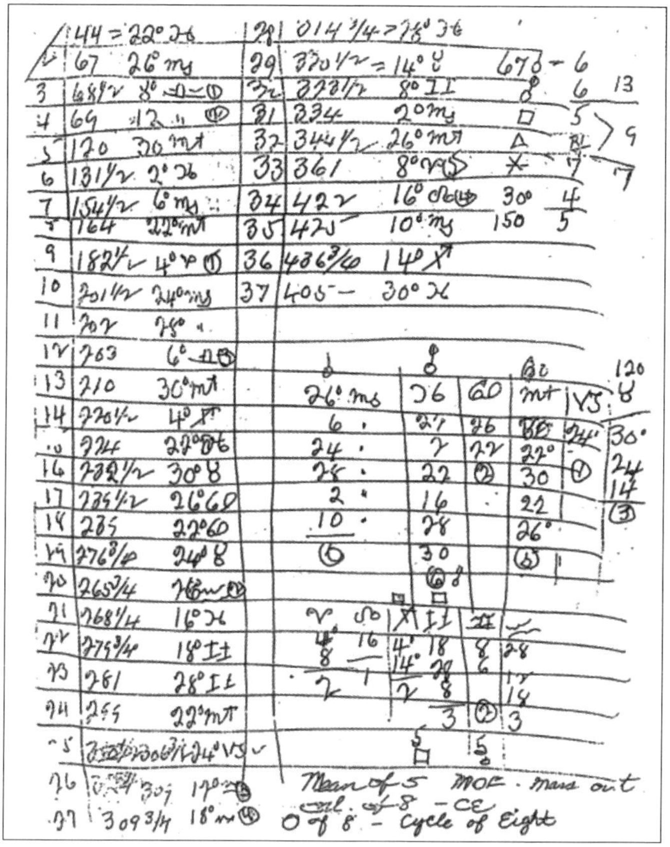

图 9-50　8 的循环

（1）该图是大豆高低点价格以"8 的循环"法转换成黄道经度的表格。

（2）图中右下角倒数第三行"Mean Of 5 MOF·Mars out"，表示火星之外的五大行星经度的平均值。五大行星是木星、土星、天王星、海王星、冥王星。

（3）图中右下角倒数第二行"Cal.Of 8—CE"表示 8 的计算。"Cal."为"calculate"的缩写。

（4）图中右下角倒数第一行"O of 8—cycle of eight"表示 8 的循环。

（5）表中大豆价格转换为经度的规则是：乘8（扩大8倍），然后不断减去360，直至得到小于360的数字，此即为经度。

（6）右下1/4区域是对位于同一星座的价格高低点个数的统计。其中的相位是以处女座0°为基准的。例如：射手座、双子座与处女座呈90°（图中以"□"表示90°）相位，双鱼座与处女座呈180°等。

（7）右上角区域是对同相位价格个数的统计。其中相合、相冲各有6个，共计为12个，江恩写的是"13"。

2. 土星、木星和天王星刻度循环图（见图9-51）

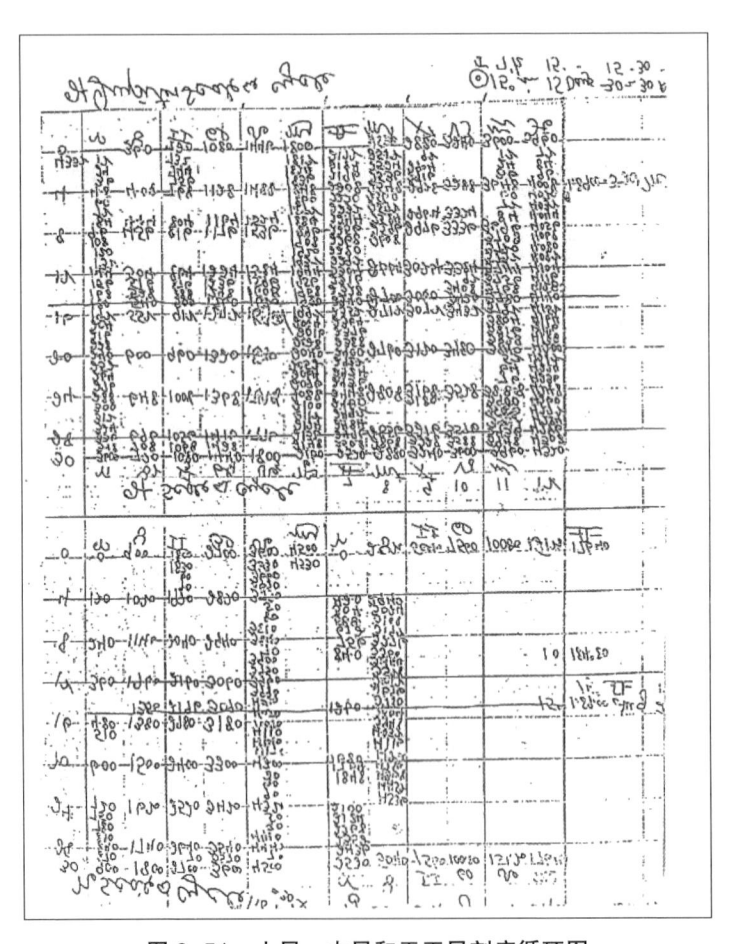

图9-51　土星、木星和天王星刻度循环图

（1）木星轨道周期约12年，刻度：12点/1°。

（2）土星轨道周期约30年，刻度：30点/1°。

（3）天王星轨道周期约84年，刻度：84点/1°。

3.5月大豆（见图9-52）

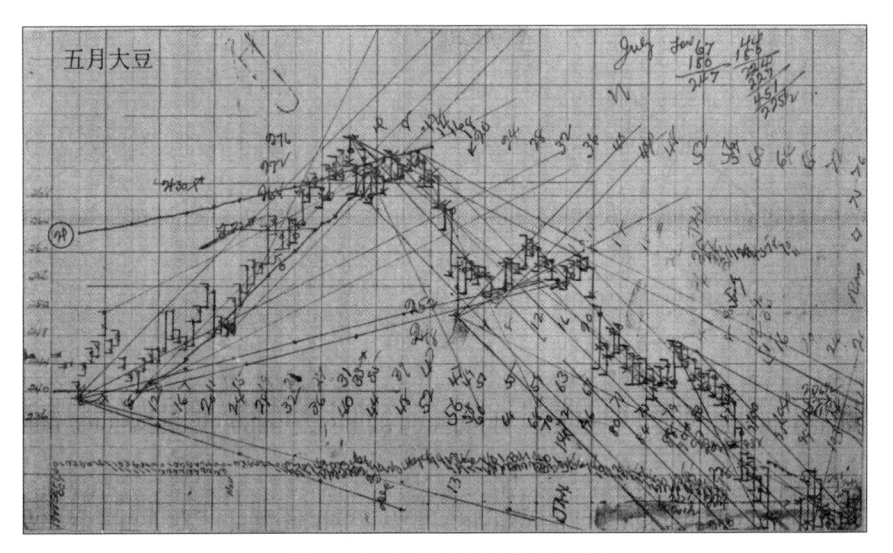

图9-52　5月大豆走势分析图

江恩认为，他之所以能够成功地进行市场交易，是因为坚信天体运行与位置对市场运动具有非常关键的影响。

图9-52中左边圆圈处为木星符号，刚好处于木星趋势线的开端。木星趋势线始于1948年10月4日，此时木星正好位于射手座22°，即圆周的262°。江恩取的第一个价格就是262美分。然后木星每移动1°，趋势线向上移动1美分。

每个黄道宫是30°（360°÷12=30°）。在木星进入摩羯座时，江恩标记了270美分的价格。

4. 平均经度增量图（见图 9-53）

六大行星的日心、地心平均经度增量约为 3 点。

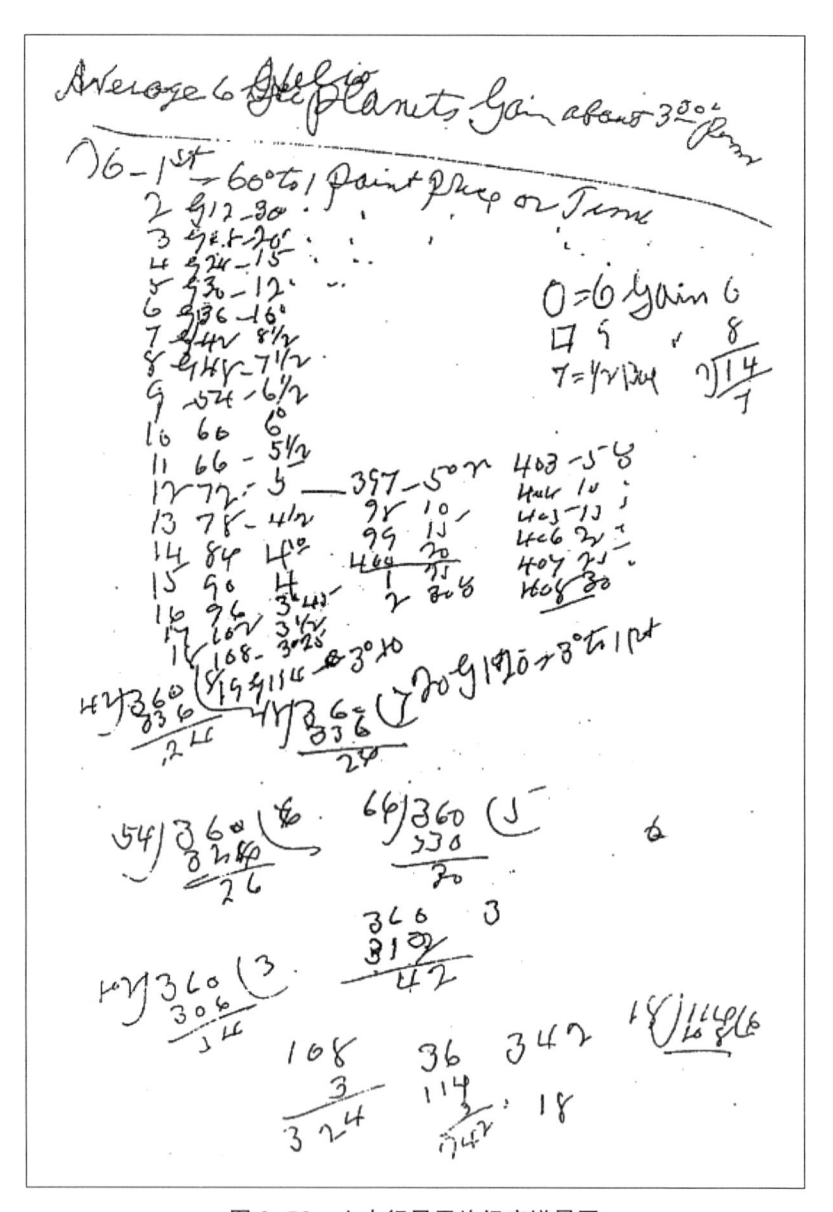

图 9-53　六大行星平均经度增量图

第九节　5月咖啡

本文为江恩写给其学生的密函，内容是对于咖啡期货的价格走势分析。虽然江恩并未完全公开关于时间和价格的秘密，但是从这封密函可以得到某些启示：江恩视天体运行的自然规律为预测时间和价格的重要依据。

1954年3月19日，江恩写这封密函的时候，5月咖啡的最高价位为8729点。在信中，江恩对价格当前走势的潜在原因及发展进行了独到的分析。首先从形成历史重要低点的时间起算到现在经历了多少个月，依据每月价格平均运行了多少点的规律，预测当下的关键价位。

此外，江恩还用土星旋转的角度进行预测。我们知道，土星绕太阳旋转一周需要30年的时间，这里的"年"就是地球绕太阳公转一周的时间。因此，地球绕太阳旋转30圈，土星才绕太阳旋转1圈，也就是在黄道宫上完整地走完十二宫的时间。由此知道，土星每年旋转12°，也就是每个月旋转1°。

当然，由于行星时而逆行、时而加速抑或是时而减速等特点，这里只是取了一个平均值。从价格的低点起算，江恩令土星1°对应30点或者45点。

江恩在进行预测时，还非常关注木星改变黄道宫相位的日期。由木星的运行规律可知，木星绕太阳一周需要12年，因此，木星走完一个黄道宫（30°）大约花费1年的时间。每次木星改变黄道宫，也就是低点（高点、诞生日）的周年日，这也是江恩循环分析中非常重视周年日的依据所在。

一、价格与星座

1. 地心土星

1954年3月19日桑托斯咖啡合约高点8729点。

使用 1 点对应 1° 的太阳刻度，8729 点对应双子座 29°，如图 9-54 所示。

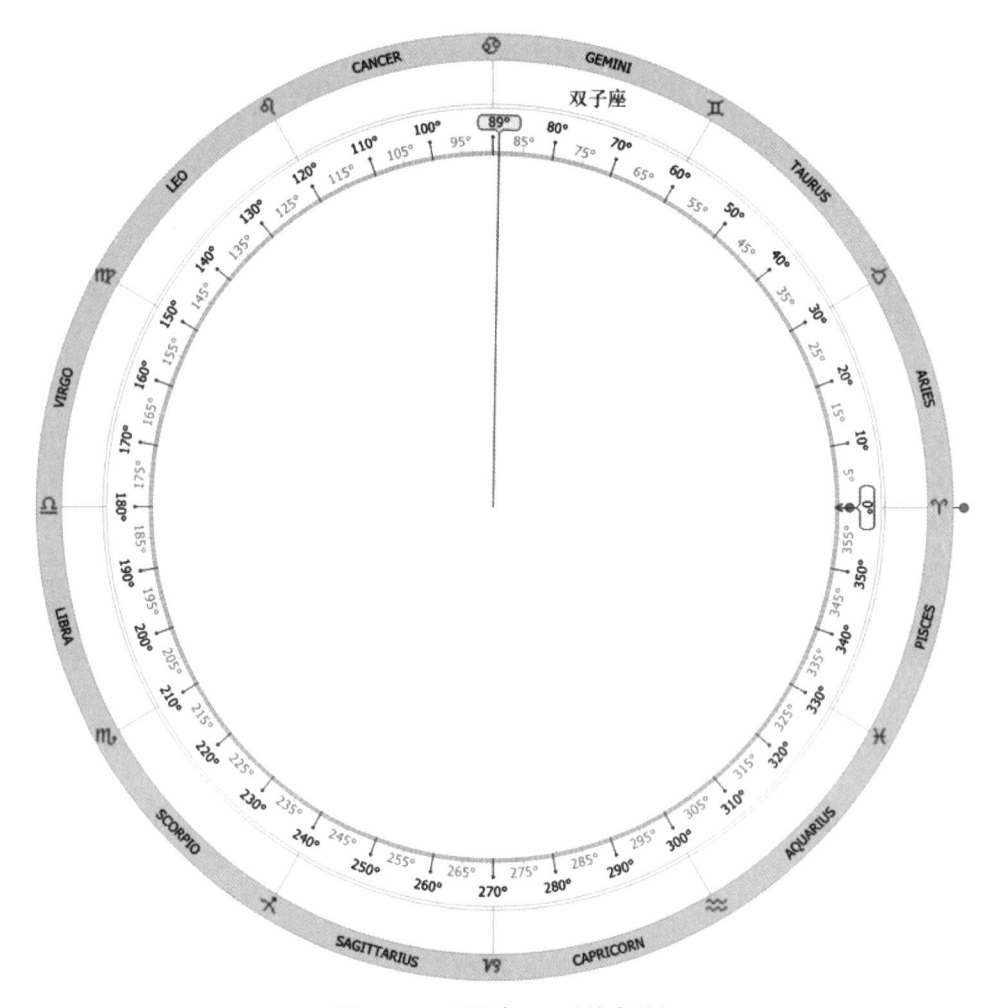

图 9-54　双子座 29°（笔者绘）

这里提出了两个问题，一是市场运动多少点对应行星旋转 1°，二是价格与黄道宫度数之间的换算。关于第一个问题，解决方案是观察市场及行星运行周期。例如以下讨论中，江恩采用了太阳的 1° 对应 1 点，土星的 1° 对应 30 点等。第二个问题相对比较简单，我们知道一个圆周为 360°，例如 8729 点，每 1 点对应 1° 的情况下，则需旋转 24 圈即 8640°（360°×24）再加上 89°。其中每个黄道宫为 30°，89° 刚好经过白羊座和金牛座到达第三黄道宫双子座 29° 的位置。30 点对应 1° 的情况也是一个道理。

使用 30 点对应 1° 的土星刻度，8729 点对应于摩羯座 21°[①]，如图 9-55 所示。

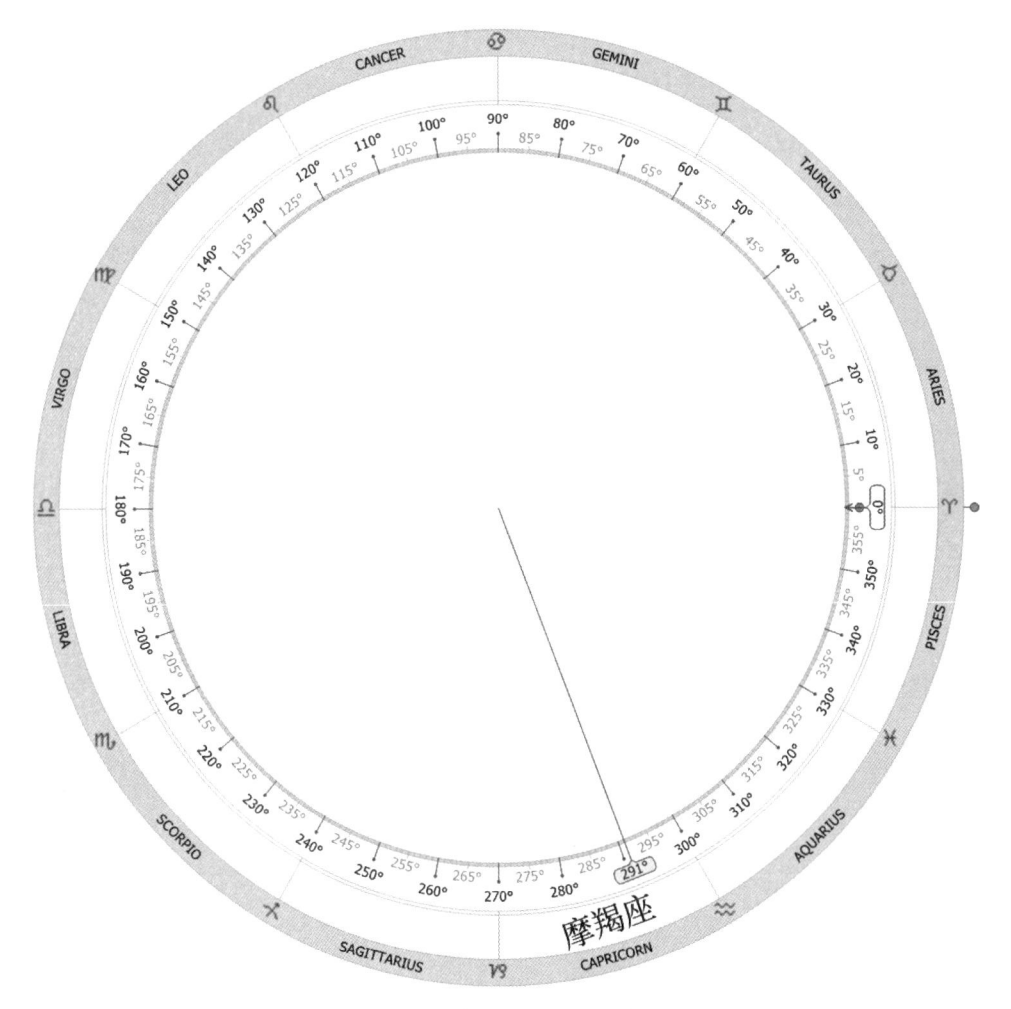

图 9-55　摩羯座 21°（笔者绘）

[①] 土星刻度：1°=30 点，则 8729÷30=291° 对应于摩羯座 21°。

使用 12 点对应 1° 的木星刻度，8729 点对应于白羊座 7° 30′ [1]，如图 9-56 所示。

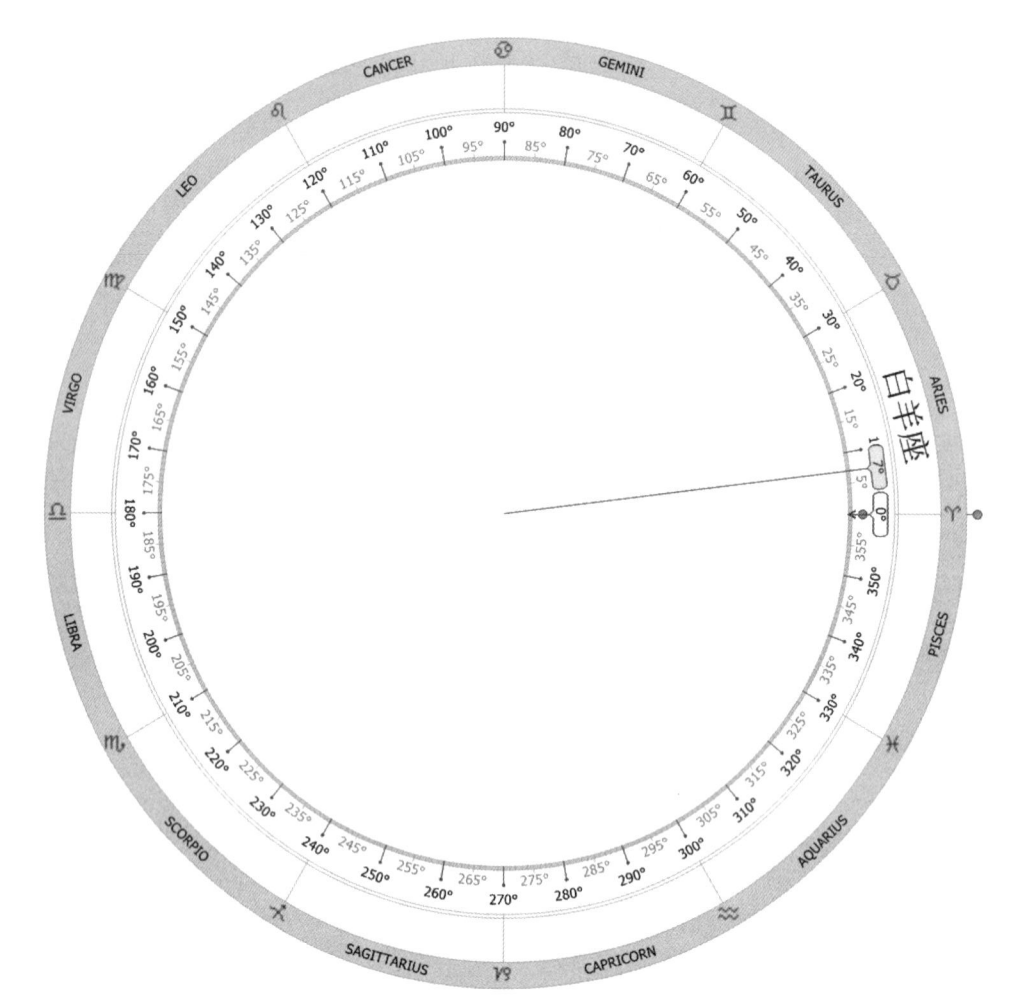

图 9-56　白羊座 7° 30′（笔者绘）

---

[1] 木星刻度：1°=12 点，则 8729÷12=727.5°，727.5°−720°=7.5°=7°30′。

使用 1 美分对应 1° 的刻度，8729 点对应于双子座 27° 16′ [①]，如图 9-57 所示。

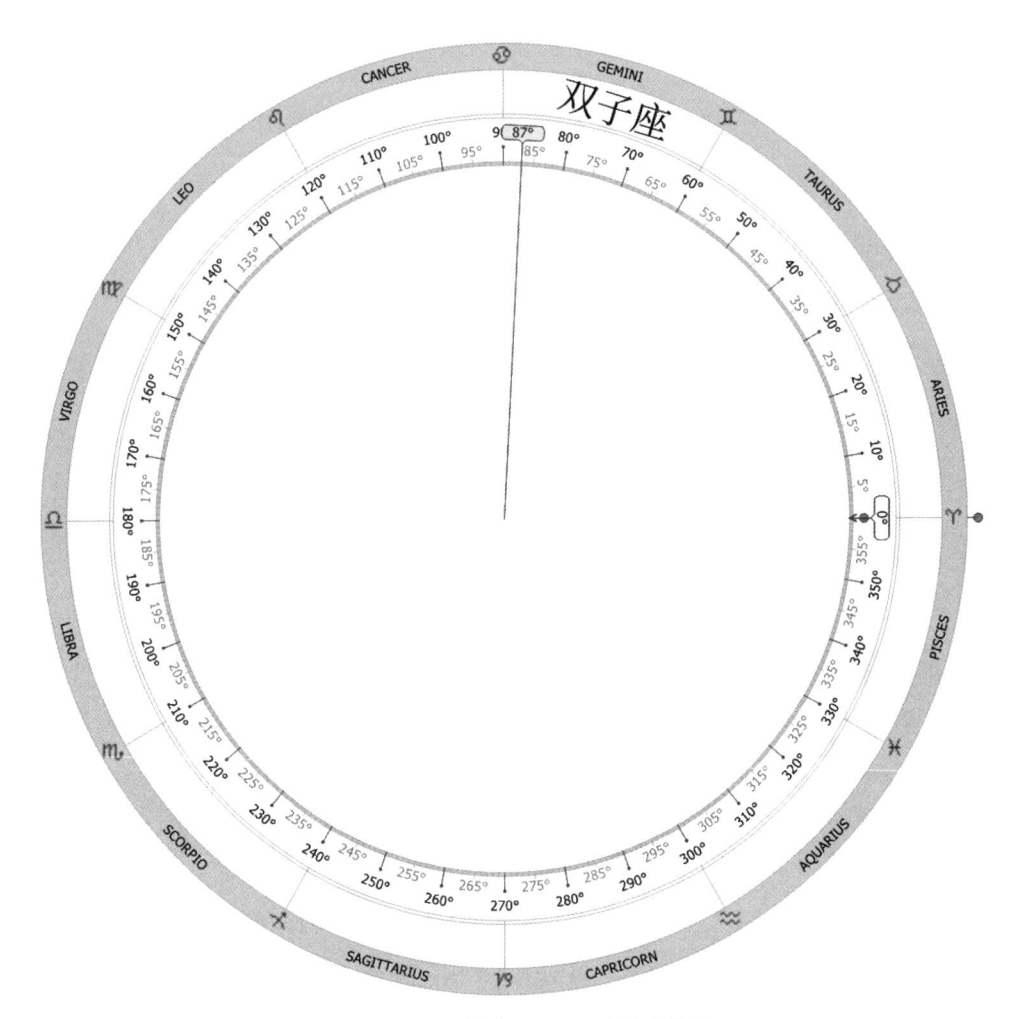

图 9-57　双子座 27° 16′（笔者绘）

[①] 1°=1 美分 =100 点，则 8729÷100=87.29 美分 =87.29°=87° 16′ 24″，对应于双子座 27° 16′。

合约保证金 28171 美元，等同于摩羯座 11°45′ [①]，如图 9-58 所示。

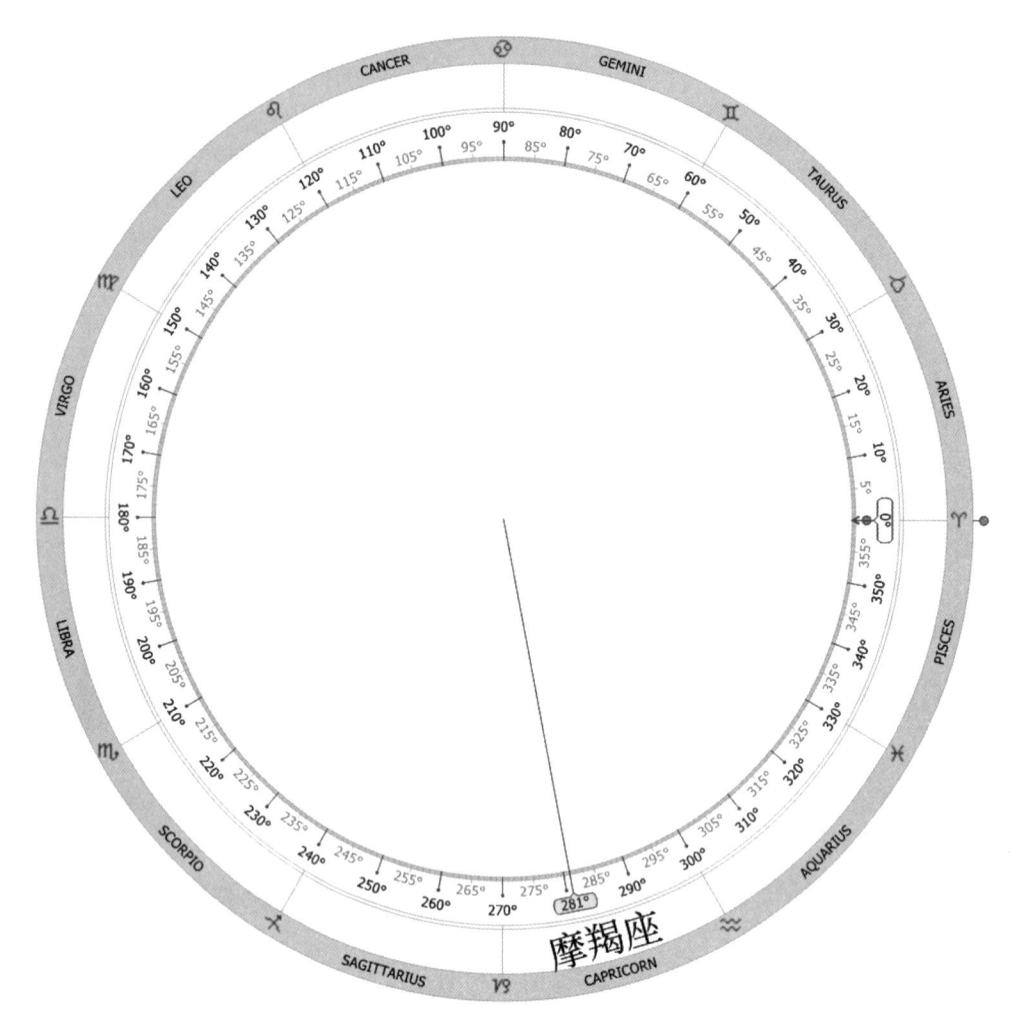

图 9-58　摩羯座 11°45′（笔者绘）

[①] 使用 1°=100 美元的刻度，则 28171÷100=281.71°，相当于摩羯座 11°45′。

1954年3月19日的5种期货合约平均价格是8633点[1]，这相当于白羊座28°[2]，或者是与日心木星相距60°。日心木星位于双子座29°35′，这意味着价格8729点也位于这个角度上[3]。日心天王星在巨蟹座21°52′，而价格在它对冲位的摩羯座21°[4]。如图9-59所示。

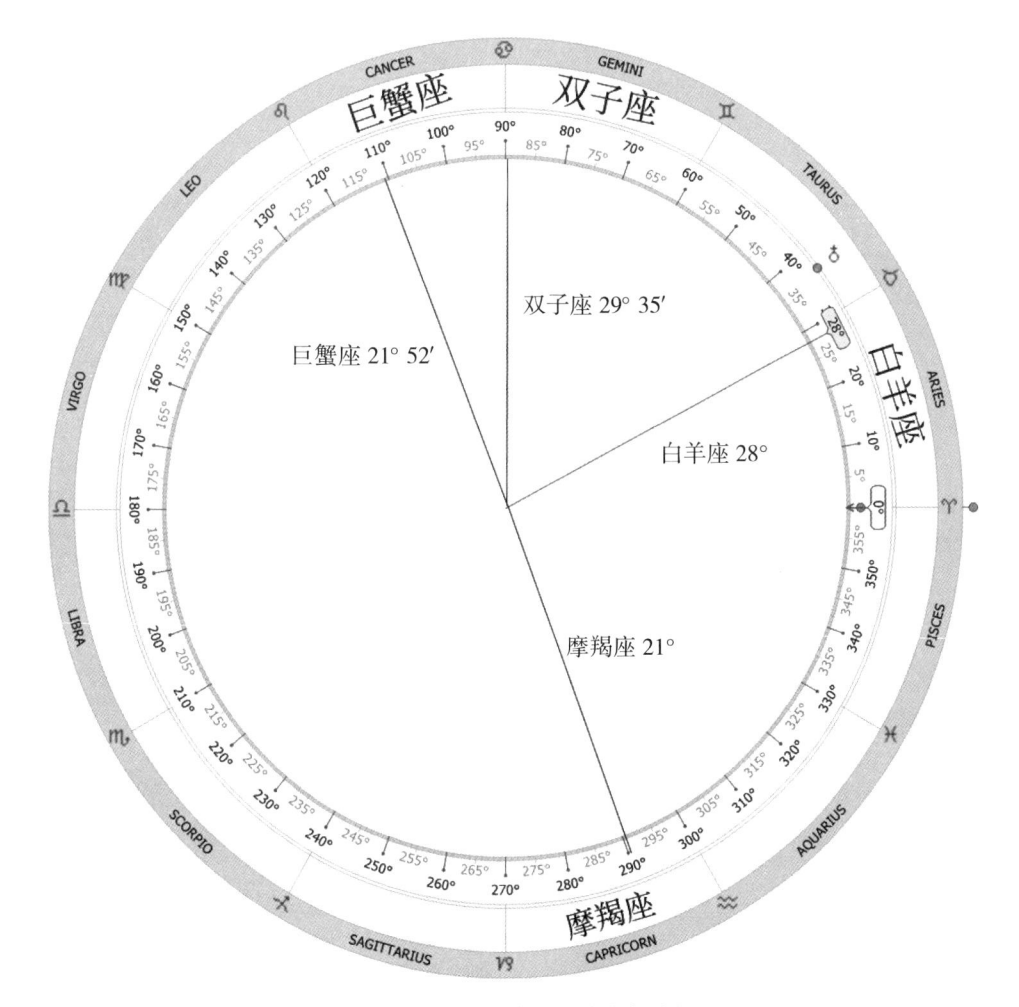

图9-59 白羊座28°（笔者绘）

---

[1] 此处为江恩笔误，实际平均价格应为8668点。
[2] 1点=1°，（8668÷360-24）×360=28°。
[3] 请参看上文，太阳刻度下，8729点对应于双子座29°。
[4] 请参看上文，土星刻度下，8729点对应于摩羯座21°。

1931年4月16日的低点为435点,至1954年4月16日历时276个月。按照每月30点计算,价位应达到8715点。太阳自1931年4月16日开始至今旋转了8253°。在这个数字上加上435点得到8688点,这就是阻力位置[①]。

3月咖啡1936年10月1日的低点为300点,至1954年4月1日历时210个月。按照每月30点计算,价位应超过6600点,以每月40点计,价位应超过8700点[②]。

1931年4月16日至1954年3月19日,以地心为中心进行测量,土星旋转了285°38′,这相当于价格8569点[③]。

1936年10月1日至1954年3月19日,地心土星移动了231°,这相当于价格7230点。

1940年5月14日至1954年3月19日,土星旋转了181°35′,这相当于价格6990点[④]。使用45点对应1°的刻度,将给出8715点的价格。

从1940年8月19日开始,土星旋转了173°23′,按每度45点计算,这相当于价格8760点。

2. 日心土星

(1)1931年4月16日至1954年3月19日,土星移动了287°15′,这相当于摩羯座17°15′和价格8632点[⑤],如图9-60所示。

[①] 每月平均30天,若每天1点,则每月为30点,30×276+435=8715点。
[②] 210×30+300=6600点,210×40+300=8700点。
[③] 加上1931年4月16日的低点435点,则为9004点。
[④] 181°35′=181.58°,1°=30点,1940年5月14日低点为543点。
[⑤] 287.25×30=8618,而非8632。摩羯座始于270°,因此287.25°等同于摩羯17.25°,即17°15′。

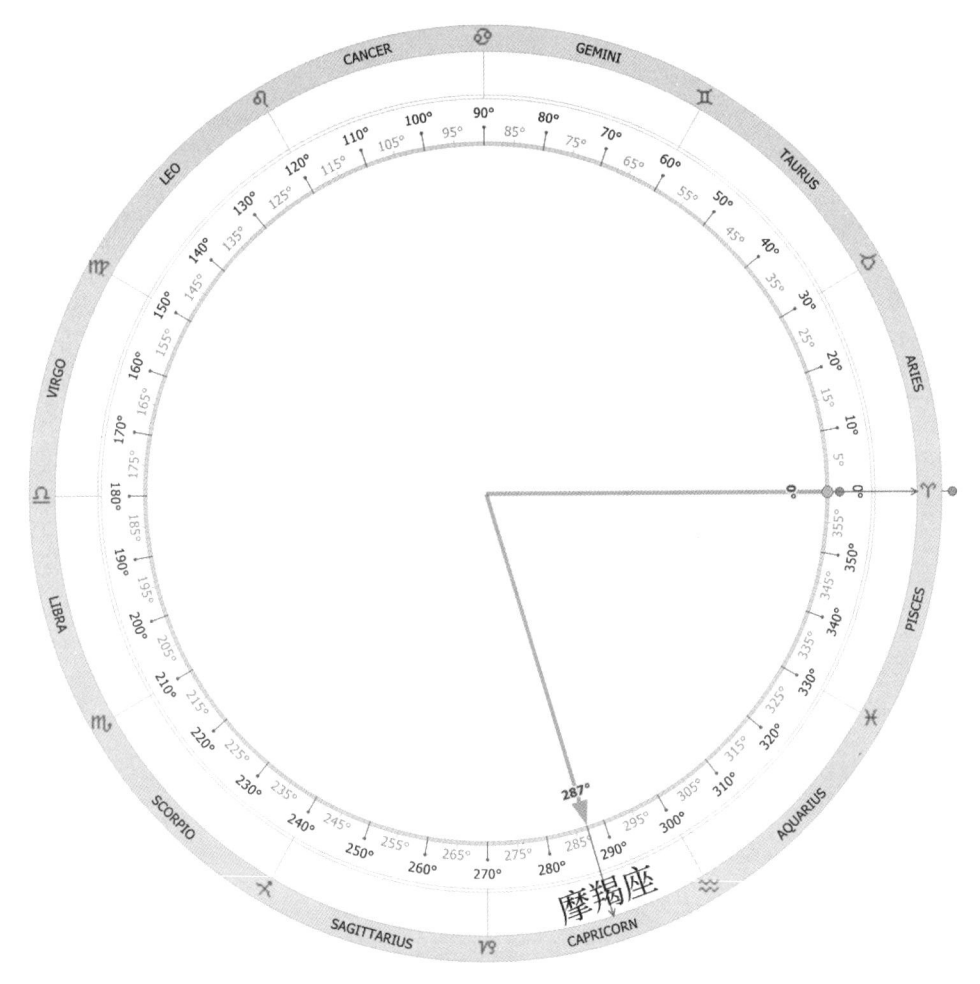

图 9-60　摩羯座 17.25°（笔者绘）

（2）从 1936 年 10 月 1 日开始，土星行进了 225°，给出的价格是 7150 点[1]。

（3）从 1940 年 5 月 15 日开始，土星行进了 179.73°，价格为 5940 点[2]。

（4）从 1940 年 8 月 19 日开始，土星行进了 176° 14′，价格为 5842 点[3]。

---

[1] 225°×30+300（1936 年 10 月的低点）=7050。
[2] 179.73°×30+545（1940 年 5 月 15 日的低点）=5937，与 5940 相差 3 个点。
[3] 176° 14′×30+555（1940 年 8 月 19 日的低点）=5842。

3. 日心行星[①]

（1）木星 90° 对应于双子座 29° 36′。

（2）土星 215° 对应于天蝎座 4° 49′。

（3）天王星 112° 对应于巨蟹座 21° 53′。

（4）六大行星的平均经度是 164° 17′，对应于处女座 14° 17′。

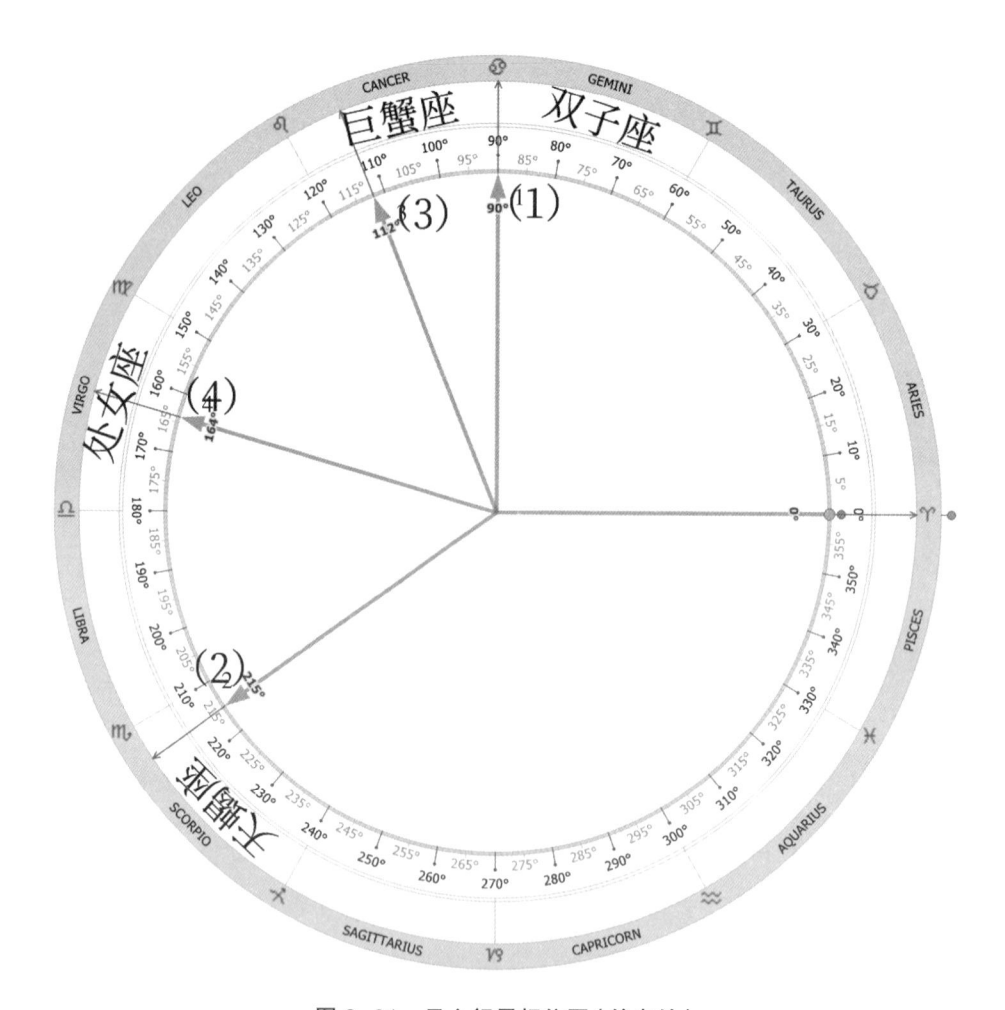

图 9-61　日心行星相位图（笔者绘）

[①] 设纽约为观测点，观测日期为 1954 年 3 月 19 日。

4. 地心行星[①]

（1）海王星 204.35° 对应于天秤座 24°35′。

（2）冥王星 144° 对应于狮子座 24°[②]。

（3）火星 221° 对应于天蝎座 11°[③]。

（4）六个地心行星的平均经度是 173°26′，对应于处女座 23°26′。

日心木星到土星之间的 1/2 是 152°9′，即处女座 2°9′。

土星、木星、天王星和海王星的平均经度是 155°10′，即处女座 5°10′。这个平均经度的 1/2 是双子座 17°35′。

日心木星和天王星之间的 1/2 是 100°43′，对应巨蟹座 10°43′。

地心木星和天王星之间的 1/2 是 93°43′，对应巨蟹座 3°48′。

笔者查询星历后发现，本条中江恩得出的诸多数据与星历查询结果偏差较大，数据疑似有误，但这并不影响江恩想要表达的意思。在本条中，江恩计算了大量平均经度及相位中点，说明平均经度和相位中点都是强支撑与阻力位，这也是江恩想要表达的中心思想，值得引起我们的注意。

二、高低点与相位

1.5 月咖啡高低点

每个月的重要日期为 1 日、15 日、18 日和 19 日，目前市场正在靠近这些日期。

1953 年 6 月 19 日，低点 5050 点。

1953 年 7 月 17 日，高点 5765 点。

[①] 设纽约为观测点，观测日期为 1954 年 3 月 19 日。
[②] 查询星历后发现，此处实际应为天王星 109°，对应于巨蟹座 19°02′。
[③] 查询星历后发现，此处实际应为火星 260°，对应于射手座 19°32′。

1953 年 8 月 17 日，高点 5765 点。

1953 年 9 月 15 日，低点 5565 点。

1953 年 9 月 21 日，高点 5710 点。

1953 年 10 月 9 日，低点 5470 点。

1953 年 10 月 19 日，高点 5660 点。

1953 年 12 月 9 日，高点 6240 点。

1954 年 1 月 13 日，高点 7470 点。

1954 年 1 月 19 日，低点 6560 点（这是从 1953 年 6 月 19 日开始的第 7 个月）。

1954 年 3 月 15 日，高点 5625 点。

1954 年 3 月 18 日，低点 5465 点。

1954 年 3 月 19 日，高点 8729 点（这个极端高点是从 1953 年 6 月 19 日低点开始的第 9 个月，从 1 月 19 日低点开始的第 2 个月，从 1953 年 9 月 15 日低点开始的第 6 个月，从 10 月 19 日高点 5860 点开始的第 5 个月）。

2. 日心和地心相位

1954 年 3 月 24 日日心观测，木星进入巨蟹座。

1954 年 4 月 12 日地心观测，太阳与木星相距 60°。

1954 年 4 月 15 日地心观测，太阳与海王星相距 180°。

1954 年 4 月 13 日地心观测，木星与土星相距 135°。

1954 年 4 月 16 日地心观测，木星与冥王星相距 60°。

1954 年 4 月 26 日地心观测，木星与海王星相距 120°。

1954 年 4 月 26 日地心观测，太阳与土星相距 180°。

1954 年 6 月 24 日日心观测，木星与土星相距 120°。

结论：4 月是很重要的，由于这些相位的影响，价格变动将会十分剧烈。

3. 从咖啡低点开始的地心星象图[①]

从 1931 年 4 月 16 日低点到 1953 年 8 月 7 日，火星绕行了 12 圈[②]。

1954 年 10 月 29 日，火星位于 1931 年 4 月 16 日低点的对角线上[③]。

1936 年 10 月 1 日低点到 1953 年 9 月 19 日，火星绕行了 9 圈[④]。

1954 年 12 月 9 日，火星绕行了 9.5 圈，并且位于 1936 年 10 月 1 日低点的对角线上。

1940 年 5 月 15 日低点到 1953 年 6 月 12 日，火星绕行了 7 圈，这是一个完整的周期[⑤]。

1954 年 4 月 9 日是火星的 7.5 倍周期，并且位于 1940 年 5 月 15 日低点的对角线上。由于火星逆行的缘故，它将在 1954 年 7 月 7 日和 8 月 17 日再次位于低点的对角线上，即 3 次位于其自身位置的对角线上，这很重要。

1940 年 8 月 19 日低点到 1953 年 9 月 15 日，火星绕行了 7 圈。注意咖啡在该日形成低点[⑥]。

1954 年 12 月 4 日，火星绕行了 7.5 圈，即位于它 1940 年 8 月 19 日低点的对角线上。

如果咖啡在 1954 年 3 月 22 日—24 日之间开始下跌，那么它将继续下跌到 4 月 15 日附近，那时木星—土星、太阳—海王星形成了不利的相位[⑦]。从这

[①] 地心行星运行周期：月亮 29.5 天，水星 3 月，金星 7.5 月，太阳（地球）1 年，火星 1.88 年，土星 2.5 年，天王星 7 年，木星 12 年，海王星 14 年，冥王星 20 年。

[②] 1931 年 4 月 16 日低点为 435 点。绕行 12 圈的计算方法如下：1953 年 −1931 年 =22 年，22 ÷ 1.88 ≈ 12。下文计算方法相同，不再赘述。

[③] 即低点的 180° 线上，此时火星绕行了 12.5 圈。如果是整数倍的话，则恰好与低点在同一角度线上，多出来的半圈就会落在低点的对角线上，下同。

[④] 1936 年 10 月 1 日低点为 300 点。

[⑤] 1940 年 5 月 15 日低点为 545 点。

[⑥] 1940 年 8 月 19 日低点为 555 点。

[⑦] 笔者翻阅星历表查明，1954 年 4 月 15 日木星—土星呈八分之三相位（见图 9-62），即 135° 相位，而太阳—海王星实际上并未呈现出特殊相位。

个日期开始，你要关注反弹至 1954 年 4 月 16 日的可能性，那时木星—海王星呈 120° 相位，太阳—土星呈 130° 相位，这也许会引发快速反弹，随后呈现出陡直下跌①。通过研究上述所有要点，并且把它应用到咖啡价格的分析上，你将能够获取更多有关引起趋势变化的原因。

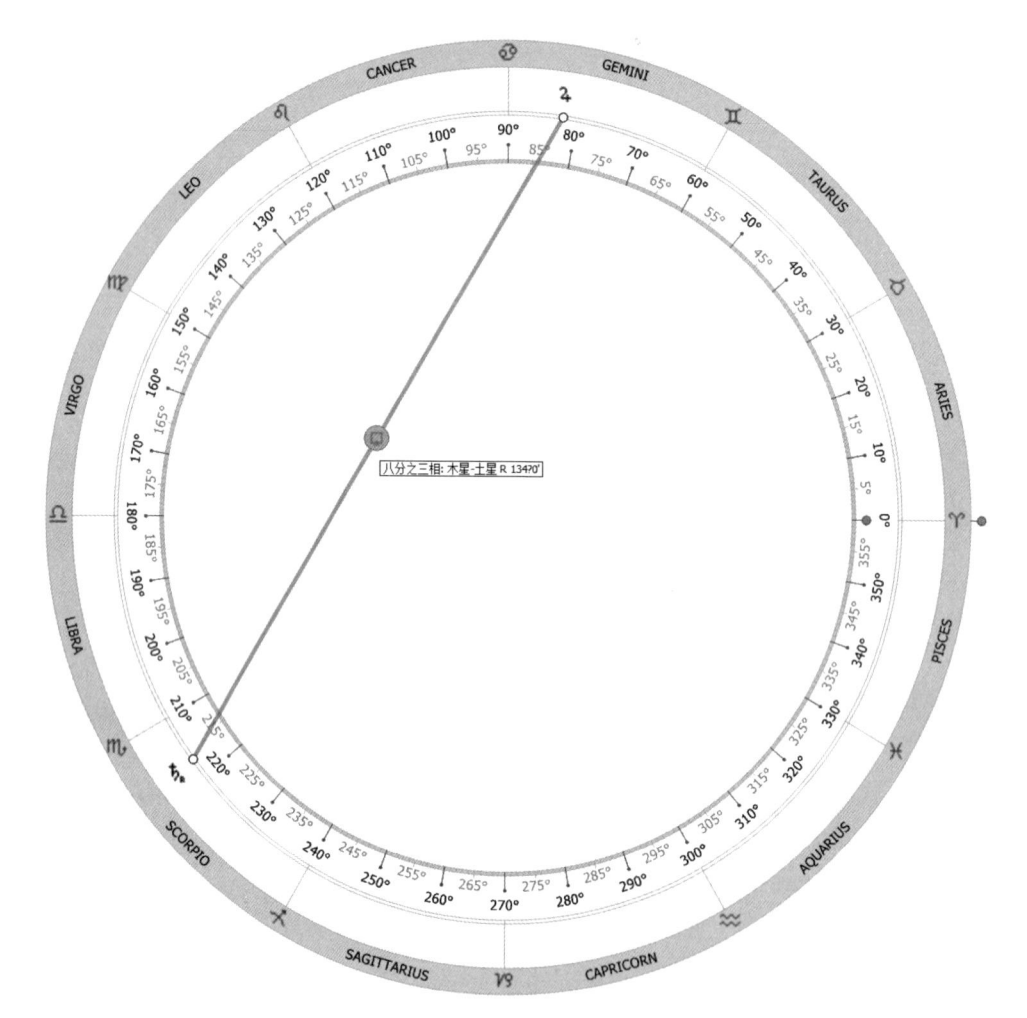

图 9-62　木土八分之三相（笔者绘）

---

① 笔者翻阅星历表查明，1954 年 4 月 16 日木星和海王星无特殊相位，太阳和土星无特殊相位，太阳和海王星呈二分相（见图 9-63）。

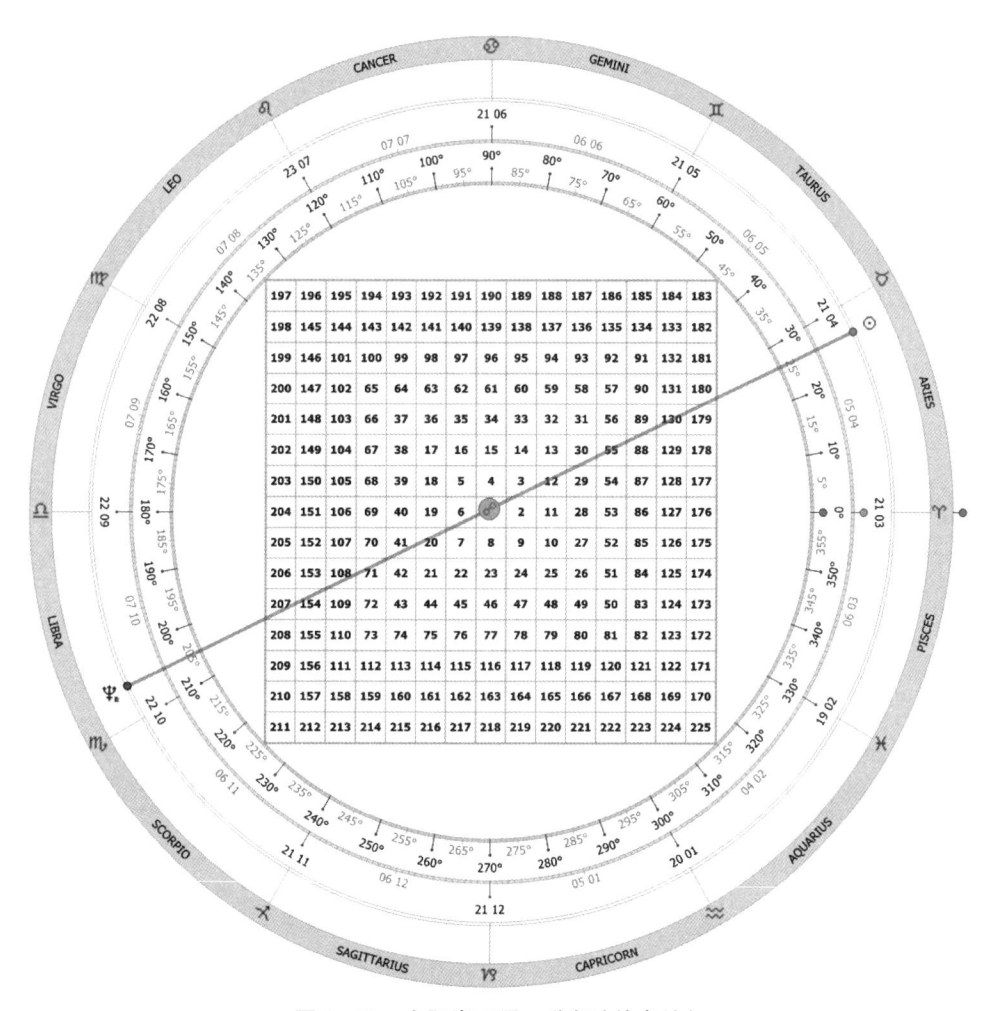

图 9-63　太阳海王星二分相（笔者绘）

江恩

1954 年 3 月 20 日

附：江恩手绘原图

1. 咖啡摆动图（见图 9-64）

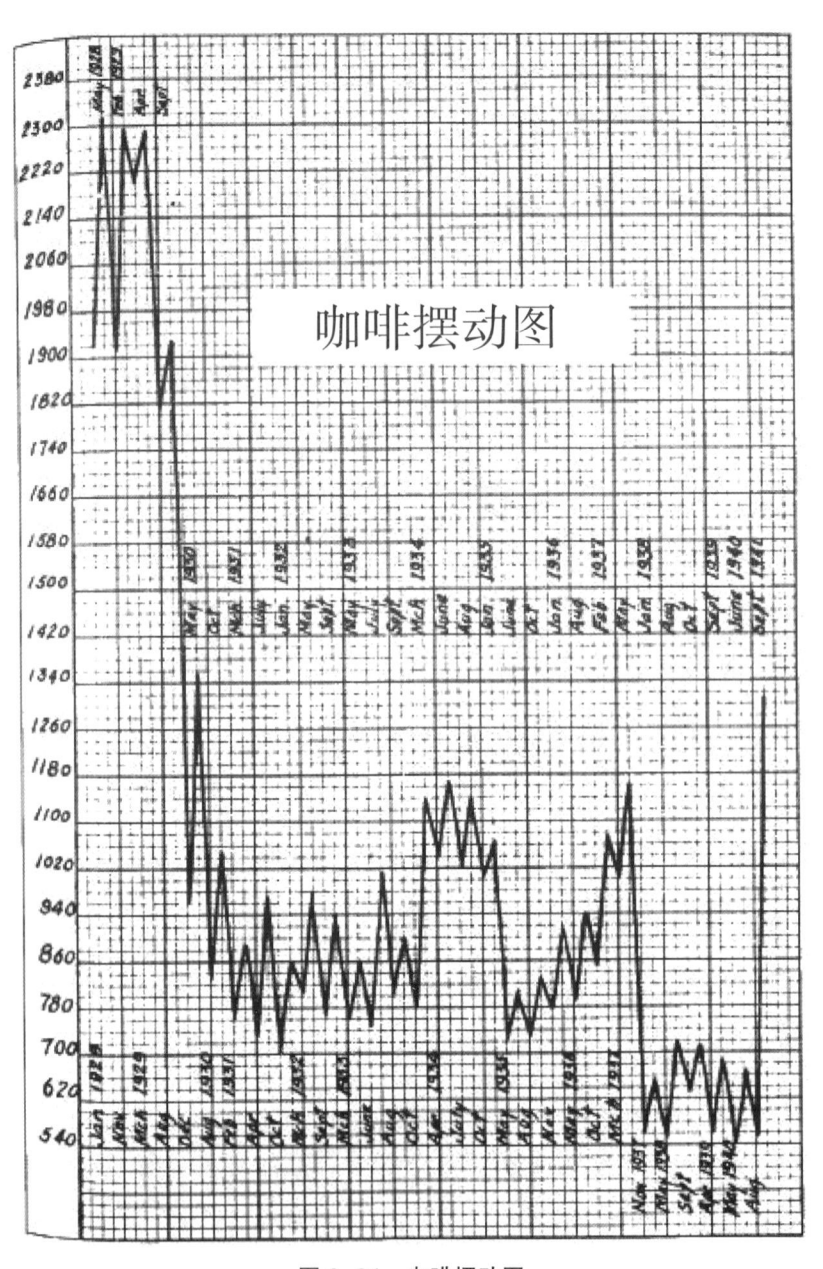

图 9-64　咖啡摆动图

2. 火星经度计算图（见图9-65）

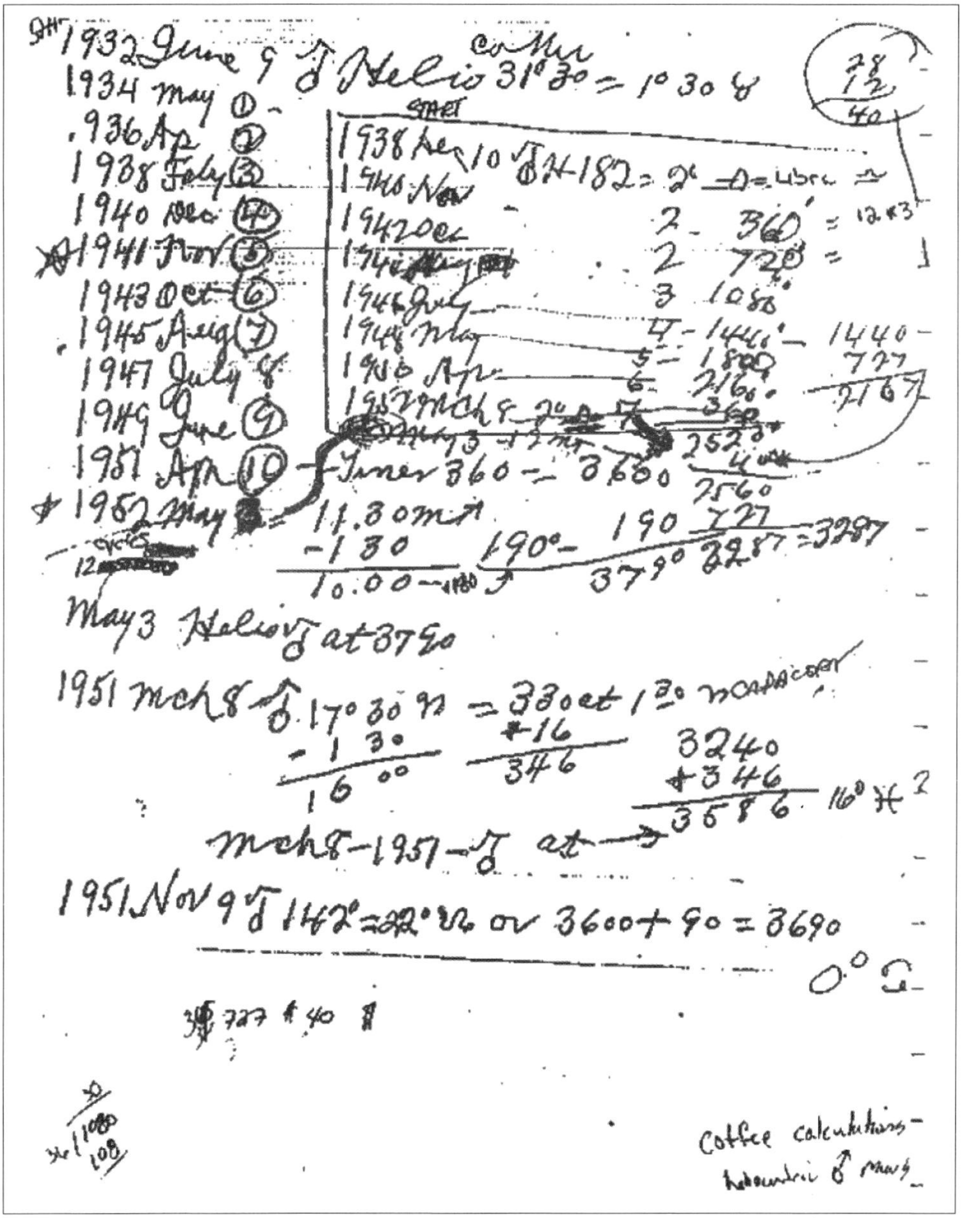

图9-65 火星经度计算图

3. 咖啡诞生星相图（见图 9-66）

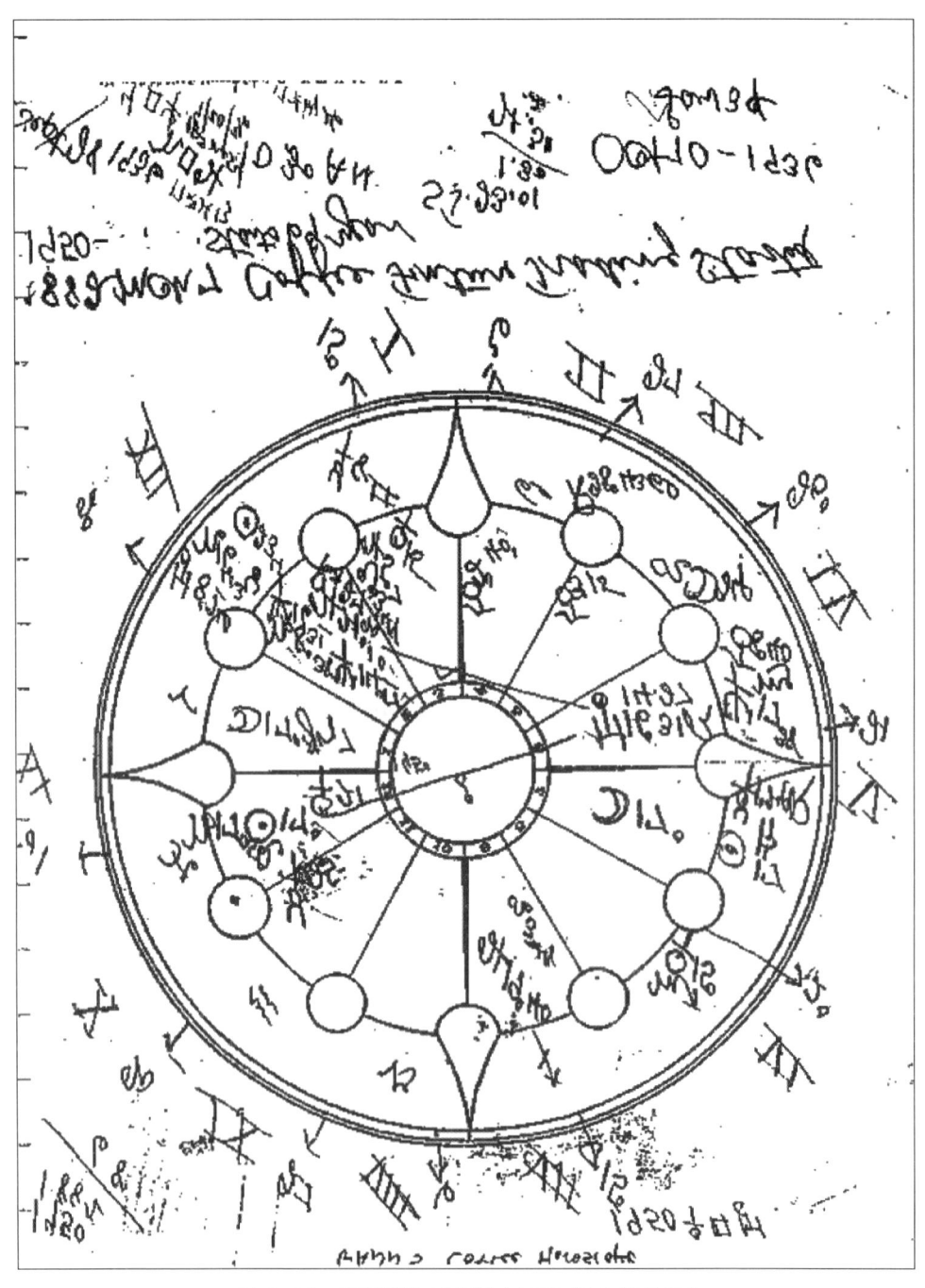

图 9-66　咖啡诞生星相图（1882 年 3 月 7 日）

4. 三角数字表（见图 9-67）

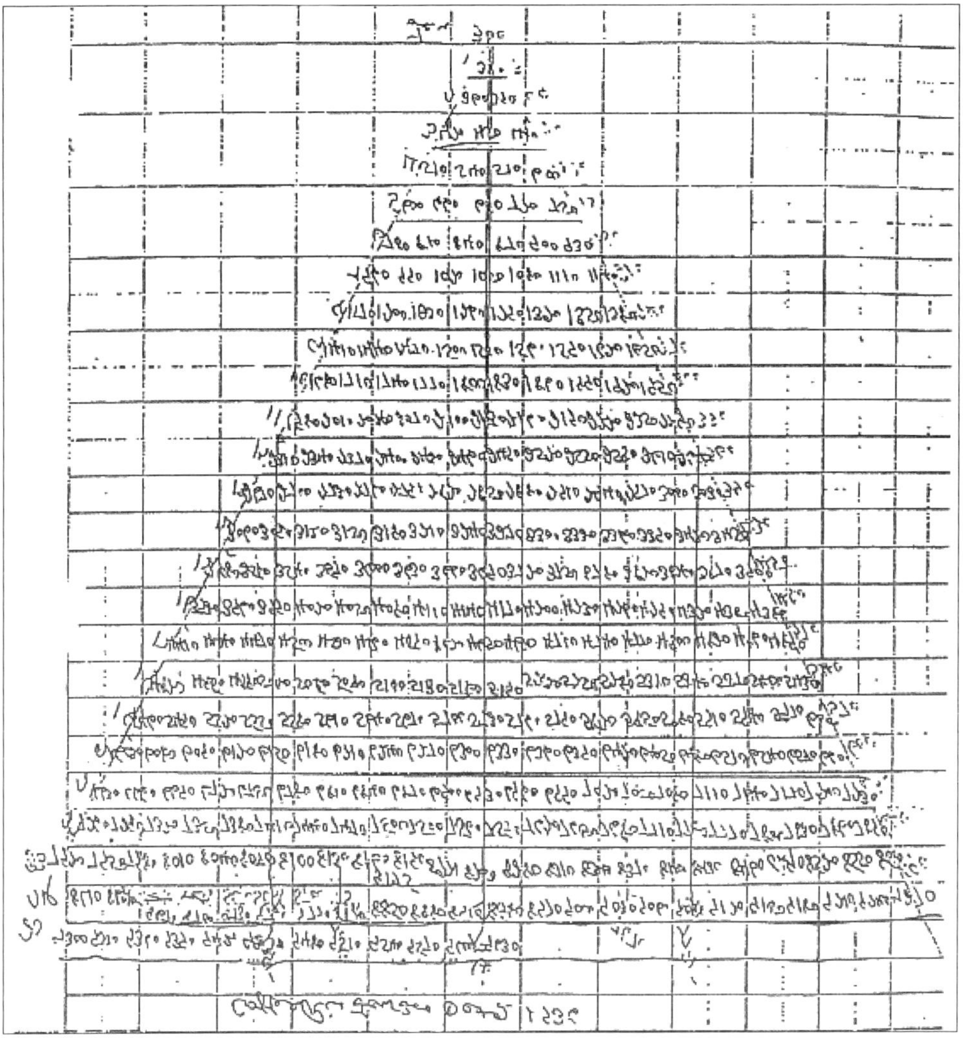

图 9-67　以咖啡 1936 年 10 月 2 日低点 300 点为起点的三角数字表

5. 四方图（见图 9-68 和图 9-69）

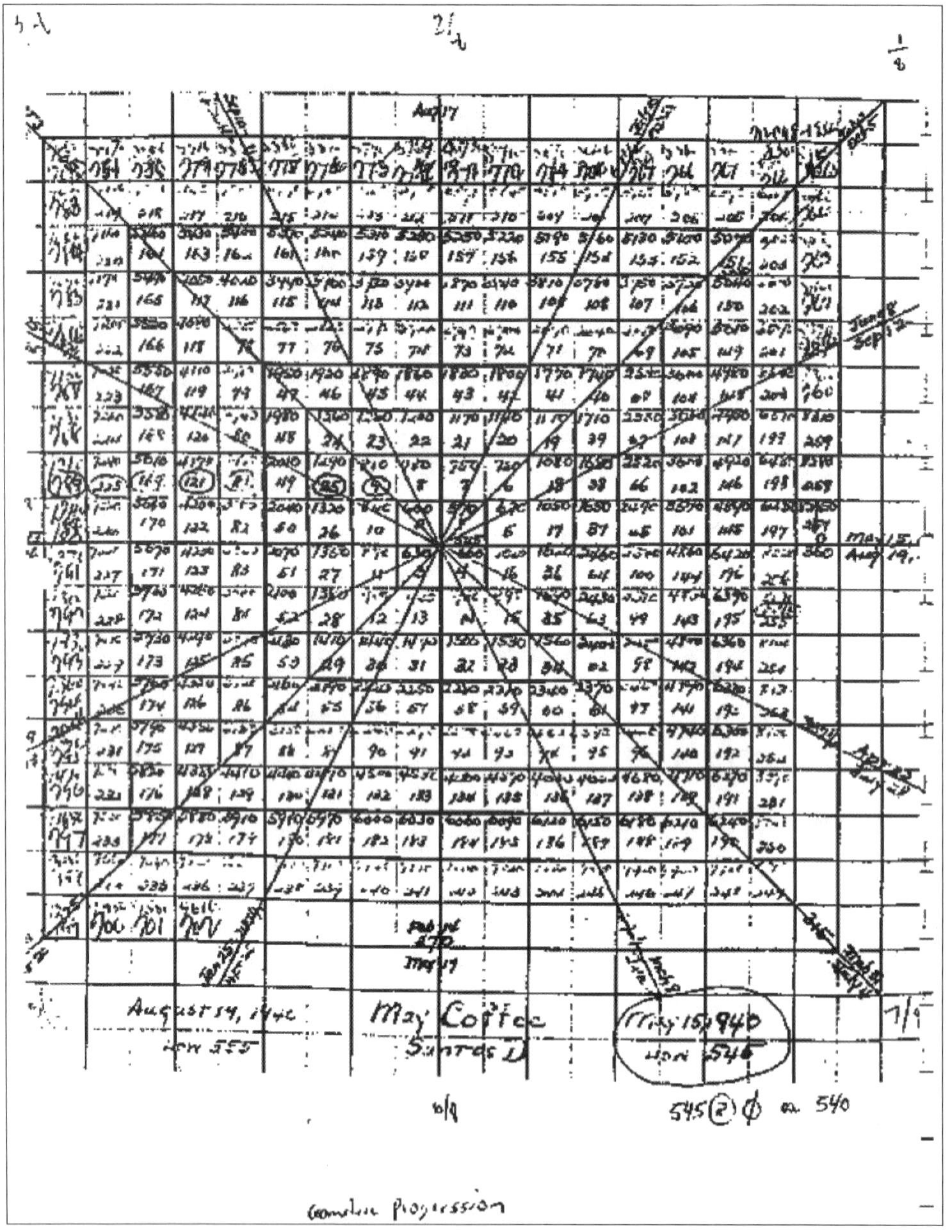

图 9-68　5 月咖啡四方图[①]

---

① 以 5 月咖啡 1940 年 5 月 15 日低点 545 点（取整 540 点）为起点，增量是 30 点。

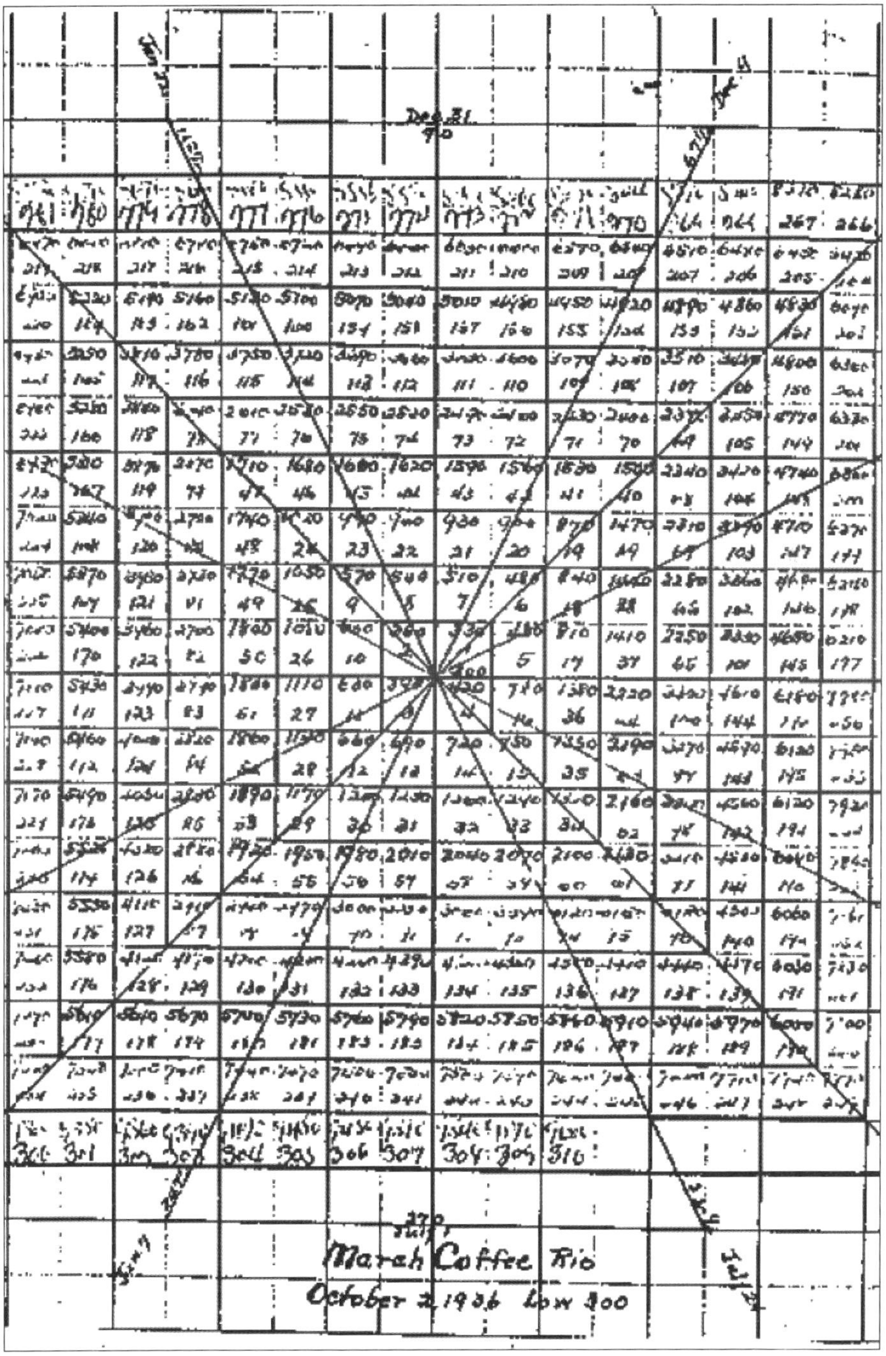

图 9-69 3月咖啡四方图[①]

---

① 以3月咖啡1930年10月2日低点300点为起点,增量是30点。

第十节　人的躯体

人的头部有 7 个开放的孔，其中两只眼、两只耳朵和两个鼻孔对称分开，每一边有 3 个。通过这个现象我们获得了"3 的法则"，并且懂得为什么在两个之后的第三个周期会发生改变。头部的第 7 个开口是嘴巴，什么东西都能被咽下去。研究一下 7 年周期，你就会看到市场是怎么传承下去，以及是怎么形成头部或顶部的。

研究 7 的位置，以及 7×7=49 在所有图表里的位置，然后你就明白为什么以色列的儿童要围绕着耶利哥之墙① 走 7 圈，吹羊角号 7 次，以及墙在第 7 天倒塌。这个法则同样可以被天文学证实。事物有多种验证方法，但是没有经过数学和几何学验证过的科学一定不正确。

女人比男人更完美，因为她们能创造生命。她们的身体包含 12 个孔，男人的身体只有 11 个②，12 代表了 12 个黄道符号。男人的身体只有 11 个孔的事实，证明了为什么背叛基督的是男人而不是女人，因此，我们应该注意 11.25 的角度，在所有不同的图表里都请注意 11.25。

人类的躯体象征了时间循环和每一种角度的度量。每只手有 5 个手指，它们超过了腰腹部，代表了 10 年循环或者两个 5 年循环。10 年循环和 5 年循环分别是 20 年循环的 1/2 和 1/4。人有 10 个脚趾，一边各有 5 个，这象征着一个低于基准线的 10 年循环，一定有一个反方向运行在基准线之上的 10 年，这

---

① 耶利哥（Jericho）之墙，约旦古城，故事引自《圣经》。
② 女人的 12 个孔：两只眼睛、两只耳朵、两个鼻孔、一个嘴巴、一个肛门、一个尿道、一个泄殖孔以及两个乳头。男人缺少泄殖孔，所以为 11 个孔。似乎江恩没有将人体的肚脐列入。

些 10 年和 20 年循环形成的顶部和底部，是可以从一个基准的起点被精确测量的。因此，请你务必仔细研究四肢的不同划分。

注意手指的第三节，这个手指的末段比其他两节短。大拇指只包含两节，而其他的都是三节，明白这个秘密，你就能明白为什么大拇指是如此重要。

学习所有这些重要的知识，把它应用到时间与空间的测量中去，你将找到顶部和底部的成因，并且你会知道如何确定阻力水平。回顾过去的历史走势，研究那些曾经出现过巨大抵抗的地方。注意价格，并测量以日、周、月为单位的时间，你将能够明白和理解未来的价格将怎样运动。在九方图和十二方图中查找，依照时间思考从西到东的几何角度，然后思考从不同基准和起点出发的角度线，那你就能测定一个股票的位置。

九方图和十二方图，几何角度都是数学方法，它们不是互相抵触，而是互相协调的，并且证明了不同的数学方法的统一有效性。

江恩
1931 年 1 月 17 日

第十一节　运气[①]

印象中，《江恩选股方略》这本书最为特别的一点，是指出了交易中一个令普通投资者感到不可理解的现象：交易中的运气因素。

江恩在书中指出运气因素有两种表现，一是投资者自身在交易中的运气因素。如果连续两三次失利，就应当离场休息，等待状态调整好。他解释说，自

[①] 本文出自《江恩选股方略》。

己通常连续四五十次交易顺手时，就会收手，休息之后再来，只有很少的次数是曾连续200多次获利。二是交易对象的运气因素。江恩说，如果你交易某个品种经常失利，经常莫名其妙地赔本，就应当考虑再不要交易这个品种。至于原因，江恩没有解释，他只告诉我们有某些东西与你对着干就是了，可能这些原因正是江恩所说的"即使我说了，公众也不可能理解"。

其实，"运气"这东西本身难以琢磨。从科学角度看，"运气"既具有可测的一面，更多的则是不可测的神秘性。尽管谈论运气带有宿命论的色彩，但在日常生活中，我们的确能感受到它的存在。谁都明白，但凡带有赌博性质的行当，都是很讲究运气的。许多投资者对此都深有体会：投资是需要运气的。有人认为投资成功的等式是三分天赋加三分运气再加四分努力。在操作实践中我们会发现，有一段时间你怎么做怎么错，真所谓"祸不单行"，甚至到了"喝口凉水都塞牙""放屁砸着脚后跟"的地步。另一段时期则会感到特别顺畅，有时竟会歪打正着，单子下错了都会盈利出局。那些频繁做短线的投资者，可能对此有更充分的体验。

人的运气周期是可以观察和感觉到的，从自己某一段时间的心态是否正常以及操作盈亏的起伏上，就可以体察出来。在长时间的操盘实践中，可以逐步发现自己"运气周期"的波动规律。

当你的账户连拉长红，大有斩获时，应保持清醒的头脑，因为大赢也可能是你大亏的开始。账上的钱多了，往往会让人头脑发热，不自觉地加大仓量。而一次失误足以让你辛辛苦苦积攒的盈利化为乌有，甚至连本金都搭上，这样的例子不胜枚举。因此，每次大赢后，应将盈利甚至连本钱都提出来，只留原始规模的资金或部分盈利在市场上"滚雪球"。这样既可以人为控制自己的头寸规模，在接下来的操作过程中，心态也会好很多，因为只有输得起才能赢得起！以下为江恩原文。

人的运气就像行情一样会发生周期性变化，会有好有坏。

通过记录自己的交易情况，就可以判断出自己的运气什么时候变好或变坏。我曾经做到过连续 200 次交易只赚不赔。能连续 50 次交易只赚不赔我都没敢想过，但那次我真的是非常顺利，一连交易了 200 次，而且每次都获利，我的好运气持续了一段时间。到底应当依据什么样的信号来判断大势什么时候对我不利，应当退出并等待呢？

最先显示事情不对头的是我第一次遭受损失的那次交易。我记得那只是很小的一笔损失，大概是 100 美元左右。紧接着的一次交易我赔进去了 500 多美元，这就说明无论是因为判断失误还是身体状况不好、精神疲劳或是别的什么原因，反正我个人的运气在改变，正在变得对我不利。如果当时明智的话，我就应该退出，把到手的利润全部保住。但我当时又做了第三次交易，并且像大多数交易者那样加大了交易筹码。这一次交易很快就让我赔了 5000 美元，但我仍旧没有就此收手。结果，我又连着赔了几次，一直到 1907 年 11 月，银行都关门了，我再也无法从银行里取出钱来。无奈之下，只好让经纪人平掉了我所有的仓位，承担了好大一笔损失。

亏损的原因就是我那时是在跟自己的运气较劲，我的好运周期过去了，而我却还在那段时间里进行交易。我原本应该休息、消遣和补充知识，而不应想着去挣不属于自己的钱。一连几个月，银行都不能取钱，我也就没有进行投机的本钱。我把所有的时间都花在学习和思考行情上面，发现了造成自己失误和损失的原因。

1908 年春，我又开始交易了，并且总结出了一些规则，确定自己的运气什么时候将变得对我有利。我开始做小麦期货，而且前三次交易都盈利了，这说明我的好运又来了，应当趁热打铁。随后，我开始买进棉花期货，并随着行情的高涨一路跟进。在李佛·摩尔第一次成功囤积 7 月份棉花期货的同时，我进行了金字塔式交易。那段时间，我赚了一大笔钱。

从我自己赚赚赔赔的经历中，还可以举出许多例子来。所有交易者都应当牢记和遵守的规则是：如果你在某个品种上的投资总是不顺利，它的走势总是与你预计的不太相符，总是让你或多或少地亏损，那么你应该从该品种上退出，停止交易。同样道理，当你某段时间交易总是亏损，你也应该停止交易。不要问什么原因，你只要知道有某种"东西"在与你作对就行了。

等到感觉自己又有了状态，再试着以小仓位进行交易。如果第一次交易不顺利，就应当退出再等一等。等随后再次开始交易时，如果一开始的两三次交易都见了利，就可以抓住自己的好运气，期待再顺顺利利地交易一段时间，直到随着形势的发展再次出现对自己不利的信号为止，这时候就必须再次退出市场。

我远离市场很长一段时间之后，总是会赚到数目很大的利润，而在市场上连续交易很长一段时间之后，总会遭受数目很大的损失。任何人在进行频繁交易之后，都会产生精神上的紧张，如果他的活力不再而且健康状况不够好的话，他的判断力就会下降，从而会造成损失。如果开始情况不利，那么留在市场上满怀期待地等待根本没用，要尽快认清现实，接受损失并退出。等待行情转好，身体恢复活力，头脑最清醒的时候，再去考虑赚钱的事。

第十二节　成功五要素

一、知识

对获得知识我无法说出更多。你不可能不花费时间研究而获得知识，你必须放弃寻找在证券市场中赚钱的"圣杯"。当你事先花费时间学习得到知识后，你将会发现赚钱是很容易的事。在获取知识上花费的时间越多，以后赚的钱也就越多。知识永不嫌多，你必须学以致用并从中获益，通过应用学到的知识，在合适的时候行动以获得利润。

二、耐心

这是在股票市场获得成功最为重要的资质之一。首先，你必须有耐心等待确切的买入或抛出点，机会出现后果断入市。当你做交易时，你必须耐心地等待机会，及时离开市场，落袋为安。你必须在结束交易并获得利润之前就确定趋势确实已经发生变化，这是对过去市场变化研究之后的唯一结果。

三、灵感

在战争中，一个人能得到世界上最好的枪，但是他没有灵感去扣动扳机，就不能消灭任何敌人。你可以获得世界上所有的知识，但是如果你没有灵感去行动，你就不可能获利。知识给人灵感，使人有勇气在适当的时机采取适当的行动。

四、健康

除非你是健康的，否则不可能在任何事情上获得巨大的成功，因为一颗聪明的心不能在虚弱的身体下工作。如果你的健康受到了损害，你就不会有足够的耐心或足够的灵感。当你处在不良的健康状况之下，你会产生依赖感，你将失去希望，你有太多的恐惧，无法在合适的时间采取合适的行动。

我在那些年里从事了所有的交易，任何可能在将来交易中发生的，对我来说都已经发生了，我从经历中学到了很多东西。当我的健康状况较差时，我倦于交易，这使我总是交易失败。但是我精力好的时候，我能在正确的时间入市并取得成功。如果你的健康状况不佳，最重要的是使你恢复到健康的最佳状态。记住，健康是革命的本钱。

五、资金

当你获得在证券交易中取得成功的所有禀赋后,你还必须有资金。如果你有了知识或耐心,你可以开始以少量资金获取巨大的利润。建议你使用止损,减少亏损和避免透支交易。

最后请记住,永远不要背离趋势。在你确定市场趋势后,要随其而动。要遵守准则并确定趋势,不要以猜测和希望来做交易。

江恩
1937 年 6 月

参考文献

[1] Andrews. Magic Squares and Cubes [M]. Cosimo Classics, 2004.

[2] Brydlova. Io Unveiled: The Brydlovan Theory of the Origin of Numbers [M]. Kessinger Publishing, LLC, 2010.

[3] Chakravorty. Science Based on Symmetry [M]. Firma KLM, 1977.

[4] Gann. Collected Writings of W.D. Gann–Volume 5 [M]. Cosmological Economics, 2015.

[5] Gann. The W. D. Gann Master Commodity Course: Original Commodity Market Trading Course [M]. Snowball Publishing, 2009.

[6] 高喆. 圣经百科辞典：图文版 [M]. 辽宁：辽宁人民出版社, 1996.

[7] Higgins. The Cosmological Freemasonry of Frank Higgins the Cross of the Magi, an Unveiling of the Greatest of All Ancient Mysteries [M]. Kessinger Publishing, LLC, 2010.9.

[8] Jain 108. The Book of Magic Squares [M]. Jain, 2016.

[9] Jenkins. Chart Reading for Professional Traders [M]. Traders Pr, 1996.

[10] 江道波. 炒股实战技法 [M]. 北京：中国宇航出版社, 2020.

[11] 江恩. 江恩股票市场教程 [M]. 太原：山西人民出版社, 2013.

[12] 江恩. 江恩商品期货教程 [M]. 北京：中国纺织出版社, 2013.

[13] 江恩. 江恩选股方略 [M]. 北京：清华大学出版社, 2006.

[14] Kramrisch. The Hindu Temple（2 Volumes）（Pt. 1 & 2）[M]. Motilal Banarsidass; New edition, 2015.

[15] Mikula. The Definitive Guide to Forecasting Using W.D.Gann's Square of Nine [M].

2003 First Edition.

[16] Schwaller. The Temple of Man: Apet of the South at Luxor [M]. Published November 1st 1998 by Inner Traditions (first published 1957).

[17] Totten. An Important Question in Metrology [M]. Franklin Classics, 2018.